B. MALON

LA
Morale Sociale

AVEC

Préface de J. JAURÈS

et

Biographie de L. CLADEL

PARIS

LIBRAIRIE de la REVUE SOCIALISTE	V. GIARD & E. BRIÈRE
10, Rue Chabanais	ÉDITEURS
	16, Rue Soufflot

LA REVUE SOCIALISTE

La Revue Socialiste *paraît tous les mois en livraisons de 128 pages grand in-octavo. Chaque numéro contient : plusieurs articles de fond sur des sujets philosophiques, politiques et économiques ; un article intitulé : la Question Sociale devant les Corps élus ; des nouvelles et des poésies ; des exposés du mouvement social en France et à l'Étranger ; une Critique régulière des œuvres littéraires et artistiques du jour ; une Revue des périodiques, journaux et revues ; des analyses de tous les ouvrages importants.*

Un Numéro-Spécimen de la Revue Socialiste *est envoyé contre timbres au prix exceptionnel de* **Un Franc.**

ABONNEMENTS

LE MONTANT DE L'ABONNEMENT EST PAYABLE D'AVANCE

FRANCE. . . . Six mois : **9** francs. — Un an : **18** francs.
ÉTRANGER. . . — **10** francs. — — **20** francs.

On peut s'abonner sans frais dans tous les bureaux de poste de France et d'Algérie.

Le Numéro : 1 fr. 50 pour la France. — 1 fr. 75 pour l'Étranger.

ABONNEMENTS COMBINÉS à la Petite République et à la Revue Socialiste :

	TROIS MOIS	SIX MOIS	UN AN
Paris	7 fr. »	14 fr. »	27 fr. 50
Départements	8 »	16 »	32 »
Étranger.	11 50	22 »	44 »

Pour jouir de ces prix de faveur, il suffit d'adresser le montant de l'abonnement à la Revue Socialiste, 10, rue Chabanais.
Le prix de l'abonnement est payable d'avance.

Il sera envoyé franco sur demande un tableau synoptique où les articles publiés dans la *Revue socialiste* depuis sa fondation (janvier 1885) ont été classés par sujets. Ce tableau permettra à la fois de juger notre publication et de choisir des numéros ou des séries qui seront expédiés au tarif ci-dessous :

COLLECTIONS DE LA *REVUE SOCIALISTE*

1ᵉʳ JANVIER 1885 AU 31 DÉCEMBRE 1894

Dix années. . . . . **100** francs.
Une année. . . . . **12** —
Un numéro antérieur au 1ᵉʳ janvier 1895 . . . **1** —

Les Mandats doivent être adressés au nom de M. Rodolphe SIMON, *bureaux de la* Revue Socialiste, 10, rue Chabanais, Paris.

LA MORALE SOCIALE

AU PLÉBÉIEN

LÉON CLADEL

PUISSANT ET GÉNÉREUX ÉCRIVAIN SOCIALISTE

ENNEMI DE TOUTES LES SPOLIATIONS

ET DE TOUTES LES SERVITUDES

COMPATISSANT A TOUT CE QUI SOUFFRE

ET ALTRUISTE AGISSANT

B. MALON.

LA
Morale Sociale

GENÈSE ET ÉVOLUTION DE LA MORALE

MORALES RELIGIEUSES

MORALES PHILOSOPHIQUES — CONCLUSIONS

PAR

B. MALON

Directeur de la *Revue Socialiste*

PARIS

LIBRAIRIE DE LA REVUE SOCIALISTE 10, Rue Chabanais	V. GIARD & E. BRIÈRE ÉDITEURS 16, Rue Soufflot

UN PENSEUR SOCIALISTE

BENOIT MALON

Ces pages de biographie, qu'écrivit Léon Cladel, en 1886, étaient destinées à précéder la première édition de cet ouvrage ; la modestie de l'auteur en empêcha la publication. Nous les restituons aujourd'hui :

Zézayant, bredouillant et grasseyant tout à la fois, une poignée de ces inutiles qui grouillent partout où se montre qui veut être vu, les uns déjà vieillis à l'âge où la virilité commence à peine ; adolescents sans pudeur ni fraîcheur, les autres, s'assirent à la brune, un soir, en ma présence, à l'une des tables extérieures du café Tortoni. « Qui diable est ça ! chantonna l'un d'entre eux, après avoir prononcé les prénom et nom inscrits ci-dessus, et pourquoi s'occupe-t-on de lui dans les gazettes ? » Si je connaissais très peu celui de qui s'entretenaient à bâtons rompus et trop cavalièrement aussi cette racaille d'*honnêtes gens*, antiphrase des plus expressives, s'appliquant tout aussi bien aux gredins de nos contrées et de ce temps-ci, que cette autre : *Euménides*, aux Furies chez les Grecs, ou cette autre encore : *Modérés*, aux frénétiques de n'importe quand et de n'importe où, je n'ignorais pas du moins que c'était un démagogue, un frondeur, rebelle à la tyrannie d'un seul ou de tous, un *Prolo* de mon acabit, et je toisai de haut en bas tous ces beaux produits des classes dirigeantes, qu'on a tour à tour appelés : Incroyables, Mirliflores, Merveilleux, Gandins, Lions, Dandys, Cocodès, Gommeux, Petits Crevés, Pschuteux, Copurchics, etc., qui se permettaient de blaguer, dans l'argot usité sur l'asphalte des boulevards, hantés par toutes les larves de la noblesse et de la bourgeoisie, le manant, le vilain, le croquant en question. Il est probable, et même certain que si j'avais alors su de lui ce que j'en sais aujourd'hui, je leur eusse rabattu le caquet, tout en les renseignant à peu près en ces termes sur ce *bonhomme-là*..... : « Messieurs, vous que j'aurais honte de traiter de citoyens, autant que vous rougiriez sans doute vous-mêmes d'être qualifiés ainsi ; messieurs, vous dont la peau s'use sur la croupe des chevaux de race et sur le poitrail des filles de roture, ouvrez, s'il vous plaît, l'oreille, ou plutôt l'œil, et regardez là-bas, au loin, tout là-bas, vers le bassin houiller de Saint-Étienne en Forez, que bordent la Loire, le Rhône et les montagnes du Vivarais et du Gévaudan. Non loin de là, sous un toit de chaume, à Prétieux, six ou sept ans avant la déconfiture de ce matois couronné, dont le petit-fils, simple et nice au superlatif, aspire à nous gouverner du haut d'un trône pavoisé de drapeaux tricolores, ayant tous au sommet de la hampe un coq aussi fulgurant que l'aigle impériale, et, sur la bande médiane d'étoffe blanche, trois chrétiennes fleurs de lys d'or, un garçon naquit, en 1841, de deux journaliers absolument ignares et tout errenés, selon la géniale expression de Jean-François Millet, le grand peintre de la Nature.

Au Levant ainsi qu'au Ponant, au Nord, au Midi, quels qu'ils soient, citadins oisifs, à qui je m'adresse

ici, souffrez que je vous rappelle cela, si vous l'avez
oublié : les rustres, qui ne sont pas autrement façonnés, d'ailleurs, que vous et moi, ne vivent que de leur
labeur, et quiconque aux champs ne travaille pas, au
lieu de manger et boire à son gré, se brosse la panse
quand il a soif et faim. Or, dès que la tâcheronne qui
l'avait conçu l'eut suffisamment allaité, le nouveau-né rampa, gémit, pleura pendant quelques mois, sur
les talons de ses proches, plus souvent dehors que
dedans et, sitôt qu'il se tint debout, on l'arma d'une
gaule. A l'œuvre, serf ; allons, forçat de la glèbe, tu
n'as d'autre ressource pour gagner ton pain quotidien
que tes bras et tes jambes ! Il garda d'abord les oies,
les dindons, ensuite les ouailles. A quoi songeait-il,
immobile, en ces planes solitudes, sous les nues mouvantes de son ciel natal ? Uniquement à ceci, que s'il
ne suffit pas à chacun de nous de se remplir le ventre
matin et soir, il importe à tous de se nourrir le cœur
et le cerveau. Certes, ses brebis, ses pourceaux, ses
vaches et son barbet, il les aima. Mais aimer n'était
pas son seul besoin ; il éprouvait aussi celui de comprendre le comment et le pourquoi des choses et des
êtres qui l'entouraient : arbres et plantes, fleuves et
monts, bêtes et gens. Hélas ! ses parents, ignorants
tous les deux ainsi que leurs devanciers, étaient incapables de l'instruire ; trop pauvres pour l'envoyer à
l'école, et d'ailleurs celle-ci se trouvait trop loin.
Eût-elle été voisine de leur chaumière, qu'il n'y serait
pas allé davantage. Auraient-ils pu le soutenir s'il ne
les avait pas aidés à regarnir la huche vide ?... Il
pousse, il se forme, il grandit à côté des siens, et le
voilà contraint tout à coup à se séparer d'eux et de se
louer, en qualité de valet, dans les fermes d'alentour.

Environ dix années, dix siècles, il croupit là. Roulant confusément en sa tête mille plans irréalisables, il accouple sous le joug, attelle au char et conduit au labour ses deux bœufs charolais, dont la marche lourde et rythmée berce son rêve sans consistance et sans fin. A ces labeurs si pénibles et peu lucratifs, il se surmène, il s'épuise, il s'use et, tremblant la fièvre, il cède la place à quelque autre va-nu-pieds et part. Où court-il ? En la masure de la mère, car le père est sous terre depuis longtemps ? Il n'y a pas toujours là ce qui est nécessaire à la pauvre femme, et lui rogner la portion, non, jamais ! A l'hôpital ? Il en a horreur ! A la rivière ? Il n'a pas encore vingt ans, et mourir déjà... ! Son esprit inculte et son corps fourbu protestent également. Alors il se cramponne à la seule branche de salut qu'il lui reste. Un de ses frères, son frère aîné, que la destinée favorisa plus que lui, mis en pension, par suite d'arrangement de famille, et d'élève passé maître tout récemment, est instituteur en une commune assez écartée de Montbrison. Il s'y traîne, lui, le cadet, et son consanguin le reçoit à bras ouverts.

Heureux de l'accueil, il s'alite et, bientôt, convalescent, dévore des alphabets. Soudain il se relève, ayant découvert dans une brochure qu'il épelait cette formule philosophique : « Il est de stricte justice que la société soit responsable de l'existence de tous les individus qui la composent et que chacun d'eux, riche ou pauvre, ait le même droit à la terre, à l'air, à la lumière, à la vie. » — « Ah ! cela sera, s'écrie-t-il, ébloui par une vision prodigieuse où, commensales, fraternisent en un solennel banquet toutes les classes de la Nation, et, quelques semaines plus tard, ayant bouclé sa ceinture et le bâton de voyage à la main, il se dirige vers le septentrion. Exténué par quinze jours de marches et sans un liard en poche, en septembre 1863, il entre à Paris... A présent, nobles et bourgeois fainéants, écoutez un peu cette odyssée, cette iliade ; on dirait d'une féerie. Homme de peine ayant connu les jours sans pain et les nuits sans abri, puis auxiliaire teinturier sur les bords de la Seine, à Puteaux, il gîte dans un taudis, se loge en une mansarde de six pieds carrés, et c'est là sur un dur grabat où ses membres endoloris se délassent à la fin de la journée, qu'à peine éclairé, la nuit, par la lueur fumeuse d'une chandelle de suif enfilée dans le goulot d'une bouteille placée celle-ci sur une planche assujettie au chalit, entre deux chaises dépaillées, il se brûle les yeux, jusqu'à l'aurore, en des lectures forcenées et qui lui profitent si bien qu'en 1865 ses camarades de travail et de misère, reconnaissant en lui le plus apte d'entre eux à défendre leur cause, le délèguent auprès des patrons et le nomment chef de grève. Il s'acquitte à merveille de ce premier mandat renouvelé en 1866, et ne tarde pas à se servir d'outils autres que ceux par lui jusque-là maniés. En 1867 et 1868, il envoie, encore inexpérimenté dans sa nouvelle profession, une série de correspondances ouvrières à la *Mutualité*, force articles au *Courrier français* et s'affilie, impatient de plus hauts combats, à l'*Internationale*, dont le siège n'est pas encore dans la rue de la Corderie, mais dans celle de Gravilliers.

On le dénonce. Il est empoigné, jugé, frappé, puis incarcéré. Trois mois durant, il en manipule des bouquins, il en avale sous les verrous ! A peine sorti de sa geôle, il se remet en danse, propage ses idées de telle sorte que nombre de sections sont par lui créées en un rien de temps auxquelles il amène près de deux mille adhérents. Infatigable, il fonde la *Revendication de Puteaux*, société de consommation encore prospère aujourd'hui, puisqu'elle compte 1,800 membres, et d'autres à Suresnes, à Courbevoie, à Clichy, à Roubaix ; et, grâce à sa persévérance et son ubiquité, de nouveaux groupes internationalistes se constituent à Lille, Amboise, Vattrelos, Pontoise, Saint-Ouen-l'Aumône, Saint-Etienne et Batignolles.

En butte aux rancunes patronales, il change de nom à tout instant, et ne séjourne en chaque lieu que le temps nécessaire à la formation de quelque cercle, et, de plus en plus agile, court à d'autres tâches, à d'autres propagandes interrompues par des réclusions successives. A l'ombre des cachots, il médite ; en plein soleil, il agit. Toujours sur pied, et jouissant de la confiance absolue de ses recrues avides de se produire, il se concerte avec les blanquistes et participe avec eux à beaucoup de manifestations républicaines et tentatives révolutionnaires de 1867-68-69. En janvier 1870 éclate enfin la grève du Creusot. Il s'y trouve déjà comme correspondant de la *Marseillaise* et bientôt y dirige les mineurs. Après leur défaite, il va porter le concours du journal et celui de ses facultés d'organisateur aux grévistes de Fourchambault. On l'épie, on le harcèle, il se couvre d'une blaude rustique, il échappe aux limiers de la police impériale attachés à ses trousses, et, presque à leur barbe, ayant établi plus de vingt nouvelles sections à Châlon, Autun, Dijon, Torteron, Cosne, etc., pousse sur Paris où dès son retour, avril 1870, on le jette à Mazas ; il y reste au secret plusieurs mois. Enveloppé dans le quatrième procès de l'Internationale, on lui sert un an de prison ; il purgeait cette condamnation en la prison de Beauvais d'où, le lendemain du 4 septembre, il est élargi sur une dépêche de Gambetta. D'un bond il regagne la capitale déjà investie par les hordes étrangères, s'enrégimente au 91ᵉ bataillon de la garde nationale qui le choisit aussitôt pour délégué. La guerre est peu goûtée des tristes accesseurs de Trochu le généralissime, qui la conduit mollement, ne se pressant guère, ce traînard, ce fantoche, d'exécuter les plans que lui dicte Sainte-Geneviève. A bout de patience et de crédulité, tous les faubourgs, à qui l'on n'oserait parler de capitulation, descendent sur l'Hôtel de Ville, s'en emparent, et, malheureusement pour nous, ne l'occupent qu'un instant. Tout de suite après le 31 octobre, le délégué du 91ᵉ bataillon, qui s'est montré fort énergique pendant cette journée des dupes, précédemment nommé d'acclamation membre du Comité central des arrondissements, devient, en novembre, adjoint à la mairie des Batignolles. Surveillé par les vieilles femelles du Gouvernement qui pressentent en ce jeune mâle un indomptable meneur du populaire, il est poursuivi, sans relâche, sitôt après l'insurrection du 22 janvier, par leurs mouchards et leurs sbires. Un mandat d'amener est lancé contre lui ; mais voici l'heure des urnes.

Élu le 3 février 1871, par 118,000 voix, le quinzième sur quarante-trois, le petit berger du Forez, l'homme de trait et de bât des villages, hameaux et bourgs suburbains, est député de Paris. Ah ! cette fois, les électeurs en blouse abjurant toute jalousie, ont voté pour un blousier comme chacun d'eux. S'il en avait été ainsi l'an dernier, combien de bourgeois autoritaires qui trônent au pouvoir aujourd'hui seraient aux genoux de cette plèbe, qu'après l'avoir implorée et flagornée en tant que candidats ils crossent, parvenus, avec dédain. Accompagné par quelques-uns de ses mandants, il vole à Bordeaux, le vrai représentant du peuple et le plus légitime au dire de l'auteur des *Châtiments*, et là, de même que les Allemands Liebknecht et Bebel repousseront plus tard, au Reichstag de Berlin, l'annexion de la Lorraine et de l'Alsace à l'Allemagne, il refuse de sanctionner le démembrement de la France vaincue, ainsi qu'il n'eût pas admis d'ailleurs l'incorporation de provinces transrhénanes à sa patrie, si, mieux commandées et plus nombreuses, nos imberbes milices urbaines et rurales l'avaient emporté sur deux millions de reîtres et de lansquenets blanchis sous le casque et la cuirasse ; il flanque — en même temps que Tridon, Razoua, Cournet, Rochefort, Delescluze et celui qui, n'ayant pas su se contenter d'être Ranc tout court, est devenu Monsieur Ranc tout au long; après Garibaldi trop prompt à les précéder, avant Victor Hugo peut-être trop lent à leur emboîter le pas, — il flanque sa démission de mandataire de la grande cité révolutionnaire au nez de tous les nonces rétrogrades de quatre-vingt-neuf départements, et s'en retourne là d'où naguère il est venu. Bientôt tous les Basile, tous les Ratapoil et tous les Rabagas qu'il a laissés sur les rives de la Gironde en décampent et s'acheminent vers Seine-et-Oise, où pêle-mêle ils s'établissent. Ah ! certes, il aurait pu s'éterniser parmi ces tourbes, ces hâbleurs, et plus tard trafiquer de son influence ainsi qu'un Olivier ou qu'un Laurier, si, comme la leur, son âme avait été vénale !

Oui, mais il n'était pas bâti comme ces industriels et l'on sut, à bref délai, de quel bois il se chauffait au mont Aventin où les nuages s'amassent. Tout à coup des éclairs et le tonnerre... Ah! la foudre a parlé, c'est le 18 mars! Il hésite, l'intègre démissionnaire, à se prononcer contre Versailles avant d'avoir épuisé tous les moyens de conciliation; il a peur, ce brave. oui, peur, et pourquoi? Parce que toute action est suivie d'une réaction. Et qui réprimera? Parbleu! ceux-là qui, sympathiques au mouvement, seront astreints à l'arrêter. Un peuple de laboureurs se ruera sur un peuple d'artisans. Et pour quoi, pour qui? Pour les aises, et c'est assez! de leurs commun ennemis les privilégiés et les fortunés à qui toujours, pendant qu'ils s'empiffrent, digèrent et forniquent, est doux le carnage réciproque des gueux des sillons et des voyous des rues. Il s'interroge, il se consulte, il ne se décide pas encore, et ce n'est que le 21 mars, après le discours odieux de Jules Favre, le faussaire et le fraticide : « Ah! j'en demande pardon à Dieu et aux hommes!... » qu'il se rallie ouvertement à la Commune où, sur ses recommandations expresses, on utilise enfin les talents militaires et la froide audace de Rossel.

Les temps sont difficiles et douloureux. Subir sinon un autre empereur ou quelque roi, du moins le principat de Thiers et les persécutions de ses complices, les sept cents législateurs orléanistes ou légitimistes, ou bonapartistes ou libéraux, ensuite la famine et le gel, et le sevrage, et les affres d'une interminable agonie au foyer où tout manque à la fois, et le pain et le vin, et l'air et le feu, non jamais! Oui, mais alors c'est la guerre intestine, et le sang des pauvres coulera comme l'eau. N'importe, et, quoi qu'il advienne, elle vivra même sur une pyramide de morts, la République ! Ainsi pense-t-il, et les jours de deuil succèdent aux jours de joie. Il décline toute nouvelle candidature et ne veut être que ce qu'il est déjà : maire du XVII° arrondissement. En dépit de lui-même, on le charge de nouveaux devoirs. Il les accomplira. S'il est ardent, il est sage aussi. Donc pas de dictature, et le voilà luttant à la fois contre les Jacobites de l'Assemblée et les Jacobins du Conseil. Les traîtres, les parjures sont aux aguets cependant, et la forteresse inaccessible du peuple est livrée à la soldatesque des maréchaux et des généraux de Verrhuel, qui se vengent eux-mêmes en vengeant leur maître déchu. La bataille rugit de Vaugirard à Belleville et des Ternes à Charonne. Enfin tout se tait, on n'entend plus ni les tambours ni les clairons, ni le tocsin ni le canon au milieu des flammes qui consument la huitième merveille du monde. A travers le massacre et l'incendie, jusqu'à la minute où tout croule autour de lui, le terrien de la Loire à la tête d'une poignée de Parisiens qui préfèrent n'être plus que d'être les sujets d'un monarque ou la valetaille d'une caste, il lutte sans répit et sans espoir contre les innombrables brigades que Guillaume de Prusse et Bismarck ont rendues avec empressement au Néron de Marseille afin que celui-ci ruine de fond en comble cet inexpugnable boulevard, cette citadelle de régicides, à l'assaut de laquelle eux et leurs sauvages et serviles Teutons n'ont pas eu le courage de monter. Abusés par les réacteurs à qui les suffrages de leurs pareils, les inconscients des campagnes, ont ouvert les portes de la Chambre « élue en un jour de malheur », ces paysans des Gaules, ces serfs, ces esclaves embrigadés sabrent, fusillent et mitraillent imbécilement tous ceux qui voulaient les faire libres, hélas ! leurs frères de la capitale hier décapitalisée, en cendres aujourd'hui. Tout tombe dans un chaos incandescent et sanglant de chairs et de boue. Ah ! c'est fini ! Les soldats citoyens échappés aux bourreaux de Galiffet et de Vinoy sont dispersés et, si Pyat respire, Delescluze n'est plus. S'arrachant à regret et le dernier de son poste de combat, le maire de Batignolles, membre de la Commune, rencontre les troupes fumantes qui viennent d'égorger son héroïque ami Varlin. Elles ne le reconnaissent point, bien qu'il leur soit signalé. Calme, imperturbable, ayant fait le sacrifice de sa vie, il passe à travers leurs rangs ; il est passé, sauvé peut-être. Une femme, mère de l'un de ses compagnons d'armes, lui propose un asile qu'il accepte. Hélas ! chacun a peur de son ombre pendant cette terreur bleue et blanche, et lui, le rouge, est expulsé de sa retraite, le lendemain, et presque livré. La mort ne voulait pas de lui. Traqué, harcelé, serré de près, il est recueilli par une intrépide citoyenne qui le conduit chez elle, et là, son mari, vieillard austère et sculpteur renommé, lui parle ainsi : « Qui que vous soyez, vous êtes ici le bienvenu, puisque vous êtes l'une des victimes du monstre qui triomphe aujourd'hui sur les ruines de Paris et déshonore l'humanité. » Six semaines environ le proscrit résida chez ce cœur auquel sont bien dus les hommages de tout philanthrope digne de ce nom, et, lorsqu'il quitta son refuge et la ville saccagée, le fils de son hôte l'obligea à prendre son propre passe-port et sa bourse. Enfin, ayant franchi la frontière, il s'écrie :

« Je salue et touche une terre de liberté ! » Ces mots lui sourdent de la bouche comme ils jaillirent en l'autre siècle de celle de Jean-Jacques, à peu près sur le même sol, entre deux montagnes. En paix, à Genève, il subsistera, ce banni, mais comment et de quoi ? Comme il pourra, d'une besogne manuelle quelconque. Allons, courage, exilé ! *Labor omnia vincit improbus.*

Successivement vannier, typographe, fardelier, il mange et boit, mais ne dort point. Toutes ses études forcément négligées pendant la bataille sociale l'ont sollicité derechef. Il achève alors son instruction, et, quand il possède bien l'orthographe, la syntaxe, la langue, il prône avec sa plume les idées généreuses pour lesquelles il a combattu le fusil au poing. En Suisse, en Italie, il se plonge avec amour, avec passion, dans les œuvres sinon abstruses, du moins abstraites des physiocrates et des économistes, Adam Smith, Quesnay, J.-B. Say, Malthus, Ricardo, Mac, Culloch, Dunoyer, Rossi, Filangieri, Romagnosi-Verri, Beccaria, Michel Chevalier, Bastiat, Joseph Garnier, en même temps que les sociologues Saint-Simon, Fourier, Louis Blanc, Pierre Leroux, Cabet, Desamy, Proudhon, Considérant, Pecqueur, Vidal, Karl Marx, Robert Owen, Lassalle, Tourreil, Fauvety et J.-S. Mill, son auteur de prédilection, l'initient tour à tour aux œuvres de la science, et lui révèlent tous leurs secrets, et le voilà si bien ferré désormais sur les questions qui le préoccupent et l'absorbent qu'il nous offre coup sur coup : en 1871, *la Troisième Défaite du Prolétariat français;* en 1872, *Exposé des Écoles socialistes françaises* et *l'Internationale, son histoire et ses principes;* en 1873, *Spartacus;* en 1874, *Socialismo, Religione, famiglia, proprieta,* texte italien; en 1876, *Histoire critique* de *l'Économie politique;* en 75-77, collaboration à la *Plèbe* de Milan, au *Povero* de Palerme, au *Mirabeau* de Verviers, et fondation de la revue: *le Socialisme Progressif;* en 1878, *Histoire du Socialisme;* en 1879, traduction de *Travail et Capital* de Lassalle, et de la *Quintescence de socialisme* de Schæffle; en 1880, après l'amnistie, il crée *l'Émancipation.* Il publie en 1881 le premier volume du *Nouveau Parti, le Parti Ouvrier;* en 1882, le deuxième volume du *Nouveau Parti;* en 1883, le *Manuel d'Économie sociale;* en 1884-85, les cinq tomes de *l'Histoire du Socialisme* commencée en 1882. Enfin il fonde la *Revue Socialiste,* devenue l'organe central du socialisme théorique français, et collabore actuellement, après avoir écrit en une foule de journaux: *le Prolétaire, l'Émancipation Sociale, le Citoyen, le Travailleur,* etc., à *l'Intransigeant* du Lanternier qui si hardiment éclaira les ténèbres fangeuses de l'Empire. Hé bien, n'est-ce pas une magie que la mirobolante aventure de ce gueux-là; pâtre dès son enfance, charrieur et laboureur avant son tirage au sort et député de Paris avant que sa trentaine ait sonné, mais n'est-ce pas un enseignement aussi? Jadis, quand la Révolution éclata, si l'aristocratie était pourrie jusqu'aux moelles et le Tiers déjà corrompu, la plèbe, elle, au contraire, avait toutes les vertus, stérilisées souvent, il est vrai, par son ignorance, et c'est chez elle surtout que la France, menacée par tous les potentats de l'Europe, y compris le sien propre, recruta les héros qui s'emparèrent de la Bastille, des Tuileries et guidèrent à la victoire les volontaires de la République: Hoche, Kléber, Augereau, Marceau, Soult, Lannes, Masséna, Ney, Murat, Bessières, *tutti quanti*. Maintenant, de nos jours où la bourgeoisie est plus dépravée et plus vaine que la noblesse en 89, n'appartient-il pas au Quatrième État de la remplacer, ainsi qu'elle-même supplanta le deuxième Ordre entièrement inepte en affaires publiques?

Où donc demain sinon là le pays en danger puiserait-il des hommes? Ils en sortent tous nos historiens plus vibrants, artistes et philosophes : Hugo, Rude, Millet, Pierre Dupont, Courbet, Proudhon, Michelet, et l'âpre utilitaire dont ici j'ai résumé les travaux, et des myriades en surgiront. Hier, illettré, ce paour qui m'enchante est aujourd'hui savant au point de nous dire Héraclite, Empédocle, Xénophane, Anaxagore, Pyrrhon et Zénon, comme s'il avait gardé de concert avec eux un troupeau d'herbivores ou d'omnivores, et cette merveilleuse Morale sociale (1) où la forme et le fond s'entrevalent, en serions-nous redevables par hasard à l'un de ces avocats sans cause, à quelque médecin sans malades, à quelque financier sans entrailles, à quelque rentier sans cervelle, à l'un de ces bourgeois sans scrupules qui foisonnent au Luxembourg ainsi qu'au Palais-Bourbon ? Nenni. Stylés dès le lycée ou le collège par mille professeurs, et semblant prédestinés à de belles choses, ils promettaient tout, blondins, et, grisons, ils n'ont encore rien tenu, rien, abêtis qu'ils sont, ces vieux fantoches du Parlement, par la paresse, émasculés par la luxure, et c'est lui, l'enfançon hirsute et né d'un couple d'indigents

---

(1) *La Morale sociale*, par B. Malon. Paris, *Revue Socialiste*, 10, rue Chabanais, et chez Félix Alcan. Prix: 3 fr. 50.

des campagnes du Centre, oui, lui, très humble passereau qui n'alla jamais à l'École mutuelle et que les paons, ou plutôt les geais du Sénat et de la Chambre regardaient du haut de leur arrogante nullité quand il se campa de par la volonté du Peuple souverain au milieu d'eux ; c'est lui, de qui personne n'eût attendu tel cadeau, c'est lui qu'il faut remercier de ce livre superbe qui sera tôt ou tard l'une des Bibles, sinon la Bible des déshérités...

Ah ! si j'avais votre burin, Bracquemond ; votre pinceau, Duran ; votre pointe, Rops ; votre ciseau, Rodin ; ah ! comme je graverais, comme je brosserais, comme je sculpterais l'image de cet ouvrier, de ce penseur, de ce poète, oui, de ce poète de votre caste, la basse, et dont la débauche n'a pas infirmé l'esprit, desséché le cœur, appauvri les muscles et les chairs ; il est plus beau vraiment avec sa face rougeaude et long poilue, avec ses épaules de portefaix ; il le fut, et se glorifie de l'avoir été, certes ! avec ses yeux doux et fins, son allure paysanne et faubourienne à la fois, et sa tête d'apôtre bon garçon, que tous les chlorotiques de la haute ou de la moyenne qui papillonnent autour de vous, chers amis, pour que vous daigniez les magnifier sur une feuille de papier de Hollande ou de Japon, sur quelque peu d'étoffe, sur une plaque de cuivre ou dans un bloc de marbre.

Il se soucie bien d'avoir sa statue ou son portrait sur toile ou sur vélin, lui, là-bas, en sa maisonnette de Chatou, lui qui, tandis que les politiciens de 1870, ses anciens collègues, enrichis par leurs intrigues et leurs apostasies, ne s'efforcent qu'à répandre leurs dernières gouttes de sperme dans la vulve des catins ; lui qui, loin de singer ces lazzaroni des lettres, des arts, des sciences et de la politique, songe, labourant entre sa femme et sa fille adoptive, le papier, ainsi qu'il sillonnait autrefois les marnes et les glaises, songe à ses parents disparus, à ses immuables et pures plaines natales, et parfois même à son premier camarade à quatre pattes. « Hé ! c'est que, mon cher, écrivait-il naguère à quelqu'un qui ne déteste pas plus les animaux que les gens, je les aime aussi, moi, les bêtes ; aux champs, en mon bas âge, j'ai eu des amitiés enfantines, très réelles, et plus mutualistes que ne les croiraient les aigrefins de la civilisation, avec une poule, une chatte, deux bœufs ; et mon chien Bayard, avec qui je jouais et conversais, mourut de chagrin quand, berger salarié, je dus le quitter après trois ans d'une commune vie pour entrer en qualité de bouvier dans une autre ferme. » O le brave homme ! Y en a-t-il beaucoup en France et même ailleurs de pareils à lui? Non, hélas ! guère et pas assez...

On prétend qu'afin de se consacrer entièrement à l'étude, et pour ainsi parachever son œuvre, il a renoncé, lui, le moniteur du *Struggle for life*, le champion des opprimés, et le réformateur du contrat social, aux batailles du forum ; oui, c'est possible, c'est probable, mais on l'y reverra, voilà mon avis, et le sien aussi, n'est-ce pas, Benoît Malon ? n'est-ce pas, citoyen Malon ? si jamais la canaille dont il est, et suis aussi, moi, lui commande, après l'en avoir en vain prié, de la mener à la guerre de délivrance ou bien à la paix du tombeau !...

Léon Cladel.

Sèvres, 31 octobre 1886.

INTRODUCTION

Le livre de Malon sur la morale sociale n'est qu'une esquisse. C'est lui-même qui, avec une touchante modestie, le reconnaît ou plutôt le proclame. Jusqu'ici, dit-il, il ne s'était occupé que d'économie sociale. Mais il a toujours eu le sentiment que le socialisme ne devait pas se proposer seulement des fins en quelque sorte matérielles, une plus large diffusion du bien-être, mais aussi des fins morales, l'ennoblissement de la nature humaine. Et cet esprit toujours en travail, et par cela même toujours en progrès, s'est mis à chercher quel pouvait être, quel devait être, dans l'ordre socialiste le fondement de l'éthique, la règle de la conduite humaine, l'idéal de la vie. Et, selon sa méthode ordinaire de consultation historique, il a interrogé rapidement, tout le long des siècles, les grandes religions et les grandes philosophies qui ont essayé de résoudre le problème moral. Il a pu ainsi, tout en rendant justice à toutes les solutions (sauf peut-être à la solution chrétienne) qui marquent les moments de l'évolution de la conscience et des sociétés, éliminer toutes les conceptions, ou religieuses ou métaphysiques, qui cherchent hors de l'humanité la règle de l'humanité. Il a pu aussi éliminer les conceptions purement naturistes, c'est-à-dire, si j'entends bien, celles qui, comme l'épicuréisme antique ou l'utilitarisme semi-individualiste de Stuart Mill, abandonnent l'homme isolé aux impulsions de sa nature individuelle, plus ou moins réglée par la sagesse individuelle, et il a affirmé la morale sociale selon laquelle l'humanité organisée en un tout solidaire devient à la fois le principe et la fin de la conduite morale.

Quand Malon n'aurait fait que poser devant la démocratie, et pour elle, le haut problème moral, il aurait déjà rendu un très grand service. Il ne faut pourtant pas se méprendre. Le socialisme, tel qu'il s'affirme et se bâtit peu à peu par l'effort quotidien du prolétariat, n'est pas une sorte de substruction grossière à laquelle s'ajouteraient jour par jour de nouveaux blocs et qui aurait besoin d'un couronnement idéal imaginé par les philosophes. Le socialisme n'a pas besoin d'allumer sa lanterne pour aller à la recherche d'une morale ; il est déjà, par lui-même et en lui-même, une morale. Nous n'attendons pas de révélateur : S'il est des « âmes » qui souffrent aujourd'hui, ou prétendent souffrir, de leur propre vide et du vide de la vie, ce n'est point parmi nos militants qu'il les faut chercher. Ils ne demandent pas une foi à tous les échos ou à tous les passants : ils en ont une, et elle leur suffit pour l'action : elle leur suffit aussi, dans la mesure des joies humaines, pour le bonheur.

Je dis que le socialisme est en lui-même une morale. Il l'est pratiquement et théoriquement. Pratiquement, il développe de plus en plus dans les multitudes humaines, jusqu'ici livrées à l'incohérence et à l'égoïsme des efforts individuels, l'idée de la solidarité. Certes, c'est pour le bien-être et l'affranchissement des travailleurs que les travailleurs luttent : mais ce n'est point à eux, personnellement, que le socialisme leur dit de penser. Il leur apprend, au contraire, qu'ils ne pourront trouver des satisfactions individuelles, fermes et durables, que dans une organisation sociale nouvelle, que cette organisation ne peut sortir que d'une évolution économique profonde, et que cette évolution, le prolétariat peut la hâter, mais qu'il n'y peut suppléer. Donc, les militants socialistes combattent-ils pour eux-mêmes, ou pour leurs camarades, ou pour leurs enfants, ou pour les enfants de leurs enfants ? Ils ne le savent point, et c'est dans cette noble incertitude qu'ils vont tous les jours à la bataille, affrontant ou les privations ou les périls.

Certes, ils ne formulent point la doctrine de la résignation ou du sacrifice : Car la résignation, quand ce n'est point à l'inévitable qu'elle se soumet, n'est que lâcheté, et le sacrifice, quand il perpétue l'iniquité parmi les hommes, est le complice de cette iniquité. Ils ne se donnent pas non plus l'air de dédaigner le bien-être matériel : c'est celui-là d'abord qu'ils réclament. Ils laissent aux bons apôtres, rassasiés de confort, l'exclusif souci de la vie idéale. Ils sont des égoïstes, eux, et brutalement : ils veulent vivre, et bien vivre, et ils ne le cachent point ; et comment aboutiraient-ils, comment renverseraient-ils l'ordre capitaliste, même miné par la force des choses, si leurs revendications s'évaporaient en subtilités ? Non, il faut qu'il y ait en elles l'énergique poussée des instincts élémentaires. La faim n'est pas la mauvaise conseillère dont parle le poète ; elle est au contraire la bonne conseillère : c'est elle qui, tout le long de l'évolution préhumaine et humaine, a créé ou aidé à créer les espèces supérieures et les civilisations supérieures. Le prolétariat avoue et proclame son égoïsme ; et par là, au lieu de flotter comme un lierre sentimental, il s'enracine au sol et plonge dans la nature même pour en convertir la sève en énergie de progrès. Seulement, par un vivant paradoxe, que réalise souvent la nature humaine et que le socialisme favorise en liant le bien de l'individu à une organisation d'ensemble, cet égoïsme du prolétariat est un égoïsme impersonnel.

Le prolétaire veut être assuré qu'il ne travaille pas pour une chimère, qu'il ne lutte pas pour une idée creuse, qu'un jour, sur cette terre même où il naît et où il meurt, il y aura plus de bien-être, plus d'égalité, plus de joie; et quand il sent qu'il a sous son pied un terrain ferme pour la bataille, alors peu lui importe de tomber en plein combat; car si la victoire n'est point à lui, elle sera à d'autres souffrant comme lui, par qui et en qui il triomphera.

Oui, égoïsme, mais égoïsme impersonnel : égoïsme de classe d'abord, le prolétaire se dévouant au prolétariat où il est compris ; égoïsme humain ensuite : car pour affranchir définitivement le prolétariat il faut le supprimer, il faut, par l'abolition des classes que crée le régime capitaliste, réaliser l'humanité une, où il y aura plus de joie véritable, non seulement pour les prolétaires d'hier, mais pour les capitalistes d'hier. Le prolétaire ne peut être pleinement égoïste, il ne peut se dévouer pleinement à lui-même qu'en se dévouant au prolétariat, en se supprimant au besoin pour le prolétariat, et il ne peut se dévouer vraiment au prolétariat qu'en se dévouant à l'humanité, en supprimant le prolétariat pour l'humanité. Captif, il ne peut se libérer qu'en libérant ses compagnons de chaîne, qu'en se sacrifiant même, s'il le faut, pour leur libération : et quand tous ensemble se seront évadés de la prison, pour qu'on ne puisse point les y ramener, il faut qu'on n'y puisse ramener personne ; il faut que la prison même soit détruite, et que dans la demeure joyeuse et libre construite par les évadés, il y ait place pour les geôliers d'hier. C'est ainsi que l'égoïsme le plus strict aboutit à la générosité la plus large : c'est ainsi que le combat le plus farouche s'apaise en une définitive fraternité.

Est-ce calcul ? et ce dévouement grandissant n'est-il, en fait, dans le cœur des hommes, que de l'égoïsme prévoyant ? Ou bien les consciences individuelles sont-elles façonnées à leur insu par la loi souveraine de l'histoire, qui libère et grandit l'humanité tout entière par la révolte de la classe opprimée ? et les souffrants sont-ils, sans s'en douter, comme l'esclave qui ne peut se relever sans hausser le maître même qu'il portait ? Ou enfin le prolétariat sent-il d'emblée en lui-même l'humanité meurtrie ? voit-il au fond de sa propre souffrance la souffrance humaine ? et espère-t-il de son propre relèvement le relèvement humain ? Qui fera, dans le mouvement social, la part de ces trois forces : l'égoïsme réfléchi, la dialectique inconsciente de l'histoire, la conscience profonde de l'humanité ? Qui expliquera comment l'individualité humaine peut être à la fois si close et si pénétrable ? et comment il devient impossible de démêler dans le cœur de l'homme et dans le mouvement de l'histoire ces contraires ou ces prétendus contraires : l'égoïsme et le dévouement ? Celui qui aurait la clef de ces problèmes aurait le secret de l'homme et peut-être de l'univers. Le socialisme n'essaie point (et ce n'est pas son objet) d'en donner une solution théorique. Mais, pratiquement, et c'est par là qu'il est une morale, en liant, dans son effort d'émancipation, le prolétaire au prolétariat et le prolétariat à l'humanité, il exalte et concilie toutes les puissances de la nature humaine : égoïsme et dévouement, et par lui, l'appétit et le sacrifice, l'action secrète de l'histoire et l'action consciente de l'idée d'humanité présente au cœur, toutes les énergies qui sont dans l'homme ou qui sont l'homme même sont concentrées vers une fin supérieure : l'affranchissement et la joie de tous les individus dans l'humanité unie.

Il ne s'arrête point à l'égoïsme brut, à ce qu'on peut appeler, par un apparent pléonasme qui est une nécessité, l'égoïsme individuel, l'égoïsme lâche. Cet égoïsme individuel, il le laisse au régime capitaliste, qui en mourra. Car les capitalistes forment bien une classe; ils peuvent bien coaliser leurs intérêts particuliers contre le prolétariat ; mais ces coalitions ne sont point un acte de solidarité intime. C'est une agglomération et une confédération d'intérêts particuliers. Il ne se produit pas, dans la résistance capitaliste, cette sorte d'absorption de l'égoïsme individuel en égoïsme de classe, et de l'égoïsme de classe en égoïsme humain, qui caractérise le mouvement prolétarien. Le travailleur, en se dévouant à lui-même, s'oublie lui-même pour le Travail. Le capitaliste ne s'oublie jamais lui-même pour le Capital. Et les capitalistes auront beau se former en corps d'armée : le prolétariat, à mesure qu'il entrera au socialisme, leur opposera une homogénéité morale bien plus forte.

A quoi tient cette différence de l'égoïsme capitaliste et de l'égoïsme prolétarien ? Elle tient à trois causes. D'abord les capitalistes défendent des biens présents, des intérêts immédiats; dans l'ordre actuel, les avantages de chacun d'eux sont déterminés, précis ; et l'ordre capitaliste leur apparaît toujours forcément sous une forme très concrète et très particulière : celle de leurs intérêts propres, de leur capital personnel. Au contraire, c'est vers l'avenir, c'est vers un ordre social nouveau que sont tournés les prolétaires ; et si le sentiment de leur souffrance propre les anime; s'ils savent que le triomphe du prolétariat se résoudra en satisfactions individuelles pour les prolétaires, ils ne peuvent point d'avance, même par l'imagination, délimiter et isoler dans la victoire commune leur propre victoire, et dans l'ordre nouveau leur portion exacte de jouissances et de droits. La joie, la libération qu'ils espèrent pour eux-mêmes se confondent donc nécessairement, même au regard le plus aigu de l'égoïsme le plus âpre, avec la libération et la joie qu'ils espèrent pour le prolétariat tout entier. Dans la lutte engagée entre la classe prolétarienne et la classe capitaliste, il y a des capitalistes ; à peine peut-on dire qu'il y a des prolétaires ; il y a plutôt un prolétariat, une force impersonnelle qui s'exprime par une conscience impersonnelle, par un égoïsme impersonnel. Et d'ailleurs, ce n'est pas seulement parce que, dans le lointain, les particularités se confondent que les prolétaires ne discernent pas, dans l'ordre futur, leur joie propre de la joie de tous : c'est parce que l'ordre socialiste est d'avance défini comme un régime d'égalité harmonieuse où les individus pourront se développer librement, mais sans jamais asservir les autres individus, et où, par suite, la vie individuelle vaudra surtout par sa joyeuse participation à la vie générale. La Société capitaliste est une mêlée ; la Société collectiviste sera un accord. Ainsi l'ordre capitaliste est châtié dès maintenant par son propre principe. Ayant surexcité et déchaîné, sans règle et sans frein, les appétits individuels et les forces individuelles, il pourra bien, contre le socialisme menaçant, organiser des coalitions de forces ; mais ces coalitions n'auront pas d'unité morale. Il n'y aura pas, en ces égoïsmes agglomérés, une âme de dévouement. Ou bien, si les capitalistes, pour faire face à l'ennemi commun, mettent un terme à leurs rivalités, à leurs luttes violentes ou sournoises, s'ils suppriment, par exemple, ou règlent la concurrence, ils capitulent devant le principe socialiste, c'est-à-dire devant le socialisme lui-même ; c'est-à-dire que l'ordre capitaliste porte en lui-même, quoi qu'il fasse, son arrêt de mort : ou il mourra de l'application de son propre principe, qui le livrera discordant et désagrégé aux coups de l'ennemi, ou il mourra de l'adoption du principe adverse. Ou bien il périra de n'avoir point de morale, ou bien il périra d'avoir introduit la morale socialiste, c'est-à-dire la solidarité, dans un régime social qui est essentiellement un antagonisme.

Au contraire, l'ordre socialiste, qui sera solidarité, se réalise, par une sorte d'anticipation morale, dans la conscience de ceux qui le préparent, en un sentiment de solidarité : c'est ainsi que, sans l'abolir et même en l'utilisant, il élève et transforme l'égoïsme instinctif des prolétaires.

En second lieu, si l'égoïsme capitaliste ne peut être ennobli et épuré comme l'égoïsme prolétarien, c'est que le capitalisme a, en ce moment-ci, contre lui ce que nous avons appelé la dialectique de l'histoire. Les capitalistes sentent que le Capital est menacé par son développement même, que, par le divorce croissant de la propriété et du travail, l'ordre actuel perd peu à peu sa légitimité et sa base. Ils sentent que la concentration croissante des capitaux rend possible leur concentration définitive en une seule puissance : la nation, et qu'en accumulant des régiments de salariés sous sa discipline, le Capital prépare lui-même le groupement des forces insurrectionnelles qui se lèveront contre lui. Ainsi, dans leur propre puissance, par l'ironie dialectique des choses, est enveloppée leur défaite. Ainsi le mouvement mystérieux et irrésistible de l'histoire, bien mieux, leurs propres ambitions et leurs victoires mêmes conspirent à leur ruine avec les forces grandissantes du prolétariat révolté. Ils n'ont donc pas contre eux une sorte d'ennemi extérieur rôdant autour de la forteresse capitaliste comme un assiégeant autour des murs de la ville. C'est au centre même de leur puissance et au cœur même de leur force qu'est pour eux l'inquiétude et le péril. Ce n'est donc pas la haine vaillante et vigoureuse de l'ennemi commun qui les rassemble : c'est une peur étrange, une sorte d'appréhension vague et paralysante comme si, pour la première fois, ils voyaient sur le rivage la marée montante venir vers eux. Oh ! cela ne les empêchera pas de lutter ; peut-être même leur peur déchaînée sera-t-elle féroce. Mais ils sentent, quoi qu'ils fassent, que l'avenir leur est ennemi.

Ils ne peuvent avoir ce bel élan de confiance et d'audace qui rapproche les cœurs et emporte les égoïsmes confondus dans le même mouvement allègre. Chacun d'eux sera incessamment ramené sur soi : — si moi du moins je pouvais me sauver ! ou si, en attendant la catastrophe commune, toujours possible, je profitais de toutes les circonstances pour assurer ou développer ma situation personnelle : Après tout, le monde durera bien autant que moi ! — Et ainsi, même dans la fureur des coalitions rétrogrades et l'emportement de la lutte, les égoïsmes capitalistes seront groupés peut-être, mais non fondus et transformés. Les socialistes, eux, ont le sentiment qu'ils marchent à la victoire, que le mouvement des faits concorde avec leur propre mouvement, que les forces de l'histoire secondent leur propre force, et dans cet élargissement de l'espérance commune, tous les égoïsmes particuliers s'agrandissent et se pénètrent. La peur resserre ; l'espérance dilate. L'égoïsme capitaliste, même dans la joie de la fortune présente, est crispé par la peur. L'égoïsme prolétarien, même dans la souffrance de la misère présente, en s'ouvrant à l'espérance, s'emplit de générosité.

Enfin, il n'y a pas, il ne peut y avoir un fond humain dans l'égoïsme capitaliste. Le Capital, en approfondissant son propre intérêt, ne peut y trouver le droit humain. Certes, les capitalistes peuvent se dire qu'en servant directement leurs propres intérêts, ils servent indirectement l'humanité. Ils peuvent se dire notamment que par les grandes entreprises, dont ils retiennent presque tout le bénéfice, ils contribuent à la civilisation générale. Oui, ils peuvent se dire cela, ou le faire dire par les officieux de l'économie politique. Mais, au fond, ils sentent bien que, s'ils sont utiles, c'est par hasard et comme par ricochet, que leur but n'est point là, et que s'ils traversent parfois le courant humain, c'est comme le chien de chasse qui, acharné après sa proie, rencontre et traverse un ruisseau et y laisse au passage la poussière dont il est couvert. Et surtout ils doivent bien s'avouer qu'en fait les victoires du Capital n'ont rien d'humain, puisqu'elles font de la puissance de la liberté vraie le privilège de quelques-uns. L'homme ne vaut plus par lui-même, par sa faculté d'aimer, de souffrir, de penser : il vaut par la puissance extérieure dont le revêt le Capital. Et sans cette puissance, il ne vaut pas : il n'a pas droit au plein et libre développement de ses énergies. Au fond du capitalisme, il y a la négation de l'homme. Selon la logique capitaliste, il est possible, à la rigueur, qu'un jour un seul homme soit propriétaire absolu de tous les moyens de production de la planète, qu'un Charles-Quint du Capital, plus ambitieux, plus heureux et un milliard de fois plus puissant que l'autre, réalise la monarchie universelle de l'Argent et que tous les hommes, tous, sauf un, soient des salariés; il est possible, selon la logique et le droit capitalistes, qu'un jour, un homme, un seul homme, maître de tout, puisse refuser à tous les autres hommes tout le sol de la planète, toutes les machines de toutes les usines, et que l'humanité soit acculée légitimement, et sous peine de violer la Propriété, à un immense suicide.

Encore une fois, rien dans le mécanisme capitaliste, rien dans la définition du Capital ne s'oppose absolument à la réalisation de cette monstrueuse hypothèse, pas plus que rien, dans la notion de la monarchie absolue et catholique et dans son fonctionnement, ne s'opposait à une sorte d'impérialisme universel. Bien mieux, c'est vers cette fin suprême que va le Capital et tout capital. Il ne connaît pas de limite, et il n'y a pas de puissance qui puisse lui en assigner tant que l'Humanité ne l'a point vaincu et subordonné. De soi, il tend à dépasser toujours toute limite marquée : c'est-à-dire qu'il tend vers l'infini, c'est-à-dire vers l'omnipotence, vers la déification de l'individu humain en qui il résidera et qui sera son élu. Dès lors, quand les capitalistes regardent jusqu'au bout de leur pensée, jusqu'au bout de leur droit, ce qu'ils voient, ce n'est pas l'humanité, mais au contraire la négation de l'humanité : tout au bout de la perspective capitaliste, comme au bout des mystérieuses avenues dans les résidences sacrées de l'Orient, on entrevoit une monstrueuse idole, devant qui l'humanité tout entière n'est qu'une esclave prosternée.

Voilà l'extrémité idéale du mouvement capitaliste ; voilà la limite vers laquelle tend le capitalisme comme le polygone inscrit vers le cercle. Et si, en fait, cette universelle et diabolique monarchie du Capital ne se peut réaliser, cette fin suprême du capitalisme n'en est pas moins présente à tous ses mouvements et à toutes ses démarches. C'est là, dès aujourd'hui, le grand ressort du capitalisme : toujours plus outré ; et lorsque le Capital se scrute et s'analyse lui-même, il est contraint de découvrir en soi, non une affirmation, mais une négation de l'humanité. Voilà pourquoi la conscience des capitalistes est si souvent divisée contre elle-même. D'une part les grandes révolutions religieuses, politiques et sociales du passé leur disent : Égalité ; de l'autre le Capital leur dit : Domination : et le mouvement offensif du prolétariat surprend la conscience capitaliste à l'état de discorde et pour ainsi dire en pleine guerre civile. Grande faiblesse pour nos ennemis ! Voilà pourquoi surtout, l'intérêt capitaliste n'étant pas l'enveloppe de l'intérêt humain, dans l'égoïsme capitaliste on ne peut découvrir un égoïsme d'une essence plus pure : le noble égoïsme humain.

Au contraire, quand les prolétaires, déshérités de tout, dépouillés et nus, réclament pour eux-mêmes, pour qui et pour quoi réclament-ils ? Est-ce pour une puissance extérieure à l'homme ou qui même ne soit pas toujours en lui ? Est-ce pour la richesse ? Ils sont pauvres. Est-ce pour le capital ? Ils sont salariés. Est-ce pour la beauté de la race ? Le travail servile a souvent abâtardi la leur. Est-ce pour la haute science ? Ils sortent à peine de la nuit, et ils épèlent péniblement aux premières lueurs du jour. Est-ce pour le génie ? S'il en est en eux, il est étouffé par le besoin sordide et à l'état d'instinct. Non, quand ils réclament pour eux-mêmes, ils réclament pour l'homme, quand on en a retranché tout ce qui n'est pas l'homme même. Ils réclament pour ce qui reste de l'homme quand on en a prélevé la fortune, le génie conscient, l'aristocratique beauté, la haute science. Et que reste-t-il de l'homme ? la puissance de travailler, de souffrir, d'aimer, un commencement de pensée, misérable encore, mais plein de promesses, et une secrète vocation du cœur pour les vastes sympathies. C'est pour ces choses que le prolétariat réclame en réclamant pour lui-même : c'est ce résidu sacré qu'il recommande à l'avenir. C'est dire qu'en réclamant pour soi, le prolétariat réclame pour l'humanité tout entière. En se haussant, lui qui était au plus bas, il hausse tout : c'est l'humanité qui est enfin glorifiée en elle-même et pour elle-même. Pour entrer dans la cité nouvelle, il faudra simplement produire à la porte le même titre que le prolétaire. Et lequel ? Le titre d'homme.

Votre visage est creusé par la souffrance, pâli par la faim ; il est même comme abêti par l'ignorance, ou flétri par le vice. Mais qu'importe le passé mauvais ? C'est visage d'homme : Entrez. Dans ces deux yeux il y a lueur humaine : Entrez ! c'est ici la cité des hommes. Et ainsi, pour la première fois dans l'histoire humaine, la glorification du prolétariat sera la glorification de l'humanité, de l'humanité toute seule, de l'humanité tout entière.

Comment le prolétaire ne sentirait-il pas l'homme même et tressaillir et crier et espérer et combattre en lui? Comment l'égoïsme prolétarien, au lieu d'être l'égoïsme d'un individu, ou même d'une classe, ne serait-il pas l'égoïsme sacré de l'humanité elle-même ? ou plutôt comment ne serait-il pas à la fois, en une palpitation indivisible : égoïsme individuel, égoïsme de classe, égoïsme humain ? Comment, par suite, le mouvement socialiste n'aurait-il pas à la fois la solidité et la netteté de l'intérêt immédiat, l'âpre et noble passion des revendications de classe, et la grandeur des aspirations humaines ? Oui, quand le prolétariat va ainsi à la bataille, il y a en lui tout à la fois, comme les trois rayons tordus par Vulcain en un seul éclair : appétit, passion, sacrifice. J'avais le droit de dire que le socialisme ne devait pas chercher, hors de lui et au-dessus de lui, une morale ! Qu'il était lui-même, pratiquement, une morale. De cette solidarité historique et, en quelque sorte, extérieure : le prolétaire, le prolétariat, l'humanité, il fait une solidarité intime et de conscience.

De même que par la pénétration de ces trois termes : le prolétaire, le prolétariat, l'humanité, le socialisme élève l'égoïsme jusqu'à l'idéal au lieu de le répudier; de même, en prenant pour fond et pour point d'appui les intérêts matériels, les besoins physiques, le socialisme élève le peuple à la vie intellectuelle. Prêcher au peuple surmené que la science est une belle chose, que la pensée est une noble puissance, est vraiment aussi facile que stérile. Comment pourrait-il goûter les délicatesses littéraires ? Il connaît à peine le mécanisme le plus grossier du langage. Comment pourrait-il méditer les méthodes et les grands résultats de la science ? Son cerveau est comme écrasé par le labeur machinal. Comment s'amuserait-il ou s'abandonnerait-il aux hautes spéculations religieuses ou philosophiques ? Elles sont ou trop abstraites pour lui, c'est-à-dire trop étrangères et indifférentes à sa propre vie, ou bien elles lui sont suspectes, car en ajournant à « un autre monde » l'égalité et la justice, elles sont les complices de l'oppression capitaliste. Il n'y a donc pas ou presque pas de point d'attache entre la science ou la pensée et la vie du peuple. Le socialisme, au contraire, dit à la multitude prolétarienne : Tu souffres; pourquoi souffres-tu ? Tu es réduite au salariat; d'où vient le salariat ? Le régime capitaliste t'opprime. D'où vient le régime capitaliste ? Comment s'est-il formé ? Quel est son mécanisme ? où va-t-il ? et les expropriations successives qu'il opère aux dépens du travail libre n'aboutiront-elles pas à l'expropriation finale des expropriateurs ? Tu es exclue de la propriété; mais les formes de la propriété sont-elles immuables ? L'histoire n'est-elle pas une évolution incessante ? et après avoir dissocié, par le capitalisme, le travail et la propriété, ne les réunira-t-elle pas à nouveau en une plus vaste et plus ferme synthèse ?

Ainsi c'est sur elles-mêmes que les foules misérables et dépendantes sont appelées à réfléchir : c'est sur leur misère même et sur leur dépendance. Elles ne sont plus l'inerte matière pétrie par tous les événements, par toutes les dominations : elles veulent connaître la loi même des événements qui les subordonnent, l'origine, les services transitoires, la légitimité caduque, le mécanisme et l'usure des puissances qui les oppriment. Elles ne sont plus roulées comme un caillou par la force de l'histoire ; elles en comprennent le cours dans le passé, elles en pressentent le cours dans l'avenir, et ainsi, selon la vieille maxime stoïcienne, qu'en comprenant le destin on l'abolit, le prolétariat, jusque dans sa servitude présente, est libre, puisqu'il la comprend, puisqu'il en sait l'origine et qu'il en marque la fin. Il est libéré d'avance par la pensée socialiste. Et cette pensée ne lui est point une pensée étrangère, une pensée d'emprunt. Elle sort de sa vie même : et elle en est la formule. Il n'y a pas un seul incident de son existence quotidienne qui ne soit un appel à la réflexion, un commentaire de l'idée une fois comprise. Les forces colossales de l'histoire en mouvement, il les sent sur lui et en lui, et il a par là un sens historique beaucoup plus profond et vivant que celui de la bourgeoisie, immobilisée devant l'idole capitaliste comme devant l'immuable figure du droit.

C'est ce que l'éducation vraiment socialiste a de nouveau pour le peuple : la pensée se confondant avec la vie même. Certes, l'élite du peuple a toujours eu de magnifiques échappées de curiosité. Il y a parmi les travailleurs des hommes qui d'autant plus veulent savoir, et savoir tout, que leur condition économique, leur existence presque machinale semble leur refuser le savoir. Ils veulent même, comme pour se dépayser, savoir ce qui est le plus éloigné et des siècles présents et de leur condition propre. Et il en est qui parviennent à organiser, à systématiser ces connaissances fiévreusement acquises. Malon en est un glorieux exemple. Mais combien de fois, dans ces sortes de voyages aventureux dans tous les chemins de l'histoire, ou même en pleine métaphysique et en pleine idéologie, s'égarent-ils et s'éblouissent-ils eux-mêmes ! Combien de fois rapportent-ils de ces lectures téméraires des pensées confuses et ambitieuses ! Et surtout, dans cette sorte de science improvisée et présomptueuse, ils n'ont pas l'air d'être chez eux ! ils sont comme un parvenu dans un palais, ne sachant trop s'ils en sont maîtres. Et ainsi cette sorte de science, qui n'est souvent que vanité, les étourdit et les trouble au lieu de les fortifier : elle les humilie au lieu de les grandir. Si le socialisme, au début, a l'air de circonscrire l'éducation du prolétariat aux questions économiques, aux questions vitales, ce n'est pas qu'il veuille restreindre les audaces, les curiosités, les fantaisies même de la pensée et de l'art. Il se propose au contraire comme fin suprême d'appeler tous les hommes à la plénitude de la vie intellectuelle. Il veut que l'univers tout entier soit l'horizon familier de l'humanité tout entière. Mais il veut tout d'abord que la science du peuple soit à lui et bien à lui. Il veut qu'elle ne soit pas en lui artificielle et factice. Elle doit être l'interprétation de sa propre vie au moment même où il la vit ; et au moment même où il souffre, la lumière de sa souffrance. Elle n'est pas un attirail d'érudition ou une complication de rêverie qui embarrasserait la marche du prolétariat. Elle est une souple et vivante armure qui ne fait qu'un avec lui. Elle est le prolétariat lui-même, conscient de soi et de son rôle. Si elle n'était qu'une imitation maladroite du savoir bourgeois, elle serait pour le prolétariat une infériorité. Au contraire, étant l'affirmation du prolétariat et de sa mission historique comprise par lui, elle lui donne sur la science bourgeoise, qui, dans l'ordre économique, n'est bien souvent qu'une scolastique vaine, toute la supériorité de la vie armée sur les formules mortes.

De là deux avantages décisifs. La pensée, confondue avec la vie et la souffrance, peut descendre jusqu'aux fonds les plus obscurs du peuple, car il y a là souffrance et vie. Dans les cerveaux assourdis par le bruit continu des tissages, en de longues et stupéfiantes journées, la pensée socialiste seule peut vibrer encore. Elle est comme une lancination cérébrale réveillant le prolétariat de sa torpeur. Le socialisme seul peut faire de la pensée dans le peuple, non une simagrée scolaire qui cesse à treize ans, quand l'enfant entre à l'atelier, mais une habitude et une vérité. Seul il arrachera à la stupidité et à la mort d'innombrables cerveaux humains, et il léguera à l'humanité future, pour ses prodigieuses audaces et entreprises intellectuelles, un peuple pensant.

Et de plus (c'est le second service rendu par le socialisme à la pensée humaine) il aura identifié la pensée et la vie. Le peuple aura contracté l'habitude de la méthode : il ne se sera abandonné qu'à l'idée bien comprise qui le prenait par le cœur et par les entrailles. Il apportera, dès lors, dans l'étude élargie de l'univers et de la vie, une sincérité profonde et un sérieux passionné. Si jamais l'humanité, qui semble retourner à une sorte d'enfance sénile et faire un hochet des croyances et des systèmes, retrouve le sens vraiment religieux de la vie et de l'univers, elle le devra à cette éducation socialiste qui aura fait de la pensée, non un jeu délicat, mais l'affirmation et l'expression de la vie.

Ainsi le socialisme, où les sots affectent de ne voir que des revendications matérielles, est un véritable créateur d'idéal. De l'idéal il ne fait point je ne sais quelle aristocratique fantaisie glissant à la surface des sociétés : il en veut faire l'ennoblissement de l'humanité tout entière, et pour cela, bien loin d'éliminer ou de dédaigner les instincts primordiaux, les appétits physiques, les tendances égoïstes, c'est sur elles qu'il s'appuie d'abord. C'est à l'égoïsme qu'il fait appel, et cet égoïsme, il l'élargit et le transforme ; c'est aux besoins matériels qu'il s'adresse ; mais il appelle l'appétit animal qui est dans l'homme à réfléchir sur lui-même, et la pensée même prend l'humanité aux entrailles. Ainsi ce n'est pas une humanité fictive que le socialisme aura élevée, mais l'humanité réelle, l'humanité qui est une portion de la nature. Par là le socialisme est la plus grande force morale et la plus efficace qui ait encore paru dans le monde humain. Par là aussi il apparaît qu'entre « l'idéalisme » de Benoît Malon et le « matérialisme » des marxistes il n'y a pas une opposition fondamentale de conception, mais bien plutôt une simple différence dans la méthode d'exposition. Puisque nous sommes à ce point de l'évolution historique où l'intérêt d'une classe, le prolétariat, se confond avec l'intérêt de l'humanité et où dans l'affranchissement espéré de cette classe perce l'affranchissement de l'humanité, on peut indifféremment aborder le problème par le côté humain et moral, comme le fait Benoît Malon, ou par le côté économique, comme le fait Marx. Benoît Malon croit découvrir tout au fond de l'homme un instinct primordial et permanent, une sympathie native de l'être humain pour l'être humain, le besoin, par conséquent, pour tout individu, de multiplier la joie des autres individus dont, par une tendance primordiale, il est solidaire. Et c'est cet instinct profond de sympathie qui, sous des formes diverses, lutte contre toutes les forces contraires de dispersion et d'antagonisme qui ont armé les uns contre les autres les hommes, les peuples et les races. C'est d'abord sous forme religieuse et théologique, puis sous forme métaphysique que s'est manifesté cet instinct; les grandes religions et les grandes philosophies n'ont été que la projection, dans le vide de l'absolu, de ce besoin d'universelle sympathie, de ce pressentiment d'unité humaine qui est, dès l'origine, au cœur même de l'humanité. L'histoire et la critique ont éliminé ces formes premières, effacé ces fantômes célestes, ombre démesurée et vague de l'homme aimant et souffrant; mais cet instinct est resté, et c'est sous forme sociale qu'il cherche maintenant une satisfaction positive; c'est dans l'ordre économique, c'est-à-dire dans l'ordre de la réalité humaine et de la vie que l'instinct « altruiste » réclame et agit maintenant. Ainsi, quand Benoît Malon part de la notion d'humanité, il ne part pas d'un absolu immobile et abstrait qui serait la négation même de l'histoire, c'est-à-dire du marxisme; il démêle dans l'homme un instinct profond et essentiel, mais qui ne s'est jamais manifesté et produit que sous les formes changeantes de l'histoire et qui ne recevra sa pleine satisfaction que par l'évolution historique qui, en donnant à une classe, le prolétariat, une valeur vraiment humaine, abolit enfin les antagonismes économiques qui avaient neutralisé l'obscure tendance altruiste de l'être humain. Ainsi, malgré certaines formules de généralisation un peu hâtive et malgré certaines apparences d'idéologie, c'est bien dans le concret de la réalité humaine et de l'évolution historique que la morale sociale de Benoît Malon a son point d'appui.

Et, d'autre part, le matérialisme économique et historique de Marx n'exclut ni logiquement, ni dans la pensée même de Marx, ce qu'on est convenu d'appeler l'idéal. J'ai à peine besoin de rappeler que Marx, par son affirmation matérialiste, a surtout voulu rectifier, en la renversant, la méthode dialectique de Hegel. Celui-ci partait de l'Idée, qui par son propre progrès devenait nature et histoire. Marx a accepté de Hegel la conception de l'universel et incessant devenir; mais il a affirmé que ce sont les choses mêmes, c'est-à-dire le système des faits immédiatement perçus, qui se transforment et qui, en se transformant, transforment les conceptions humaines. Or, comme dans la vie de l'humanité ce sont les rapports résultant du mode de production qui sont fondamentaux, c'est l'évolution économique des sociétés humaines qui règle, selon Marx, l'évolution intellectuelle et morale de l'humanité.

Cette conception-là ne se confond nullement avec le matérialisme physiologique ou avec le matérialisme moral. Il se pourrait très bien que ce qu'on appelle pensée, sentiment, ne dérivât pas exclusivement d'une organisation matérielle, d'un cerveau, par exemple, et que cependant le développement de ce sentiment et de cette pensée fût soumis, dans l'histoire humaine, à l'action souveraine des conditions économiques. De même il ne résulte nullement de cette force prééminente et directrice de l'ordre économique que l'homme soit réduit à des appétits inférieurs ou à des mobiles intéressés. Marx a écrasé de son ironie pesante le vulgaire utilitarisme anglais, allié bourgeois de l'économisme. Il appelle Bentham l'oracle philistin du dix-neuvième siècle, et il dit de lui : « Jérémie Bentham est un phénomène anglais. Dans aucun pays, à aucune époque, personne, pas même le philosophe allemand Christian Wolf, n'a tiré autant de parti du lieu commun. Il ne s'y plaît pas seulement, il s'y pavane. Le fameux principe d'utilité n'est pas de son invention. Il n'a fait que reproduire sans esprit l'esprit d'Helvétius, et d'autres écrivains français du dix-huitième siècle. Pour savoir, par exemple, ce qui est utile à un chien, il faut étudier la nature canine, mais on ne saurait déduire cette nature elle-même du principe d'utilité. Si l'on veut faire de ce principe le criterium suprême des mouvements et des rapports humains, il s'agit d'abord d'approfondir la nature humaine en général et d'en saisir ensuite les modifications propres à chaque époque historique. Bentham ne s'embarrasse pas de si peu. Le plus sèchement et le plus naïvement du monde, il pose comme homme-type le petit bourgeois moderne, l'épicier, et spécialement l'épicier anglais. Tout ce qui va à ce drôle d'homme-modèle et à son monde est déclaré utile en soi et par soi. C'est à cette aune qu'il mesure le passé, le présent et l'avenir. La religion chrétienne, par exemple, est utile. Pourquoi ? Parce qu'elle réprouve, au point de vue religieux, les mêmes méfaits que le code pénal réprime au point de vue juridique. La critique littéraire, au contraire, est nuisible, car c'est un vrai trouble-fête pour les honnêtes gens qui savourent la prose rimée de Martin Tupper. C'est avec de tels matériaux que Bentham, qui avait pris pour devise : *Nulla dies sine linea,* a empilé des montagnes de volumes. C'est la sottise bourgeoise poussée jusqu'au génie. »

Et de fait, cette sorte d'utilitarisme inférieur n'avait pas seulement, aux yeux de Marx, le tort de nier l'évolution humaine, de transformer l'épicier-type de Londres en l'homme immuable et essentiel. Il avait le tort encore de nier l'action des milieux économiques et sociaux sur l'homme, puisque la vie de chaque individu devenait un petit mécanisme très simple et très distinct, que chacun pouvait monter et surveiller selon certaines recettes d'utilité, comme on monte et surveille une pendule, selon certaines recettes de mécanique. Le matérialisme économique de Marx soustrait l'individu humain à la puérilité étroite du système utilitaire : car, d'une part, le milieu économique, agissant sur les hommes, détermine leurs conceptions et leur conduite, non selon leur intérêt individuel clairement et immédiatement perçu, mais selon l'instinct et la loi de la catégorie sociale à laquelle ils appartiennent. Bien loin d'être un petit mécanisme bourgeois fonctionnant sous globe, à l'abri de la poussière et des brusques oscillations, comme l'homme-type de Bentham, l'homme de Marx est soumis à d'incalculables poussées historiques qui entraînent et dépassent le moi individuel. Et d'autre part, le milieu économique agit sur les individus humains pour déterminer, selon la catégorie économique où ils vivent, la direction générale de leur pensée et de leur vie ; mais dans cette catégorie générale de pensée et de mouvement, chaque individu humain développe sa nature propre, ici égoïste et sensuelle, là affectueuse et aimante ; en sorte que l'égoïsme économique de classe qui est, selon Marx, le fond même de l'histoire, laisse subsister les désintéressements et les dévouements individuels. Il laisse aussi, par conséquent, subsister le problème qu'a abordé Malon : Quelle est la source profonde de ces dévouements individuels ? Et comme, selon Marx, l'histoire, imitant en cela le mouvement de l'Idée hégélienne, arrivera à se nier elle-même, c'est-à-dire à abolir, par la victoire du prolétariat, l'antagonisme de classe qui a été l'histoire même, comme, par conséquent, l'humanité, réconciliée avec elle-même en un monde harmonique de production, éclatera enfin dans son unité et sa beauté, le mouvement économique lui-même nous amène à cette inévitable question : Qu'est-ce que l'humanité ? Peut-on saisir en elle, au travers de son douloureux développement, des facultés profondes ? Par quelle racine ces facultés tiennent-elles au reste de la nature et à l'univers ? Et voilà comment la route solide et résistante que Marx a tracée à travers l'histoire, et sur laquelle le prolétariat universel s'avance avec certitude vers la victoire prochaine, aboutit, elle aussi, comme un chemin brusquement interrompu par la mer, aux vastes abîmes des questions mouvantes et illimitées. C'est le mouvement économique même, tel que Marx le conçoit, qui, à son dernier procès, amènera l'humanité affranchie de la lutte, de l'antagonisme, de l'inconscience épaisse, à se poser dans des conditions nouvelles le vieux problème : Que suis-je dans le Tout ? Et lorsque Malon, dans l'ordre des questions morales, soulève le problème, il n'est point nécessairement infidèle à la méthode du socialisme scientifique et évolutif. Peut-être l'antagonisme de la conception idéaliste et de la conception matérialiste du monde et de l'histoire sera-t-il résolu en harmonie comme les autres antagonismes par l'avènement de l'ordre socialiste. C'est sous le pressentiment de cette synthèse qu'a été écrit le livre de Malon, et c'est là ce qui en fait, à mon sens, la plus réelle valeur.

Jean Jaurès.

LA MORALE SOCIALE

Ce qu'Auguste Comte appelait il y a quarante ans « notre déplorable situation morale » ne s'est guère amélioré. Aujourd'hui, comme en 1845, et à plus forte raison, nous pouvons dire que « la démolition « de toutes les maximes sociales, et en même temps « l'amoindrissement continu de l'action politique, « tendent nécessairement de plus en plus chez les « divers partis à livrer le monde à la charlatanerie et « à la médiocrité, n'ayant pour impulsion que l'acti- « vité ou un besoin puéril de commandement. »

Qu'il nous soit donc permis de laisser un moment les banalités de la politique courante, pour nous préoccuper de cette menaçante et douloureuse situation.

Toutes choses étant causées ou causantes dans notre monde de l'éternel devenir, nous ne chercherons pas, dans telles ou telles circonstances, encore moins dans tels ou tels hommes, la cause du mal qui, pour nous, est surtout social.

Ne saute-t-il pas aux yeux, tout d'abord, que le sentiment vivace, chez les prolétaires, des souffrances du salariat, et que la crainte qu'inspire ce sentiment aux privilégiés, surexcitent, des deux côtés, les ressentiments et les égoïsmes ; compriment les poussées de sens moral que font germer et que feraient lever nos progrès scientifiques et philosophiques ?

Ainsi dominée dans toutes ses manifestations par les nécessités de la lutte individualiste pour la subsistance ou pour la domination, l'activité humaine n'a qu'un principe dirigeant : l'égoïsme — ce motif antimoral par excellence, a dit Schopenhauer ; — qu'un but : l'élimination des concurrents, digne couronnement d'un tel état de choses.

Et qui évaluera jamais la quantité de forces ainsi gaspillées, dans cette mêlée fratricide de la dispersion des activités, de l'hostilité des rapports, du déchaînement des ambitions et des rapacités individuelles? A cela nous devons que nos mœurs, si inférieures à notre savoir positif, à notre pouvoir social, sont encore empreintes, dans une si lamentable proportion, de dureté, d'égoïsme cupide, de corruption, de violence et de tromperie.

Car il ne peut y avoir moralité sociale que lorsque cette moralité découle logiquement de la synthèse intellectuelle d'une époque. Or, ce n'est pas notre cas. Intellectuellement, nous sortons de l'éclectisme sceptique pour entrer dans la science, tandis que, moralement, nous en sommes encore aux insuffisants préceptes de la théologie, aggravés par le *chacun pour soi* de la bourgeoisie triomphante et jouissante. Aussi la science moderne, contre toute logique historique, n'a pas produit une moralité correspondante ; la pensée humaine, comprimée dans le moule bourgeois, est débordée par ses propres œuvres. Semblable au Samson biblique, elle est écrasée sous le poids des éléments qu'elle a remués, parce qu'elle manque, dans l'ensemble de ses représentants, de la virilité et de l'altruisme nécessaires pour sortir dignement du vieil et croulant édifice de l'ancienne religion.

Incontestablement, le mal vient de là. L'ancienne foi est morte, son cadavre corrompt l'atmosphère de l'idée, et nous ne savons ni l'enterrer convenablement ni saluer la foi humaine qui émerge déjà de l'horizon de la science. A la foule altérée de synthèses nouvelles, les classes dirigeantes, sceptiques pour leur propre compte, ne savent offrir que les insoutenables et sanglantes légendes de la mythologie sémitique, qui sont la négation de la nature humaine et des nécessités sociales.

Parmi ces croyants d'une religion épuisée, se trouvent des moralités hautes. Mais ne leur demandez pas trop de vertus sociales ; leurs dogmes du renoncement à l'humanité et du salut individuel extra-terrestre ne se prêtent pas au culte de l'humanité, et ils sont les fils de ceux que les plus grands empereurs et les plus grands penseurs des premiers siècles, les Trajan, les Marc-Aurèle, les Julien, les Pline, les Tacite, les Celse, les Apollonius, les Ammien Marcellin, les Agricola, les Dion Cassius, les Ulpien, les Papinien, et toute la noble école des stoïciens, combattirent au nom du salut public.

Donc, rien de grand à attendre, socialement parlant, du vieux dogme qui, pendant les dix siècles de sa domination incontestée, n'a pas su dompter les barbares, a fait rétrograder la science et a été, pour le monde occidental, un temps d'arrêt et de douleur.

Impossible pourtant de rester sans foi morale commune.

Parmi ceux qui se contentent de nier, il y a, en grand nombre, des héros de la dignité personnelle et du dévouement ; mais combien, dans le désert moral qui les entoure, suivent les voies décevantes de l'égoïsme ! Osons le dire : il est de toute importance, les vieux dogmes rejetés, que nous complétions notre émancipation intellectuelle par une conception générale de la vie, synthèse des sciences servant de base à une théorique universelle des devoirs sociaux, scientifique dans son principe et humaniste dans son but. Il est de toute importance, aussi, que nous améliorions les rapports des hommes entre eux, car, si la bonne politique fait les bonnes finances, à plus forte raison la paix sociale et l'efflorescence morale sont filles de la diffusion de l'instruction, de la justice politique et économique.

La nouvelle théorique morale peut-elle être formulée ? Elle doit, en tout cas, être cherchée. Les sciences positives sont assez développées pour cela et les matériaux pour la constituer ne manquent pas.

Pour notre part, lorsque nous nous sommes demandé s'il n'y a de base morale que dans les entités métaphysiques, nous sommes arrivé à cette consolante conclusion : que le fait moral découle du fait social et se développe avec lui ; qu'en d'autres termes, plus le fait social est altruiste dans ses enseignements, dans ses institutions, dans ses réalisations, plus le niveau moral s'élève.

Ainsi, le principe moral que Kant a vu dans le *devoir pour le devoir*, et les matérialistes dans l'*intérêt bien entendu*, ou *égoïsme éclairé*, serait, comme l'ont entrevu Auguste Comte, Schopenhauer, J. S. Mill, etc., dans l'*altruisme* des principes, des actes et des institutions.

Semez dans un souterrain éclairé par une seule

ouverture des plantes grimpantes : toutes dirigeront leurs tiges altérées de soleil vers le point lumineux d'où leur vient la vie.

De même, toutes les actions morales tendent vers l'altruisme, qui seul peut leur donner le caractère social, sans lequel elles n'ont aucune efficacité bienfaisante, c'est-à-dire aucune valeur morale.

En un mot, la morale nouvelle ne saurait être ni théologique, ni métaphysique, ni purement naturaliste : elle ne peut être que *sociale*.

Et c'est bien dans ce sens que l'évolution se fait. La conscience humaine, dans les mieux doués et dans les plus éclairés, est sortie de l'égoïsme primitif, très imparfaitement limité par la crainte des dieux, pour concevoir l'*Ego-altruisme* des évolutionnistes, qui ne sépare le bonheur personnel ni de la lutte ennoblissante pour le plus haut développement, pour le plus grand bonheur du plus grand nombre, ni les devoirs de pitié envers tout ce qui vit, les conditions du développement humain générateur de justice étant respectées.

Et maintenant, voici nos raisons.

PREMIÈRE PARTIE

GENÈSE DE LA MORALE

I

QU'EST-CE QUE LA MORALE ?

Les sciences d'un caractère moins général que la morale peuvent être enfermées dans une formule précise. Par exemple, aucune incertitude n'est laissée dans la pensée par les définitions suivantes :

Anthropologie : science de l'homme.

Ontologie : science de l'être.

Psychologie : science des facultés intellectuelles et effectives.

Méthodologie : science des méthodes dont la logique est une branche.

Sociologie : science des développements et des rapports sociaux, etc.

Mais si à ces définitions nous ajoutons, par exemple, celle de la philosophie et disons : *La philosophie est la science de l'homme et de la vie*, les discussions commenceront ; d'autres définitions surgiront. *La philosophie*, vous dira quelqu'un, *est la science des êtres, des principes et des causes.* — Nullement, reprendra un autre, *c'est la science des lois de l'esprit.* — Mais non, *c'est la science des théories.* — Pas davantage, *c'est la synthèse de toutes les autres sciences.* — et ainsi de suite.

Plus diverses encore sont les définitions qu'on a données à la morale. Choisissez dans ce chaos :

La morale est une harmonie (Pythagore). — C'est la santé de l'âme (Platon). — C'est la modération entre deux choses extrêmes (Aristote). — C'est la constante conformité à la raison (les Stoïciens). — C'est la recherche du bonheur (Épicure). — C'est la force morale, ou encore une nécessité morale qui oblige sans contraindre (Kant). — C'est la *déontologie* ou science de ce qui convient (Bentham). — C'est l'équation personnelle (Spencer). — C'est l'exercice de la liberté éclairée et bienveillante (Fouillée). — C'est une approbation du bien et une horreur pour le mal que l'instinct et la nature, antérieurement à toute réflexion, nous inspirent (Warburton). — C'est une détermination naturelle et immédiate qui nous porte à approuver certaines actions indépendamment du raisonnement (Hutcheson). — C'est la forme spontanée que revêt la conscience humaine (Ch. Bénard). — C'est l'obéissance aux prescriptions de la conscience (J.-J. Rousseau). — C'est la force de la conception idéale de l'homme, s'imposant à l'homme réel et le dirigeant. — C'est la science du bien, — de l'honnête, — des devoirs, — des règles fondées sur la notion du bien et du mal ; — c'est une déduction, une application de la psychologie; — c'est la science de la vie sociale, — c'est l'hygiène de l'âme, etc., etc.

Nous pourrions continuer pendant vingt pages. Les poètes même n'ont pas dédaigné de définir la morale :

> Mère du vrai bonheur et base d'un empire,
> O Morale, avec toi tout fleurit et respire (1).

Il est bien clair que toutes ces variations ne font pas avancer la question d'un pas. Tout ce que nous en pouvons dire, c'est que presque toutes contiennent une parcelle de la vérité, aucune ne donnant d'ailleurs une idée suffisante de la morale.

Nous ne serons pas plus heureux en cherchant le critérium de la morale. Sur ce point toutes les doctrines ennemies se sont donné carrière, et, du choc des monceaux de volumes, il n'est pas sorti beaucoup de lumière.

Pour les divers clergés, la morale vient d'un Dieu qui la commande aux hommes, sous peine de châtiments terribles après cette vie. D'autres basent la morale sur l'homme même, en qui elle est *innée*, disent les uns, en qui elle est *acquise*, disent justement les autres. Les divergences se multiplient quand il s'agit de définir le motif moral. Comme tels sont invoqués : *l'égoïsme éclairé* (Helvétius, Franklin, D'Alembert, Diderot, Saint-Lambert, D'Holbach), *le bien-être individuel et social* (Volney, Marmontel), *l'amour-propre combiné avec l'intérêt* (La Rochefoucauld), *la bienveillance* (l'abbé de Saint-Pierre), *le bien social* (les altruistes), *la pitié* (Schopenhauer), *l'altruisme* (Auguste Comte), *l'impératif catégorique*

(1) François de Neufchâteau.

ou *sentiment de l'obligation morale* (Kant), la dignité et le perfectionnement individuel (divers spiritualistes), etc.

Tot capita tot sensus.

Essayons, à notre tour, en suivant la même méthode, de donner une définition plus générale que les précédentes et de dire par exemple : *La morale est la science et la pratique du bien.*

Un nouveau dialogue commence :

— Qu'est-ce que le bien ? Varron compte de son temps 288 biens suprêmes ; quel est le vrai ?

— Le bien, c'est le nom général de tout ce qui est juste.

— Qu'est-ce que le juste ?

— C'est le sentiment et le respect du droit d'autrui ?

— Qu'est-ce que le droit d'autrui ?

— Ce que nous devons aux autres.

— Que leur devons-nous ?

— La justice.

Tautologie et cercle vicieux. Je reprends ma question : Qu'est-ce que la justice ?

— Eh bien ! c'est la mise en pratique du précepte antique : *Neminem ledere, suum cuique reddere.* Ne léser personne et rendre à chacun ce qui lui est dû.

— Soit. Mais, pour que ce précepte soit conforme à la justice, il faut supposer que tout a été distribué sur la terre d'après une justice préétablie. Or ce n'est pas le cas. Preuves : Nous sommes dans la société gréco-romaine ; je favorise l'évasion d'un esclave que son maître avilit, corrompt, torture et tue lentement ; ou encore, au moyen âge, j'aide un serf à soustraire quelques rouges liards aux brigandages du seigneur et aux savantes extorsions du prêtre. Ce faisant, je viole vis-à-vis du patricien antique, du seigneur et du prêtre du moyen âge, le *neminem ledere*, je les lèse dans un de leurs droits coutumiers que ma conscience condamne.

C'est incontestable.

— Prenons un autre exemple. Dans la société actuelle, un loup-cervier de bourse, enrichi des deuils et des ruines publiques, ou bien un grand industriel qui a fait sa fortune en exténuant une génération ouvrière, a acheté un vaste domaine mal gardé. Les pauvres d'alentour viennent, à l'approche d'un hiver de famine, marauder des pommes de terre dans les champs du riche et ramasser ou couper du bois dans ses forêts négligées.

Si je dénonce ces pauvres diables, ils seront condamnés à l'amende et à la prison ; pendant ce temps leurs familles mourront de faim. Je m'abstiens de le faire.

Suis-je immoral ? Oui, d'après l'axiome précité, puisque, en ne dénonçant pas les maraudeurs, j'ai violé vis-à-vis du riche le *suum cuique reddere*..., tandis que j'aurais dû participer, par un avis utile, à la préservation de ce qui lui appartient légalement.

Qu'en conclure ? Que le *neminem ledere, suum cuique reddere* n'est que la sanction du fait accompli, juste ou injuste, ou en d'autres termes la *consécration de la force triomphante*. Le patricien, le seigneur, le prêtre, le financier, le capitaliste dont il vient d'être parlé, ne possèdent pas justement, puisque, pour accumuler, ils ont dû, tout d'abord, par force ou par ruse, par meurtre ou par spoliation, *léser autrui*. Et cependant leurs usurpations sont devenues légales et s'abritent sous une maxime de prétendue justice, qui n'est en réalité que la sanction des abus de la force. Un seul moyen d'en sortir, c'est de dire : *La force prime le droit* (1), autrement on reste empêtré dans les bourbiers de la casuistique.

— La formule peut être mauvaise, répondra-t-on. Mais si je dis que la justice est l'application de cette maxime plus épurée et plus haute : *Ne fais pas à autrui ce que tu ne voudrais pas qui te fût fait à toi-même, et fais au contraire à chacun ce que tu voudrais qui te fût fait à toi-même,* que pourrait-on objecter ?

— Que l'introduction de cette formule ne change guère l'état de la discussion. Qui sera juge de ce que je voudrais qui me fût fait ou non fait ? Moi, naturellement ; de sorte que selon que je serai homme de bas instincts ou d'aspirations hautes, égoïste ou altruiste, je donnerai à ce précepte une signification particulière en rapport avec mon propre degré de moralité et ne s'élevant pas à une justice supérieure à celle dont la conception est dans ma pensée (2). Un autre verra

---

(1) *La force prime le droit.* Cette formule même n'est précise qu'en apparence. Le droit défini a un caractère de stabilité que n'a pas la force, qui passe d'un peuple à l'autre, au hasard des circonstances. La force ne peut donc être une base sociale.

(2) Je trouve dans la *Science sociale* de Fouillée une éloquente confirmation de cette manière de voir : « Ne faites pas ce que vous ne voudriez pas qu'on vous fît, et faites ce que vous *voudriez* qu'on vous fît. » Soit, mais comment interpréter cette « volonté » où l'on cherche la mesure de la justice et de la fraternité? Il y a trois sens possibles qu'on peut en donner : ou le désir, ou la volonté droite, ou l'amour. Dans le premier cas, la maxime aboutit évidemment à des conséquences insoutenables : ni le droit naturel, ni le droit civil ne peuvent faire de notre désir la règle de la justice, pas même celle de la bienfaisance. Un marchand désirerait qu'aucun

différemment, puis d'autres, puis des milliers encore. Où trouver entre tant d'avis la formule universelle ?

— Dans la conscience de chacun ; la conscience est en effet le critérium de la morale ; Rousseau aurait dû vous apprendre cela.

— Rousseau avait une conscience qui lui permettait de mettre ses six enfants aux *Enfants trouvés* et de se proclamer *le meilleur des hommes*, et pourtant sa conscience était fort élevée dans l'échelle des consciences ; que sera-ce si nous descendons plus bas ? En outre, baser la morale sur la conscience, c'est la baser sur l'instable, car, comme l'ont démontré tant de savants et de philosophes contemporains, la conscience n'est pas un état fixe, mais un processus, un devenir perpétuel. Enfin il y a des états de conscience si obscurs, qu'aucun sentiment de dignité ou de droit d'autrui ne leur est accessible. Même dans notre orgueilleuse civilisation européenne, que nombreux sont les gens de cette espèce, monstres de ténébreux égoïsme, dont la sensibilité morale est nulle et qui torturent, dépouillent ou tuent sans remords, lorsqu'ils en ont l'audace. Des plus malfaisants, on dit

---

autre marchand ne lui fît concurrence, cependant la concurrence est de droit ; la charité même ne commande pas de renoncer à un commerce par bienveillance pour ceux qui l'exercent déjà. Certains hommes s'accommodent de la servitude, et désireraient se décharger sur un maître, roi ou empereur, de soins trop lourds pour leur indolence : leur désir leur donne-t-il le droit d'imposer aux autres la servitude ? Un grand nombre d'esclaves d'Amérique, si on les eût consultés, auraient préféré l'esclavage à la liberté, car le plus profond esclavage méconnaît le prix de la liberté. Nombre d'hommes font bon marché de leur dignité et de leur honneur ; est-ce une raison pour ne pas respecter l'honneur d'autrui ? (FOUILLÉE, *Science sociale*.)

qu'ils sont fous ; ce n'est souvent pas le cas (1).

La forme inoffensive de ces consciences ataviques a été fort bien décrite par Fénelon dans son ingénieux et profond dialogue entre *Ulysse* et *Gryllus*. Celui-ci, que Circé avait changé en pourceau, ne pouvait se résoudre à reprendre sa forme première. *Ulysse* lui parle ainsi : — « Si peu que vous ayez de cœur, vous vous trouverez heureux de redevenir un homme. » — *Gryllus* : « Je n'en ferai rien. Le métier de cochon est bien plus joli. » — *Ulysse* : « Cette lâcheté ne vous fait-elle point horreur ? Vous ne vivez que d'ordures. » — *Gryllus* : « Qu'importe ? Tout dépend du goût. » — *Ulysse* : « Est-il possible que vous ayez si

---

(1) Le D' Cesare Lombroso, dans son savant ouvrage sur l'*Uomo deliquente*, a parfaitement démontré que le criminel de nature, par sa constitution cérébrale, se rapproche du sauvage plutôt que du fou ; il y a chez lui rétrogradation du type humain civilisé vers le type humain primitif, et même vers le type animal ; ses actions sanguinaires sont souvent des cas d'atavisme qui font reparaître, sous l'homme d'aujourd'hui, le sauvage ou la bête (Fouillée, *loco citato*).

Dans la *Rivista di filosophia scientifica* (juin 1883), M. Vignol a fort bien établi que le caractère moral, chez l'homme, dérive non seulement de son antécédent chez l'animal, mais chez les espèces les plus variées de l'animalité, surtout quant aux inclinaisons mauvaises. L'effet de l'atavisme psychique-organique humain, dit-il en substance, commence dès notre première apparition parmi les espèces, et il eut, depuis lors, un cours réversif dans toute la profondeur du règne animal. L'hérédité, ajoute-t-il, est une cause des phénomènes ataviques ; mais elle est aussi pour eux un frein, en tant qu'elle organise peu à peu les nouvelles aptitudes concourant au progrès social et à quelque utilité de plus en plus spécialisée. L'homme va toujours s'émancipant davantage des influences ataviques de son antécédent animal ; les instincts purement humains, selon un idéal de plus en plus brillant, prennent racine et se propagent par leur efficacité physiologique dans les générations successives. (Voir *Revue philosophique*, janvier 1884).

tôt oublié tout ce que l'humanité a de noble et d'avantageux ? — *Gryllus* : « Ne me parlez pas de l'humanité ; sa noblesse n'est qu'imaginaire. » — *Ulysse* : « Mais vous ne comptez donc pour rien l'éloquence, la poésie, la musique, la science, etc. ? » — *Gryllus* : « Mon tempérament de cochon est si heureux qu'il me met au-dessus de toutes ces belles choses. J'aime mieux grogner que d'être éloquent comme vous. » — *Ulysse* : « J'avoue que je ne puis assez m'étonner de votre stupidité. » — *Gryllus* : « Belle merveille qu'un cochon soit stupide ! Chacun doit garder son caractère. »

« On le voit, dit P. Janet (*la Morale*), un tel dialogue peut se poursuivre indéfiniment. Nulle loi morale n'est possible avec celui qui ne tient pas à la dignité humaine, qui en fait volontairement le sacrifice. On peut le punir et l'écraser, mais non le persuader. » C'est clair et cela veut dire que les consciences individuelles sont une piètre base morale.

— Que faire alors ? Devons-nous renoncer à toute base morale ?

— Nullement, mais changer de méthode et, au lieu de disserter sur l'essence de la morale, de la justice et du droit, prendre pour règle de pensée qu'il n'y a ni êtres permanents, ni entités immuables ; mais que tout se meut, se développe, se désagrège, se réagrège dans l'éternel devenir ; que, par conséquent, les idées morales, ayant pour foyer et pour mesure l'homme même, l'homme essentiellement progressif, sont nécessairement progressives et se modifient sans cesse, conformément à l'état des *milieux* et au degré moyen des consciences individuelles, d'après les lois de l'hérédité amendées par les influences des *milieux* et des circonstances spéciales.

L'antique *gnoti seauton*, *Connais-toi toi-même*, introduit dans la philosophie par la réaction socratique, est devenu de plus en plus insuffisant, étant donnés les progrès de la science moderne.

Il faut en revenir au plus antique *Connais la nature et tu te connaîtras toi-même*, du vieux Démocrite.

Abandonnons donc la recherche du *pourquoi* des choses, qui ne nous est pas accessible, pour nous en tenir au *comment* des manifestations, à l'historique de l'évolution. « Toute théorie, dit Gœthe, n'est que poussière, tandis que c'est un arbre verdoyant qui porte les fruits de la vie. Le pauvre diable qui se nourrit de métaphysique est comme un animal sur une lande stérile. Un malin esprit le fait tourner dans un cercle infranchissable, et tout autour de lui s'étendent de beaux et gras pâturages. »

Pour notre part, nous nous le tiendrons pour dit, dans ce qui va suivre.

Sans que nous ayons à prouver l'élément métaphysique de son existence, nous constatons que le sentiment de la *justice* ou des *droits d'autrui* existe (1). Il

---

(1) Si nous voulions remonter au plus haut *comment* de l'*altruisme*, nous arriverions à nous demander si ce sentiment qui porte l'homme à s'unir avec ses semblables, à s'identifier à tout ce qui vit ou existe, ne prend pas sa source dans la grande loi d'attraction universelle qui *régit et même constitue toute matière*.

Ce penchant n'est pas niable, l'être le plus égoïste ne conçoit pas la vie sans l'univers ; le non-moi, l'union, l'association sont les conditions même de la vie.

Une force mystérieuse le veut ainsi. Nous ne sommes que la forme passagère d'une infinitésimale fraction du grand tout, au sein duquel nous retournerons. Que de pensées profondes et que de grandes amours ont peut-être animé, à un moment donné, ce morceau de matière que nous tenons et qui est peut-être la cendre d'une longue suite de générations dissociées par

existe puisqu'il agit, puisque l'histoire est remplie de ses triomphes et de ses défaites, de ses défaites surtout. Comment s'est-il manifesté ? Il est né des rapports sociaux que les hommes, pour conserver leur espèce et améliorer leur condition, ont dû établir entre eux.

« Errants dans les bois, et tout aux abords des fleuves, dit Volney (*les Ruines*), à la poursuite des fauves et des poissons, les premiers humains, chasseurs et pêcheurs, entourés de dangers, assaillis d'ennemis, tourmentés par la faim, par les reptiles, par les

la mort ! Ce que nous respirons dans cette fleur, c'est peut-être, dit un philosophe profond, l'effluve transformée d'un cœur qui aima jusqu'à identification avec l'objet aimé.

Pour en revenir à notre sujet, la morale, comme tout ce qui existe, découle donc de la grande loi d'attraction qui, appliquée aux organismes des vivants, mérite le nom de solidarité. Faisons en outre observer à ce propos que l'attraction, quoique constante, se modifie sans cesse comme intensité, puisqu'elle s'accroît plus que proportionnellement à ses progrès. Donc, tout ce qui en découle, la morale comme l'évolution, doit se modifier sans cesse dans le même sens, au fur et à mesure que l'attraction augmente.

Il en résulte que la morale n'est pas immuable, absolue, comme croyaient les anciens philosophes, mais indéfiniment perfectible, ce qui est mieux. Conséquence inéluctable du principe suprême de tout ce qui est, la morale est vraiment éternelle, en ce sens qu'elle est enveloppée dans la vie sociale, et se développe avec elle.

Tout ce qui ne progresse pas dégénère et meurt. Les anciennes morales religieuses ou philosophiques, dites immuables, ressemblaient à ces œuvres humaines, à ces fiers monuments aux bases de granit qui semblent défier le temps. Mais le temps est le plus fort ; les siècles rongent peu à peu ces fondations et les monuments s'écroulent.

Les bases de la morale sociale sont au contraire des racines vivantes qui s'accroissent ainsi que l'arbre qu'elles nourrissent. La véritable stabilité d'une chose consiste dans son évolution et non pas dans sa pétrification, dans la vie et non pas dans la mort.

bêtes féroces, sentirent *leur faiblesse individuelle*, et, mus d'un *besoin* commun de *sûreté* et d'un *sentiment réciproque* des maux, ils unirent leurs moyens et leurs forces ; et quand l'un encourut un péril, plusieurs l'aidèrent et le secoururent ; quand l'un manqua de subsistance, un autre le partagea de sa proie : ainsi les hommes *s'associèrent* pour *assurer leur existence*, pour *accroître leurs facultés*, pour *protéger leurs jouissances ;* l'*amour de soi* devient le *principe de la société*. »

C'est là de l'idéalisation à outrance. A son sortir de l'animalité, l'homme primitif n'en pensait pas si long sur les avantages du contrat social que les hommes du xviii° siècle ; mais il est certain que la moralité n'a pas d'autre origine que les premiers embryons de sociétés dus eux-mêmes aux fatalités physiologiques et aux nécessités de la lutte pour la subsistance. Nous avons parlé des fatalités physiologiques : l'instinct sexuel, en effet, a donné naissance aux *sociétés de reproduction*, ces points de départ, comme nous le verrons plus loin, *des sociétés de relation*, — ces dernières génératrices du fait moral, en ce qu'elles contraignent, dans la limite de leur action, l'égoïsme personnel à se tenir dans les limites de l'égoïsme également restreint d'autrui, attendu que, comme l'a dit excellemment Lange, l'illustre auteur de l'*Histoire du Matérialisme*, les relations continues entre individus ne peuvent se développer que lorsque l'égoïsme brutal a été dompté.

En appliquant à la morale cette loi des acquisitions et des transmissions, nous sortirons des labyrinthes obscurs et sans issue de la métaphysique, pour les chemins verdoyants de l'observation et des classifications successives (1), où, comme des arbres ployant sous les fruits mûrs, les découvertes fécondes se laissent toucher et réjouissent les sens.

En résumé, la morale, conséquence nécessaire de l'association, se développe comme elle en raison directe du progrès des espèces et des races. Ceci est hors de doute ; tous les naturalistes contemporains l'ont prouvé.

On pourrait, en conséquence, fixer le grade, le rang d'une espèce ou d'une race dans l'animalité, et de la société ou de l'individu dans l'espèce, suivant la somme de morale que possèdent cette espèce, cette race, cette société, cet individu.

Tout être a donc un grand intérêt à développer le sens moral chez lui et chez sa race.

On ne peut nier cette rigoureuse conséquence des faits et lois biologiques, à moins d'admettre qu'il est indifférent, pour un individu, d'appartenir à la basse animalité plutôt qu'à une race civilisée.

Or, le pouvoir de la sélection consciente et intelligente est assez considérable, — on en a de nom-

---

(1) Nous ne pouvons pas plus concevoir un commencement absolu pour les phénomènes éternels du mouvement, que nous ne pouvons penser une fin absolue. L'univers est dans l'ordre de l'espace et du temps, immense et sans limites. Il est éternel, il est infini (pour l'intelligence humaine). La grande loi de la conservation de la force, qui est devenue la base de toutes nos vues sur la nature, ne permet aucune autre conception. Le monde, en tant qu'il est accessible à nos facultés de connaissance, nous apparaît comme un enchaînement ininterrompu de phénomènes de mouvement qui déterminent un changement continuel de formes ; chaque forme n'est que le résultat transitoire d'une somme de phénomènes de mouvement, mais, sous ce changement de formes, la force reste éternellement indestructible. (*La Théorie de l'évolution* d'après Haeckel, par L. A. Dumont.)

breuses preuves, — pour modifier moralement un individu au point de lui faire franchir quelquefois la distance qui existe, en général, entre le sauvage et le civilisé.

Faisons donc tous nos efforts pour nous développer moralement ainsi que le milieu social auquel nous appartenons ; aucun but ne mérite plus d'efforts, car le résultat à obtenir est d'une si haute valeur que, sans les affirmations positives de la science, on serait tenté de le croire chimérique ou surnaturel.

II

CARACTÈRE SOCIAL DE LA MORALE

D'après ce qui précède, en morale comme en toute chose, la recherche du *pourquoi* est vaine. Et, comprenant ainsi les choses, nous ne dirons plus : *Qu'est-ce que la morale ?* question à laquelle il ne peut être répondu d'une façon satisfaisante, mais bien : *Comment sont nées et se sont développées les notions morales dans l'humanité ?* (1)

---

(1) Non, les notions du bon, du juste, ne sont point innées et flamboyantes dans le cerveau humain. Ce n'est qu'un fruit de l'éducation et de l'habitude agissant sur l'individu et sur la série de ses ancêtres. Non, ce ne sont pas des idées divines et nécessaires : sans cela à quoi bon nos prisons et nos bourreaux ? A-t-on besoin de fouets pareils pour exciter, enfiévrer les désirs, les penchants vraiment innés et naturels ? Le Code pénal proteste avec éclat contre la fiction philosophique.

Est-ce à dire qu'il ne faille plus réprimer et punir, quand on n'a pu prévenir qu'il faille laisser le champ libre à tous les penchants nuisibles à l'individu et à la société ? Non certes. Mais

A la question ainsi posée, la science historique basée sur l'observation des faits et sur une connaissance sommaire des lois de l'évolution universelle permet de répondre d'une façon satisfaisante.

La morale est un phénomène (1) de la vie sociale ; en d'autres termes, les premières notions morales datent des premières sociétés et en dérivent (2). Comment n'en serait-il pas ainsi ? Pas d'évolution ni même de formation humaine sans société et pas de

---

il faut châtier, non plus au nom d'une justice soi-disant invariable, en raison ou de son origine divine, ou d'une conviction purement intuitive et par conséquent infiniment muable, mais au nom de la notion beaucoup plus modeste de l'intérêt commun, de l'utile *scientifiquement déterminé*, et nous entendons par utile tout ce qui peut favoriser le développement simultané de l'individu et de la société, tout ce qui peut élever l'individu et l'espèce le plus près possible des sommets intellectuels et affectifs. (Ch. LETOURNEAU : *Physiologie des passions*.)

(1) *Phénomène*, manifestation d'une loi ou d'un fait par opposition au *noumène*, la chose en soi. Le *noumène* nous est inaccessible ; il faut nous contenter d'observer les *phénomènes*, de les classer avec prudence et en rechercher les lois générales. « Les mêmes objets, dit Lange (*Histoire du matérialisme*), peuvent paraître tout différents à une autre organisation et la *chose en soi* (ou *noumène*) ne peut être comprise par aucun mortel. »

« La science de la nature, a dit Kant lui-même, ne nous révélera jamais l'intérieur des choses, c'est-à-dire ce qui n'est pas phénomène, mais peut cependant devenir un principe supérieur d'explication du phénomène.

« ... Quant à la connexion régulière des phénomènes, on y pénètre par l'observation et l'analyse et il est impossible de savoir jusqu'où cela ira, avec le temps. »

(2) « Le monde social est le monde moral collectif. La conscience collective ne doit point différer de la conscience individuelle ; c'est à la confusion des deux consciences, à l'identification du monde social avec le monde moral que tendent nos efforts. » (A. HAYEM : *l'Être social*.) « Toute morale suppose une collection d'êtres en rapports entre eux. » (Paulhan, dans la *Revue philosophique*, 1885.)

société possible sans une morale telle quelle, c'est-à-dire sans un système de convention entre individus réunis pour s'entr'aider dans la lutte — impossible à soutenir isolément — pour la conservation et l'amélioration de la vie contre les forces naturelles et les organismes vitaux concurrents.

Les données dans la science moderne démontrent avec la dernière évidence que, sans association, l'homme ne serait pas né ; que même les organismes ancestraux de l'humanité seraient, sans l'association, restés dans les limites de l'animalité imparfaite jusqu'à leur destruction par des espèces mieux armées ou mieux ordonnées.

Les hordes humaines qui ne veulent pas développer en elles le fait social, ou croupissent dans une avilissante stagnation, ou lentement dépérissent.

Sans doute, dit un éminent philosophe anglais (Alexandre Bain), si la triste histoire de notre race avait été conservée dans tous ses détails, nous aurions bien des exemples de tribus (et peut-être de nombreuses familles d'anthropoïdes) (1), qui ont disparu pour ne pas avoir pu se plier à un état social tel quel, avec les restrictions qu'il entraîne.

L'association est donc une condition de vie pour l'être humain et, en même temps, elle l'oblige à compter avec autrui, elle lui impose des obligations générales dont l'ensemble constitue la morale, envisagée ainsi comme la résultante de toute société ou comme le lien social lui-même.

En effet, l'homme isolé ne saurait avoir de devoirs,

(1) Dont les ancêtres éloignés sont probablement ceux de l'homme aussi, comme permettent de l'affirmer les travaux de l'école transformiste.

tout au plus peut-il avoir une façon d'être en face de la nature qui n'a, elle, aucune préoccupation morale et va devant elle sans se préoccuper des êtres qu'elle fait souffrir (1) ; tandis que, dès qu'il est associé, l'homme voit, comme nous l'avons dit plus haut, ses droits limités par les droits d'autrui, selon la conception que l'on en a et, *ipso facto*, une moralité rudimentaire prend naissance (2). Ceci établi, les tendances héréditaires portent toujours plus vers l'association qui devient ainsi le principe de la morale naturelle et humaine. Cela est tellement vrai, le fait social engendre si bien le fait moral que les animaux qui peuvent s'élever à l'*association de relation* acquièrent une certaine moralité. Bien plus, chez les animaux, la moralité naît même quelquefois avec l'*association de reproduction* ou familiale, dans certaines conditions (3).

(1) La nature, en tant qu'elle est inconsciente, ne connaît pas la distinction de ce qui est moral ou immoral. La nature, en elle-même, n'est ni bonne ni mauvaise, elle n'est éternellement rien autre chose que naturelle, c'est-à-dire toujours d'accord avec elle-même. La volonté générale de la nature ne connaît rien hors de soi. Elle comprend tout et tout lui est identique. Le bien et le mal n'existent pas pour elle, mais seulement pour la volonté de l'individu (Hartmann : *Philosophie de l'Inconscient*).

(2) La nature est l'injustice même. La société, reflet de la nature, est malgré de très petites réparations exercées par le sentiment de la droiture qui est en l'homme, un tissu d'erreurs et de violations de la justice (E. Renan).

La nature sanglante est assise entre la vie et la mort (Voltaire).

La nature est un champ de destruction où la vie et la mort sortent tour à tour l'une de l'autre (D'Assier).

(3) Ici une remarque. — L'association est le principe de la morale. Mais qu'est-ce que l'association ? L'attraction universelle appliquée aux organismes vivants. Or l'attraction, on l'a vu, découle directement de l'unité primordiale. La morale,

Il y a, en effet, germe de moralité dès qu'il y a réciprocité. Et réciprocité il y a dans les *sociétés de reproduction* des vertébrés supérieurs où nous trouvons en grand nombre les manifestations altruistes, telles que : préliminaires de l'amour, préparation de l'abri, élevage, protection, amour des petits, amour des parents, migration en commun, jeux, amitiés entre jeunes, etc. Ainsi envisagée, l'association de reproduction engendre de véritables phénomènes moraux et va se fondre dans *l'association de relation*, ou société proprement dite et génératrice par excellence du fait moral. Les associations de relations sont quelquefois intermittentes. Ainsi nous voyons les oiseaux des plaines et des bosquets : bruands, alouettes, pinsons, litornes, pies, corbeaux, corneilles, grives, merles, roitelets, mésanges, etc., se réunir non seulement entre individus d'une même espèce, mais avec l'espèce voisine, pour voleter, percher, aller en quête de pâture ou deviser entre eux ; en tous cas, ils s'avertissent réciproquement du danger : fait de solidarité, fait moral.

De même, les oiseaux de marais ou de rivage : échasses, avocettes, hérons, bihoreaux, gorzettes, blangios, barges, pluviers et bécasseaux, ainsi qu'un grand nombre d'oiseaux qui vivent épars pendant le jour, se réunissent le soir pour piailler sur le même arbre ou dans les airs en tournoyant et se communiquer les impressions de la journée ; telles les corneilles dont parle le naturaliste Brehm, tels ces passereaux du Havre, dont parle Espinas, qui se réunissent sur le bouquet d'arbres en face du théâtre pour s'y commu-

comme nous la comprenons, est donc contenue, impliquée, nous le répétons, dans la constitution même de toute matière.

niquer bruyamment leurs impressions, attirés qu'ils sont par le plaisir de la représentation mutuelle, par l'attrait du même au même, sources d'une sympathie plus élevée.

Voici maintenant de la moralité sociale caractérisée :

Les jeunes de certains plongeurs, qui ont perdu leurs parents, sont élevés par d'autres couples ; chez les eiders, les femelles pondent en commun dans le même nid. Les sternes forment pour nicher des sociétés. Les salanganes bâtissent les nids en commun et les républicains sociaux couvrent leurs nids juxtaposés d'une toiture commune. Les cigognes nourrissent leurs parents vieillis, ce qui les fait ranger par Sophocle dans la catégorie des « oiseaux sages. »

Dans toutes ces circonstances, l'association commencée par l'intérêt se perfectionne par la sympathie, remarque Espinas. Aussi les naturalistes ont-ils souvent admiré l'altruisme des perroquets, des bouvreuils, des sizerains qui, lorsque le chasseur a tué l'un des leurs, viennent voleter autour en poussant des cris plaintifs, sans souci du plomb meurtrier qui les abat.

Ne voilà-t-il pas de l'altruisme de bon aloi, un véritable phénomène de moralité ? « En présence de tels faits, il semble, dit Espinas, que, dans beaucoup d'actes de dévouement des vertébrés supérieurs, la sympathie soit exercée pour elle-même et s'élève à ce que nous appelons la bonté pure ou l'abnégation. »

Nous dirons plus ici : l'animalité des bouvreuils, des perroquets, des sizerains et autres oiseaux altruistes est supérieure à la basse humanité des Fuégiens, des Tasmaniens, de divers types australiens connus, par leur insensibilité morale.

Nous en concluons qu'un organisme inférieur, s'il est *socialement développé* dans son espèce, est plus moral qu'un organisme supérieur resté au bas de l'échelle de son espèce par l'infériorité de son état d'association.

Il est aussi à remarquer que les oiseaux sociaux sont, même avec un organisme physiologique inférieur, supérieurs aux oiseaux plus individualistes ou simplement familiaux. Ainsi les aigles et autres oiseaux carnivores qui donnent le type d'une famille rigoureusement limitée sont, malgré leur force physique, inférieurs sous le rapport intellectuel aux perroquets et aux passereaux.

Du reste, remarque Serge Podolinski, les oiseaux carnivores qui ne sont pas contraints à la solitude par l'étendue de leurs besoins se plaisent très bien dans la société de leurs semblables. Les *falco rufipes* et les *falco tinuneulus* non seulement construisent de nombreux nids dans le voisinage l'un de l'autre, et se défendent en société contre leurs ennemis, mais encore ont un sentiment de sociabilité assez développé chez eux, pour qu'ils trouvent du plaisir à voir souvent leurs semblables. « Chaque soir ils se rassemblent en groupes nombreux dans les régions élevées de l'atmosphère et décrivent, pendant une heure au plus, des grands cercles dans les airs, nullement dans le but de se trouver une proie, mais évidemment par simple instinct de sociabilité (1). »

---

(1) La *Revue socialiste* de 1880. Déplorons ici la perte du modeste savant qui eut nom Serge Podolinski, et que des travaux intellectuels excessifs enlevèrent inopinément, en 1882, à peine âgé de trente-cinq ans, à la science et à la démocratie sociale.

Ils ne peuvent d'ailleurs jamais arriver au degré d'affectuosité des granivores et des insectivores, car leurs qualités de prédateurs développent trop exclusivement chez eux les instincts féroces.

Bien plus morales sont naturellement les *associations de relation*, ayant un caractère permanent. Mentionnons à ce sujet (1) l'association des mammi-

---

(1) « L'instinct de la sociabilité est si fortement caractérisé chez certains animaux qu'à défaut d'êtres de leur espèce on les voit très souvent s'attacher à d'autres bêtes, pour lesquelles dans l'indépendance ils manifestent ou l'indifférence ou une répulsion accentuée. Que de démentis les faits n'ont-ils pas infligés à la haine proverbiale du chien pour le chat, à l'antipathie du chat pour le chien ? Quadrupèdes et oiseaux ne semblent pas moins que l'homme réfractaires à l'isolement. Que cherchent-ils dans ces rapprochements, puisque ce ne saurait être la communication de leurs pensées ? Peut-être cet allègement que l'on trouve à ses misères lorsqu'on ne se voit pas seul à les porter, ou cette accentuation des joies partagées ; peut-être aussi est-ce un simple vestige de l'instinct qui, dans l'état de nature, les dispose à s'agréger, car c'est toujours les animaux qui vivent en troupes qui se montrent les plus accessibles à ce pastiche du sentiment.

« Beaucoup de chevaux deviennent tristes et perdent l'appétit lorsqu'on les sépare de leurs compagnons d'écurie et qu'ils se voient isolés. En pareil cas, si, dans leur nouveau gîte, ils trouvent une vache, un âne, une chèvre même, on voit souvent poindre, pour ce nouveau camarade, une prédilection très vive et d'autant plus remarquée qu'en dépit des affinités de race ce cheval était loin de se montrer aussi démonstratif avec ses voisins d'autrefois. Nous avons vu un exemple d'intimité poussée jusqu'à la tendresse entre un cheval et un baudet qui partageaient la même écurie. Lorsque l'un d'eux sortait seul, celui qui était condamné à garder le logis se livrait à toutes sortes de manifestations ou d'inquiétude ou de chagrin ; il ne mangeait pas, ne cessait pas de hennir ou de braire, et ses yeux restaient invariablement fixés sur la porte. Le retour de l'absent était salué par les démonstrations les plus joyeuses ; le baudet surtout sonnait une fanfare dont les éclats distançaient ceux des trompettes de Jéricho. On se souhaitait la bienvenue par quelques pourlèchements avant d'aller au râtelier ou à l'auge

fères *polygamiques* (chiens, bœufs, chevaux sauvages, éléphants, lamas et diverses espèces de ruminants). Cette forme d'association acquiert véritablement le caractère social, avec les singes dont les coutumes comprennent les combinaisons du concours mutuel (1),

puis le cheval prenait sa position favorite : elle consistait à laisser reposer sa ganache sur l'encolure de son ami et à conserver quelque temps cette posture ; alors les oreilles de l'âne mollement abandonnées et inclinées vers le col, ses yeux demi-clos, sa bouche baveuse, indiquaient que lui-même il en appréciait tout le charme.

« Cet attachement des bêtes les unes pour les autres va souvent jusqu'au sacrifice de leurs appétits. J'ai eu un chien qui entretenait avec un chat un de ces commerces d'amitié et qui ne touchait jamais à l'assiette que l'on plaçait devant lui avant que son favori l'eût écrémée. Aplati sur le parquet, les pattes de devant allongées, la tête reposant entre, il attendait avec une patience angélique que maître Raminagrobis eût fait son choix, et ne s'attablait que lorsque celui-ci avait quitté la place. Franchement en serait-il beaucoup d'entre nous pour pratiquer cette abnégation même envers le meilleur ami ? » (DE CHERVILLE, journal *le Temps*.)

(1) « Ainsi les singes se débarrassent réciproquement de la vermine ; ils s'enlèvent, après une course à travers les buissons, les épines qui se sont attachées à leur peau ; ils forment une chaîne pour franchir le vide entre deux arbres ; ils s'unissent à plusieurs pour lever au besoin une pierre trop lourde ; les adultes défendent indistinctement tous les jeunes dont l'éducation est très longue. Lorsque les ouistitis sont réunis en captivité et que l'un d'eux tombe malade, les autres s'empressent autour de lui et il est vraiment touchant de les voir lui prodiguer leurs soins. » (ESPINAS, *les Sociétés animales*.) Un grand aigle avait, dit Brehm, attaqué un petit cercopithèque : aussitôt toute la bande se mit sur pied et en moins d'une minute l'aigle se vit entouré d'une masse de grands singes qui se jetèrent sur lui avec des grimaces horribles et en poussant de grands cris. Le ravisseur, cruellement mordu, lâcha vite prise et eut peine à échapper. Darwin (*Origine des espèces*) cite, entre autres faits, l'héroïsme d'un chimpanzé qui, presque sous les crocs d'une meute aboyante, vint prendre et remporta triomphalement, au péril de sa vie un jeune qui était dégringolé des rochers et allait être mis en pièces.

de la solidarité entre tous, du dévouement parfois envers un faible et de la subordination ou obéissance absolue à un chef, dans l'intérêt commun. Grâce à ces aptitudes sociales, certains anthropoïdes ont pu tenir en respect le léopard, le lion et l'homme même, tant que ce dernier n'a pas eu d'armes à feu.

Par leur mimique et leurs diverses intonations, ils s'élèvent presque jusqu'à la parole ; chez eux la mère est souvent plus aimante, plus dévouée que la femme sauvage, et, pour pleurer le proche qu'ils ont perdu, ils s'élèvent à l'ennoblissement de la douleur et des larmes.

Un illogisme de la nature nous fournira d'autres exemples et nous montrera chez les articulés supérieurs, fourmis et abeilles, des sociétés non seulement supérieures en moralité sociale à celles des anthropoïdes, mais encore à certaines sociétés humaines assez développées.

Les abeilles travaillent, économisent en commun, consomment en commun pendant la mauvaise saison, en un mot mettent en pratique, et s'en trouvent bien, la devise communiste : De chacun selon ses forces à chacun selon ses besoins.

Les mœurs de ces nobles hyménoptères sont trop connues pour qu'on ait à en faire une monographie. Il suffira de dire qu'ils font rendre à l'association et à la division du travail tout ce qu'elles peuvent donner; qu'au plus haut degré ils ont le sens du juste puisque, tout comme les peuples épris d'indépendance et de justice, ils savent fort bien faire une révolution, quand la reine ne gouverne pas comme il convient.

Plus intéressante encore, quoique nullement utile à l'homme, est l'organisation sociale des fourmis.

Tandis que les guêpes et les abeilles de différentes espèces ne sont capables de remplir qu'un nombre très limité de travaux, les occupations des fourmis se trouvent être beaucoup plus variées. Ces insectes intelligents possèdent à un degré supérieur la faculté de s'adapter aux modifications des circonstances. Les uns creusent la terre, les autres la pétrissent, les troisièmes font des constructions, d'autres emmagasinent des provisions ou bien sont occupés à chasser. Les uns sucent le miel des fleurs, d'autres en rongent les corolles, pendant que d'autres travaillent à l'élevage de vaches laitières pour toute la communauté, c'est-à-dire d'une certaine espèce de pucerons. On pourrait s'attendre, grâce à une telle division du travail, à trouver chez les fourmis des différentes catégories, de fortes modifications dans leur organisation physique. Tel n'est cependant pas le cas. Il n'existe, en réalité, dans une fourmilière, que la division du travail, mais non la division des travailleurs, ou tout au moins, si cette dernière existe, elle n'est jamais très tranchée. La même fourmi, et c'est là son signe de supériorité, remplit à différentes époques les divers travaux exigés par le bien-être de la communauté. Ce n'est pas tout. La plupart des fourmis européennes ne présentent même pas les quatre formes habituelles des mâles, des femelles, des travailleuses et des soldats. D'après Hubert et Torel, elles n'ont pas de chefs. Même le fait d'esclavage a été dernièrement mis en doute ; on explique l'apparence par une simple cohabitation pacifique de deux espèces de fourmis très proches (1).

(1) Espinas : *les Sociétés animales*. Torel : *les Fourmis de la Suisse*. Serge Podolinski : *les Critiques savants du socialisme* (dans la *Revue socialiste*, 1880).

Les fourmis blanches ou termites, construisent des cités de dix pieds et plus, avec des dômes, des tours, des myriades de chambres, des corridors, des passages souterrains, des ponts et des arceaux de pierre, des magasins, etc. La solidité, la hardiesse de ces constructions, leur adaption au but rivalisent avec les œuvres des hommes.

Dans l'intérieur de ces édifices, il y a une habitation royale, entourée de chambres et de passages pour le service, ainsi que des chambres pour l'incubation et l'élevage des jeunes, enfin une grande place publique. Pour l'écoulement des eaux pluviales on a ménagé de nombreuses gouttières, des conduits, des canaux souterrains de dérivation, etc... On ne peut douter que les termites n'aient un langage qui leur sert à s'entendre mutuellement sur des sujets très complexes. Les fourmis ne s'en tiennent pas à l'emmagasinement des denrées de consommation, à leur réparation rationnelle, à la construction des édifices, elles travaillent et produisent dans toute la force du terme.

Au Texas on a rencontré des fourmis agricoles qui sèment, récoltent, emmagasinent certaines petites graines dont elles font leur nourriture. Tout récemment, on a observé des fourmis faisant subir une sorte de fermentation à des feuilles qu'elles portent dans des souterrains préparés *ad hoc*, afin d'obtenir une récolte de champignons. Les forteresses bâties par les termites l'emportent autant, si on tient compte de la taille des architectes en grandeur et en solidité, sur la pyramide de Chéops, que cette dernière sur les autres monuments de l'architecture humaine (1).

(1) D'Assier : *Philosophie naturelle*.

On peut dire, fait justement observer d'Assier, que les limites qui séparent les diverses séries animales sont tellement indécises, qu'il est souvent impossible de les tracer. Des naturalistes ont rencontré dans les déserts de l'Afrique, de l'Australie ou des archipels du grand Océan, des tribus humaines nichant sur des arbres et qu'à première vue ils prenaient pour des singes anthropoïdes.

Non seulement il est impossible d'établir une rigoureuse démarcation morale entre les animaux et l'homme, mais encore entre l'animalité supérieure et l'humanité inférieure. L'avantage, nous l'avons déjà vu, est souvent à la première pour l'esprit de solidarité, pour la fidélité en affection, quelquefois même pour le respect du travail, — comme chez la fourmi et l'abeille, — voire même pour la chasteté et la pudeur, comme chez l'éléphant, les vertus familiales et laborieuses comme chez le castor bâtisseur. Qu'en conclure ? Que le fait moral dérivant du fait social, il y a aussi une *moralité animale,* et que cette moralité est en raison du perfectionnement de l'association.

Pour soutenir cette thèse de la moralité animale, nous sommes en bonne compagnie. Le circonspect Agassiz n'a-t-il pas dit :

> La gradation des *facultés morales* dans les animaux supérieurs et dans l'homme est tellement imperceptible que, pour dénier aux premiers un certain sens de responsabilité et de conscience, il faut exagérer outre mesure la différence entre eux et l'homme.

Et l'éminent auteur des *Sociétés animales* s'écrie de son côté :

Eh quoi ! dans plusieurs sociétés animales les faibles sont protégés, les jeunes sont élevés avec soin, les vieux même sont secourus, les membres d'une même peuplade et d'une même famille sont prêts à se sacrifier les uns pour les autres, sans la plus légère espérance de compensation, et il y a des gens qui demandent si ce sont là des vertus.

En toute sécurité donc, nous pouvons dire : il est si vrai que le fait moral dérive du fait social, qu'il est en raison de ce dernier (1), que les animaux supérieurement associés sont supérieurs en moralité au sauvage qui vit à l'état d'individualisme presque complet. La nécessité de l'association, avons-nous dit plus haut, est mère, non seulement de la moralité, mais encore du développement de l'humanité. Pas de discussion possible sur ce point.

Dès l'origine, comme le montre bien M. Bagehot, le progrès le plus simple et le plus élémentaire de l'*homme* a eu besoin pour se développer de la coopération des *hommes*. Ce qu'un homme et une famille isolée peuvent inventer pour eux-mêmes est extrêmement limité. De plus, ce qu'ils peuvent produire ne leur est pas assuré : ils ne peuvent en jouir avec sécurité. Aussi loin qu'on pénètre dans les profondeurs de la primi-

---

(1) Deux notables représentants de l'école matérialiste contemporaine arrivent à des conclusions identiques. « L'utilité sociale scientifiquement démontrée, voilà la pierre angulaire de la morale. Si la justice est autre chose, elle est inutile ; si elle est contraire à cette utilité sociale, elle est dangereuse. » (Letourneau, *la Sociologie*.)

« Mais c'est assez insister. La morale n'est que logomachie quand le devoir n'est pas fondé sur le droit, le droit sur l'intérêt, l'intérêt sur le besoin, et le besoin sur les nécessités de l'organisme individuel et social. » (A. Lefèvre, *la Philosophie*.)

tive histoire, on ne trouve nulle part trace de progrès isolés. La plus grossière ébauche de société, la tribu la plus élémentaire, le gouvernement le plus faible ont eu une telle supériorité sur l'homme seul, que celui-ci a dû bien vite cesser de vivre dans la solitude.

Espinas nous dira encore :

> La société progresse grâce à une extension croissante des sentiments sympathiques, et, à moins que l'intérêt ne parle haut, il faut que la pitié, la générosité, l'amour, interviennent constamment pour faire faire un pas en avant à la solidarité humaine. L'intelligence peut frayer la voie, elle ne fournit pas l'impulsion ; toute vertu est spontanéité dans sa racine.

Les acquisitions morales résultent des progrès du fait social, et, en se généralisant, deviennent la base actuelle et progressive de la morale courante. Cette dernière se cristallise en religion ou en lois qui ne tardent pas, étant immuables, à être rétrogrades, comparativement à la somme acquise de moralité générale, et doivent bientôt être modifiées, l'évolution étant la loi de tous les êtres et de toutes les choses.

III

L'ÉVOLUTION MORALE

Nous avons démontré sommairement que la moralité a son principe, non dans une révélation ou une innéité quelconque, mais dans l'*association de relation*. Nous avons vu en outre que l'on constatait de véritables phénomènes moraux chez les animaux sociaux, tant le fait social, s'inspirant d'un certain idéal de réciprocité et de sacrifice à la communauté, est moralisateur (1).

Il nous reste maintenant à établir, pour compléter la démonstration, que parmi les hommes, lorsque le fait social est trop récent, ou lorsque, étant ancien, il est trop incomplet, trop rudimentaire, il n'y a pas ou presque pas de moralité. Ce nous sera facile. Du même coup, cette argumentation expérimentale achèvera, par surcroît, de démontrer le caractère évolutif de la morale dans les lentes, pénibles, titubantes, mais finalement progressives manifestations du groupement humain, qui se débat à ses débuts au milieu de tant de sang, de tant d'horreurs, de tant de crimes, et qui est développé encore de tant d'iniquités, dans sa forme actuelle, incomparablement supérieure pourtant aux formes du passé (2).

Il en est ainsi de la morale telle que nous l'entendons maintenant. Elle fut presque inconnue dans les hordes primitives, et de longtemps elle ne prit forme acceptable. Comment l'aurait-elle pu, en période d'égoïsme illimité, irréfléchi, aveugle, tant que la dure expérience, au prix de maux sans nombre, n'avait pas

---

(1) On pourrait caractériser ainsi l'évolution humaine : Le monde minéral est superposé au monde purement chimique ou atomique, le monde végétal au monde minéral, et le monde animal au monde végétal. L'homme, résultante de toutes les forces planétaires, tend à s'élever au-dessus de l'animalité ; mais par combien d'attaches inférieures et rugueuses il y tient encore !
(2) Nous aurons plus loin à parler des conséquences antimorales de certaines organisations sociales, nées soit de quelques monstrueux égoïsmes de famille ou de classe, soit de quelque religiosisme dévoyé.

appris à l'animal humain que pour sauvegarder son intérêt il fallait le combiner avec d'autres intérêts et limiter réciproquement les appétits ?

Et que démesurément longue fut la période limbique ! Pendant combien de myriades de siècles l'espèce humaine, toute débordante encore de grossière, de vorace animalité, eut-elle à subir une forme de groupement dans laquelle le rudimentaire fait social n'était ni assez parfait pour contenir le flot d'égoïstique cruauté accumulée dans l'homme par le caractère de violence qu'avait eu d'abord pour lui la lutte pour la vie ?

Quelle douceur, quel altruisme attendre, en effet, de l'être malheureux, contraint à disputer sa vie et sa nourriture contre plus fort et plus féroce que lui ? Que dis-je ? Contraint d'être prédateur ou proie, tueur ou tué, mangeur ou mangé, de lutter corps à corps avec l'ours, les reptiles monstrueux, les anthropoïdes, les terribles félins et tant d'autres animaux redoutables, il ne pouvait vaincre qu'en alliant l'effort violent, l'accoutumance au carnage, le délire de la férocité à l'astuce et à la perfidie. En de telles conditions, elle fut une incitation à la cruauté, l'horrible loi de nature qui pesa sur l'homme naissant, forcé à l'éternelle lutte pour la vie contre les forces éternellement modificatrices, — c'est-à-dire éternellement destructives et transformatrices de la nature, — comme aussi contre les espèces ou races rivales dont beaucoup étaient mieux armées que lui.

Cette concurrence de fer, loi universelle pour tout ce qui vit, a détruit d'innombrables espèces végétales et animales, et les a limitées toutes ; elle a déchaîné les grandes guerres végétaliques et zoologiques qui ne finiront qu'avec la vie planétaire ; elle a fait du globe, depuis des milliers de siècles, un horrible et sanglant théâtre d'entre-dévorement universel, en vertu de cette lamentable réalité que :

> Aveugle exécuteur d'un mal obligatoire,
> Chaque vivant promène écrit, sur sa mâchoire,
> L'arrêt de mort d'un autre exigé par sa faim (1).

L'enfance humaine ayant eu un si effroyable maître, comment supposer que des rudiments de liens sociaux formés récemment par la nécessité aient pu, *hic et nunc*, avoir raison des instincts cruels développés avec tant de force par la nature des choses ? Il y eut atténuation, lorsque les conditions de la vie le permirent, lorsque notamment il arriva que les végétaux purent suffire à la vie humaine et que la proie animale ne fut plus qu'un mets plus recherché. Il y eut, dès ce moment, plus de douceur et plus d'altruisme entre les hommes, conséquemment plus de moralité. Et c'est indubitablement dans ces milieux que naquit la pensée et que se forma le foyer initial de la civilisation humaine. Les progrès nouveaux se transmirent par voie d'initiation, par l'accumulation de certaines connaissances et de certaines forces qui permirent, plus tard, aux plus dévoués de parler de haut au commun des hommes, au nom de prétendus êtres supérieurs et tout-puissants qui n'étaient que les personnifications des grands phénomènes de la nature. Les proto-civilisateurs purent ainsi édicter certaines prescriptions morales, fort iniques encore, sans doute, supérieures pourtant aux déchaînements sans frein des égoïsmes primitifs.

(1) Sully-Prudhomme.

Issue donc du fait social, se débattant d'abord dans le sang et dans le crime, la morale se développe et s'épure, bien lentement mais constamment, dans le cours de l'histoire, parmi les races progressives.

Et cela a lieu en raison de la complexité du fait social.

Nous ne sommes certes pas bien avancés en morale altruiste, dans notre société commandée par l'antagonisme des intérêts économiques par la barbarie militaire et par un reste d'esclavage familial. Combien toutefois nous avons le droit d'être fiers, si nous comparons notre morale, même envisagée dans ses moyennes pratiques, avec celle des hordes primitives vivant sans chefs, sans loi, dans une complète anarchie, chacun maître de sa hutte, et avec celle des peuplades formées en bande, ne reconnaissant d'autre autorité que la force brutalisante du moment. Les sauvages actuels de l'Australie, de certaines parties de l'Afrique, de l'Amérique, de l'Asie, nous fournissent d'instructives représentations des hordes préhistoriques et constituent ce que Hovelacque a si bien nommé *l'homme primitif contemporain.*

Interrogeons donc ces groupements stagnants; ils nous fournissent d'utiles indications pour mesurer le chemin parcouru par la civilisation.

Voici d'après les naturalistes et voyageurs modernes une description de l'Australien :

« Imprévoyant au suprême degré, il consomme sur place l'acquisition du moment. Pénétrant dans une région inhospitalière et dont il connaît la désolation, les besoins du lendemain sont pour lui non avenus. Il s'y engage sans compter même sur le hasard ; le sens de ce mot lui est inconnu (1). »

(1) Hovelacque : *les Débuts de l'humanité.*

Il vit complètement nu, et, dit Lesson, son opiniâtreté a rejeté même l'étroit *moro* que recommanderait la plus mince des pudeurs (1); il est d'une grossière animalité qui a de quoi étonner le moraliste. Ni les exhortations, ni les exemples ne peuvent rien sur eux à ce sujet et ce sont surtout les parties inférieures du corps qu'ils ne veulent jamais recouvrir. En revanche, ils apportent leur contingent de preuves à l'affirmation de Spencer que « partout la parure a précédé les vêtements ».

Ils ornent leur chevelure inculte et sale de plumes, de touffes de poils, des os de poissons et d'oiseaux, des dents de quadrupèdes, fixées par une espèce de gomme (Dumont d'Urville). D'autres fois, dit tumbull, ils tressent avec de la mousse leurs cheveux auxquels ils suspendent des dents de requin. Ces beaux ornements sont complétés par l'introduction de morceaux de bois ou d'os dans les cartilages du nez, par les bigarrures et les scarifications de tous genres qui sillonnent le corps enduit d'une substance huileuse et puante, par la mutilation de la main gauche chez les femmes, par une opération plus cruelle chez les éphèbes, et chez tous par l'avulsion brutalement opérée de deux dents de devant.

L'observance de ces pratiques constitue pour eux la morale. Il y faut ajouter, pour la femme, la défense de manger de la viande d'opossum et de casoar.

---

(1) Il sera souvent question dans les pages suivantes du manque de pudeur des sauvages. Non pas que la pudeur marquât le degré de moralité ; simplement pour établir que, comme les autres sentiments moraux, la pudeur aussi est un sentiment acquis par la transmission des habitudes dans l'association.

Il n'y a pas là à parler de dignité personnelle, de tempérance, d'une pudeur quelconque ou de droits d'autrui, ni même d'instinct de responsabilité. Dans les hivers rigoureux, quand il a trop faim, l'Australien tue pour la manger une vieille femme de la troupe. Il tue une femme et non son chien (il a domestiqué à demi cet animal) parce que le chien chassant la loutre, lui est plus utile. Telle est la logique de la faim, en l'absence de tout concept social.

L'infanticide est pratiqué sans aucune restriction d'ordre moral ; il s'applique surtout aux nouveau-nés du sexe féminin, ce qui fait que le nombre des femmes est bien inférieur à celui des hommes. La rareté de ces infortunées ne les empêche pas d'être livrées au plus lamentable sort qui puisse peser sur des êtres humains :

> Ces malheureuses, déflorées lorsqu'elles sont à peine à l'âge de la puberté, mûres de fort bonne heure, astreintes à une existence de privations constantes, plus faméliques encore que leurs mâles qui, du droit de la force, s'attribuent non seulement les bons morceaux, mais aussi souvent les seuls aliments sur lesquels ils peuvent mettre la main, ont une vie d'incessantes souffrances. Rouées de coups pour un oui, pour un non, véritables bêtes de somme, quand elles ne tombent pas à la fleur de l'âge, elles deviennent l'être le plus abject et le plus repoussant de toute la nature. (HOVELACQUE, *loc. cit.*)

Le Veddah de Ceylan, le Botocudo du Brésil, le Bochiman de l'Afrique australe, les Fuégiens, les Papous, les Mélanésiens, les habitants de l'archipel des Andamans, ont des mœurs analogues, vont complètement nus, ne connaissent en général ni prévoyance, ni pudeur, ni limitation à l'abus du fort sur le faible (1).

En ce qui concerne le mariage, les coutumes sont diverses. Chez les Mélanésiens et les Australiens, on capture les femmes ; le même procédé est fréquent en Nouvelle-Calédonie. La fille hottentote appartient à ses parents qui la troquent contre un bœuf ou contre une vache. Comme elles sont nubiles de très bonne heure (douze ans) et qu'elles vieillissent vite, on les retient dès l'âge de six ou sept ans.

Relativement aux unions sexuelles, les Cafres anthropophages et les naturels du Gabon ont des procédés identiques. Les sauvages du nouveau continent ou nègres africains diffèrent peu. Partout la polygamie existe, dit Letourneau, et les femmes sont des bêtes de somme, travaillant, cultivant, pêchant, obligées de fournir les aliments au maître qui ne fait rien, les lacère de coups de fouet, les martyrise, selon son caprice, les tue même impunément et sans remords.

Continuons les tristes constatations en prenant au hasard dans les coutumes de l'homme primitif contemporain.

La langue schuana n'a pas de mot correspondant au mot remercier. La reconnaissance est donc inconnue chez ce peuple. Pour l'Indien de l'Amérique du Nord la pitié était une duperie et la paix un mal ; ils appelent le vol, *capture*. Chez les Kouponées le plus grand crime est de *pardonner* à un ennemi, et la plus grande vertu c'est la vengeance. Un homme ne peut

---

(1) Voir, pour tout ce qui a trait aux mœurs matrimoniales des sauvages, l'intéressante *Sociologie* de notre éminent collaborateur Letourneau.

pas mourir de faim quand sa sœur a encore des enfants vendables, disait un Africain noir.

Les Botocudos du Brésil perforent non seulement le lobe des oreilles, mais encore la lèvre inférieure de leurs petits de six à sept ans. Ils introduisent dans le trou ainsi pratiqué un morceau de fer ou de cuivre qu'on remplace ensuite par un morceau de bois ou d'os toujours plus gros, jusqu'à devenir un disque de plusieurs centimètres. Cette singulière parure est complétée par un disque plus grand encore introduit dans l'oreille, qu'il écartelle. C'est un crime de ne pas en agir ainsi. Chez les Abidones, crime non moins grand de prononcer son propre nom, et, chez les Taïtiens et les Nouveaux-Zélandais, de porter quelque chose sur la tête. Ne pas être tatouée d'une manière orthodoxe était, pour les femmes des Fuégiens cannibales et pour les femmes des Esquimaux, un empêchement de bonheur dans l'autre vie et une preuve de malhonnêteté. Ceux de Formose, lit-on dans *l'Esprit des lois*, de Montesquieu, croient à une sorte d'enfer, mais c'est pour punir ceux qui ont manqué d'aller nus en certaines saisons, qui ont mis des vêtements de toile et non pas de soie, qui ont été chercher des huîtres ou ont agi sans consulter le chant des oiseaux. Aussi ne regardent-ils point comme péchés l'ivrognerie et le dérèglement avec les femmes. Ils croient même que les débauches de leurs enfants sont agréables aux dieux. Dans l'île des Amis, le prêtre est jugé trop saint pour se marier; mais il peut prendre tant de concubines qu'il veut. Crime horrible aux yeux des Veddahs d'épouser sa sœur aînée; mais action méritoire d'épouser sa sœur plus jeune. Dans l'Afrique occidentale, les filles des maisons régnantes peuvent prendre autant d'amants qu'elles veulent, mais interdiction de se marier, car ce serait une grande immoralité. Les femmes mariées vont nues, dans la Nouvelle Galles du Sud, mais les jeunes filles doivent s'habiller. C'est le contraire chez d'autres peuplades. C'est un bien grand crime pour beaucoup de races sauvages de donner le jour à deux jumeaux. Quand ce cas arrivait chez les Hlos de l'Afrique orientale, on exposait les enfants pour servir de pâture aux bêtes sauvages et la mère était chassée de la tribu. Manger en compagnie était une abomination pour les Taïtiens.

Chez les indigènes de l'Amérique du Sud, la chasteté de la femme non mariée ne comptait pas. Pas de mot signifiant « aimer » dans la langue algonquine, ni mot signifiant « cher » chez les Tinnéens. Les Esquimaux pratiquent simultanément la polygamie et la polyandrie.

A la Nouvelle-Zélande, le père ou le frère, en donnant sa fille ou sa sœur, disait au futur époux : « Si vous en êtes mécontent, vendez-la, tuez-la, mangez-la ; vous êtes le maître absolu. »

A Sumatra, la femme pouvait acheter l'homme, qui devenait la propriété de la famille de son épouse.

Pour le Kamtschadale, violer une femme surprise loin de sa *iourte* est chose licite ; mais si, ayant capturé un phoque, il le relâche, il est déshonoré et l'horreur de la nature se manifeste par une tempête.

Partout la femme est la chose torturable et tuable (quelquefois la chose mangeable) du mari, du père ou des hommes de la tribu ; et presque partout le mariage se réduit à une affaire de rapt, d'achat ou d'acte de violence.

Que dirons-nous de l'atroce cruauté envers le vaincu ? D'abord on le torture et on le mange, puis on le torture sans le manger. Quand on se contente de le tuer, il y a moralité relative ; à plus forte raison quand on se contente de le réduire en esclavage.

Dans les groupements primitifs ou dans les sociétés très inférieures de quelques peuplades nègres, on était ou on est encore courbé sous ce bas niveau et il pèse sur tous, car, comme l'a très bien remarqué Mme Clémence Royer, le caractère moral comme le tempérament physique tend d'autant plus à l'uniformité chez une race qu'elle est plus inférieure et en quelque sorte plus voisine de l'état brutal. *L'homme sauvage est plus espèce ; l'homme civilisé, plus individu* (1).

Nous sommes partis de plus bas encore : les sauvages et les barbares dont nous venons de parler ayant, malgré tout, un certain passé social et subissant depuis de longues années le contact des civilisations supérieures, il est merveilleux que l'homme ait pu s'élever de si bas. Sans doute quelque milieu favorable aura favorisé sur quelques points l'évolution : puis le mouvement ne s'est plus arrêté, un progrès entraînant toujours un progrès plus rapide et plus important.

L'évolution s'est ainsi poursuivie à travers les périodes alternantes d'association et de dissociation, car c'est la loi. Quand une forme d'agrégation est épuisée, elle se désagrège, et ses éléments, après une période d'*individuation*, se groupent sous des formes

---

(1) Le troisième terme est dans la commune supériorité morale de l'homme social après qu'une longue période de civilisation socialiste aura amené tous les retardataires sur les sommets lumineux de la science, de la justice et de la bonté.

nouvelles pour former une agrégation supérieure, qui à son tour fera place à d'autres encore supérieures. Il y a exception, quand les éléments même de l'agrégation épuisée se décomposent sous la pression de certaines circonstances ; alors pour cette forme avortée commence la mortelle période régressive jusqu'à disparition finale.

Lorsque dans ces agrégations inférieures, composées des éléments humains les plus vitaux, ou qu'un milieu particulier favorisait dans la voie de l'évolution, vint l'heure de la dissociation, les variations individuelles commencèrent allant du pire au mieux et adaptées aux conditions naturelles, elles-mêmes modifiées dans une certaine mesure. Alors, un courant de bas en haut se manifesta et quelques individualités moins mal douées au point de vue moral purent se former, qui présidèrent chez les races les plus progressives à des agrégations d'ordre supérieur, pendant que certaines races plus mal douées, ou subissant un milieu plus défavorable, croupissaient (d'aucunes croupissent encore) dans la stagnation désespérante où se trouve la mort sans gloire, la mort que n'a pas précédée une tâche utile accomplie.

Elles furent donc trois fois bienfaisantes et trois fois glorieuses, les premières *différenciations*, ces primitives rébellions qui furent données dans tous les anciens mythes comme les mères de la science du bien et du mal. Mais qu'elles furent lentes et rares, et aussi combien peu de progrès fit la grande morale pratique pendant toute la période préhistorique et même pendant les cent premiers siècles de l'ère historique.

Grâce à ces premières révoltes, les plus intelligents

et les plus moraux remplacèrent les coutumes atroces ou absurdes par des coutumes discutées et tant bien que mal raisonnées, autrement dit par des lois, par des clauses contractuelles. Sans doute ces premières lois, basées sur la férocité primitive (atténuée, non évincée), sur la terreur des forces de la nature écrasantes pour l'homme et divinisées par l'intelligent égoïsme des premières classes dominantes, furent iniques, cruelles, impitoyables pour le faible ; mais elles furent le premier vagissement de l'humanité commençant à avoir un vague sentiment du droit d'autrui et de la recherche du plus grand bonheur individuel et collectif. Ces codifications au caractère religieux, enserrant la vie individuelle et sociale tout entière, devinrent à leur tour oppressives et régressives, et la lutte commença contre elles dans le monde. En outre, elles se heurtèrent, se modifièrent les unes et les autres par les grandes guerres ethniques de la haute, moyenne et jeune antiquité.

S'améliorèrent-elles sous le frottement guerrier ?

Quelquefois. Mais elles conservèrent une grande part de la brutalité première, par la nécessité du despotisme dans l'agglomération nationale menacée, et de la sorte subissant ou faisant subir l'incessance des carnages, des ravages guerriers et la rapine s'exerçant sur les choses, sur les animaux et sur les êtres humains qui en résultèrent. Par toutes ces causes, en effet, le monde social fut basé sur l'asservissement du plus grand nombre contraint par les lanières, la faim et les fers à souffrir, travailler, s'épuiser, mourir, sans espérance pour une minorité prédatrice et impérante au nom de la victoire. Dans cette désolation, le groupement humain eut néanmoins ses résultats bienfaisants ; l'habitude des rapports sociaux développa la pitié pour ceux qui souffrent, la sympathie salvatrice Dès lors, la plus puissante impulsion morale était trouvée, et la moralité grandit, fut mieux comprise à mesure que s'accroissait chez un grand nombre d'humains la pitié réparatrice poussant toujours à un état social moins injuste. C'est pourquoi la plus grande et la plus sainte ville du progrès humain dans l'antiquité restera Athènes, Athènes qui, en face du cruel monde punique, de la dureté chaldéo-judaïque, de l'âpreté dorienne et de la rapacité romaine, éleva un autel à la *Pitié*.

Depuis l'efflorescence athénienne qui toléra l'esclavage, nous avons bien progressé dans le sens de l'altruisme, au moins théorique, et par conséquent de la morale ; en vertu de la loi physique, applicable aussi aux phénomènes moraux, que la force acquise augmente sans cesse le degré de vitesse, nous progressons plus rapidement que jamais, en dépit de certains triomphes passagers des forces régressives. Quelles réalisations de morale supérieure réservent à l'homme les myriades de siècles à venir, nous ne pouvons le concevoir ; pas plus que, nous ne dirons pas l'homme de la période tertiaire ou celui de la période quaternaire, mais simplement les héros homériques, n'auraient pu concevoir une civilisation pareille à la nôtre, — qu'avec tant de raison nous trouvons cependant si imparfaite.

C'est ici le lieu d'insister sur ce fait que la morale, comme nous l'avons vu, marche en raison du groupement qui est l'effet le plus immédiat de la loi de gravitation. On peut donc affirmer que le développement de la morale croît en raison directe des carrés de la distance parcourue.

Par exemple, étant données trois périodes dans l'évolution de l'humanité, si nous représentons par 1 le degré de moralité d'une de ces périodes, par 2 le degré de la seconde et par 3 celui de la dernière, on peut affirmer que dans le même temps le progrès pendant la seconde période sera quatre fois, et dans la troisième neuf fois plus considérable que pendant la première.

En d'autres termes, le développement du progrès se mesure par le carré du nombre correspondant aux résultats acquis.

Quel splendide avenir moral et social avons-nous — cela admis — devant nous, car nous ne sommes qu'au seuil de la civilisation ! Loin de montrer par quelques symptômes qu'elle est épuisée, la tendance au progrès semble dernièrement s'être accusée par un redoublement d'audace et une accélération de vitesse. Pourquoi donc supposerions-nous qu'elle doit maintenant cesser ? L'homme n'a pas atteint la limite de son développement intellectuel et il est positif qu'il n'a pas épuisé les capacités infinies de la nature. Il y a bien des objets auxquels notre philosophie n'a pas encore songé, bien des découvertes destinées à immortaliser ceux qui les feront et à procurer à la race humaine des avantages que nous ne sommes pas encore en état d'apprécier (1). Il n'était donc pas si utopiste, Léopold Jacobi, lorsque, dans son *Idée de l'Évolution*, il posa en fait que l'humanité se développe en vertu d'une loi naturelle qui l'amènera à la solidarité sociale. A plus forte raison pouvons-nous dire que la nécessité pour les espèces supérieures, et

---

(1) Lubbock : *l'Homme préhistorique.*

spécialement pour l'homme, seul en cause en ce moment, d'employer dans la lutte pour la vie — en vue de la conservation du plus grand nombre d'individus possible, jouissant du plus de puissance et de bonheur possible — une forme d'association toujours plus étendue et plus perfectionnée, amènera forcément une prédominance croissante des sentiments altruistes sur les sentiments égoïstes et, par suite, une forme socialiste ou solidariste des groupements humains dans les races supérieures appelées à la conquête et à l'appropriation collective du globe.

Mais il nous reste, avant de conclure, à suivre le développement de la moralité dans les cercles inférieurs du passé et du présent.

DEUXIÈME PARTIE

I

LES MORALES RELIGIEUSES

I

VÉDISME, BRAHMANISME, BOUDHISME

I. — Védisme

En morale, comme en toutes choses, la pratique a précédé la théorie (1). Avant d'avoir des codes de morale, les hommes observèrent évidemment, vis-à-vis les uns des autres, quand ils furent réunis, — c'était là pour eux une question de vie ou de mort sociale, — certaines règles tacitement contractuelles sans doute fort rudimentaires et fort souvent violées.

Quand eurent-ils les premiers codes de morale ? Avec les premières religions, c'est-à-dire après des centaines, peut-être même des milliers de siècles de

---

(1) Louis Ménard : *la Morale avant les philosophes*.

développement préhistorique (1). Que les religions dites révélées, c'est-à-dire formulées, ne soient venues qu'assez tard et après une très longue période de formation, c'est ce qui est hors de doute.

L'anthropologue que nous avons déjà cité (2) dit positivement que pendant toute la période de l'époque quaternaire qui a reçu le nom d'*âge de la pierre taillée* (3),

---

(1) L'homme *quaternaire*, que les paléontologues ont décrit d'après les crânes dits de Néanderthal, d'Eguisheim, de Denise, de Caustadt, et la mâchoire de la Naulette, date d'au moins 222,000 ans avant l'époque historique, disons mieux, vivait il y a 235,000 ou 240,000 ans. N'oublions pas que cet homme *quaternaire* fut précédé d'un être qui vivait à l'époque *tertiaire*, un millier de siècles avant, et assez intelligent pour faire du feu et tailler le silex, ce qui l'a fait déclarer *homme* par quelques anthropologistes ; d'autres, parmi lesquels M. G. de Mortillet, ne voient en lui que le précurseur de l'homme et lui donnent le qualificatif d'*anthropopithèque*, mot qu'on peut traduire par homme-singe.

(2) G. de Mortillet : *le Préhistorique*. Voir aussi *l'Anthropologie* de Topinard.

(3) Comme nous écrivons surtout pour ceux que le travail quotidien a empêchés d'avoir une idée générale des actuelles constatations scientifiques, nous tenons à bien définir les termes que nous employons.

En étudiant tous les dépôts formés dans les diverses régions accessibles du globe, on a pu distinguer une série de longues époques dont chacune a été subdivisée depuis en un certain nombre de périodes.

1º L'ÉPOQUE PRIMITIVE avec les périodes *laurentienne*, *cambrienne* et *silurienne*.

2º L'ÉPOQUE DE TRANSITION avec les périodes *dévonienne*, *carbonifère* ou *houillère* et *permienne*.

3º L'ÉPOQUE SECONDAIRE avec les périodes *triasique*, *jurassique* et *crétacée*.

4º L'ÉPOQUE TERTIAIRE avec les périodes *éocène*, *miocène* et *pliocène*.

5º L'ÉPOQUE QUATERNAIRE avec les périodes *glaciaire*, *diluvienne* et *alluvienne*. Cette dernière est le commencement de la période actuelle.

Quant à la formation des êtres organisés sur la terre ou

l'Européen autochtone, se nourrissant exclusivement de chasse, de cueillette et de pêche, vivait sans aucun sentiment religieux, sans même ensevelir ses morts, quoiqu'il fût déjà assez artiste pour tracer des dessins très exacts sur le bois des rennes.

Plus tard, seulement, à l'âge de la pierre polie, temps correspondant à la première immigration asiatique, s'introduisirent les sentiments religieux, en même temps que l'ensevelissement des morts, la domestication d'un grand nombre d'animaux utiles et les premiers essais d'agriculture, c'est-à-dire de semaille et d'attente de la récolte. Avec ce nouveau genre de vie, dit M. de Mortillet, vinrent les pensées tristes, ces filles des sentiments religieux. En admettant telle quelle cette version, nous n'en dirions pas moins que la naissance des sentiments religieux fut la manifestation d'un progrès immense. Sans doute elle amena « les pensées tristes : » mais c'est que ce

---

paléontologie, M. de Mortillet en résume ainsi les lois dans ses *Notes sur les précurseurs de l'homme :*

1º Les animaux varient d'une assise à l'autre, et la faune se renouvelle avec les divers terrains.

2º *Les variations sont d'autant plus rapides que les animaux ont une organisation plus complexe* ou, en d'autres termes, *l'existence d'une espèce est d'autant plus courte que cette espèce occupe un rang plus élevé dans l'échelle des êtres.* Ainsi les mammifères, animaux bien plus compliqués que les mollusques, se modifient plus rapidement et plus complètement que ces derniers d'une assise à l'autre.

3º Les variations ne sont pas radicales, elles sont partielles et successives ; aussi les faunes sont d'autant plus distinctes et différentes que les assises qui les contiennent sont plus éloignées les unes des autres.

4º Enfin les variations se rapportent toutes à un plan général, de sorte que tous les animaux trouvent leur place naturelle dans des séries continues et régulières bien que divergentes, comme s'il y avait filiation entre eux tous.

fut là le premier vagissement de la pensée et que la pensée, comme l'enfant sortant du sein de sa mère, a fait son entrée dans la vie humaine par un poignant et intraduisible cri de douleur. Le premier sentiment réfléchi de l'homme ne pouvait être qu'un sentiment de terreur. En sortant de l'instinct qui ne prévoit rien, il fut épouvanté de sa faiblesse devant une nature incompréhensible, terrifiante et ennemie.

Il se demanda comment il pourrait la rendre moins cruelle et il s'humilia devant les forces malfaisantes qui le frappaient : ténèbres, foudre, orages, inondations, sécheresse, grands froids. Il leur offrit une partie de sa proie pour se les rendre favorables. Il alla même jusqu'à sacrifier aux animaux malfaisants, tâchant d'apaiser ainsi ceux qu'il ne pouvait vaincre. Mais cette seule idée d'apaisement possible de la puissance ou de l'animal redouté n'indiquait-elle pas la première conception, aussi confuse, aussi embryonnaire que l'on voudra, de la bonté, et n'était-ce pas là une première étincelle d'où allait jaillir le monde moral ?

De ces premiers cultes de la terreur à peine consciente aux premières religions historiques il y a loin, et la distance ne peut être remplie que par des hypothèses qu'il n'entre pas dans notre sujet de présenter et de développer : c'est pourquoi, préoccupé avant tout d'arriver au premier code de morale religieuse, nous entrons de plain pied dans l'histoire, franchissant bien des centaines de siècles ensanglantés et ténébreux.

La première grande religion sociale qui s'offre à nous est le védisme, religion mère, restée supérieure à presque toutes ses filles par son caractère largement *naturaliste*, par le fond de bonté qu'alimente son idéal moral et par les investigations éminemment philosophiques qu'elle a favorisées.

Sa supériorité se révèle dès le point de départ.

Pour le croyant indou, le monde n'était pas issu d'un caprice de l'Etre Créateur, comme le diront des religions postérieures, mais d'un acte de son amour.

Au commencement, disent les livres sacrés du védisme, il n'y avait ni être, ni néant, ni éther, ni cette tente du ciel. Qu'est-ce qui aurait enveloppé ce qui n'existait pas ? Où se cachait ce qui est caché ? Etait-ce dans les flots ? Etait-ce dans l'abîme ?

Il n'y avait ni mort, ni immortalité : rien ne séparait la nuit obscure du jour lumineux.

Le Tout, indivisé, respirait seul. En lui rien ne respirait ; hormis lui rien n'était.

Les ténèbres le couvraient, semblables à un océan que rien n'éclaire.

Le Tout était donc enveloppé en lui-même, lorsque tout à coup, mu par l'ardeur intellectuelle, il s'écria : « *Si j'étais plusieurs !* » (1)

L'amour le premier pénétra le Tout.

Le *Tout* reste identique au sein de ses modalités, de ses émanations infinies. Brahma, le *Tout*, l'Etre universel, le Dieu suprême, est invariable, absolu, dépourvu de tout caractère de personnalité et planant au-dessus des êtres individuels. Il est éternel, tout-puissant et omniscient. Il contient tout en lui. Rien n'existe que par lui. Tous les phénomènes ont leur cause en lui, tous les êtres s'absorbent en lui.

C'est le panthéisme. Cette grande conception des

(1) Ne croirait-on pas lire une allégorie à la diffusion d'une molécule originelle, adoptée par quelques bons esprits comme l'hypothèse la plus satisfaisante pour expliquer la gravitation ?

premiers penseurs de notre espèce est en effet bien antérieure aux distinctions d'*esprit* et de *matière,* aux abstractions antithétiques auxquelles nous devons plus de cent siècles de guerre et des amoncellements de sophismes qui, s'ils étaient matérialisés, pourraient remplir l'Océan.

Seulement ce panthéisme se hiérarchise, se complique en prenant la forme brahmanique. Au premier rang, le monde des dieux et de la lumière ; au second, celui des hommes et de la passion ; au troisième, celui des bêtes, des plantes, de la matière et de l'obscurité. Les dieux n'ont pas tous la même puissance.

Le monde n'est donc qu'une immense hiérarchie d'émanations descendant des sommets de l'Être jusqu'aux insondables profondeurs du néant.

Et cela est vrai aussi du monde humain, composé de castes superposées les unes aux autres, les supérieures dominant les inférieures, les *brahmes* ou prêtres commandant aux *kchatryas* ou guerriers, les guerriers aux *vaysias* ou marchands, les marchands aux *çoudras* ou artisans.

> Le brahmane en venant au monde, dit Manou, est placé au premier rang... souverain seigneur de tous les êtres. Tout ce que le monde renferme est sa propriété. Il est inviolable... Après avoir récité trois fois avec le plus profond recueillement les passages les plus sacrés des *Védas* et les formules mystérieuses qui sont indiquées, un brahmane est déchargé de toutes ses fautes. Un brahmane possédant la divine écriture tout entière ne saurait être souillé d'aucun crime, même s'il avait tué tous les habitants des trois mondes et accepté la nourriture de l'homme le plus vil !

Telles sont les monstrueuses prérogatives du brahmane. De cet « ordre divin » des castes, l'homme ne devait jamais sortir.

C'est une loi sainte que les castes ne doivent pas se mêler, que les abjects descendants des violateurs de la loi soient *parias,* c'est-à-dire rejetés. « Pitié et commisération au contraire à tous les autres êtres qui, étant à leur place dans la nature, ont quelque chose de divin. »

La réprobation des tentatives contre les limitations des castes allait si loin que la piété et la mortification d'un çoudra troublait l'ordre du monde et méritait la mort.

Le *Raghou-Vança* de Kalidasa contient à ce sujet une légende significative.

Ramâ, averti par la mort de l'enfant d'un brahme que le mal existait dans son empire, se mit à la recherche du prévaricateur ; il vit un certain homme qui se macérait, suspendu à la branche d'un arbre, la tête en bas et les yeux tout rouges de fumée. Le roi lui demanda qui il était. « Je m'appelle Çambouka, répondit l'homme avec sincérité, je suis *çoudra* et je veux par la pénitence arriver aux pays des dieux. »

Ramâ, le justicier, mit l'épée à la main et trancha la tête à ce pénitent qui avait jeté le péché au milieu des créatures *par des austérités auxquelles sa caste n'avait aucun droit*. Le çoudra obtint de passer dans la voie des bons parce que le roi avait tiré lui-même châtiment de sa faute, mais non à cause de sa pénitence, quelque rigoureuse qu'elle fût, *car elle sortait du chemin tracé par sa caste.*

A ce mépris des castes inférieures s'ajoute le mépris

de la vie active (1). Le bien suprême fut déclaré être identique avec l'absorption dans l'abîme infini de l'éternelle identité ! Nous en sommes sortis par des chutes nécessaires : nous n'y rentrerons qu'en nous détachant de plus en plus du monde et de nous-même, en comprenant de plus en plus notre néant et le néant des fugitives déterminations qui nous entourent. En faisant de la sorte, nous diminuons le nombre des transformations successives qui nous séparent encore de l'absorption finale, et nous agissons en ce sens par le renoncement, la bonté et la vie contemplative.

Que devient la vie active dominée par une conception *pessimiste* de l'existence comme celle que révèlent ces lignes :

De même que les tours du jongleur ne sont qu'une vaine apparence, dit la philosophie *védanta*, de même le spectacle du monde est une forme trompeuse sans fond réel. De même que le monde des rêves est une illusion, de même aussi le monde du réveil est semblable à un songe. Tout ce qui est division, séparation, repose sur une conception imaginaire. Qu'est-ce donc que la création ? La métamorphose du monde. La création est une illusion produite par la confusion, par l'obscurité qui est dans les noms, les formes, etc., et toute cette confusion naît elle-même de l'ignorance. La création n'a pas d'autre réalité.

Jusqu'à quel point, ô Baghavat, demande Subhut, le Badhisattra Mahasattra (le parfait sage), est-il revêtu de la grande cuirasse ? C'est, dit Baghavat, lorsque le Badhisattra Mahasattra se fait cette réflexion : Il faut que je conduise au Nirvâna complet les créatures dont le nombre est immense.

(1) D'après un jeune brahmine théosophe, à qui nous avons fait cette objection lors de son passage à Paris, cette condamnation du travail serait fille surtout de la réaction marquée par *les lois de Manou*.

Pourquoi la grande idée initiale a-t-elle été obscurcie par cette téléologie (1), déprimante s'il en fut, en ce qu'elle désarma, annihila les simples et les bons et livra le monde aux puissants et aux avides. Il paraît que les *kchatryas* s'insurgèrent contre ce nihilisme sacerdotal et qu'ils furent écrasés par les *brahmes* aidés par les *vaysias* et les *çoudras* et aussi sans doute par les *kchatryas* restés dociles.

Une nouvelle caste militaire bien soumise fut constituée. Au lieu de s'insurger, cette dernière profita de la situation, et les abus furent tels qu'une grande révolution éclata contre le régime des castes, car tels furent les résultats de l'intervention du Bouddha dont nous parlerons plus loin.

« Le code sacré de Manou, dit Letourneau (*Evolution de la morale*), s'occupe avec sollicitude des emprunts, des dettes, de l'intérêt, de l'argent, des cautions, des dépôts, etc. La moralité commerciale est celle dont surtout il se soucie et presque partout elle a été fixée la première, l'argent d'abord, la vie ensuite. La vie, celle du brahme, est sauvegardée ; celle du kchatrya, mais celle des castes inférieures, est tranchée par la vindicte sacerdotale et militaire, pour des fautes qui, lorsqu'elles sont commises par des brahmes, ne sont que des peccadilles. Deux poids et deux mesures, comme cela a toujours été dans un régime des castes. Les kchatryas, eux, avaient au moins le droit à la pénitence, c'est-à-dire à l'initiation et à la toute-puissance qui en résultait. »

---

(1) *Téléologie*. Mot introduit par Kant ; il signifie : Science des causes finales, ou ensemble des spéculations touchant la notion des fins ou des buts moraux dans l'humanité.

Il est dit en effet, dans le *Ramayana,* du plus illustre des anachorètes royaux :

Viçvâmitra alors, accablé de chagrin, dit ces mots, qui suivaient plus d'un soupir : « La force du kchatrya est une chimère : la force réelle, c'est la force inséparable de la splendeur brahmique ! Il n'a fallu à un brahme que son bâton pour briser toutes mes armes ! Aussi vais-je, après que j'ai vu de mes yeux les effets d'une telle force, amender tous mes sens et me vouer aux rigueurs de la pénitence, pour m'élever de ma caste à celle des brahmes. » Il dit, et ce resplendissant monarque rejeta loin de lui toutes ses armes, se retira dans le bois de pénitence, se mortifia et devint, en dépit des dieux, presque aussi puissant que les dieux mêmes, et put créer des jetées d'étoiles.

Cette efficacité de la mortification qui, malgré les dieux, divinisait l'homme, est une des plus belles conceptions de la morale brahmanique. Le *Mahabharata* de Wyasa, le *Ramayana* de Valmiki, le *Raghou-Vança* et les œuvres dramatiques de Kalidasa sont remplis d'exemples de ce genre. Les faits se passent toujours ainsi : un saint brahme ou un très pieux kchatrya se mortifie dans le bois de pénitence et, dès lors, devient puissant sur les éléments qu'il réduit à l'obéissance. Ce que voyant, les dieux, effrayés ou jaloux, expédient au saint une belle *Apsara* pour le séduire. Ordinairement, le saint ne résiste pas aux charmes de la femme divine et il perd sa force. Mais, après quelques années de délices, il revient à lui-même, renvoie l'Aspara à ses régions célestes, recommence, en les aggravant, ses mortifications et devient plus saint et plus puissant que jamais. Alors les dieux, pour l'apaiser en le satisfaisant, l'appellent dans le sein de Brahma.

Tous les hommes sont appelés à cette apothéose, car chacun subit plusieurs vies plus ou moins heureuses, selon ses mérites et ses démérites, jusqu'à ce que, de perfectionnement en perfectionnement, il revienne, totalement purifié, s'identifier, dépersonnalisé, dans le sein de Brahma ou Être universel.

Mais le caractère le plus remarquable de l'antique morale brahmanique, c'est la bienveillance infinie qu'aucune autre religion ou philosophie ne posséda à un si haut degré et qu'on ne pourrait jamais assez admirer si elle n'était allée jusqu'à la condamnation du travail.

Non seulement le fidèle à la loi brahmanique doit s'abstenir de faire du mal aux hommes, mais encore il doit respecter et aimer tous les êtres animés. Le scrupule est poussé si loin qu'il est interdit d'écraser une motte de terre sans raison ou de couper un brin d'herbe avec ses ongles. Cette bienveillance naïve trouve de tendres accents quand elle s'applique à l'humanité et qu'il s'agit des créatures faibles et misérables, enfants et vieillards, malades, femmes surtout.

Dans le *Ramayana*, notamment, les prescriptions morales et les actes vertueux d'une haute portée abondent.

Le roi Daçaratha, père de Ramâ, nous est montré plein de force, vainqueur de ses ennemis, dompteur de ses sens, réglant sur la saine morale toute sa conduite, et représentant Ikshwatiou dans les sacrifices, comme chef de cette royale maison. Il semblait à la fois le roi du ciel et le dieu même des richesses par ses ressources, son abondance, ses grains, son opulence ; et sa protection, comme celle de Manou, le premier des monarques, couvrait tous ses sujets.

4.

Voici les conseils qu'il donne à Baharatha, son troisième fils :

Sois distingué par un bon caractère, mon fils, sois modeste et non superbe : cultive soigneusement la société des brahmes, riches de science et de vertus. Consacre tes efforts à gagner leur affection ; demande-leur ce qui est bon pour toi-même et n'oublie pas de recueillir comme l'ambroisie même la sage parole de ces hommes saints. En effet, les brahmes magnanimes sont la racine du bonheur et de la vie ; que les brahmes soient *donc pour toi* dans toutes les affaires comme la bouche même de Brahma. Car les brahmes furent de vrais dieux, *habitants du ciel* ; mais les dieux supérieurs, mon fils, nous les ont envoyés, comme les dieux de la terre dans le monde des hommes, pour *éclairer* la vie des créatures. Acquiers dans la fréquentation de ces prêtres sages et les Védas, et le Çâstra impérissable des devoirs, et le traité sur le grand art de gouverner, et le Dhanour-Véda complètement.

Sois même, vaillant héros, sois même instruit dans beaucoup d'arts et de métiers : rester dans l'oisiveté un seul instant ne vaut rien pour toi, mon ami. »

Le poème lui-même n'est qu'une longue glorification de toutes les vertus morales : l'amour paternel dans Daçaratha ; l'amour fraternel dans Lakshmana, Baharatha et Çatroughna ; l'amour conjugal dans Sitâ « la belle Vidéhaine », épouse de Ramâ ; l'amour filial dans Ramâ « le devoir incarné » ; dans tous la bonté, la justice, le repentir après la faute.

Quoi de plus touchant que ces paroles de Sitâ à son époux Ramâ, pour lui annoncer qu'elle va le suivre dans le bois de pénitence, où la méchanceté de Kékéyi, mère de Baharatha, confine pour quatorze ans le malheureux daçarathide :

Un père, une mère, un fils, un frère, un parent quelconque mange seul, ô mon noble époux, dans ce monde et dans l'autre vie le fruit des œuvres qui lui sont propres à lui-même. Un père n'obtient pas la récompense ou le châtiment par les mérites de son fils, ni un fils par les mérites de son père ; chacun d'eux engendre par ses actions propres le bien ou le mal pour lui-même, *sans partage avec un autre*. Seule, l'épouse dévouée à son mari obtient de goûter au bonheur mérité par son époux ; je te suivrai donc en tous lieux où tu iras. Séparée de toi, je ne voudrais pas habiter dans le ciel même ; je te le jure, noble enfant de Raghou, par ton amour et ta vie ! Tu es mon seigneur, mon gourou, ma route, ma divinité même ; j'irai donc avec toi : c'est là ma résolution dernière. Si tu as *tant* de hâte d'aller dans la forêt épineuse, impraticable, j'y marcherai devant toi, brisant *de mes pieds, afin de t'ouvrir un passage,* les grandes herbes et les épines. Pour une femme de bien, ce n'est pas un père, un fils, ni une mère, ni un ami, ni son âme à elle-même qui est la route à suivre : non ! son époux est sa voie suprême ! Ne m'envie point ce *bonheur ;* jette loin de toi cette pensée jalouse, comme l'eau qui reste au *fond du vase* après que l'on a bu : *emmène-moi,* héros, emmène-moi sans défiance : il n'est rien en moi qui sente la méchanceté. L'asile inaccessible de tes pieds, mon seigneur, est, à mes yeux, préférable aux palais, aux châteaux, à la cour des rois, aux chars de nos dieux, *que dis-je ?* au ciel même. Accorde-moi cette faveur : que j'aille, accompagnée de toi, au milieu de ces bois fréquentés seulement par des lions, des éléphants, des tigres, des sangliers et des ours ! J'habiterai avec bonheur au milieu des bois, heureuse d'y trouver un asile sous tes pieds, aussi contente d'y couler mes jours avec toi, que dans les palais du *bienheureux* Indra.

Mais la grande vertu valmikienne est la bonté universelle, est la solidarité de toute la nature animée préoccupée de justice.

Lorsque Râvana, le roi des Rakshasas, enlève Sitâ, toute la nature est en deuil :

> Irrités contre son ravisseur, les lions, les tigres, les éléphants, les gazelles couraient après Sitâ dans la grande forêt et marchaient tous *pêle-mêle* derrière son ombre. Quand le soleil consterné vit ce rapt de l'*auguste* Vidéhaine, son disque pâlit et son brillant réseau de lumière disparut.
> Il n'y a plus de justice ! D'où viendra maintenant la vérité ? Il n'y a plus de rectitude ! Il n'est plus de bonté. Ainsi, partout où Râvana emportait l'épouse de Ramâ, ainsi gémissaient dans le ciel toutes les créatures, à la vue de cette violence infligée à l'illustre Vidéhaine qui appelait de sa voix aux syllabes douces : « Hâ ! Laksmana !... à moi Râma ! » et qui jetait, *hélas ! toujours en vain*, des regards multipliés sur toute la surface de la terre.
> Le vautour appelé Djatayou, ce vertueux oiseau qui fut l'ami du père Ramâ, vit la plaintive Mithilienne dans le temps que Râvana l'emportait. Il brisa le char de Râvana, il délivra un moment la Mithilienne ; mais enfin, accablé par la fatigue et le poids des années, il périt sous les coups du Rakshasa. Ainsi fut tué par le Démon, plus fort que lui, ce généreux oiseau, tandis qu'il déployait le plus grand courage et se consumait en efforts pour sauver l'épouse de son ami. Sans doute il fut admis dans le ciel, car le Raghouide eut soin d'accomplir en son honneur la cérémonie des funérailles.

Plus loin nous voyons le vautour Sampati, frère aîné de Djatayou, indiquer à l'armée des singes la situation de Lanka, séjour de Râvana et où Sitâ a été emportée.

Enfin les auxiliaires de Ramâ sont surtout les singes qui seraient morts de douleur s'ils n'avaient retrouvé Sitâ, et le plus merveilleux héros du poème, après Ramâ, est le noble simien Hanoûmat.

Lorsque celui-ci revint de Lanka et apporta à Ramâ des nouvelles de Sitâ, Ramâ s'écria :

Cette affaire si grande, à jamais célèbre dans le monde, impossible même de pensée à nul autre sur la face de la terre, Hanoûmat a donc pu l'accomplir ! Je ne vois, certes, pas un être qui puisse franchir la vaste mer, excepté Garonda ou le vent, excepté Hanoûmat.

Mais voici une chose qui désole encore mon âme contristée, je ne puis récompenser le plaisir que m'a fait ce récit par un don qui fasse un plaisir égal !

Quand l'Ikshwakide eut ainsi roulé plusieurs idées en son âme ravie, il fixa bien longtemps des yeux amis sur Hanoûmat et lui tint affectueusement ce langage : « Cet embrassement est toute ma richesse, fils du vent ; reçois donc ce présent assorti au temps et à ma conviction. »

A ces mots, embrassant Hanoûmat avec des yeux noyés de larmes, il se plongea de rechef au milieu de ses pensées.

Cette immense fraternité entre tous les êtres vivants n'est pas le seul grand côté de la mythologie indoue. A l'encontre des Grecs, pourtant si vaillants, que nous verrons plus tard ployer sous le joug de la Fatalité divine, les Aryas védiques mettent le mérite des actes au-dessus des dieux mêmes ; chacun reçoit d'après ses actes, non d'après les caprices des dieux ; nous avons vu que les macérations élevaient l'homme à la splendeur divine, malgré les dieux. Tous les événements qui nous frappent sont la conséquence de nos actes. Daçaratha mourant de douleur d'être obligé, pour tenir son serment, de proscrire son fils bien-aimé, se rappelle tout à coup une faute de jeunesse. La faute pouvait venir d'une vie antérieure. Sitâ, au désespoir, après son enlèvement par Râvana, s'écrie : « De quel crime jadis mon âme s'est donc souillée dans un autre corps pour que je doive subir un tel chagrin et cette horrible torture ! »

Plus tard, lorsqu'elle sera répudiée par Ramà, à cause de son séjour parmi les impurs Rakshasas, par ordre exprès des dieux et bien que « le Feu, cet incorruptible témoin du monde », l'ait proclamée pure, Sitâ dira encore, ne pouvant croire à l'injustice et se sachant pourtant sans reproche :

Ce coup de tonnerre écrasant est sans doute la conséquence des péchés dont je fus coupable dans une vie précédente.

La haute antiquité, a-t-on dit, ne connut pas l'amour. Il faut faire exception pour l'Inde védique, nous l'avons déjà vu par le touchant dévouement conjugal de Sitâ. Nous citerons encore deux exemples, l'un emprunté au *Mahabharata* et l'autre aux drames de Kalidasa (1) :

Savitri, la fille du roi Aspavati, avait épousé Satyavân, bien que les destins eussent prédit qu'il mourrait bientôt. Au jour venu, Yama, le roi des morts, vint chercher Satyavân, dans les bras même de Savitri. Celle-ci voulut suivre à tout prix l'âme de son bien-aimé. Yama la repoussa; elle persista. A la fin, Yama lui offrit, pour s'en débarrasser, de lui accorder ce qu'elle voudrait, sauf le retour à la vie de Satyavân. Elle obtint ainsi que la vie fût rendue à son beau-père : mais Yama lui renouvela l'ordre de s'éloigner, en proférant d'horribles menaces. Rien ne put lasser ni intimider Savitri. Finalement, Yama lui accorda ce

---

(1) *Mahabharata, Ramayana* et œuvres de Kalidasa, traduction d'Hippolyte Fauche.

qu'elle demandait et Satyavân revint à la vie, rappelé par le grand amour de Savitri qui avait vaincu les destins et Yama lui-même.

Voici maintenant le second exemple qui célèbre la force divinisatrice d'un amour supérieur. L'apsara Urvasi, exilée du ciel, s'éprit d'amour sur la terre pour Purûvara, petit-fils de Manou. Les deux amants vivaient heureux ; mais les Gandharvas, mécontents du départ de la déesse, lui tendirent un piège en ménageant un événement qui contraignit Urvasi à quitter son cher Purûvara et à réintégrer les espaces célestes. Grande joie des Gandharvas, mais grande douleur d'Urvasi qui aimait tendrement Purûvara. Elle supplia les Gandharvas de permettre que Purûvara devînt lui-même Gandharva, ce qu'elle obtint par ses ardentes prières. Purûvara, divinisé par l'amour de sa chère apsara, put ainsi la suivre dans les régions célestes. Et depuis, lorsque sur les flancs de l'Hymalaya ou du mont Vindhga un rayon de soleil levant vient caresser, en la colorant de vives couleurs, la nuée légère aux gracieux contours, c'est Purûvara et Urvasi qui se livrent aux caresses d'amour.

Mais il est temps de juger l'éthique indoue d'après le célèbre *Manava hamra Sastra* qui, bien avant le *Décalogue* hébreu, résuma la morale en dix préceptes.

Les dix préceptes sont :

La résignation, l'action de rendre le bien pour le mal, la tempérance, la probité, la discrétion, la pureté, la répression des sens, la bienveillance, la connaissance des livres sacrés, la connaissance de l'Etre suprême. On remarquera que le travail n'est pas compris dans le décalogue manavien, le caractère trop panthéiste du brahmanisme s'y opposant :

« Le sentiment de la solidarité humaine, de la responsabilité des souffrances d'autrui, a pris dans la morale indienne une forme que l'on peut appeler excessive, » dit Letourneau. « Solidarité humaine » n'est pas assez dire : il eût fallu dire : solidarité universelle. Le sentiment de la solidarité fut, en effet, étendu à toute la Nature comprenant une infinité de vies que le sage doit respecter. — « Certaines gens, dit positivement Manou exagérant la pensée panthéistique, certaines gens approuvent l'agriculture, mais c'est là une occupation justement blâmée par le sage, car le bois armé d'un fer déchire la terre et les animaux qu'elle renferme. » Observé à la lettre, cet ultra-moralisme eût amené la disparition de l'humanité et la livraison de la terre à la plus féroce animalité. Ainsi est anti-moral dans ses conséquences l'ultra-moralisme.

Aux dix vertus primordiales s'opposent huit vices qui ne correspondent pas exactement aux vertus.

Ce sont : 1° *l'empressement à divulguer le mal;* 2° *la violence;* 3° *l'action de nuire en secret;* 4° *l'envie;* 5° *la calomnie;* 6° *l'action de s'approprier le bien d'autrui;* 7° *celle d'injurier,* et 8° *celle de frapper quelqu'un;* d'où il résulte que la calme possession de sa volonté et la bonté sont nécessairement les plus grandes vertus.

La femme est inférieure dans les lois de Manou ; et comment ne l'aurait-elle pas été dans ce pays de puberté féminine précoce où « l'homme de trente ans devait épouser une femme de douze, et l'homme de vingt-quatre ans une femme de huit, » qu'ils pouvaient, l'un et l'autre, « châtier comme un enfant ? »

La femme, disent les textes sacrés, doit toujours

être de bonne humeur. Elle dépend, pendant son enfance, de son père; pendant sa jeunesse, de son mari ; dans son veuvage, de ses fils. Elle doit révérer son mari, même infidèle, comme un dieu, et, veuve, elle ne doit même pas prononcer un autre nom d'homme que celui de l'époux défunt.

A côté de cette codification de l'asservissement familial, fourmillent; les prescriptions et les formules touchantes :

Ne frappe jamais la femme, même avec une fleur. La mère vaut mieux que mille pères, le champ vaut plus que la semence. L'homme complet est un homme-femme-enfant.

Partout où les femmes, sont honorées, les divinités sont satisfaites. — Renfermées sous la garde des hommes, les femmes ne sont pas en sûreté : celles-là seulement sont en sûreté qui se gardent elles-mêmes de leur propre volonté. — Le mari ne fait qu'une seule et même personne avec son épouse. — L'union d'une jeune fille et d'un jeune homme résultant d'un vœu mutuel est dit le mariage des musiciens célestes.

Telle était la morale védique — un peu gâtée pour ce qui regarde la situation des femmes et les rapports sociaux par le brahmanisme, — restée cependant si supérieure encore à la plupart des morales religieuses qui l'ont suivi.

Si l'on compare, dit Janet, le Décalogue de Manou à celui de Moïse, on trouvera celui-ci plus complet et plus précis, s'appliquant à des actions plus déterminées et mieux définies. L'autre a quelque chose de plus vague, mais aussi de plus élevé ; il ne s'applique pas seulement aux actes extérieurs, mais aux actes moraux; il ne défend pas seulement l'homicide, le vol ou l'adultère, mais la calomnie, l'envie, la trahison. Il recommande de rendre le bien pour le mal.

II. — Brahmanisme et Bouddhisme.

Cependant un réformateur allait venir pour adoucir, épurer encore la donnée védique, tout en maintenant malheureusement, en l'aggravant même, la prédominance de la contemplation ascétique sur l'action individuelle et sociale. Le Bouddha n'en est pas moins un des hommes les plus extraordinaires qui aient paru dans le monde.

Issu de la royale famille de Çakia qui régentait un peuple sur les pentes de l'Himalaya, Sidhartha, que nous n'appellerons plus que le *Bouddha* (l'Intelligent) ou plus brièvement Bouddha, naquit à Kapilavastou, près de Bénarès, 648 ans avant l'ère vulgaire. A sa naissance, disent les légendes bouddhiques, les statues divines se mirent en mouvement pour lui rendre hommage et parlèrent pour lui dire : « *Salut à toi qui es le premier besoin du monde.* » Toutefois, jusqu'à l'âge de vingt-neuf ans, le prince royal de Kapilavastou mena une vie mondaine. Un jour, il rencontra sur son chemin un vieillard, un malade et un cadavre. Profondément ému, il réfléchit aux misères de l'existence, jura de se vouer à la régénération humaine et à la suppression des maux. Ainsi fit-il malgré les empêchements de son père. Il partit donc, emmenant sa femme qu'il avait convertie à son apostolat et qui, de son côté, mena une vie de retraite et de macération. Bouddha appelé aussi Gautama Bouddha, eut encore des combats à soutenir ; mais il en sortit victorieux. Après l'avoir vainement tenté, l'*esprit du mal*, le voyant inébranlable, s'enfuit — attestent les mêmes légendes bouddhiques — en se frappant la poitrine et en s'écriant avec rage : *Mon règne est passé.*

Après la préparation personnelle par la macération, par la contemplation et l'acquisition de la triple science, sous le figuier de Bhodimanda, Bouddha commença l'apostolat sublime qui devait aboutir à la conversion de trois cents millions d'hommes et à l'humanisation radicale de peuples particulièrement cruels, comme les Mongols et les Thibétains.

On a beaucoup écrit pour expliquer le succès inouï de la propagande bouddhique; une des raisons de ce succès est que le bouddhisme vint à son heure, comme plus tard le christianisme.

Bouddha avait eu surtout, comme contempteur du régime des castes, d'éminents précurseurs, tels que les sages du cycle de Kapila, de Kanada et de Gotama. Un de ses précurseurs avait encore été le grand poète Valmiki, l'immortel auteur du *Ramayâna*.

La brèche était faite, le « triple sage » pouvait venir.

Bouddha s'attaqua d'abord au vague déisme brahmanique; il nia l'infini, n'admit ni dieu personnel, ni substance divine. Les dieux qu'il conservait pourtant dans son système sous le nom de Dewas n'étaient à ses yeux que des êtres supérieurs, en général, au commun de l'humanité, mais sujets comme elle à la naissance ou à la mort et souvent dépassés en pouvoir et en excellence par les sages. Il ne conserva du brahmanisme qu'un seul dogme, celui de la transmigration des âmes ou Manas qui devint comme la base de sa doctrine. Il comparait le monde à une roue qui tourne sur elle-même et l'évolution humaine à un mouvement se déployant en spirale (1). L'homme, d'après le Bouddha, ne vit que pour mourir, et ne meurt que pour renaître, car dans ces existences successives il expie des fautes antérieures et se purifie pour les vies postérieures. Son existence n'est donc qu'un cercle indéfini de maux et de douleurs. Le bouddhisme exotérique appuya, et bien trop, sur la conclusion pessimiste de la vie, déjà si dominante dans l'explication manavienne du « terrible monde de Brahma » :

Ah ! malheur à la jeunesse que la vieillesse doit détruire ! Ah ! malheur à la santé suivie de tant de maladies ! Ah ! malheur à la vie où l'homme reste si peu de jours! la jeunesse, la santé et la vie sont comme le jeu d'un rêve. C'est à moi d'apporter aux hommes et aux dieux la loi qui doit les délivrer de tant de maux. Après avoir atteint l'intelligence suprême, je rassemblerai les êtres vivants, et, les retirant de l'océan de la création, je les établirai dans la terre de la patience. Cela fait, des pensées nées du trouble des sens, je les établirai dans le repos. En faisant voir la clarté de la loi aux créatures obscurcies par les ténèbres d'une ignorance profonde, je leur donnerai l'œil qui voit clairement les choses ; je leur donnerai le beau rayon de la pure sagesse, l'œil de la loi sans tache et sans corruption.

(1) Remarquons que cette évolution en spirale est rigoureusement démontrée en ce qui concerne les mondes planétaires. L'ellipse qu'ils décrivent autour d'un foyer en mouvement n'est autre qu'une immense spirale. Quant à la mort qui engendre la vie et *vice versa*, cette façon de voir est aujourd'hui vulgaire et commune, du moins pour les corps et la force qui les anime.

Ainsi, le néant est le but de l'activité de l'être et de l'effort moral. Comment y arriver ?

« — Mais, dit Bouddha à son disciple, les hommes de cette région où tu veux fixer ton séjour sont emportés, colères, furieux, cruels. Lorsque ces hommes t'adresseront en face des paroles méchantes, grossières et insolentes ; quand ils s'irriteront contre toi et t'injurieront, que penseras-tu ?

— Si les hommes de cette région, répond le disciple, m'adressent en face des paroles méchantes, grossières et insolentes ; s'ils s'irritent contre moi et m'injurient, voilà ce que je penserai : ce sont des hommes bons et doux, eux qui ne me frappent ni de la main ni à coups de pierre.

— Mais si ces hommes te frappent de la main et à coups de pierre, que penseras-tu ?

« — Je penserai qu'ils sont bons et doux, puisqu'ils ne me frappent ni du bâton ni de l'épée.

« — Mais s'ils te frappent du bâton et de l'épée, que penseras-tu ?

« — Je penserai qu'ils sont bons et doux, puisqu'ils ne me privent pas complètement de la vie ?

« — Mais s'ils te privent complètement de la vie, que penseras-tu ?

« — Je penserai qu'ils sont bons et doux de me délivrer avec si peu de douleur de ce corps misérable.

« — C'est bien, lui dit Bouddha, tu peux, avec la perfection de patience dont tu es doué, fixer là-bas ton séjour. Va donc ; délivré, délivre ; consolé, console ; arrive au détachement complet, fais que les autres y arrivent comme toi. »

Non moins remarquable fut l'esprit d'égalité qui inspira le bouddhisme.

« Bouddha, dit Fouillée (1), appelle tous les hommes au salut et au Nirvâna, sans distinction de castes, et proclame l'égalité religieuse de toutes les classes sociales : « Ma loi est une loi de grâce pour tous (2). »

Il disait en effet : « La religion doit être le bien commun de tous. » C'était proclamer l'exotérisation de l'ésotérisme religieux. Le Bouddha disait encore : «... Celui-là est un sage qui ne voit pas la différence entre le corps d'un prince et celui d'un esclave... L'essentiel en ce monde (la vertu), c'est ce qui peut tout aussi bien se trouver dans un corps vil, et que les sages doivent saluer et honorer. De même que le prince, le prêtre ou brahmane n'est point supérieur aux autres hommes, il n'y a pas entre un brahmane et un autre homme la différence qui existe entre la pierre et l'or, entre les ténèbres et la lumière. » Enfin Bouddha renverse l'autorité sacerdotale en affranchissant la morale du culte, abolissant les cérémonies et les pratiques religieuses, pour y substituer les devoirs moraux.

« Tout ce que l'univers peut offrir de sacrifices en une année, tout ce que chaque homme peut immoler dans une vue intéressée, ne vaut pas le quart du respect religieux professé par un homme envers la vertu. »

Suivant cette pente logique jusqu'au bout, le Bouddha déclara brahmane, c'est-à-dire sage et heureux :

Celui que rien n'effraye et qui est indépendant de tout ; celui qui, libre de soucis et d'affaires, ignorant le désir, atteint à la parfaite quiétude ;

(1) *Histoire de la philosophie.*
(2) Comme cela est supérieur à la sentence chrétienne : *Il y a beaucoup d'appelés, mais peu d'élus.*

Celui qui est maître de lui-même et dont le cœur, la parole et le corps sont sans tache ;

L'homme pauvre, vrai, pieux, exempt de désirs ;

Celui qui, tout innocent qu'il soit, supporte les coups, les injures, les fers, fort de sa patience et de sa douceur ;

Celui qui ne bat pas un faible animal ni un fort, et ne permet pas qu'on les batte ;

Celui qui ne résiste pas et n'envie rien ;

Celui dont la parole est douce, vraie, instructive, et qui ne recourt jamais à l'insulte ;

Celui qui renonce à tout esprit de propriété.

On ne peut pousser plus loin la charité universelle.

Dans cet esprit de renoncement et de bonté, les bouddhistes recommandent par-dessus tout de rendre le bien pour le mal. Le *Dhamma-Pada* porte : « Si un homme me cause follement préjudice, je le couvrirai en retour de mon amour empressé : plus il m'aura fait de mal, plus je lui ferai de bien. » Telle est la règle de conduite suivie par les *Arahats* (1).

Nous prions nos lecteurs, qui croient encore que la charité est d'invention chrétienne, de ne pas oublier que ceci était enseigné plus de sept cents ans avant la diffusion de l'Évangile. Un homme de haute pensée philosophique et par conséquent de grande tolérance religieuse (2) insiste beaucoup dans son imposant

---

(1) Un *Arahat*, dit Olcott (*Catéchisme bouddhiste*), est un ascète bouddhiste qui, en suivant certaines pratiques, est arrivé à un état supérieur de développement moral intellectuel. Ils se divisent en deux groupes généraux : les *Sukka Vispassaka* qui ont surmonté leurs passions, et les *Samathayonika* qui ont vaincu leurs passions, et se sont perfectionnés au point qu'ils ne sont plus la proie des illusions et pénètrent le fond des choses, sans employer le long processus du raisonnement.

(2) L. Leblois, pasteur de Strasbourg, auteur de : *les Bibles et les Initiateurs religieux de l'humanité*, 4 vol., Paris, Fischbacher.

ouvrage sur l'excellence morale du bouddhisme.

« Le bouddhisme, dit-il, est une immense vie de pitié, de miséricorde et d'amour. Suivant une légende, le futur Sauveur, à peine né, fit sept pas et s'écria : « Tout est amertume dans les trois mondes, et c'est « moi qui adoucirai cette amertume ! » Sa prédication est la première parole de fraternité universelle que le monde ait entendue avant le Christ : universelle dans toute la force du terme, car elle embrasse tous les êtres, sans distinction et sans exception. Nulle part, dans l'antiquité, on n'avait songé à pratiquer la bienfaisance envers les pauvres et les misérables. En Occident, les hôpitaux n'existent que depuis le triomphe du christianisme au ɪᴠᵉ siècle. Dans l'Inde, le roi bouddhiste Açoka en avait fondé, même pour les animaux, plus de deux siècles avant Jésus-Christ ! Fa-Hian, qui visita l'Inde, vers l'an 460 avant notre ère, décrit ceux que la charité de ses coreligionnaires y avait établi pour les hommes. Il les appelle des *maisons de médicaments, du bonheur et de la vertu* : « Les « pauvres, dit-il, les orphelins, les boîteux, enfin tous « les malades des provinces, vont dans ces maisons, « où on leur donne tout ce dont ils ont besoin. Les « médecins y examinent leurs maladies ; on leur sert « à boire et à manger selon les convenances, et on « leur administre des médicaments. Tout contribue « à les tranquilliser, à leur rendre la santé. Ceux qui « sont guéris s'en vont d'eux-mêmes. »

Les enseignements du Bouddha convergent tous à cette bienveillance universelle. Nous devons, disent les livres sacrés, notre amour à tous les êtres, parce que nous sommes un avec eux. Celui qui a de la haine pour ses semblables se hait lui-même. La haine n'a pas d'excuse dans les mauvais penchants de l'homme; s'ils font le mal, c'est par ignorance : il faut donc avoir compassion d'eux et les éclairer.

Cela, encore une fois, était enseigné au temps où, sauf la Grèce et l'Égypte, les peuples chez lesquels la civilisation devait reprendre sa marche étaient pour le moins demi-barbares, et trois cents ans avant la réforme esdrasienne qui allait valoir au judaïsme la conquête du monde.

Les femmes même, que saint Paul, fondateur du christianisme, devait maintenir « sous le joug » plus tard et que les brahmanes avaient mises sur le même pied que les *çoudras* et déclarées impures, furent admises à l'initiation, et les rangs les plus élevés de la hiérarchie bouddhique leur furent accessibles.

Et que l'on ne croie pas que la pratique fut si loin de la théorie. Le puissant roi Açoka, dont il vient d'être question, fut l'un des plus ardents propagateurs de « la loi de grâce pour tous » et fut dans toute l'acception du mot un bienfaiteur de l'humanité. Il employa tout le temps de son règne à l'adoucissement des mœurs, à la pratique de la fraternité entre les êtres humains et de la bonté envers les animaux, s'occupant plus d'actions et d'institutions bienfaisantes que de macérations, plus de rendre les hommes bons et heureux que de leur prêcher l'abstinence.

Avec de telles qualités, la religion de pureté et d'amour du Bouddha ne pouvait rien avoir et n'a rien eu de l'intolérance prétentieuse de celles des chrétiens et des musulmans :

Il ne faut jamais blâmer la croyance des autres, dit un précepte bouddhique, c'est ainsi qu'on ne fera de tort à personne. Il y a même des circonstances où l'on doit honorer en autrui la croyance que l'on ne partage pas. En agissant de cette manière, on fortifie sa propre croyance et on sert celle d'autrui. L'homme, quel qu'il soit, qui, par dévotion à sa propre croyance, l'exalte et attaque la croyance des autres en disant : « Mettons notre foi en lumière », ne fait que nuire gravement à la croyance qu'il professe. Puissent les disciples de chaque doctrine être riches en sagesse et heureux par la vertu.

« Toutefois, fait observer Fouillée, malgré sa grandeur, la morale bouddhiste est trop mystique et trop contemplative : l'idée de la charité y est admirablement développée ; mais l'idée du droit en est absente. La résignation à l'injustice peut être une vertu dans certains cas, surtout si l'on est seul en cause, mais le maintien de son droit et du droit d'autrui est aussi une vertu, et la charité même commande de ne pas se résigner si facilement aux injustices dont souffrent nos semblables. Les vertus civiles, politiques et patriotiques, les vertus du citoyen sont inconnues à l'Orient : on ne songe qu'à la sainteté et à l'existence éternelle. »

Nous conclurons sur ces paroles.

II

HERMÉTISME, MAZDÉISME, CONFUCIANISME, MAGISME BAALISME, DRUIDISME, ETC.

I. — L'Hermétisme.

Toutes les grandes religions antiques avaient une partie *ésotérique* ou réservée aux seuls initiés et une partie *exotérique* ou populaire; il en fut ainsi du brahmanisme et même du bouddhisme, religion démocratique cependant. Mais dans aucune religion l'*ésotérisme* et l'*exotérisme* ne furent aussi tranchés que dans la religion égyptienne. L'ésotérisme égyptien fut l'éducateur des nations auxquelles il donna Moïse, Thalès, Pythagore, Platon, etc. ; nous l'appellerons *hermétisme*, d'Hermès Trismégiste, son révélateur légendaire (1).

Les hermétistes avaient la notion d'un dieu suprême et unique.

Il est le seul être vivant, en vérité, dit une inscription : « Il a donné naissance à tous les êtres et à tous les dieux inférieurs; il a tout fait et n'a pas été fait. Il s'engendra lui-même. » Et sur une autre : « Je suis celui qui est, fut et sera. Aucun mortel n'a soulevé le voile qui me couvre. »

Quelle est l'essence de ce Dieu générateur universel ?

Au commencement était *Ammon-Ra*, l'obscurité primitive, l'incompréhensible, germe de toutes choses. Considéré dans ses développements, Ammon-Ra devint tout à la fois Ammon le père, Mouth la mère, et Khoût l'enfant, dont les noms sont ceux d'Osiris, d'Isis et d'Horus. Tous les autres dieux, tous les autres êtres ne sont, de même,

---

(1) Hermès Trismégiste (le sage trois fois très grand) participe de l'être suprême qui est l'âme de son âme, l'intelligence de son intelligence. Il s'est manifesté sur la terre en la personne de Toth, au moment où Isis et Osiris, dont il fut le ministre, civilisaient l'espèce humaine sans foyers et sans lois. Il enseigna à cette dernière l'écriture et les arts.

Quant à la religion populaire, on pourrait l'appeler *piromisme*, du nom exotérique d'*Ammon-Ra*, dieu suprême, qui est *Piromis*.

que des formes développées d'Ammon-Ra : ce ne sont que d'abstraites déterminations, de phénoménales apparences du grand indéterminé, et ces formes secondaires, tertiaires, etc., établissent une chaîne non interrompue qui descend des cieux et se perd dans l'abîme de l'être.

Tout cela ressemble fort au panthéisme indou. Il y a toutefois cette différence, fait observer Joseph Fabre (1), que les émanations n'ont pas lieu par groupes et par classes, mais simplement par syzygies, c'est-à-dire par couples dans lesquels les deux sexes sont toujours représentés, conception moins favorable au régime des castes (2).

On devine tout de suite qu'une pareille théogonie devait être complétée par une morale douce; non autant que celle de l'Inde toutefois. Quelquefois les peines étaient d'une extrême rigueur. Par exemple :

Était condamné qui n'empêchait pas le crime ;
Était mutilé qui attentait à la pudeur ;
Avait le nez coupé la femme adultère ;

---

(1) *Histoire de la philosophie.*
(2) « Dans la doctrine vulgaire ou exotérique, Ammon-Ra devient Piromis, le dieu inconnu, d'où procède Kneph, l'ordonnateur de toutes choses. Tout se matérialise : Osiris et Isis deviennent le soleil et la lune. A côté d'eux viennent : Athyp, les ténèbres ; Nephtys, la beauté ; et Typhon, le désordre ; puis une multitude de dieux et de déesses ayant chacun des attributs différents. Au milieu de cette idolâtrie, l'élément panthéistique se retrouve cependant encore. Si les Indous font de la vache le symbole de l'universelle fécondité, les Égyptiens attribuent au bœuf Apis le même rôle. Les Égyptiens, en exagérant cette croyance, outre le culte qu'ils rendaient à certains animaux pendant leur vie, les embaumaient et les conservaient après leur mort, et cela au point de remplir de leurs momies d'immenses cavernes qui font encore un sujet d'étonnement pour le voyageur. »

Avait la main coupée le guerrier coupable de lâcheté.

En revanche, rien de la déprimante macération brahmano-bouddhique.

Dans un traité interprété par Prysse, et ayant pour auteur *Phtah-Hatpon*, vieillard de sang royal qui écrivait 3,700 ans avant l'ère vulgaire et plus de 2,000 ans avant le code hébraïque, il est dit :

> L'obéissance d'un fils envers son père, c'est la joie du ciel. Il est cher à son père, et sa renommée est dans la bouche des vivants qui marchent sur la terre. Le rebelle voit la science dans l'ignorance, les vertus dans les vices ; il commet chaque jour avec audace toutes sortes de fraudes, et en cela il vit comme s'il était mort. Ce que les sages savent être la mort, c'est sa vie de chaque jour ; il avance dans ses voies, chargé d'une foule de malédictions. (La récompense de celui qui observe ces préceptes est placée ici-bas ; c'est une longue vie et la faveur du prince.) Le fils docile sera heureux par suite de son obéissance ; il vieillira, il parviendra à la faveur.
>
> Si tu es sage, munis bien ta maison ; aime ta femme sans querelle ; nourris-la, pare-la, c'est le luxe de ses membres. Parfume-la, réjouis-la le temps que tu vis ; c'est un bien qui doit être digne de son possesseur. Ne sois pas brutal.

Un autre traité contenu dans le même manuscrit et dont il ne reste plus que deux pages, était encore plus ancien, puisqu'il avait été composé par un auteur du nom de Kagimma, au temps de l'avènement du roi Snefrou, de la troisième dynastie (environ 4,250 ans avant Jésus-Christ). C'était un recueil d'apophtegmes du genre de celui des *Proverbes*, dont la collection, dans la Bible, est attribuée au roi Salomon, lequel vivait trente-deux siècles plus tard.

Le scribe *Ani*, venu après, s'élève bien plus haut dans ses prescriptions morales. Il s'adresse à son fils :

> C'est moi qui t'ai donné ta mère ; mais c'est elle qui t'a porté dans son sein, et, en te portant, elle a eu bien des peines à souffrir. Tu es né après les mois de la grossesse, et elle t'a porté enfant comme un véritable joug, sa mamelle dans ta bouche pendant trois années. Tu as pris de la force, et la répugnance de tes malpropretés ne l'a pas dégoûtée jusqu'à lui faire dire : « Oh ! que fais-je ? »
> Tu fus mis à l'école. Tandis que l'on t'instruisait dans les écritures, elle était chaque jour assidue auprès de ton maître, t'apportant le pain et la boisson de sa maison. Tu es arrivé à l'âge adulte ; tu t'es marié, tu as pris un ménage. Ne perds jamais de vue l'enfantement douloureux que tu as coûté à ta mère, ni tous les soins salutaires qu'elle a pris de toi. Ne fais pas qu'elle ait à se plaindre de toi, de crainte qu'elle n'élève les mains vers la divinité et que celle-ci n'écoute sa plainte.

Ani est grand ennemi de vices grossiers ; il nous le dit en termes fort explicites :

> Ne sois pas glouton pour remplir ton ventre à ne plus te tenir ferme. C'est pour un autre bonheur que je t'ai donné l'existence.

Voici maintenant pour l'ivrognerie :

> Ne t'échauffe pas, recommande-t-il avec instance, dans la maison où l'on boit la liqueur enivrante : évite toute parole révélatrice du fait du prochain, qui sortirait de ta bouche et que tu ne saurais pas avoir dite. Tu tombes d'ivresse, les membres brisés ; personne ne te tendra la main. Tes compagnons boivent : ils se lèvent et disent : « Ote-toi de là, homme qui as bu ! » On vient te chercher

pour parler affaires: on te trouve gisant à terre, semblable à un petit enfant.

Ne suis point les femmes, ne leur laisse pas prendre ton cœur ; en revanche, marie-toi avec une femme jeune ; ton fils fera de même à ton exemple. Ne sois pas rude pour ta femme dans sa maison, quand tu sais qu'elle est en bon ordre. Ne lui dis pas : « Où est cela ! apporte-le nous ! » car elle l'a mis à sa place convenable. Car ton œil l'a vu, et tu as gardé le silence en reconnaissant son mérite. Plein de joie, mets ta main dans la sienne. Il y a beaucoup de gens qui ne savent pas comment l'homme se plaît à mettre le malheur dans sa maison, et en réalité ne trouve pas la manière de la conduire. Toute direction de la tenue d'une maison gît dans la douceur patiente de l'homme...

N'oublie pas, cependant, que la discipline dans la maison c'est la vie ; use de la réprimande et tu te trouveras bien ; mais ne va pas jusqu'à être injuste et méchant envers tes serviteurs. Sois économe, que ta main ne soit pas prodigue pour l'inconnu, il vient à toi pour ta ruine... Thésaurise pour toi-même, et tous tes parents s'empresseront au-devant de toi. Cependant ne tombe pas dans l'avarice. Ne mange pas le pain en présence d'un assistant resté debout, sans que ta main s'étende pour lui offrir du pain. A-t-on jamais vu qu'il n'y ait pas riche et pauvre ? Mais le pain demeure à celui qui agit fraternellement. Dans le même esprit, sois pacifique, parle avec douceur à qui a parlé brutalement, fuis les procès et les contestations traite bien ton hôte, sois discret; ne sois ni médisant, ni bavard. Sois modéré, constant et patient dans tes entreprises.

Un papyrus du Louvre a encore fourni à M. Pierret un petit recueil d'apophtegmes moraux, dont quelques-uns sont fort remarquables. L'auteur inconnu de ces maximes est aussi préoccupé qu'Ani du danger des mauvaises relations et du devoir de donner le bon exemple :

Ne fais pas ton compagnon d'un méchant homme. — N'agis pas d'après les conseils d'un sot. — Ne te promène pas avec un insensé. — Ne t'arrête pas à écouter ses paroles. — Ne pervertis pas le cœur de ton camarade, s'il est pur. — Ne laisse pas ton fils se lier avec une femme mariée. — Qu'il n'y ait pas, dans le cœur d'une mère, d'entrée pour l'amertume. — Ne maltraite pas les inférieurs ; respecte les supérieurs. — Ne maltraite pas ta femme dont la force est moindre que la tienne ; qu'elle trouve en toi son protecteur. — Ne fais pas souffrir un enfant, à cause de sa faiblesse ; prête-lui aide. — Ne fais pas un divertissement de te jouer de ceux qui dépendent de toi. — Ne sauve jamais ta vie aux dépens de celle d'autrui.

Mais le document le plus intéressant sur la morale égyptienne est le fameux chapitre cxxv du rituel funéraire, interprété par Champollion qui l'a nommé *la confession négative*.

Ayant à répondre, dans l'Amenthe, aux quarante-deux juges infernaux (1), le mort dit :

Je n'ai pas volé, je n'ai pas trompé, je n'ai pas blasphémé, je n'ai pas menti en justice, je n'ai pas commis de fraude contre les hommes, je n'ai pas tourmenté de veuve, je n'ai

---

(1) Avant les 42 juges infernaux, 42 juges terrestres avaient prononcé. D'après Diodore de Sicile, lorsque le corps d'un citoyen devait être inhumé, on annonçait le jour où il devait passer le lac Achéruse aux amis du mort et à quarante prêtres chargés d'examiner l'emploi de ses années. Ces derniers, rassemblés sur les bords du lac, se rangeaient en demi-cercle. Là, et devant ce sénat religieux, tous ceux qui voulaient se plaindre du défunt pouvaient élever la voix. Avait-il mal vécu : les juges le privaient de la sépulture. Sa vie avait-elle été irréprochable : on permettait à ses amis de prononcer son éloge public. « Mais, dit Diodore, jamais on ne le louait sur sa naissance, parce que, devant ce tribunal, tous les citoyens étaient égaux. »

pas fait exécuter à un chef de travailleurs plus de travaux qu'il n'en pouvait faire. — Je n'ai excité aucun trouble. — Je n'ai fait pleurer personne. — Je n'ai pas été paresseux. — Je n'ai pas été négligent. — Je ne me suis pas enivré. — Je n'ai pas fait de commandements injustes. — Je n'ai pas eu une curiosité indiscrète. — Je n'ai pas laissé aller ma bouche au bavardage. — Je n'ai frappé personne. — Je n'ai pas tué. — Je n'ai pas ordonné de meurtre par trahison. — Je n'ai pas causé de crainte à personne. — Je n'ai pas médit d'autrui. — Je n'ai pas rongé mon cœur d'envie. — Je n'ai pas intenté de fausses accusations. — Je n'ai pas retiré le lait de la bouche des nourrissons. — Je n'ai pas pratiqué d'avortement.

Notons ici que la condamnation des pratiques abortives ne se trouve guère, dans l'antiquité classique, que dans ce beau *Serment du Médecin* qui est compris parmi la collection hippocratique et qui était en usage à l'école médicale d'Ionie : « Je n'ai pas commis d'adultère. » Le mort déclare encore qu'il ne s'est pas souillé du vice honteux qui a été la tache des mœurs grecques et auquel les peuples classiques n'attachaient pas plus de réprobation que les Turcs de nos jours. — « Je n'ai pas desservi l'esclave auprès de son maître. — Je n'ai pas fait de mal à mon esclave, en abusant de ma supériorité sur lui. »

A côté de ces préceptes généraux, l'apologie du mort au tribunal d'Osiris nous montre des prescriptions de police et d'ordre public, que l'intérêt commun avait fait élever en Égypte au rang des devoirs qui engagent la conscience. Ainsi le mort se disculpe d'avoir intercepté les canaux d'irrigation et d'avoir jamais entravé la distribution des eaux du fleuve dans la campagne ; il déclare qu'il n'a pas endommagé les pierres qui servent à amarrer les barques au rivage. Car le Nil était, en Égypte, la source de la fertilité des champs et la grande voie des communications. La vente à faux poids et à fausse mesure constituent deux péchés spéciaux. Viennent aussi les fautes contre la religion, dont quelques-unes nous paraissent bizarres, surtout quand on les trouve au même rang que les véritables atteintes à la morale. Le mort n'a pas altéré les prières, il n'y a introduit aucune interpolation ; il n'a pas porté atteinte aux propriétés sacrées, en s'emparant des troupeaux ou en pêchant les poissons divins dans leurs lacs ; il n'a pas volé les offrandes sur l'autel ; il n'a pas troublé les processions ; enfin il n'a pas souillé de ses excréments les flots sacrés du Nil.

Le mort ne se borne pas, du reste, devant le tribunal d'Osiris, à la dénégation du mal qu'il n'a pas commis : il parle de ce qu'il a fait de bien dans sa vie. Il énumère les œuvres de miséricorde qu'il a accomplies, et qui étaient d'obligation. Ici nous trouvons un accent d'amour et de charité universelle qu'on s'étonne de rencontrer dans une aussi ancienne civilisation que celle de la religion égyptienne. « J'ai fait aux dieux les offrandes qui leur étaient dues. Je me suis concilié la divinité par mon amour. J'ai donné à manger à celui qui avait faim ; j'ai donné à boire à celui qui avait soif ; j'ai vêtu celui qui était nu ; j'ai donné une barque à celui qui était arrêté dans sa route. »

Il est impossible, dans l'état actuel des études, d'assigner une date à la composition du chapitre cxxv du *Livre des Morts*, et peut-être n'y arrivera-t-on jamais. Mais dès à présent nous en possédons des copies qui remontent aux premiers temps de la xııᵉ dynastie, 3,000 ans avant Jésus-Christ, 1,500 ans environ avant Moïse (1).

Après avoir lu ces magnifiques extraits, on éprouve un sentiment de tristesse sur le peu d'expansivité, dans le monde, de la morale préceptorale. Pendant trente siècles de bouleversements ethniques, de guerres de races et de peuples, de débordements et de transbordements, de destructions de nations, de fondations de religions et d'empires, de révolutions de toutes sortes, de progrès scientifiques et politiques, la morale pratique a été la négation de la morale théorique que nous venons de poser. Bien plus, la morale théorique même, au lieu de progresser, a rétrogradé sous l'action combinée du paganisme gréco-latin, du judaïsme, du christianisme et de l'islamisme successivement triomphants.

II. — Le Mazdéisme.

A côté des grandes religions indoue et égyptienne, le mazdéisme tient une place honorable. Il se distingue même par une glorification qu'on ne saurait assez admirer de l'activité humaine et du travail : en quoi il est supérieur au védisme et dépasse même l'hermétisme.

La doctrine de Zoroastre est basée, elle aussi, sur le panthéisme comme les précédentes ; mais elle est plus spiritualiste.

Nous en donnerons une idée sommaire :

L'origine des choses est dans une sorte d'indéter-

---

(1) François Lenormand, membre de l'Institut.

miné universel, le Zernane-Akerène, le temps sans bornes, père de toutes choses.

Du Zernane-Akerène naquirent Ormuzd, l'esprit de lumière, et Ahriman, la matière, le principe ténébreux. D'Ormuzd procédèrent les âmes de toute espèce, d'Ahriman tout ce qu'il y a de matériel.

Ormuzd avait créé toutes choses parfaites ; mais Ahriman a introduit le mal dans l'Univers. Et le grand combat se livre d'un côté entre Ormuzd, génie du bien ayant pour auxiliaires les sept *Amschaspands*, chefs eux-mêmes de la foule innombrable des *Izeds*, sorte d'anges, et des *Ferouers* (sorte d'âmes), et, d'un autre côté, Ahriman, génie du mal ayant pour auxiliaires les sept *Darvands*, chefs eux-mêmes de la tourbe immense des *Dævas* ou esprits du mal.

La bataille sera longue et terrible, non éternelle néanmoins, car Ormuzd l'emportera et Ahriman lui-même s'amendera avec tous les siens et viendra s'absorber dans la pure lumière de l'éternelle justice et du bonheur universel. Il en sera ainsi de tous les méchants ; après une période d'expiation, ils viendront, purifiés, réconciliés, partager la félicité des bons.

Comparez avec l'enfer chrétien, et dites si Michelet n'était pas fondé à proclamer que la religion primitive de la Perse n'a pas été surpassée.

Elle ne pouvait qu'être noble et pure, la morale d'une telle religion ; elle est, par surcroît, la morale fortifiante du travail.

Ormuzd a dit aux laboureurs : « O vous qui êtes la source des biens, si les hommes ne recherchent pas le bien, vos travaux seront inutiles. »

Lorsqu'Ormuzd fait aller en avant le laboureur, tous les biens se multiplient.

« Juste juge, dit Zoroastre à Ormuzd, *quel est le point le plus pur de la loi des Mazdéens ?* »

Ormuzd répond :

« *C'est de semer la terre de forts grains. Celui qui sème les grains et le fait avec pureté remplit toute l'étendue de la loi des Mazdéens. Celui qui pratique cette loi des Mazdéens est ainsi que s'il avait donné l'être à cent créatures, à mille productions ou célébré dix mille prières.*

« Ce que je désire, c'est que l'homme fasse le bien de cœur, que le *germe* de l'homme se multiplie, que son *corps* soit grand. *L'homme fidèle à la loi peut sans crainte formuler ses vœux, demander les plaisirs de ce monde et la gloire du ciel.*

« — Je vous demande, ô Ormuzd, dit le fidèle, les plaisirs, la pureté, la sainteté; accordez-moi une longue vie bien remplie. Donnez aux hommes, ô Ormuzd, des biens purs et saints : nourrissez-les : qu'ils vivent longtemps, engendrent toujours dans les plaisirs. »

Tel est le dogme, et le culte y correspond. Tout le culte zoroastrique, dit Marius Fontanes (*les Iraniens*), est dans le mot « plaire » : « Faites en sorte de plaire au feu-dieu, de plaire à l'eau, de plaire aux arbres, de plaire à l'homme, de plaire à la femme pure. »

Que touchante est cette prière :

Faites, âmes des saints, que les troupeaux ne diminuent pas, que l'humanité pure ne diminue pas, que les sublimes leçons d'Ormuzd ne diminuent pas. Faites que la terre s'élargisse, que les fleuves s'étendent, que le soleil soit toujours élevé. Éloignez les méchants, faites que l'ized de la paix nous protège contre la guerre, l'ized de la libéralité contre l'avarice, l'ized de l'humilité contre l'orgueil, l'ized de la vérité contre le mensonge; favorisez le pur contre l'impur et versez la lumière.

Voilà maintenant comment est prêché le devoir de bienfaisance :

Moi, Ormuzd, je prononce des bénédictions sur celui qui nourrit un ami et qui fait du bien ; sur le pur qui se rend encore plus pur et sur l'ami dont l'amitié est vive.
Vous établirez roi, ô Ormuzd, celui qui soulage et nourrit le pauvre.

Labourer la terre, y semer des grains, y planter des arbres pour assainir l'air, améliorer ainsi la vie de l'homme équivaut, dira Zoroastre, à des milliers de prières ; soigner les troupeaux sera, ajoute-t-il, gagner le paradis. Aux Aryas védiques, les brahmanes prêcheront l'inutilité de la vie, la commodité de la soumission, les joies de l'anéantissement, et les laboureurs, les pasteurs et les artisans, les travailleurs de toutes sortes — vaicyas, parias — ne seront bientôt qu'une caste reléguée dans l'ignominie, incapable de secouer jamais sa honte. Les Brahmanes qui perdirent l'Inde n'ont aucune affinité avec Zoroastre qui prit l'Iran tombé et le releva par la morale et le travail (1).

Le Nekah ou bénédiction nuptiale, encore employée au Kirman par les sectateurs de Zoroastre, mérite d'être reproduit dans ses parties principales :

Au nom du dieu libéral, bienfaisant et miséricordieux ;
Au nom d'Ormuzd secourable ;
Soyez instruit de ce qui est pur !
Faisant le bien d'une manière convenable, appliquez-vous à penser le bien, à dire le bien, à faire le bien.
... Dites la vérité au milieu des grands.
Parmi vos amis, ayez le visage doux et les yeux bienfaisants.

(1) Marius Fontanes : *les Iraniens.*

Ne faites pas de mal à votre prochain.
Ne vous emportez pas de colère.
... Ne vous laissez aller ni à l'envie, ni à l'orgueil, ni à la vanité.
Ne prenez pas le bien d'autrui ; abstenez-vous de la femme de votre prochain.
Fuyez les méchants.
Répondez avec douceur à votre ennemi...
Rendez-vous plus célèbre que votre père.
Ne faites point de mal à votre mère.
Comme le corps et l'âme sont amis, soyez l'ami de vos frères, de votre femme, de vos enfants.

Ainsi parlèrent les moralistes mazdéens ; mais l'on sait ce qu'il advint de leurs enseignements, quand les Perses eurent conquis la grande et amollissante Assyrie. Nous pouvons le dire, toutefois : si le hasard de l'histoire avait voulu que l'évolution religieuse des peuples occidentaux eût eu pour foyer initial soit les *Védas*, les lois de *Manou* et les *Soutras*, soit les livres sacrés des Égyptiens, soit le *Zend-Avesta* des Perses, au lieu d'avoir la Bible de l'âpre peuple juif, la religion qui serait sortie eût été plus humaine, moins irrationnelle que le christianisme.

III. — Le Confucianisme.

La morale que Confucius et Mencius (1) donnèrent

---

(1) L'éthique chinoise est contenue dans les *Tse-Chou* ou quatre livres de morale ainsi divisés :
Le *Ta-Hio*, ou la grande étude, par Koung-Fou-Tseu (Confucius) et son disciple Thsenc-Tseu.
Le *Tchoung-Young*, ou l'invariabilité dans le milieu recueilli par Tseu-Rse, petit-fils et disciple de Koung-Fou-Tseu.
Le *Lun-Yu*, ou entretiens philosophiques ; le livre de Meng-Tseu (Mencius). (Traduits du chinois par G. Pauthier.)

aux Chinois, cinq ou six siècles avant le christianisme, et par conséquent un siècle avant la compilation de la Bible par Esdras, mérite aussi une mention particulière. « La principale vertu pour Confucius, dit Janet, est la vertu de l'humanité. » Fan-Tché demande ce que c'était que la vertu de l'humanité. Le philosophe dit : « Aimez les hommes. » — Il doit aimer les hommes de toute la force de l'étendue de son affection. — L'homme supérieur est celui qui a une bienveillance égale pour tous. » Dans quelques passages, le sentiment de la fraternité est exprimé en paroles touchantes et passionnées. Le philosophe dit : « Je voudrais procurer aux vieillards un doux repos, aux amis conserver une fidélité constante, aux femmes et aux enfants donner des soins tout maternels ! » Seu-Manican, affecté de tristesse, dit : « Tous les hommes ont des frères, moi seul n'en ai point. — Que l'homme supérieur, répond le philosophe, regarde tous les hommes qui habitent dans l'intérieur des quatre mers comme ses frères. »

Depuis l'homme le plus élevé en dignité jusqu'au plus humble et au plus obscur, devoir égal pour tous de corriger et améliorer sa personne ; car le perfectionnement de soi-même est la base fondamentale de tout progrès et de tout développement moral.

L'Invariabilité dans le milieu porte qu'il y a quatre grands devoirs : l'humanité, la justice, la bienséance et la connaissance des hommes. Dans les *Entretiens philosophiques*, le maître nous dit : « L'homme supérieur est celui qui a une bienveillance égale pour tous, qui est sans égoïsme et sans partialité. L'homme vulgaire est celui qui n'a que des sentiments d'égoïsme, sans disposition bienveillante pour tous les hommes en général. » (*Les Livres philosophiques*.) De son côté, Meng-Tseu nous répète :

> Un cœur miséricordieux est le principe de l'humanité ; le sentiment de la honte (de ses vices) et de l'aversion (pour les vices d'autrui) est le principe de l'équité et de la justice ; le sentiment d'abnégation et de déférence est le principe des usages sociaux ; le sentiment du vrai et du faux ou du juste et de l'injuste est le principe de la sagesse.

Et combien il est encore le digne disciple de Confucius, lorsqu'il affirme en ces termes l'aptitude de l'homme à la justice :

> La nature de l'homme, dit-il, ressemble au saule flexible, l'équité ou la justice ressemble à une corbeille ; on fait de la nature de l'homme l'humanité et la justice, comme on fait une corbeille avec le saule flexible.

Toute la morale théorique chinoise est contenue dans l'incitation aux œuvres d'humanité et de justice :

> La doctrine de notre maître, dit Meng-Tseu, consiste uniquement à avoir la droiture du cœur et à aimer son prochain comme soi-même. — Agir envers les autres comme nous voudrions qu'ils agissent envers nous-mêmes, voilà la doctrine de l'humanité. « La réciprocité est la règle de la vie. »

Rien de plus moral, dans le grand sens humain du mot, n'a été dit ni dans l'Inde, ni en Égypte, ni dans la Bactriane mazdéenne. Confucius fait tout céder à ses préoccupations moralistes. Pour lui, la morale est supérieure à la nature. Il ne craint pas de dire :

Le ciel et la terre sont grands sans doute : cependant l'homme trouve aussi en eux des imperfections. C'est pourquoi le sage, en considérant ce que la règle de conduite morale a de plus grand, a dit que le monde ne peut la contenir. Quelle est donc la cause de l'univers ? — La puissance productive du ciel et de la terre peut s'exprimer par un seul mot : c'est la perfection. Mais la production des êtres est incompréhensible. Le parfait est le commencement et la fin de tous les êtres ; sans le parfait les êtres ne seraient pas.

Quand il précise, Confucius n'est pas moins remarquable. Les principales vertus particulières qu'il recommande sont *la force d'âme, la modération* que constitue l'invariabilité dans le juste milieu, la justice et surtout *l'humanité*, son complément.

Telles sont les beautés morales de la philosophie de Confucius. Mencius, qui vint deux cents ans après le grand apôtre chinois de la philosophie morale, n'est pas indigne de son maître, nous l'avons déjà indiqué. Il perfectionna sa haute doctrine, s'efforçant de la viriliser. L'originalité de Mencius, dit Fouillée, est surtout dans sa philosophie politique, qui est déjà libérale et hardie. Il appelle les tyrans « des voleurs de grand chemin » et les croit dignes de la même justice que les voleurs. Chanking Taï-Schi dit : « Celui qui a fait un vol à l'humanité est appelé voleur ; celui qui a fait un vol à la justice est appelé tyran. »

Le peuple est ce qu'il y a de plus noble dans ce monde ; les esprits de la terre ne viennent qu'après : le prince est de la moindre importance.

Les moralistes chinois se tinrent longtemps dans cette voie. Dans un petit traité de morale de Kanging-pien on lit :

Suivre la raison, dit le sage, c'est avouer ne s'en écarter jamais.

On suit la raison quand on est sincère, pieux, bon ami, bon frère ; lorsqu'on a un cœur compatissant pour tous les êtres vivants ; quand on est plein de tendresse pour les orphelins, de commisération pour les veuves; quand on évite de faire le mal aux insectes, aux herbes et aux arbres.

Quand on sait être compatissant pour le mal d'autrui, se réjouir de son bonheur ; aider ses semblables dans leurs nécessités, les délivrer de leurs périls, voir le bien qui leur arrive comme obtenu par soi-même, et ressentir les pertes qu'ils éprouvent comme si on les ressentait soi-même. Alors, on est révéré par tout le monde, protégé par la maison céleste, accompagné par le bonheur et les richesses.

Un autre moraliste avait prononcé cette sentence, passée en proverbe :

Trouver à l'écart un trésor dont on soit le maître, ou une belle femme seule dans un appartement reculé, entendre la voix de son ennemi qui va périr, si on ne le secourt, admirable pierre de touche.

Pourquoi, avec une pareille morale, que ne voilà aucune prédominance religieuse, la Chine est-elle restée stationnaire depuis plus de 3,000 ans ?

Parce que, ainsi que l'a remarqué Montesquieu, les législateurs chinois confondirent les lois, les mœurs, la religion et les manières, réglant tout et étouffant ainsi dans son germe tout essor individuel. Ce peuple, à l'esprit eunucisé, se défit des idées de violence, mais cultiva d'autant mieux les idées de fraude qui sont d'application générale dans le Céleste Empire.

En outre, Confucius avait dit, dans son conservatisme à outrance :

> Que les choses de l'empire actuel suivent les mêmes ornières que ceux des temps passés, que les livres soient écrits avec les mêmes caractères, que les mœurs soient les mêmes qu'autrefois.

On l'a écouté, et, le manque d'une écriture phonétique, les influences climatériques et certaines particularités ethniques aidant, la Chine est restée la Chine. Ajoutons que l'étonnante immobilité, ou plutôt le recul de la civilisation chinoise, en dépit d'un si beau début, est une irréfutable preuve historique de cette vérité, fille de la gravitation, déjà démontrée en physique et en biologie, à savoir que tout ce qui ne progresse pas dégénère et meurt (1).

IV. — Le Magisme.

Nous arrivons à des religions dont la morale fut moins pure et moins douce.

La religion ésotérique assyrio-chaldéenne consistait en une sorte de panthéisme sidéral, surchargé d'interprétations symboliques, souvent arbitraires. Au sommet, cependant, de cette hiérarchisation des forces cosmiques, trônait un dieu suprême, principe de toutes choses, *Hose* ou *Assur*. Au-dessus de lui

---

(1) La ressemblance avec la morale védique est frappante. Il y a aussi une certaine analogie de doctrine sur quelques points spéciaux. Ainsi, Lao-Tseu préconisa l'anéantissement des passions, même des simples désirs de l'homme, qui devait finalement s'absorber dans le *Tao*, esprit ou raison suprême. Le *Tao* est parent du *Nirvâna*.

resplendissaient la triade masculine divine composée de *Oarnes* à la tête de poisson, de *Bel* à la tête de taureau surmontée d'une mitre, et de *Ao* au corps de serpent, et la triade féminine divine composée de *Anaïtis*, de *Tanuth* et de la fameuse *Mylitta*, l'impure Vénus babylonienne.

A ces conceptions, dit Caffarel (*Histoire des peuples de l'antiquité*), les initiés ajoutèrent bientôt tout un ensemble de doctrines empruntées à l'astronomie.

Frappés de l'ordre constant qui règne dans les phénomènes célestes, ils y virent la loi même, la loi invariable et éternelle des événements misérables et passagers de la vie. Ils allièrent leurs antiques croyances à ces connaissances récentes, unirent dans leur pensée les dieux et les astres, et construisirent, selon la sphère et le zodiaque qu'ils avaient inventés, leur religion, devenue tout astrologique.

Au-dessous de cette conception religieuse moyenne, grouillaient les dogmes impurs de la religion exotérique ou populaire, se symbolisant dans une impudicité sans frein, mise sous l'invocation de dieux innombrables, car chaque ville avait sa divinité particulière, presque toujours envisagée comme protectrice de la volupté. Mais aucun culte ne fut plus dépravant que celui de Mylitta à Babylone. En son temple, chaque femme était prêtresse à son tour et rendait hommage à la déesse en se vendant au plus offrant : « On voit chez eux, disait le prophète Baruch, de femmes liées de vœux infâmes et de cordons qui en sont le symbole. Elles sont assises dans les chemins brûlants. »

Étrange peuple. Pieux : aucun n'eut plus de sanctuaires. Servile : ses rois étaient les vicaires de la divinité sur la terre, pouvant tout, prenant tout, faisant tout. Guerrier : il ravagea l'Asie pendant deux cycles (le cycle ninivite et le cycle babylonien), et asservit, pilla, décima tous les peuples voisins. Agriculteur : ses champs très bien cultivés, irrigués avec une science, un soin que n'ont peut-être pas égalés les Européens modernes, furent rendus extraordinairement fertiles; ils faisaient, en Mésopotamie surtout, l'admiration des étrangers et inspirèrent une des pages les plus enthousiastes d'Hérodote.

Mais il ne fut, ce peuple, ni humain, ni vertueux, ni ami du progrès, et il tomba sous les coups des Perses sans laisser de regrets. Sa trace dans l'histoire, ses découvertes astronomiques mises à part, n'est marquée que par le sang. Les inscriptions cunéiformes, dont sont couverts leurs temples, dont les fouilles patientes des assyriologues enrichissent en ce moment la science historique, en font foi. Ainsi, dans ces monuments du plus sanguinaire orgueil, Assur-Nasir-Hobal, qui ravagea (882 ans avant l'ère vulgaire) la Médie, la Perse, le Pont, la Comagène, l'Arménie, etc., se vantait de ses atrocités effroyables qu'il prenait pour des titres de gloire :

> J'ai fait des prisonniers : aux uns j'ai coupé les mains et les pieds, aux autres le nez et les oreilles, à d'autres encore j'ai crevé les yeux. J'ai élevé un mur auprès de la ville, pour y enfermer les prisonniers vivants et un autre pour y exposer les têtes des morts ; j'ai fait un monceau de têtes, j'ai outragé leurs fils et leurs filles ; j'ai ravagé la ville, je l'ai démolie, je l'ai livrée aux flammes.

Des horreurs semblables terminaient toutes les campagnes victorieuses. Salman-Asar et Tukla-Pal-Asa se vantent aussi de faits semblables et d'avoir « broyé les peuples comme du blé ». Sennachérib, après avoir vu le typhus dévaster l'armée qu'il avait envoyée contre les Égyptiens et les Juifs, se vengea sur les Chaldéens et les Élamites.

> Je les ai vaincus, raconte-t-il : les harnais, les armes, les trophées de ma victoire nageaient dans le sang des ennemis comme dans une rivière. Mes chars de bataille, qui écrasent les hommes et les animaux, avaient dans leur course broyé leurs corps. J'ai élevé, comme un trophée, des monceaux de cadavres, dont j'ai coupé les extrémités, et j'ai mutilé ceux qui sont tombés vivants en mon pouvoir.

Les montagnards du Caucase et de l'Arménie furent également vaincus : Sennachérib « passa sur leurs pays comme un vent formidable » et réduisit leurs cités en cendres. Fidèle à la politique de ses prédécesseurs, il transplantait des populations entières afin de briser toute résistance nationale.

Lorsque Babylone, la future dominatrice, mais alors asservie encore, voulut secouer le joug des Ninivites, elle fut victime à son tour de la politique d'extermination. Son vainqueur Assur-Ban-Ipal put dire dans son orgueil sauvage :

> Le peuple avait mérité la mort, il ne trouva pas sa grâce. Ce qui ne fut pas brûlé avec Salummu-Kin s'enfuit devant le tranchant du fer, l'horreur de la famine et les flammes dévorantes, pour trouver un refuge. La colère des grands dieux s'appesantit sur eux : pas un ne fut épargné..... J'ai arraché leur langue et j'ai accompli leur perte. Le reste du peuple fut exposé vivant devant les grands taureaux de pierre de Sin-Aki-Erib, et moi je les ai jetés dans les fossés ;

j'ai coupé leurs membres, je les ai fait manger par des chiens, des bêtes fauves, des oiseaux de proie, des animaux du ciel et de la mer.

Plus tard, Babylone puissante à son tour pratiqua pour son compte cet effroyable droit des gens. Elle le fit toutefois avec un peu moins de cruauté, le culte universel de Mylitta, si dépravant sous d'autres rapports, ayant un peu adouci son peuple, d'ailleurs plus civilisé que celui de Ninive. L'humanité, encore une fois, ne doit rien à ces agglomérations malfaisantes ; elles furent broyées à leur tour par les Perses, sans mériter un regret de l'histoire. Elles n'ont eu aucune part à l'évolution morale proprement dite.

V. — Le Baalisme.

En nous approchant de la Méditerranée pour pénétrer chez les peuples puniques, nous ne trouverons pas un état moral plus satisfaisant.

Moins travailleurs que les Ninivo-Babyloniens, qui, dévastateurs chez les autres, étaient excellents agriculteurs chez eux, les Phéniciens n'étaient pourtant ni moins actifs ni moins audacieux.

Aussi leur richesse commerciale, leur puissance maritime, leurs fécondes et puissantes tentatives de colonisation ont fait l'admiration du monde antique pendant de longs siècles.

Notons d'abord que l'évolution punique passa par quatre phases : la première, celle de Byblos, fut plutôt religieuse ; c'est avec celle de Sidon, qui lui succéda, que prirent naissance la grandeur commerciale et colonisatrice de la Phénicie. Pendant la période tyrienne, la nation punique arriva au point culminant de sa grandeur ; c'est alors que la colonisation de tous les rivages méditerranéens, qui initia l'Europe occidentale-méridionale à la civilisation, donne naissance à l'imposante légende de Melcarth, l'Hercule punique (1).

L'avènement de Carthage à l'hégémonie fut le signal de la décadence : le mélange du sang lybien au sang punique produisit une race encore active, entreprenante et intelligente, mais moins ouverte et plus portée à la cruauté que celle de Tyr. Les noms ont ici une signification profonde. Le *Melcarth* civilisateur de Tyr devint l'affreux *Moloch* des Carthaginois. Cela dit tout.

(1) « Melcarth part de Crète avec une flotte nombreuse. Son dessein est de pénétrer en Ibérie, pays riche en mines d'or, où règne Chrysaor, père de Géryon. Il traverse l'Afrique, y introduit l'agriculture, et fonde dans l'intérieur des terres la grande ville d'Hécatampylos. Il arrive, en longeant le littoral, au détroit où il laisse deux colonnes comme souvenir de son expédition, conquiert l'Espagne, traverse les Pyrénées, passe en Gaule où il fonde Alésia, et s'en retourne par l'Italie et l'Epire, semant des villes sur son passage, soumettant les peuples et les initiant aux bienfaits de la civilisation. La plupart des traits de cette allégorie sont transparents. Elle résume l'ensemble des expéditions entreprises par le génie aventureux des Phéniciens. Le point de départ est la Crète. En effet, c'est de là que les Phéniciens se répandirent dans la Méditerranée occidentale. Le dieu tyrien ne marque pas son passage par le sang ; au contraire il répand la civilisation, il enseigne l'agriculture et l'industrie, il remplace par des villes florissantes les mapalia numides ou les tentes des Nasamons. Or que font d'autre part les marchands phéniciens ? Ne se contentent-ils pas, eux aussi, de conquêtes pacifiques ? Enfin le véritable but de l'expédition est l'Espagne, et l'Espagne justement deviendra la principale colonie phénicienne et le point central de leur commerce. Le mythe est donc d'accord avec la réalité, et les pays qu'il désigne sont les pays qu'occupèrent les Phéniciens. »
CAFFAREL : *loco citato*.)

Voyons maintenant la religion punique, incarnation des conceptions philosophiques et morales de ce peuple célèbre. Le grand dieu, principe de la vie, adoré en même temps sous la forme du soleil, était *Baal* créateur, appelé *Adonis* dans certaines régions. Sous ce dernier nom il était le dieu des orgiaques, fêtes printanières de Byblos, motifs à une licence effrénée. Il y avait aussi *Baal Chons* ou conservateur, et *Baal Moloch* ou destructeur. Ce dernier n'est que trop célèbre par sa creuse statue d'airain chauffé à blanc et qu'on devait remplir d'enfants voués à une mort effroyable. Tel était le triple dieu mâle ; la divinité femelle était concentrée dans Astarté, plus insatiable encore d'impudicité que la Mylitta babylonienne et cruelle par-dessus le marché comme une digne compagne de Moloch. Nous ne mentionnons que pour mémoire les sept Kabires et leur chef Osmoun qui ne sont guère plus recommandables.

Le culte était encore au-dessous du dogme ; aussi Milton a pu écrire avec vérité :

> Pour Moloch, aucun esprit plus souillé ne tomba du ciel, aucun n'aima d'un plus sale amour le vice pour le vice... Il règne aux cités corrompues où la voix de la bruyante orgie monte au-dessus des plus hautes tours ; et, quand la nuit rend les rues sombres, alors errent les fils de Baal, ivres d'insolence et de débauche.

Toutes les fêtes baaliques étaient des abominations. Aux fêtes d'Adonis, ce dieu de « l'universelle génération », c'étaient des lamentations, des danses funèbres pendant la nuit, mêlées à de honteux plaisirs. Aux fêtes d'Astarté, les femmes se prostituaient en public ; à celles de Moloch, on dressait un bûcher, et, quand la flamme s'élançait au ciel, comme ce dieu terrible demandait des victimes humaines, les parents eux-mêmes jetaient leurs enfants dans le brasier, pendant que des danses frénétiques et les coups redoublés du tambourin barbare empêchaient les mères d'entendre les cris.

Constatons, toutefois, que ces cruels peuples puniques finirent par trouver trop cruel leur effroyable Moloch et que, trompant ses prêtres, ils jetaient quelquefois des animaux au lieu des enfants exigés dans ses flancs dévorants d'airain embrasé.

Exemple consolant d'évolution morale : tous les peuples qui ont progressé ont ainsi dû adoucir leurs vieux dogmes, qui, étant immuables, ne tardaient pas à devenir inférieurs en conception morale à l'esprit public. Est-ce pour cela que les peuples les moins dogmatiques, comme les Grecs, ont été les plus progressifs ?...

VI. — Druidisme, Wahalisme, Odinisme, Divers

Le druidisme touche au védisme par sa théorie des transmigrations, et au mazdéisme par la bonté active de son dieu suprême :

Il y a trois unités primitives d'où procèdent : *toute vie, tout bien, toute puissance* et qui se résolvent en Dieu, leur foyer de développement. Il y a trois cercles de l'existence : le cercle de la région vide de *Ceugant* rempli par Dieu, le cercle de migration de l'*Abred* où tout être animé procède de la mort, et le cercle de la félicité de *Gwynfid*. Dieu traverse le premier et les hommes les deux derniers en sortant de l'*Annwfn* (de l'abaissement) pour s'élever par le perfectionnement moral à la félicité céleste.

Pour traverser le redoutable cercle d'*Abred* des vies d'épreuves où règnent trois calamités : la nécessité, l'absence de mémoire et la mort, l'homme a la sympathie et le secours de Dieu.

Au plus profond dans l'*Annwfn*, la nécessité régnait seule dans les ténèbres ; dans l'Abred elle est déjà atténuée par la conscience et la connaissance qui appellent l'homme à la liberté et à la félicité. Mais s'il ne s'est pas élevé assez haut pour sortir de l'Abred, il doit mourir pour renaître à une vie de migrations et d'épreuves avant de transmigrer dans le *Gwynfid*.

La plénitude de la science ou la sagesse parfaite est le dernier terme au développement futur de l'homme. Il ne saurait y atteindre dans cette vie, où la mémoire de son passé lui manque, où tout commence pour lui à la dernière naissance. Ce n'est que dans le Gwynfid qu'il se souviendra et que sa haute destinée s'accomplira (1).

De l'éternel *Ceugant*, où il reste infini et immuable, Dieu pénétrera de son esprit toutes les créatures du *Gwynfid* et les embrassera d'un lien commun d'amour et d'harmonie après les avoir aidées à éviter les pièges du génie malfaisant créateur, de *Drug* (le mal), et à se dégager librement des liens d'Abred, instrument temporaire et désormais brisé de l'accomplissement de ses vues providentielles (2).

De cette idée, ajoute le poète républicain, traduit par Brébœuf,

> ... Naît dans leurs cœurs cette bouillante envie
> D'affronter une mort qui donne une autre vie,
> De braver les périls, de chercher les combats,
> Où l'on se voit renaître au milieu du trépas.

(1) Voir *les Bardes druidiques*, par André Pezzani.
(2) « S'il faut vous en croire, les ombres, ô druides, ne vont pas chercher les demeures silencieuses de l'Érèbe, ni les pâles

Cette théogonie est certes infiniment supérieure aux théogonies juive, chrétienne, musulmane, et supporte très bien la comparaison avec le mazdéisme iranien, sur laquelle elle a même l'avantage d'être plus nettement progressiste, tout en étant basée comme elle sur cette grande conception aryenne de l'universelle rédemption finale et de la félicité suprême des mondes, après les larges épreuves, le lot de tout ce qui a eu vie, c'est-à-dire a erré et souffert. Mais trop exclusivement théogonique, extra-terrestre, cette noble religion ne pouvait enfanter qu'une morale sacerdotale donnant trop à l'idéal divin et pas assez aux réalités humaines. La morale qui s'en dégagea fut trop spéculative, ne se préoccupa pas assez des peuples qu'elle abandonna à la cruauté, aux extorsions d'une barbare aristocratie militaire.

Autre cause de stérilité pour cette morale sacerdotale fut le caractère presque exclusivement guerrier du panthéon druidique.

Qu'y voyons-nous ? A côté du *Korydwen* et de *Gwyon*, de *Taliésin* et de *Teutatès* altéré de sacrifices humains, se groupaient sur le même rang *Camul*, le génie de la guerre ; *Tarann*, le tonnerre, l'esprit fulgurant qui règne dans les airs ; *Belen*, le soleil, « le guerrier aux cheveux d'or », qui réchauffe le cœur des braves et fait croître le blé, la vigne, les plantes salutaires. Toujours des dieux guerriers ; puis, au-dessous de ces génies supérieurs, s'agite le peuple de Gwyon et de Korydwen, les dieux de la nuit, les nains noirs et les naines blanches, les Kori-

royaumes du dieu de l'abîme. Le même esprit régit d'autres organes dans une autre sphère. La mort est le milieu d'une longue vie. » (LUCAIN : *la Pharsale*.)

gans et les fées, tous actifs, mais tous batailleurs.

Comme couronnement à cette divine exhibition guerrière, trône au sommet de la hiérarchie divine le dieu « un et triple », Hésus le terrible, « l'éternel inconnu », le seigneur de la forêt qui inspire la terreur par ses autels sauvages) que le druide même craint de rencontrer sous la sombre voûte des chênes des forêts et que les Gaulois sans peur redoutent plus que la chute du ciel, s'empressant de lui donner pour l'apaiser sa part de sacrifices humains.

Un semblable personnel divin pouvait enfanter des guerriersre doutables qui raillent la souffrance et dédaignent le repos comme chantera plus tard Lucain (1) ,mais non un grand peuple de pacifiques travailleurs, vivant unis et solidaires.

Que le druidisme ne passa-t-il un peu de son énergie débordante aux religions indoues et que ne leur emprunta-t-il une bonne part de leur esprit de bonté, de bienfaisance et de douceur !

Le dévouement à l'amitié guerrière, le respect des femmes et une grande pureté de mœurs furent les vertus principales des Gaulois batailleurs, qui auraient été plus moraux si leurs dieux avaient été moins cruels. En est une preuve la rapidité avec laquelle ils se civilisèrent sous la domination romaine.

Plus farouches encore que ce peuple furent les Germano-Scandinaves d'*Odin* et de *Thor*. La guerre est grande, glorifiée, et la récompense suprême des braves, après la mort, est le *Walhalla* où ils continuent à se pourfendre, en s'enivrant d'hydromel et de bière.

(1) Lucain : *la Pharsale*.

Il est pourtant remarquable que les Scandinaves avaient des mystères analogues à ceux d'Osiris et d'Adonis. *Balder le Bon* (le Soleil) mourait au solstice d'hiver.

Le dieu, dit la légende, avait fait un songe effrayant : il croyait sa vie en péril. Les autres dieux du Walhalla, auxquels il communiqua ses craintes, firent tout ce qui dépendait d'eux pour les rendre vaines. A cet effet, ils firent jurer par les animaux, les végétaux et les minéraux qu'ils ne feraient aucun mal à Balder et ils n'exceptèrent de ce serment qu'une plante parasite, le gui de chêne, qu'à raison de sa grande faiblesse ils jugeaient tout à fait inoffensive. Par ce moyen, Balder était devenu invulnérable à leurs yeux et chacun d'eux se faisait un amusement de lui envoyer des traits, des pierres et toute autre espèce de projectiles qui l'atteignaient sans le blesser. *Hœdur* l'Aveugle (le destin) était le seul qui ne se mêlât point de ce divertissement, son infirmité y mettant obstacle.

Locke (le mauvais principe) lui offrit de diriger son bras afin qu'il jetât lui aussi quelque chose à Balder. Hœdur accepta.

Locke lui mit dans les mains le rameau que les dieux avaient méprisé et, avec son aide, Holder lança le gui fatal à Balder, qui fut percé de part en part et expira aussitôt.

Mais il ressuscitera un jour. Il n'aura pas d'ailleurs été seul à mourir. Tout doit périr un jour, hommes et dieux, pendant le triomphe momentané des puissances malfaisantes et destructives.

Tout à coup, *Fenris*, le loup dévorateur, brisera sa chaîne. *Jormungandr*, le serpent, sortira des mers, et

Locke, principe du mal, apparaîtra à la tête de ses bandes.

Vainement les Ases, secondés par les héros du Walhalla, feront-ils assauts de prouesses ; tous succomberont, vainqueurs et vaincus, dans la plaine de Wigrid. Odin lui-même sera englouti par le loup Feuris. Une fumée épaisse enveloppera la terre ; les flammes gagneront le fameux frêne arbre Yggrasih, dont les racines pénétraient jusqu'au Niflheim, au Jotunchcim, au Godheim ou Asgard, et dont le sommet atteignait les cieux ; l'univers embrasé disparaîtra dans les mers.

Mais la mort n'est que la transfiguration des choses. Un monde détruit est un monde qui veut renaître. Après la grande catastrophe, une nouvelle terre, une nouvelle race surgiront. Plus de géants, plus de monstres. Tous les dieux ressusciteront, sauf Odin et Thor. Mais Balder et Hœdur remplaceront Odin ; Modi et Magni, fils de Thor, remplaceront leur père, et, comme lui, sauront manier Miollvis, la bonne massue. Plus de Walhalla, mais, à sa place, d'autres séjours, plus attrayants encore, pour les bien-heureux (1).

En somme, comme dans le mazdéisme, il y aura un combat long et acharné entre le bien et le mal ; le mal ne triomphera que momentanément et sera vaincu par le bien. Mais rien de la haute morale zoroastrienne ni de la bonté aryenne. La vaillance guerrière allant jusqu'à la férocité, la pureté, la fidélité à la haine et à l'affection, un respect très grand de la femme sont les seules vertus honorées dans

---

(1) A. Genty : *Histoire des mythologies.*

l'*Edda* (1). La religion odinique ne pouvait guère en inspirer d'autres.

VII. — Polythéisme gréco-romain.

Dans nos explorations à travers les religions antiques, nous avons vu jusqu'ici des divinités aux proportions démesurées pesant sur l'homme, du haut de leurs régions inaccessibles, de tout le poids du vaste et mystérieux univers. Avec le monde grec actif, avide et vaillant, nous avons des divinités à peine surhumaines qui se mêlent aux amours et aux combats des hommes, qui peuvent faire couler leur sang divin, partagent leurs passions et ne se distinguent d'eux que par plus de puissance.

Dans cette glorification divine et humaine des combats, tout devait être basé sur le droit de la force et tel fut, en effet, le caractère de la morale héroïque, que nous ont donné les rhapsodes homériques.

Dès les premiers vers de l'*Iliade*, le droit de la force s'affirme :

> Je vole à ta tente et moi-même je ravis la belle Briséis, ta récompense. Tu sauras enfin que ma puissance l'emporte sur la tienne. (Agamemnon à Achille, *Iliade*, I.)

Conséquence logique d'une telle conception, pour se rendre les dieux favorables, un seul moyen, les

---

(1) On désigne sous ce titre les deux recueils poétiques des traditions mythologiques scandinaves considérés depuis le commencement du siècle comme une épopée nationale germano-scandinave, en même temps que ses *Niebelungen*, épopée guerrière qui célèbre l'écrasement des Burgondes par Etzel (Attila). La traduction française la plus estimée de ces deux poèmes est due à M. de Laveleye.

sacrifices sanglants. Corrompre les plus forts par offrande : il semble que ce fut l'unique religion de ces rudes guerriers qui se passaient de prêtres et sacrifiaient eux-mêmes :

> Puissant Jupiter, dit Nestor dans l'*Iliade*, si jamais dans la fertile Argolide les héros grecs, brûlant pour toi les cuisses succulentes des bœufs ou des agneaux, t'ont demandé leur retour... ne permets pas aux Troyens de les accabler.

Et la même invocation est répétée trente fois dans le poème par les différents « pasteurs des peuples » enfiévrés de combats. Les dieux même ne comprenaient pas d'autres mérites. Voulant amener les dieux, ses égaux, à consentir aux funérailles d'Hector, Apollon s'écrie :

> Vous êtes cruels, Dieux de l'Olympe, vous êtes pervers. Combien Hector n'a-t-il pas consumé pour vous de cuisses de taureaux et de chèvres accomplies ! Maintenant, quoique mort, vous n'osez pas le sauver et le ramener aux regards de son épouse, de son enfant et de son père, Priam, de tout le peuple qui s'empresserait de le livrer au bûcher et de célébrer ses funérailles.

Dans l'*Odyssée*, Polyphème donne brutalement à entendre que les dieux ne sont acceptables que lorsqu'ils sont les plus forts. « Pour nous, dit le terrible Cyclope, nous n'avons aucun souci des dieux, *parce que nous sommes les plus forts...* »

Les dieux « plus forts » — c'est leur seul titre — punissent cruellement le manque de respect à leur égard ; l'*Iliade* s'ouvre sous les sombres auspices « d'une contagion cruelle dans laquelle les guerriers grecs périssent ». Cette contagion est l'œuvre d'Apollon irrité de ce que « le fils d'Atrée a méprisé son prêtre Chrysès, lorsque, pour racheter sa fille, celui-ci est venu vers les légers vaisseaux des Achéens. »

Dans l'*Odyssée*, nous voyons Ajax, fils d'Oïlée, périr dans un naufrage, jeté dans l'abîme par Neptune en personne, d'un coup de trident, parce que, se croyant sauvé, le malheureux héros s'était écrié : « J'échappe à la mort malgré les dieux. » Dans le même poème les compagnons d'Ulysse périssent tous pour s'être, dans une famine, nourris de bœufs consacrés au Soleil.

D'autres fois, des offenses plus grosses restaient impunies venant de héros plus célèbres. Diomède put blesser impunément Vénus dans le combat, et, non moins impunément, Achille dire à Apollon : « Ah ! comme je me vengerais de toi, si j'en avais la force ! »

Seulement, on n'aurait pas osé prendre de telles libertés avec le « Père des dieux et des hommes », le tout-puissant Jupiter. Il est le maître non seulement des actes, mais encore des pensées ; contre lui rien ne prévaut, et même Diomède, « le redoutable fils de Tydée », qui n'avait pas craint d'enfoncer sa javeline dans la chair blanche d'une déesse, répondra à Ulysse l'engageant à tenir bon dans la chaleur du combat :

> Sans doute je tiendrai bon et je ne manquerai pas d'audace. Mais notre résistance ne nous servira pas longtemps ; Jupiter aime mieux donner aux Troyens qu'à nous la victoire.

Cette appréciation est bien justifiée, en la circonstance, puisque le poète vient de nous apprendre que, pour amener une défaite des Grecs, dans le seul but de favoriser l'inexorable Achille, Jupiter envoie un songe trompeur à Agamemnon, « roi des hommes », afin de l'engager à un combat qui lui sera funeste. L'inflexibilité du même Jupiter est souvent notée :

> Redoutable fils de Saturne, s'écrie Philétios dans l'*Odyssée*, nul des dieux n'est plus cruel que toi. Tu n'as aucune pitié de voir les humains, que toi-même as créés, tomber dans l'infortune et dans des déplorables afflictions.

« Deux tonneaux, nous dira de son côté Ulysse, sont placés devant le seuil de Jupiter et contiennent les dons qu'il répand, l'un le mal, l'autre le bien. »

Pour Hector aussi, Jupiter est le maître des faits. Quand il va proposer aux deux armées d'éviter la guerre par un combat singulier, il s'écrie :

> Écoutez-moi, Troyens, et vous Achéens aux belles cnémides... Le fils de Saturne n'a pas maintenu notre alliance, mais il nous prépare des maux aux uns comme aux autres, soit que vous preniez Troie aux superbes remparts ou que vous succombiez près de votre flotte.

Autres exemples aussi puisés dans l'*Iliade*, et démontrant qu'en face de la toute-puissance des dieux et de leur redoutable maître, le Destin, la volonté humaine ne comptait pas :

> A mes yeux, tu n'es point coupable, mais les dieux qui ont fait fondre sur moi les Grecs et les fléaux de la guerre. (Priam à Hélène, III.)
>
> Personne parmi les humains, lâche ou vaillant, dès qu'il a vu le jour, ne peut échapper au Destin. (Hector à Andromaque, VI.)
>
> Ne me reproche pas les dons de la blonde Vénus. On n'est maître ni de refuser les présents des dieux lorsqu'ils se répandent sur nous, ni de les saisir. (Pâris à Hector, VI.)

Tel doit être sans doute la volonté du tout-puissant Jupiter ; il veut que les Grecs périssent, et sans gloire, loin d'Argos. (Idoménée à Thoos, XIII.)

Jupiter et Neptune, animés de désirs contraires, répandent sur les héros des maux cruels (XIII).

Jupiter, avons-nous dit, était aussi le maître des pensées. N'est-elle pas touchante, la confession d'Agamemnon s'excusant, à deux reprises, devant l'armée, d'avoir offensé Achille ?

Jupiter m'a jeté violemment dans les liens de la funeste *Até*... Il veut notre perte. Tel doit être sans doute son plaisir, à ce dieu par qui s'écoulent encore les faits des cités, *puisqu'il est le plus fort*.

Et encore du même Agamemnon :

Vous ne m'avez point épargné vos reproches ; cependant je ne suis point coupable, mais Jupiter, Erinnys toujours errant dans les ténèbres, et le Destin, qui à l'Agora ont plongé dans mon sein la farouche *Até*, le jour où je ravis au divin Achille sa récompense. Qu'eussé-je fait ? Une divinité disposait de moi : *Até*, fille de Jupiter, déesse destructive qui n'épargne personne.

Il y a là un sens profond. *Até* est la déesse du *mouvement irréfléchi*, source de tous les malheurs. Ces âpres batailleurs, mangeurs de chair saignante, dédaigneux du travail, adonnés aux exercices violents (1), étaient incapables de se dominer et ils

---

(1) Les exercices des Grecs n'excitaient en eux qu'un génie de passion, la rudesse, la colère, la cruauté. La musique, qu'ils ne connaîtront que plus tard, les apaise toutes, et peut faire sentir à l'âme la douceur, la pitié, la tendresse, le doux plaisir. (Montesquieu : *De l'Esprit des lois.*)

voyaient, dans leurs incompressibles emportements, une pression divine contre laquelle ils ne pouvaient rien, car *Até* (le mouvement irréfléchi) était « fille de Jupiter », c'est-à-dire dominait tout en eux.

Contre elle un seul recours, avant l'introduction de l'harmonie apaisante par les orphiques, — et ici nous trouvons le diamant scintillant de la morale homérique, — les *Litœ*, les *Prières réparatrices*, que l'homme doit écouter pour se les rendre favorables.

Il ne te sied pas, dit Phénix à Achille, de montrer un cœur sans miséricorde. Les dieux même, qui prévalent par la vertu (autre correctif moral à noter), l'honneur et la force, ne sont pas inflexibles. Le suppliant, eût-il failli ou enfreint leurs ordres, les apaise par les sacrifices, les vœux, les libations et le fumet des victimes. Les Prières aussi sont filles du grand Jupiter. Boiteuses, ridées, l'œil incertain, elles ont à cœur de marcher derrière *Até*. Mais celle-ci est robuste et a le pied ferme ; aussi elle les dépasse en courant ; elle les prévient sur toute la terre et nuit aux humains. Les Prières la suivent et guérissent les maux qu'elle a faits. Celui qui à leur approche révère ces filles de Jupiter, elles le servent, elles exaucent ses vœux. Mais malheur à qui les repousse et les chasse avec dureté : elles remontent alors vers le fils de Saturne et le conjurent de faire poursuivre par *Até* cet homme superbe pour que la cruelle déesse le frappe et le punisse.

Il est vrai qu'il n'écoute pas le vieil ami de son père, cet Achille qui n'a pas dans l'âme d'autres désirs que « le sang, le carnage et les terribles gémissements des guerriers », et qui dit dans ses barbares invocations :

O Jupiter, ô Minerve, ô Apollon, faites que nul des Troyens, que nul des Grecs, n'évite le trépas ; que Patrocle et moi survivions au carnage et qu'il nous soit donné de renverser seuls les remparts sacrés d'Ilion !

Mais un frein moral est ici essayé contre la barbarie héroïque, et le poète dira encore du même Achille, immolant douze jeunes Troyens aux mânes de Patrocle : « Car le héros, dans son sein, avait résolu une *injustice.* » *Justice, injustice,* on s'étonne de trouver ce mot dans l'immortelle glorification homérique de la valeur guerrière et de la puissance divine, dans ce monument de force divinisée où la pureté du cœur et la purification par le repentir et le ferme propos de ne plus faire le mal ne sont pas mentionnés une seule fois. En revanche, le dévouement à la cause commune est glorifié en la personne de Protésilas, véritable patriote, dans la haute signification du mot (1).

Dans l'*Odyssée,* la justice est plusieurs fois mentionnée. Calypso dit que « son cœur est juste, que son sein ne renferme pas un cœur de fer et qu'elle est accessible à la pitié. » Ulysse y est plusieurs fois cité, non-seulement comme ayant offert de gras sacrifices aux dieux, mais encore comme ayant rendu la justice à son peuple. Enfin, les quatre vertus héroïques : la piété envers les dieux, le respect du serment prêté, la compassion pour le suppliant, « qui est un frère pour l'homme dont on peut encore émouvoir les entrailles », et l'hospitalité, y sont plus fréquemment et plus efficacement rappelées. En dernier lieu, la pudeur y fait son apparition. Ulysse, jeté nu dans l'île

(1) Protésilas, d'après les homériques, aborda courageusement le premier sur le rivage de Troie, se vouant ainsi à la mort prononcée par les oracles, du premier qui mettrait le pied sur le sol troyen. Il tomba, en effet, sous les coups d'Hector, comme une victime expiatoire de la guerre.

des Phéaciens, se couvre de feuillage pour aborder Nausicaa et ses suivantes. Nausicaa et Eumée font entendre des paroles très humaines. Il y a même dans l'*Odyssée* une place honorable pour le « fidèle compagnon de l'homme. » Le vieux chien Argus, abandonné sur un tas de fumier, meurt de joie en revoyant son maître qu'après vingt ans il est seul à reconnaître (1).

Mais la plus grande pensée de l'*Odyssée* est peut-être celle de la famille magnifiquement représentée, d'un côté, par un héros qui refuse l'immortalité et fuit le lit des déesses pour revenir auprès de sa femme, de son fils, dans sa pauvre patrie dont il est, il est vrai, le roi ; d'un autre côté, par une épouse vertueuse qui, malgré de lourdes et inéloignables obsessions, les incitations d'une viduité de vingt ans qu'elle pouvait croire définitive, reste fidèle au premier époux dont elle connaissait, pourtant, les prérogatives polygamiques (2).

Ceci dit, nous en avons fini avec les rares éloges dus à la morale homérique, qui ne connut ni le respect du travail, ni la tempérance, ni la bonté, ni la justice, ni les améliorations personnelles, et fut manifestement inférieure aux morales indoue, mazdéenne et égyptienne, ses devancières. Quant à la sanction

---

(1)   Et lorsqu'à son retour le chien d'Ulysse absent,
  Dans l'excès du plaisir meurt en le caressant,
  Oubliant Pénélope, Eumée, Ulysse même,
  Le lecteur voit en lui le héros du poème.
       (Delille : *les Trois règnes*.)

(2) La crise de jalousie qu'éprouve Ulysse en voyant les « captives » partager la couche des prétendants et la cruelle vengeance qu'il en tire, ne laissent aucun doute sur le caractère polygamique de l'ancienne maison familiale grecque.

extra-terrestre, elle est presque illusoire ; la mort est mauvaise pour tous, car ce vaillant peuple avait surtout le culte de la vie. Achille, roi des Ombres pourtant, n'en dit pas moins :

> J'aimerais mieux être le mercenaire d'un homme voisin de la pauvreté, à peine assuré de ma subsistance, que de régner sur tous ceux qui ne sont plus.

Pénélope ne voit d'autre sanction aux actes que l'opinion des hommes :

> L'homme inique qui commet des actions injustes, dit-elle, est poursuivi pendant sa vie d'imprécations qui appellent sur lui mille maux. Après sa mort, on insulte à sa mémoire. L'homme dont les actions sont irréprochables jouit au loin, grâce à ses hôtes, d'une bonne renommée parmi les hommes, et beaucoup le disent excellent.

En somme, la morale homérique est une morale de prédateurs, idéalisée par l'héroïsme guerrier, par quelques vertus hospitalières, par un familiarisme polygamique pesant lourdement sur les femmes et sur les enfants. Elle ne connut de l'amour que l'attrait sexuel et très passager que donne « la ceinture de Vénus », qu'on pourrait appeler d'un nom moins poétique. Non seulement pendant la période homérique, mais pendant toute la durée de la nationalité grecque « un vice aveugle régna d'une manière effrénée et l'amour n'eut qu'une forme que l'on n'ose dire (1). »

Même au temps de la domination romaine, il en était encore ainsi ; et le croyant, le pieux, le moraliste Plutarque disait dans ses *Œuvres morales*, résu-

(1) Montesquieu : *Esprit des lois*.

mant, quant à l'idée, un des *Dialogues* de Xénophon (Hiéron) : « Pour ce qui est du vrai amour, les femmes n'y ont aucune part. »

Ce n'est que dix siècles après l'efflorescence grecque, sous Justinien, que seront portées les premières lois contre la sodomie.

Plus élevée est déjà la morale hésiodique dans *les Travaux et les Jours*. Si Hésiode ne fut que de cent ans postérieur aux homériques, on peut dire qu'en un siècle le sens moral des Grecs s'était considérablement accru. D'abord, le poète est anti-héroïque ; au lieu de glorifier la guerre, il préconise la justice la plus stricte, la frugalité et le labeur le plus constant : « Les dieux nous vendent tous les biens au prix du travail. » Il y ajoute une prévoyance froide, pour ne pas dire inquiète, de tous les plus petits détails de l'avenir. Prudence et probité sont ses moyens, bien-être et bonheur pratique son but. Mais combien il trouve que ses contemporains, rapaces, fourbes, sont au-dessous de cet idéal moral ! Les âmes des hommes si supérieurs des races d'or et d'argent qui ont précédé la race d'airain déjà cruelle et la race de fer arrivée au dernier degré de la méchanceté, survivent ; saintes et immortelles servantes de Jupiter, elles veillent sur l'humanité pour l'améliorer et c'est par elles que les châtiments descendent sur les méchants les plus puissants.

A l'époque du poète :

> Tous les maux à la fois envahissent la terre.
> Ils s'attachent à l'homme ; il les voit sur les flots,
> Pour hâter son trépas, poursuivre ses vaisseaux,
> Et, s'avançant partout, dans un sombre silence,
> Au jour comme à la nuit apporter la souffrance (1).

(1) Hésiode : *les Travaux et les Jours*.

Tel est le but de la cinquième race dont le poète s'afflige de faire partie :

> Me fallait-il, pour vivre, attendre la cinquième ?
> Pourquoi donc ne m'a-t-elle, en naissant, vu mourir ?
> Que ne suis-je plutôt né pour la voir finir ?
> Oui, c'est l'âge de fer : le travail, la misère,
> Tourmentent les mortels et désolent la terre ;
> Les soucis dévorants troublent notre repos,
> A peine un peu de bien adoucit-il nos maux.
> Jupiter contre nous a porté la sentence ;
> Il va bientôt trancher notre courte existence,
> L'homme n'a pas vécu qu'il commence à vieillir,
> Et tout, autour de lui, tend à se désunir.
>
> L'hôte, hélas ! trahit l'hôte ; et le frère, le frère.
> Le fils, dans son délire, insulte à son vieux père.
> Ceux mêmes que le sang a créés nos amis,
> Deviennent, de nos jours, nos premiers ennemis.
> Les parents, d'un dieu juste attestant la puissance,
> Sur des enfants ingrats appellent la vengeance,
> Et, sous le dur dédain courbant leurs cheveux blancs,
> Pressent vers le tombeau des pas plus chancelants.
> Dans leurs jeux inhumains, luttant de brigandage,
> Les rois mettent entre eux les cités au pillage ;
> Le dévouement pieux, destitué de prix,
> Avec la bonne foi, gémit sous le mépris.
> La justice succombe, et des fruits du parjure
> L'iniquité perverse engraisse l'imposture.
> Le mal n'est par le bien plus même combattu.
> Le vice triomphant opprime la vertu.

Qui ne voit, dans cette première satire sociale, une éclatante manifestation de la conscience humaine, voyant déjà le mal, le flétrissant et rêvant d'amélioration matérielle et morale ?

Pour Hésiode, l'homme a contribué à ce déchaînement du mal ; son manque de piété a suscité la malveillance divine, mais la femme est le grand artisan du mal. L'iniquité et la souffrance viennent de Pandore (la Femme), étourdiment acceptée par *Epiméthée* (celui qui pense après), au nom de l'humanité, malgré la défense de *Prométhée* (celui qui pense avant), divin protecteur des hommes contre la dure tyrannie des Olympiens. L'intervention dans les choses humaines, accordée aux âmes supérieures des premiers hommes, indique suffisamment qu'Hésiode fut au moins partiellement initié, et à cette initiation est due, nous n'en saurions douter, la supériorité relative de sa morale, qui contient des préceptes comme ceux-ci :

> ... Sois toujours juste et ne souffre jamais
> Que la force à ton cœur conseille ses excès,
> Tandis que Jupiter à la nature humaine
> A donné la raison pour règle souveraine.
> La brute, que l'instinct guide, mais asservit,
> Ne connaît d'autre loi qu'un grossier appétit.
> Qu'un homme épris du vrai, dans un ferme langage,
> Ose, en face de tous, en rendre témoignage,
> Pour le récompenser, à ses nobles efforts
> Jupiter ne refuse aucun de ses trésors :
> Mais un autre y fait-il, familier du parjure,
> Sur l'humble vérité, prévaloir l'imposture,
> La peine, qui l'attend au seuil de sa maison,
> Avec éclat sur lui venge la trahison.

Il revient encore sur la glorification du travail, qui dut paraître si étrange à cette époque :

> Les dieux à l'homme actif, comme nous, applaudissent,
> Mais l'homme paresseux, comme nous, ils flétrissent.
> La honte que jamais il ne faut dépouiller,
> C'est de rester oisif, et non de travailler.
> Le front que le travail incline vers la terre,
> Loin d'y rester toujours courbé dans la poussière,
> Se redresse plus fier pour regarder les cieux
> Et s'élève pareil au front même des dieux.
> Le travail, à grands pas, conduit à l'opulence :
> On sent la vertu poindre et croître avec l'aisance.
> Le vice lentement, non pas pourtant de loin,
> Suit la lâche paresse et le sombre besoin.

Enfin, nous saluons, dans Hésiode, le premier apôtre de la bienfaisance que les héroïques ne connurent pas :

> Heureux qui sait donner, car de la bienfaisance
> Il goûte dans son cœur la douce jouissance :
> Le remords, au contraire, y demande soudain
> Compte au larron rusé de son moindre larcin.

Hésiode, si supérieur à son siècle sous tant de rapports, ne s'éleva pourtant pas au-dessus de l'olympisme régnant, dans les formules exotériques duquel, guère plus que dans l'*Iliade*, on ne trouve le sens de la justice. Ainsi, la religion dominante étouffe chez les meilleurs les parcelles par eux acquises de sens moral. Cet Hésiode si supérieur adorait les dieux en tenant pour vraies des légendes comme les suivantes.

Sysiphe, le damné au rocher légendaire, ne fut pas condamné à rouler éternellement sur la montagne le bloc qui retombe toujours, pour avoir été le plus abominable tyran de Corinthe et pour avoir désolé toutes les contrées environnantes par ses brigandages et ses cruautés sans nom, mais bien pour une action plutôt bonne, pour avoir dit au dieu fleuve Asopos où était cachée sa fille Egène que Jupiter avait séduite et dont il allait avoir Eaque, l'un des trois juges infernaux, père de Pélée et de Télamon.

Ixion ne fut pas attaché à sa roue pour avoir jeté Hésionée dans un brasier ardent ; au contraire, étant, après ce crime, en exécration aux hommes et chassé de la Grèce, il trouva asile dans l'Olympe. Mais là, il ose être amoureux de Junon ; la « déesse aux bras blancs » s'en offense et s'en plaint à son frère-époux. Celui-ci, loin de se fâcher, fabrique à la ressemblance de Junon un nuage, qu'Ixion possède, croyant posséder Junon. Jusque-là, le « père des dieux et des hommes », l'homme aux innombrables adultères, rit ; mais Ixion se vante de son bonheur imaginaire ; là-dessus, Jupiter le foudroie et dépêche Mercure pour l'attacher à la roue hérissée de serpents, en punition non de ses crimes, ni de son sacrilège, mais de son indiscrétion. Selon les uns, Tantale ne fut pas condamné pour avoir servi aux immortels son propre fils dans un affreux festin, ni même pour avoir voulu faire goûter aux mortels l'ambroisie réservée aux dieux ; il fut condamné pour avoir révélé certains mystères du culte divin. Toujours l'indiscrétion dans les choses religieuses est considérée comme le plus grand des crimes (1).

Enfin, et pour terminer, nous rappellerons que le Minos commis au jugement des ombres dans la funèbre région des morts fut, d'après sa propre légende religieuse, pirate insatiable, tyran cruel, homme sans foi, vainqueur implacable, friand de férocités raffinées, par exemple lorsqu'il condamnait sept jeunes couples athéniens à servir chaque année de pâture au Minotaure, fruit des amours bestiales de sa femme Phasiphaé. Vindicatif, il l'était au point de se distraire de ses fonctions de juge des enfers pour frapper de mort toute la population crétoise en punition de ce qu'Idoménée (sans la consulter, certainement, cette population infortunée) avait pris part au siège de Troie ; acte bon en soi d'après la morale

---

(1) Il est juste toutefois de faire observer qu'étant donnée l'utilité de l'ésotérisme à cette époque, on comprend que l'indiscrétion, au sujet des mystères, ait été présentée aux initiés comme le plus grand des crimes.

héroïque. Mais Minos était jaloux qu'on eût fait pour les Atrides ce qu'on n'avait pas fait pour lui, lors de sa campagne en Sicile pour recouvrer Dédale fugitif (1).

Peu recommandable était donc la morale olympienne. Les poètes s'efforcèrent souvent de l'humaniser. C'est ainsi que l'auteur des vers dits *cypriens*, poème si malheureusement perdu, sur la guerre de Troie, donne pour cause à cette guerre, que Jupiter, remarquant avec peine le nombre excessif des membres de la race héroïque existant alors, plaignit la terre d'être forcée de supporter un fardeau si écrasant et résolut de la soulager en excitant une guerre destructive et prolongée.

Moins soucieux certainement des intérêts des peuples fut le Jupiter de l'*Iliade*.

Après les hésiodiques et avant les poètes, étaient venus les orphiques, les plus efficaces moralisateurs de la Grèce héroïque (2).

(1) Minos, ainsi glorifié malgré ses crimes, fut horriblement puni pour un simple manquement envers Neptune. Le « dieu qui ébranle la terre », voulant se venger de ce que le tyran crétois n'avait pas accompli un vœu, inspira à Phasiphaé sa femme son ignominieux amour pour un taureau, amour qui se satisfit, l'habile Dédale (resté malgré cela le commensal de Minos) aidant, et dont le fruit fut ce *Minotaure* que Minos, sans rancune, fit servir à ses vengeances, jusqu'à ce que Thésée, le héros d'Athènes, avec le concours d'Ariane, purgeât la Crète de ce monstre.

(2) Pindare fait d'Orphée le poète l'*aède* des *Argonautes*, ce qui ferait le fils d'Apollon antérieur aux héros de l'*Iliade*. C'est là une pure légende. La théogonie orphique, par son caractère plus spéculatif et plus compliqué, par ses concordances plus nombreuses avec les mystères orientaux, tels qu'ils allaient être révélés à Pythagore, se montre postérieure à la théogonie hésiodique. Les principales poésies orphiques, dit Grote, sur lesquelles les Alexandrins greffèrent tant plus tard,

Qu'on se figure de grossiers batailleurs, nourris de chairs saignantes et grands buveurs de vin, ne sachant employer leurs forces débordantes qu'à des exercices violents, en dehors du combat ou de la chasse, c'est-à-dire de l'activité prédatrice : tels étaient les Grecs du cycle homérique. On les voit aisément violents, colères et sanguinaires, toujours emportés par leur premier mouvement à l'iniquité, à l'offense et au crime, c'est-à-dire toujours en proie à cette irrésistible *Até* dont s'est tant plaint Agamemnon. Comment les adoucir ? Par le travail ? En dépit d'Hésiode, ils méprisaient le travail par eux imposé aux « captifs, » aux esclaves. Les jeux *néméens*, *pythiens*, *isthmiques*, *olympiques* développaient admirablement la force physique et la beauté plastique, mais ni ils n'affinaient les intelligences, ni ils n'augmentaient les pouvoirs de la volonté raisonnée sur l'instinct, ni ils n'adoucissaient les caractères, ni ils ne tendaient à développer dans l'homme soit l'idée du droit, soit celle de la pitié ; le contraire est plutôt vrai. Orphée, fils d'Apollon et de Clio, de la poésie et de l'histoire, cherche le frein moral qui manquait et le trouve dans l'harmonie, sous sa forme la plus pénétrante : la musique. Idée d'initié évidemment, puisque nous la trouvons aussi dans Pythagore et que Platon lui donnera une place honorable, lui qui proscrivait la poésie dans sa classification des arts.

Quoi qu'il en soit, la douce harmonie fit des mer-

appartiennent à une période plus récente que celle d'Hésiode ; probablement au siècle qui précède Onomacrite (610-510 avant l'ère vulgaire). Il est surtout à noter qu'au temps d'Onomacrite, l'inventeur du mythe orphique de *Zagréus*, déchiré par les Titans et ressuscité sous la forme de Dyonisos (Bacchus), Orphée et Musée étaient déjà célèbres et influents.

veilles et la légende nous dit qu'au son de la lyre d'Orphée les chênes de Thrace inclinaient leurs branches et se mettaient en marche, les rochers se mouvaient, les fleuves suspendaient leur cours, les tigres, les lions et les autres fauves accouraient d'un air caressant et se couchaient aux pieds du poète, lui léchaient les pieds en l'écoutant avec ravissement. Ce pouvoir n'était pas donné au seul Orphée ; le bâtisseur de Thèbes, Amphion, l'exerça aussi ; un traducteur de la légende nous affirmera :

> Qu'aux accords d'Amphion les pierres se mouvaient
> Et sur les murs thébains en ordre s'élevaient.

D'autres prodiges vinrent attester le pouvoir de la lyre divine. Orphée, inconsolable de la perte de sa chère Eurydice, alla, après l'avoir longtemps pleurée, la réclamer aux dieux infernaux.

> Il aborda des morts l'impitoyable roi
> Et la Parque inflexible et les pâles Furies
> Que les pleurs des humains n'ont jamais attendries.
> Il chantait et, ravis jusqu'au fond des enfers,
> Aux bruits harmonieux de ses tendres concerts,
> Les légers habitants de ces obscurs royaumes,
> Des spectres pâlissants, de livides fantômes,
> Accourent, plus pressés que ces oiseaux nombreux
> Qu'un orage soudain ou qu'un soir ténébreux
> Rassemble par milliers dans les bocages sombres...
> L'enfer même s'émeut, les fières Euménides
> Cessèrent d'agiter leurs couleuvres livides ;
> Ixion immobile écoutait ses accords,
> L'Hydre affreux oublia d'épouvanter les morts,
> Et Cerbère, abaissant ses têtes menaçantes,
> Retint sa triple voix dans ses gueules béantes (1).

Orphée, chante à son tour Ovide, Orphée sut émouvoir par les sons de sa lyre et les monstres sauvages et le

---

(1) Virgile : *Géorgiques*. (Trad. Delille.)

chien à triple tête. Et toi, légitime vengeur de l'affront fait à ta mère, Amphion, n'a-t-on pas vu que les pierres dociles à ta voix s'élevaient en murailles ? Qui ne connaît les prodiges de la lyre d'Arion ? Quoique muet, un poisson fut sensible à ses chants.

A l'instar du berger royal, apaisant Saül avec les sons de sa harpe, le centaure Chiron employait sa lyre pour calmer les accès de son fougueux élève Achille (1).

Ces légendes nous disent l'influence inouïe qu'eut la musique pour l'adoucissement des mœurs de l'époque héroïque (2). En outre, les orphiques — leurs mystères en témoignent — firent servir leur magique pouvoir à des buts civilisateurs et moralisateurs (3) ; ils prêchaient la purification en substitution

---

(1) Chiron éleva le jeune Achille aux sons de la lyre, et, par cet art paisible, dompta son naturel sauvage : celui qui tant de fois fit trembler ses ennemis, qui tant de fois effraya même ses compagnons d'armes, on le vit, dit-on, craintif devant un faible vieillard et docile à la voix du maître, tendre au châtiment ces mains dont Hector devait sentir le poids.

(2) Pindare commença ses immortelles odes pythiques par cette glorification de l'harmonie :

« O lyre d'or, tu éteins, par ta douce influence, les traits foudroyants du feu éternel ; et l'aigle, le roi des oiseaux, s'assoupit sur le sceptre du dieu : ses deux ailes rapides pendent languissamment, et tu répands sur sa tête anguleuse un sombre nuage qui lui clôt doucement les paupières. Il soulève mollement son dos, et dort sous le charme de la pénétrante harmonie. Le violent Mars lui-même rejette au loin sa terrible épée ; son âme s'adoucit languissante. Tes traits charment le cœur des dieux eux-mêmes, grâce à l'art du fils de Latone et des Muses au sein puissant. » (PINDARE : première Pythique à Hiéron d'Etan.)

(3) M. Marius Fontanes est d'un avis contraire lorsqu'il dit (la Grèce) : « Les procédés religieux importés d'Asie, mis en œuvre en Hellénie avec une intelligence, une ténacité, une audace extraordinaires, eurent pour effet d'amollir les cœurs, de

aux sanglants sacrifices, l'abstention de nourriture animale, la tempérance, la douceur, la bonté. Aussi, comme *Zagréus* par les Titans, Orphée fut-il, à cause de sa chasteté et de sa fidélité à sa chère Eurydice, déchiré par les Bacchantes. Quoi encore de plus significatif et de plus progressif, en plein âge héroïque, que cette fidélité dans l'amour, que ce désespoir de l'époux après la mort de l'épouse dont il n'est pas d'autres exemples dans les légendes grecques ! Ici le mythe avait un sens profond ; outre qu'il relevait la femme serve en l'égalant à l'homme par l'amour *intersexuel*, il condamnait l'amour infâme que glorifiaient toutes les cités grecques et que devait chanter encore le doux Virgile, sept siècles plus tard.

Après Orphée, après surtout Pythagore, la morale *initiatique* est divulguée à l'élite intellectuelle grecque et la Grèce devient, selon la parole de Michelet, *l'éducatrice du genre humain*. Pindare proclame que celui qui a été initié aux mystères de la bienfaisante Cérès, « la bonne déesse, la déesse législative » (1), a connu

---

fausser les esprits. Les séductions des cultes orgiaques, éhontés, firent tomber les Grecs dans « l'immense filet de Cypris » ; l'épouvantement des caprices célestes, le spectacle du despotisme et de l'acharnement des dieux furent tels, qu'Eschyle a pu dire : « Quand un homme court à sa perte, les dieux l'aident à s'y précipiter. »

A discuter pour « la chute dans l'immense filet de Cypris », mais probablement faux pour ce qui regarde le plus grand épouvantement des dieux, l'importation des mystères ayant coïncidé avec le renversement des royautés et l'établissement des républiques, ce qui était une offense directe aux dieux, ancêtres légendaires des rois.

(1) Ovide a dignement célébré la bonne déesse dans les lignes qui suivent :

« Avant toi, les grossiers habitants des campagnes ne cuisaient pas de pain, et l'aire était un nom inconnu chez eux. Mais les

le plus grand bonheur et peut abandonner sans regrets la vie. Le même Pindare, au nom de la justice, blâme Homère d'avoir tant exalté Ulysse (1) le rusé, cruel et sans foi, que ses tromperies firent croire fils adultérin de Sysiphe, de l'homme aux férocités sournoises. Ulysse, en effet, qui devait réduire Ajax, fils de Télamon, au suicide, avait au préalable ourdi, d'après les versions poétiques, contre le sage et habile Palamède qui, seul de tous les Grecs, le dépassait en

chênes, premiers oracles, produisaient le gland : le gland et l'herbe tendre étaient toute la nourriture des mortels. Cérès, la première, leur apprit à confier à la terre le grain qui devait y grossir, et à moissonner avec la faucille les épis dorés; la première, elle força les taureaux à porter le joug, et fendit, avec la dent recourbée de la charrue, la terre trop longtemps oisive. Qui pourrait croire, après cela, qu'elle aime à voir couler les larmes des amants, et qu'elle soit honorée par leurs tourments et leur continence ? Non, certes ; pour se plaire à la vie active des champs, elle n'en a point la rudesse, et son cœur n'est point fermé à l'amour. »

(1) « Sans doute, la renommée d'Ulysse s'est élevée au-dessus de son mérite, grâce aux chants harmonieux d'Homère. L'art ailé du poète sait revêtir de majesté jusqu'aux mensonges et les fictions du génie nous séduisent et nous trompent. La plupart des hommes se laissent aveugler! Si les Grecs avaient su la vérité, le malheureux Ajax, irrité de se voir ravir les armes divines, ne se serait pas percé de son glaive étincelant...

« C'est l'envie aussi qui a enfoncé le glaive dans le sein d'Ajax. Eh quoi ! parce qu'il n'est pas éloquent, le généreux guerrier succombe dans cette fatale querelle ! Quoi ! l'artifice et le mensonge remportent l'illustre prix de la valeur ! Oui, les Grecs honorèrent Ulysse de leurs secrets suffrages ; et Ajax, privé de l'armure d'or, s'arracha la vie...

« Mais alors régnait déjà cette odieuse conseillère, la fausse éloquence, qui, sous les dehors d'un langage séduisant, cache la ruse et la perfidie, qui s'attaque au mérite éclatant et décerne aux plus vils une gloire mensongère. Loin de mon cœur un tel crime (le crime de l'envie), ô Jupiter. (Œuvres complètes de Pindare, traduction française par C. Poyarde.)

intelligence, de telles intrigues, qu'il amena les rois coalisés à le tuer iniquement.

Les homériques acceptèrent le crime et glorifièrent Ulysse ; mais à mesure que se développa le sens moral, que l'*humain* prit de l'influence aux dépens de l'*olympien*, les poètes, qu'ils s'appelassent Pindare, Eschyle, Simonide, Sophocle ou Euripide, protestèrent contre le sacrifice du juste au calomniateur rusé, et l'opinion fut tellement rectifiée, que Socrate, devant ses juges, invoqua le souvenir de Palamède, victime de l'injustice et des calomnies du roitelet d'Ithaque. La condamnation d'Ulysse fut si complète, que plus tard nous verrons, dans l'*Enéïde*, Virgile ne pas le nommer une seule fois sans le qualifier « d'auteur de tous les crimes, d'artisan de tous les forfaits, » et réhabiliter, par la bouche de Sinon, il est vrai, le grand et l'infortuné *Palamède*. Malheureusement pour le progrès moral, la réprobation réparatrice ne s'attacha qu'à la ruse ennemie et déloyale (1). Le cruel Achille resta intact, ce qui est dire que la cruauté ne fut pas condamnée par les Grecs, même après leur efflorescence intellectuelle et esthétique. Aussi verrons-nous Alexandre, l'élève d'Aristote, imi-

(1) La condamnation de la ruse est éloquemment formulée dans ce passage caractéristique des *Trachiniennes* de Sophocle :

« Irrité de ces outrages, Hercule rencontra plus tard Iphitus sur les hauteurs de Tirynthe, où il suivait la trace de cavales égarées dans les pâturages ; et, le voyant distrait et préoccupé, il le précipita du sommet de la montagne. Le roi de l'Olympe, Jupiter, père de toutes choses, ne put souffrir que son fils eût, pour la première fois, arraché la vie à un homme par la ruse ; et, pour le punir de cet attentat, il le fit vendre comme esclave. Si Hercule avait attaqué son ennemi à force ouverte, Jupiter lui aurait pardonné un meurtre légitime, car les dieux, pas plus que les hommes, n'aiment l'injustice. »

ter, sans encourir la flétrissure de ses contemporains, Achille, dans ce que sa férocité eut de plus haïssable. Le Macédonien traîna sept fois autour des murs de Gaza détruite le cadavre de Bétis, l'héroïque défenseur de sa cité dévastée. Achille n'avait traîné que trois fois le cadavre d'Hector autour des murs de Troie encore debout.

Moraliste entre tous les poètes fut l'âpre et puissant Eschyle, qui annonça les adoucissements d'une vie nouvelle des hauteurs où son éducation pythagorique (c'est-à-dire d'initié) l'avait placé. D'une main pieuse, mais résolue, il ferme le temple du Destin, biffe à jamais la loi du talion, cette justice barbare des âges héroïques, comme son âme altérée de l'avenir a pressenti l'avènement de Thémis, de la justice, au gouvernement du monde après le règne arbitraire de Zeus, le dieu triomphant des Hellènes et de l'Olympe (1). « qui tombera du vieux trône des cieux, précipité par un agent indomptable qui trouvera un feu plus puissant que le feu de la foudre. » (ESCHYLE : *Prométhée enchaîné.*)

Il s'inspira évidemment des fondateurs des mystères d'Éleusis et de Samothrace, d'Orphée et de Musée, des Celto-Thraces, d'Eumolpe le Pélasge, et d'autres initiés venus d'Égypte (2).

Eschyle fera dire pour toute plainte au titan Prométhée, rédempteur des hommes, cloué sur son rocher : *O justice, vois ce que je souffre en ton nom, pour avoir trop aimé les hommes.* Lui encore mar-

---

(1) Ad. Bouillet, introduction à sa traduction d'Eschyle.
(2) Cette introduction en Grèce des mystères destinés à conserver le trésor des initiations égyptienne, thrace, celtique, pélasgique, eut lieu le vi{e} siècle avant l'ère vulgaire.

quera que les coups de l'implacable *Moïra* ont été appelés par des fautes antérieures ; enfin il célébrera l'instauration de la justice, remplaçant le droit du plus fort, et transformera les implacables Euménides en remords justiciers et purifiants. Mais, à mesure que le sens moral s'épure, l'Olympe homérique décline. Avec le grand tragique, déjà nous sommes sortis de la morale olympique qui, inférieure, fait place aux morales religio-philosophiques, philosophico-utilitaires dont nous parlerons dans de suivants chapitres. Il est à déplorer seulement que cette instauration de la justice se soit faite contre les femmes et en faveur du matricide Oreste, qui parvint à faire déclarer par Minerve et son tribunal qu'un fils n'était pas du sang de sa mère, mais seulement de son père ; que, par conséquent, il avait eu le droit, lui, Oreste, de venger son père Agamemnon dans le sang de sa mère Clytemnestre. Une pareille conception indiquait la servitude des femmes.

Moins fataliste qu'Eschyle, Sophocle glorifie d'abord la puissance de l'homme, préludant ainsi à l'humanisme européen (1) ; il ose ensuite, dans l'*Œdipe*,

(1) L'univers est rempli de prodiges, et rien n'est plus prodigieux que l'homme. Il franchit la mer écumante, porté par les vents orageux, et s'ouvre un chemin au travers des vagues enflées qui mugissent autour de lui. La première des divinités, la terre immortelle, infatigable, il la sillonne en y promenant chaque année le soc de la charrue et la retourne avec l'aide du cheval. Par son industrie, il enveloppe dans les replis de ses filets et emporte la race légère des oiseaux et les bêtes farouches et les humides habitants des mers ; il dompte par son adresse l'hôte sauvage des forêts et force à courber la tête sous le joug et le coursier à la belle crinière et l'indomptable taureau des montagnes. Il s'est formé à la parole, et à la pensée, aussi prompte que le vent, et aux lois propres à régir les États ; il a su préserver sa demeure des atteintes importunes de la

mettre les droits du mérite au-dessus des droits de la naissance (1) ; dans l'*Œdipe à Colonne* et dans *Ajax*, il célèbre la pitié envers les hommes.

C'est encore Sophocle qui fait dire à Ajax que, frappé par les dieux, il est affranchi de tout devoir envers eux et que, ne pouvant plus vivre, il veut mourir avec gloire, bravant fièrement les dieux. Œdipe, avec plus de raison, se plaint aussi des dieux qui lui ont tendu des pièges et l'ont poussé à sa perte. Et ici, nous notons avec une admiration particulière la glorification de la femme accomplie par le grand tragique dans son admirable type d'Antigone, la fille incestueuse si humaine et si grande qui meurt martyre pour l'adoucissement des mœurs (2). Tel est

pluie et du froid. Fécond en ressources, il n'est jamais désarmé contre les coups de l'avenir. La mort seule, il ne pourra jamais l'éviter ; mais il a trouvé l'art d'échapper aux invincibles maladies. (Sophocle : *Antigone*.)

(1) Œdipe. — ... Je persiste à vouloir connaître mon origine, si basse qu'elle soit. Orgueilleuse comme une femme, peut-être rougit-elle de mon obscurité ; moi, fils heureux de la Fortune, je n'en éprouverai aucune honte, car j'ai pour mère la Fortune, et les mois, en succédant aux mois, ont fait de l'humble enfant un grand homme. Avec une telle origine, je ne renoncerai jamais à connaître ma naissance.

Thésée. — ... Je n'ignore pas que, comme toi, j'ai été élevé sur la terre étrangère, que j'y ai subi, plus que personne, des épreuves où ma vie même était en jeu. Aussi je ne refuserai jamais de travailler au salut d'un étranger malheureux, comme je te vois aujourd'hui. Je sais que je suis homme, et que le jour de demain ne m'est pas plus assuré qu'à toi.

Ulysse. — ... J'ai pitié de son infortune, bien qu'il soit mon ennemi, parce que le joug de la fatalité pèse sur lui ; en cela, je ne considère pas plus son destin que le mien ; car, nous tous qui vivons sur cette terre, nous ne sommes rien que des fantômes et des ombres sans consistance.

(2) D'où vient donc cette voix douce, presque divine, qui s'élève dans la ville de Thèbes devant les statues impassibles des dieux, qui surprend les vieillards de la cité, que le divin

Sophocle. Au point de vue moral, Euripide l'a dépassé lorsque le premier il a dit : « L'esclave vaut l'homme libre s'il est homme de bien. » Et il a ajouté que « l'homme est celui qui vit pour son prochain. » N'ayant aucune des belles révoltes des tragiques, les historiens qui suivent Hérodote, Thucydide n'ont qu'une préoccupation, faire concorder les anciennes légendes olympiennes avec le sens des réalités qui pénétraient le monde grec ; ils avaient l'excuse d'être croyants et de ne pas avoir une somme de connaissances scientifiques suffisante.

Déjà, la brillante cité, celle dont Pindare disait : « O toi que chantent les poètes, ô rempart de la Grèce, « illustre Athènes, ville divine », avait pris l'hégémonie intellectuelle morale et artistique de la Grèce. Elle en était digne, cette annonciatrice de la démocratie occidentale qui, réagissant contre le milieu barbare qui l'entourait, avait fait des lois de protection en faveur des esclaves et élevé un autel à la Pitié.

Aucun peuple, aussi bien que celui d'Athènes, ne conçut la justice sociale, oblitérée seulement chez lui par l'esclavage et par le gynécée. Ce peuple a laissé de sa grandeur politique un témoignage éclatant qui tomba des lèvres éloquentes de Périclès, un jour de deuil national.

Tirésias lui-même ne saurait comprendre ; cette voix qui s'écrie : *Je ne suis pas née pour haïr, mais pour aimer !* C'est la voix d'une vierge héroïque qui se laisse conduire à la mort, parce qu'elle affirme que la plus noble des affections humaines c'est la sympathie, que cette loi est supérieure aux autres. Antigone n'obéit pas à un sentiment instinctif ; elle a pleine conscience de son amour, c'est l'amour à sa plus haute puissance et c'est pour cela qu'elle y trouve la force de s'anéantir. Oreste a souffert, Prométhée a lutté pour les hommes, Antigone aime et meurt pour eux. (Edouard Schuré : *le Drame musical.*)

8.

La première année de la guerre du Péloponèse (431 avant notre ère), Athènes, suivant les anciennes institutions, célébra aux frais du trésor public les funérailles des citoyens qui étaient morts dans cette guerre. Périclès, qui dirigeait alors la république, fut choisi pour faire l'éloge des morts, et il prononça, en manière d'oraison funèbre, un discours que nous a conservé Thucydide et dans lequel on trouve cette incomparable glorification des institutions athéniennes. Jamais l'antiquité ne s'éleva si haut :

> Notre constitution politique, dit Périclès, n'est pas jalouse des lois de nos voisins, et nous servons plutôt à quelques-uns de modèle que nous n'imitons les autres. Comme notre gouvernement n'est pas dans les mains d'un petit nombre de citoyens, mais dans celles du grand nombre, il a reçu le nom de démocratie.
> Dans les différends qui s'élèvent entre particuliers, tous, suivant les lois, jouissent de l'égalité : la considération s'accorde à celui qui se distingue par quelque mérite, et, si l'on obtient de la République des honneurs, c'est par des vertus, et non parce qu'on est d'une certaine classe... Tous, nous disons librement notre avis sur les intérêts publics...; mais, sans avoir rien d'austère dans le commerce particulier, une crainte salutaire nous empêche de prévariquer dans ce qui regarde la patrie, toujours écoutant les magistrats et les lois..., celles mêmes qui, sans êtres écrites, sont les résultats d'une convention générale et ne peuvent être enfreintes sans honte... Nous offrons notre ville en commun à tous les hommes ; aucune loi n'en écarte les étrangers, ne les prive de nos institutions, de nos spectacles... Ce n'est point en des apprêts mystérieux, en des ruses préparées que nous mettons notre activité. Nos ennemis, dès leur première enfance, se forment au courage par les plus rudes exercices ; et nous, élevés avec douceur,

nous n'en avons pas moins d'ardeur à courir aux mêmes dangers... Il n'est honteux à personne d'avouer qu'il est pauvre; mais ne pas chasser la pauvreté par le travail, voilà ce qui est honteux. Les mêmes hommes se livrent à leurs affaires particulières et à celles du gouvernement, et ceux qui font profession du travail manuel ne sont pas étrangers à la politique. Seuls encore, c'est moins par un calcul d'intérêt que par une confiance généreuse que nous accordons des bienfaits sans mesure. En un mot, j'ose le dire, notre République est l'école de la Grèce... Elle est la seule dont les ennemis qui l'attaquent ne puissent s'indigner de leur défaite, dont les sujets ne puissent se plaindre de n'avoir pas des maîtres dignes de les commander... C'est pour une patrie si glorieuse, qu'indignés qu'elle leur pût être ravie, nos guerriers ont reçu généreusement la mort ; et tous ceux qui leur survivent brûlent de souffrir pour elle.

De combien de coudées cette morale politique d'un tribun philosophe dépassait-elle la morale olympienne alors courante ! Déjà, au temps de Périclès, le progrès était en raison directe de l'élimination des prétendues révélations religieuses codifiées par les prêtres, qui étaient déjà aux initiés ce que les charlatans sont aux savants.

Toutefois, nous n'en avons pas encore fini avec l'olympisme ; seulement, pour suivre dans son évolution la morale olympique, il nous faut maintenant franchir les cycles philosophique et historique sur lesquels nous reviendrons pour ne nous arrêter qu'à la seconde épopée olympienne, l'*Enéide*.

Proudhon a rendu à Virgile des honneurs presque divins. Son admiration excessive, servie par un splendide style, a vu dans le « Cygne de Mantoue » un messie méconnu, le plus grand qu'ait eu la terre.

C'est beaucoup trop dire. Évidemment, la morale virgilienne est bien supérieure à la morale homérique. Comment en eût-il pu être autrement à 800 ans de distance, et lorsque surtout Virgile avait pu s'imprégner de tout ce qu'avaient produit cinq siècles de philosophie, et s'initier aux mystères orientaux, introduits à Rome depuis un siècle, — malgré l'épouvantable répression qui marqua leurs débuts sous le consulat d'Albinus Posthumius, après la dénonciation de la courtisane Hispola Fécénia et de son entretenu Ebutius (1).

Initié, Virgile l'était. Un initié seul pouvait parler de Cérès législatrice, de Bacchus *père de la liberté*, pouvait évoquer les temps de Saturne et d'Astrée, temps de justice, d'ignorance et de bonheur : temps de l'âge d'or.

Seul, encore, un initié pouvait annoncer les temps

(1) Le dogme de l'ancienne Italie, connu certainement de Virgile, a dû lui fournir beaucoup. Ce dogme, bien supérieur à l'olympisme gréco-romain et que dominaient Rhéa-Cybèle, le bon génie de la terre, et Vesta, le chaste génie du foyer, fut relevé encore par son culte. Tout y était pur et touchant. Des vierges conservaient le feu sacré, des vierges pétrissaient le gâteau de froment. Pour immoler une victime, on tâchait de la croire coupable. Un gâteau sacré sur l'autel était mangé par le taureau du sacrifice. Ce sacrilège eût amené sur le pays la vengeance céleste ; il fallait punir le taureau : mais tuer cet ancien serviteur, ce compagnon du laboureur, personne n'en aurait eu le cœur. On appelait un étranger. Il frappait et il s'enfuyait. Une enquête solennelle était faite sur le sang versé. Tous ceux qui avaient pris la moindre part au sacrilège étaient cités, jugés. L'homme qui avait présenté le fer au sacrificateur, celui qui l'avait aiguisé, les femmes qui, pour l'aiguiser, avaient apporté de l'eau, tous étaient mis en cause. Ils s'accusaient, se rejetaient l'un sur l'autre ; en dernier lieu, tout retombait sur le couteau qui, seul ne se défendant pas, était jeté à la mer. Au point de vue religieux aussi, la domination romaine fut une rétrogradation.

nouveaux du Droit à venir, avec une si chaude et si puissante éloquence :

> Alors les guerres cesseront. A ces temps d'horreur succéderont des siècles plus doux. L'antique probité, Vesta, Quirinus et son frère, désormais réconciliés, donneront des lois au monde. Les portes redoutables du temple de la guerre seront étroitement fermées. Au dedans, la discorde inhumaine, assise sur un morceau d'armes cruelles et les mains enchaînées derrière le dos par cent nœuds d'airain, l'air hideux et la bouche ensanglantée, frémit d'une rage inutile.

Nous continuons à rappeler les plus belles pensées de la philosophie morale du poète romain.

Il prophétise la réconciliation des peuples par les épisodes d'Évandre recevant Énée, de Diomède refusant de combattre les Troyens et voulant oublier les injustices commises.

N'est-ce pas une idée messianique qui lui fait nous montrer Évandre rendant un culte presque exclusif à Hercule libérateur, destructeur des brigands et des monstres, comme « au plus grand des dieux ». Et ce dieu-homme n'a pas la froide indifférence des olympiens, il s'attriste, verse des larmes de douleur, en voyant Pallas, le fils d'Évandre, qu'il ne peut sauver, prêt à tomber sous les coups de Turnus ; ses lamentations sont si touchantes que Jupiter (qui s'est bien amélioré aussi, depuis la guerre de Troie) le console.

Le respect, l'amour filial dominent tout le poème par le caractère d'Énée. Lausus se sacrifiant héroïquement pour éviter le trépas à son père, l'odieux tyran

Mésence, nous dit que le devoir filial est absolu. La mère a aussi sa part d'apothéose dans l'épisode de Nisus et d'Euryale, où l'amitié est tant glorifiée. Virgile chante avec Didon l'amour intersexuel, connu des seuls orphiques dans tout le monde grec. En général, pourtant, la femme est toujours vaincue par la haute destinée du héros dans Virgile ; mais il lui fait la part grande par l'amour de Didon, que soutient le dévouement de sa sœur par l'emportement de la reine Amata, par les exploits de Camille, la vierge guerrière, fille du royal brigand Nétabus.

Le poète semble condamner l'avidité des vainqueurs. C'est pour s'être paré des armes « étincelantes dans la nuit » de Messape et de Rhammès, qu'ils venaient de tuer, que Nisus et Euryale sont aperçus par les Rutules et massacrés à leur tour. Camille tombe sous la flèche d'Aruns, parce que, convoitant « la brillante armure de Chlorée », elle le poursuit imprudemment sans regarder qui la suit. Turnus même n'est achevé par le héros troyen que parce que celui-ci le voit paré du baudrier du jeune Pallas, précédemment tombé sous les coups du héros rutule.

Presque tous les grands poètes antiques célébrèrent la Douleur, fille de l'implacable Destin ; mais aucun ne poétisa comme Virgile la tristesse morale.

C'est lui qui, ayant entendu les gémissements de l'universelle douleur de la vie, a dit : *Sunt lacrymæ rerum*, les choses elles-mêmes pleurent des larmes. Et quels délicieux accents, pour peindre la douleur des Troyennes pleurant leur patrie, d'Andromaque et d'Hélénus pleurant ceux qui leur furent chers, de Didon pleurant son amour perdu !

La peine est quelquefois une expiation temporaire (1), comme le voulait Pythagore (2).

Enfin, dans le Tartare virgilien, ne sont pas punis seulement ceux qui bravèrent ou offensèrent les dieux, on y voit également ceux qui ont haï leurs parents, trahi leurs amis ou leurs clients, les coupables d'avarice, d'inceste, d'adultère, ceux qui ont vendu leur patrie, etc. Seulement, je n'y vois ni les proconsuls avides, ni les maîtres cruels, ni les désolateurs de provinces, ni les destructeurs ou les asservisseurs de peuples, ni les tortureurs d'esclaves, ni les pourvoyeurs et les fréquentateurs du cirque. Par ces lacunes dont on pourrait allonger la liste, Virgile (d'autant plus coupable qu'en sa qualité de Gaulois cisalpin il était fils des nations vaincues et qu'il venait après les pythagoriciens, les platoniciens et les stoïciens) fut au-dessous des hautes régions morales de son temps ; ou plutôt le césarien étouffa en lui le poète et le philosophe. On eût dit qu'il devait prouver, lui aussi, à sa manière, l'infériorité des morales religieuses sur les morales philosophiques. Il comprit sa faute en mourant et ordonna la destruction de son poème dont allait profiter exclusivement, il le prévoyait, l'idée césarienne. Avoir donné à Caton l'empire sur les justes des Champs-Élysées n'était pas assez pour

(1) La notion de récompense et de châtiment après la mort ne prit corps qu'au temps de la réaction socrato-platonicienne ; l'ancien *Hadès* des Grecs, comme le *Scheol* des Hébreux, signifiait seulement sommeil éternel, anéantissement de l'être pensant et sentant (Voir les Bibles et les initiateurs religieux de l'Humanité, par L. Leblois.)

(2) « J'ai vu dans les Enfers, disait Pythagore à ses disciples, j'ai vu des juges qui tourmentent des ombres pour les rendre pures et sans crimes, comme nous voyons des médecins faire des incisions profondes aux malades qu'ils veulent guérir. »

échapper à cette conséquence ; il le comprit encore. Fort heureusement, il ne fut pas obéi. L'*Enéide* nous est restée, mais il était bon que le poète fautif éprouvât ce remords tardif, qui suffira à le faire absoudre, tant, en le lisant, on veut pouvoir l'aimer et tant il le mérite presque toujours.

La protestation républicaine contre le césarisme virgilien fut faite par l'Ibérien, Lucain (1) dans cette *Pharsale* qu'il n'eut pas le temps d'achever, qui reste, malgré ses défauts, un des grands monuments de l'esprit humain et la noble glorification de la patrie mise pour la première fois au-dessus de ses dominateurs dans une épopée nationale.

Quoi de plus sublime, en effet, que l'apparition de cette Patrie en larmes à César, prêt à passer le Rubicon pour mettre Rome aux fers !

> ... Au milieu des joncs et des roseaux
> Il voit de sa patrie une image vivante
> Toute défigurée et toute languissante,
> Les bras à demi nus, et les cheveux épars.
> Où, dit-elle, vas-tu porter mes étendards ?
> Si le droit, si l'honneur accompagnent tes armes,
> Connais, connais ta mère, et respecte ses larmes ;
> Ne porte pas plus loin ton orgueil et tes pas,
> Et désarme tes mains, ou ne m'approche pas.
> (*La Pharsale*, trad. de Brébœuf.)

Le poète croit d'abord que les dieux doivent condamner l'usurpateur, et il s'écrie :

> Toi, César, par quels vœux et par quels sacrifices
> Te rends-tu l'Euménie et les Enfers propices ?
> Quel culte assez impie, assez rempli d'horreur,
> Engage leur puissance à servir ta fureur ?

(1) A noter : Des deux grands poètes épiques de Rome, l'un Virgile, était Celte le second, Lucain, était Ibérien.

César qui connaît les dieux, et sait qu'ils favorisent toujours la force contre le droit, la tyrannie contre la liberté (1), offre des sacrifices à Jupiter :

> Il veut qu'il s'accoutume à flatter l'injustice
> Et que, pour mériter son encens et ses vœux,
> Il rende l'insolence et les crimes heureux.

Ce que fait Jupiter ; le poète flétrit cette lâche complaisance en opposant à la trahison de la liberté par les dieux la fidélité et la persévérance de la vertu, de la vertu humaine qu'il personnifie dans Caton, et il maudit le triomphe qui fait aux Romains

> Ajouter cette honte à tant de maux soufferts,
> D'adorer un tyran et de baiser leurs fers.

De pareils sentiments méritaient la mort ; Néron le fit voir au jeune poète qui dut s'ouvrir les veines à vingt-sept ans.

A proprement parler, la *Pharsale* fut une épopée philosophique ; elle marqua la fin des épopées religioso-nationales de l'antiquité. Déjà, toute pensée a le cachet philosophique; mais, avant d'entrer dans le nouvel ordre d'idée, nous devons achever notre exploration religieuse et parler des réalisations sémitiques. Aussi bien, à Rome même, le sémitisme déborde et le christianisme est né.

---

(1) « Le vainqueur, fût-il lâche, a les dieux pour lui, » avait déjà dit le vieil Eschyle.

III

JUDAÏSME, ISLAMISME, CHRISTIANISME

I. — Le Judaïsme.

Il est inutile de faire ressortir encore le caractère relativement moderne de la morale biblique, qui ne remonte pas, comme théorie écrite, à plus de dix siècles avant le christianisme et qui n'a pris sa forme définitive que 458 ans avant l'ère vulgaire, à l'époque où la seconde colonie juive revint de la captivité babylonienne, et où Esdras, son illustre chef, compilateur habile et réformateur de génie, classe les légendes juives et, sous prétexte de livres de Moïse retrouvés, adoucit le jéhovisme et le rendit apte à conquérir le monde.

Pas davantage je n'ai à résumer les dogmes religieux du jéhovisme comme je l'ai fait pour des religions moins connues. Je donnerai simplement, en l'appréciant historiquement, l'éthique hébraïque, telle qu'elle nous a été transmise par le *Pentateuque*, par les *Proverbes* dits de Salomon et par les chants sublimes d'Esaïe (1).

Voici d'abord le célèbre *Décalogue* dont on a fait depuis seize siècles la base de toute morale, bien qu'il ne soit pas supérieur aux plus antiques promulgations morales de l'Inde, de la Perse, et qu'il soit de beaucoup inférieur au *Rituel funéraire* des Égyptiens qui lui est antérieur de plus de 2,000 ans.

(1) Tous les extraits bibliques sont empruntés à la belle et récente traduction de M. Louis Second.

Je suis l'Éternel ton Dieu, qui t'ai fait sortir du pays d'Égypte et de la maison de servitude.

Tu n'auras point d'autres dieux devant ma face.

Tu ne te feras point d'image taillée, ni de représentation quelconque des choses qui sont en haut dans les cieux, en bas sur la terre, plus bas que la terre, dans les eaux. Tu ne te prosterneras point devant elles et tu ne les serviras point ; car moi, l'Éternel ton Dieu, je suis un Dieu jaloux qui punit l'iniquité du père sur les enfants jusqu'à la troisième et la quatrième génération de ceux qui me haïssent et qui fait miséricorde jusqu'à la millième génération à ceux qui m'aiment et qui observent mes commandements.

Tu ne prendras point le nom de l'Éternel ton Dieu en vain ; car l'Éternel ne laissera point impuni celui qui prend son nom en vain.

Souviens-toi du jour du repos pour le sanctifier ; tu travailleras six jours et tu feras tout ton ouvrage.

Mais le septième est le jour du repos de l'Éternel ton Dieu ; tu ne feras aucun ouvrage, ni toi, ni ton fils, ni ta fille, ni ton serviteur, ni ta servante, ni ton bétail, ni l'étranger qui est dans tes portes. Car en six jours l'Éternel a fait les cieux et la terre, la mer et tout ce qui y est contenu, et s'est reposé le septième jour. C'est pourquoi l'Éternel a béni le jour du repos et l'a sanctifié.

Honore ton père et ta mère, afin que tes jours se prolongent dans les pays que l'Éternel, ton Dieu, te donne.

Tu ne tueras point.

Tu ne commettras point d'adultère.

Tu ne porteras point de faux témoignage contre ton prochain.

Tu ne convoiteras pas la maison de ton prochain ; tu ne convoiteras point la femme de ton prochain, ni son serviteur, ni sa servante, ni son bœuf, ni son âne, ni aucune chose qui appartienne à ton prochain (1).

(1) Le *Décalogue* est longuement commenté et à plusieurs reprises dans le *Pentateuque*. Voici divers extraits de lois céré-

On remarquera que la moitié des devoirs ont pour objet le Dieu jaloux qui punit sur les enfants, jusqu'à

monielles et morales utiles à reproduire pour la parfaite compréhension des commandements jéhoviques :

L'Éternel parla à Moïse, et dit : Parle à toute l'assemblée des enfants d'Israël, et tu leur diras :

Soyez saints, car je suis saint, moi, l'Éternel, votre Dieu.

Chacun de vous respectera sa mère et son père, et observera mes sabbats. Je suis l'Éternel, votre Dieu.

Vous ne vous tournerez point vers les idoles, et vous ne ferez point des dieux de fonte.

Quand vous offrirez à l'Éternel un sacrifice d'actions de grâces, vous l'offrirez de manière à ce qu'il soit agréé. La victime sera mangée le jour où vous le sacrifierez, ou le lendemain ; ce qui restera jusqu'au troisième jour sera brûlé au feu. Si l'on en mange le troisième jour, ce sera une chose infecte : le sacrifice ne sera point agréé. Celui qui en mangera portera la peine de son péché, car il profane ce qui est consacré à l'Éternel ; cette personne-là sera retranchée de son peuple.

Quand vous ferez la moisson dans votre pays, tu laisseras un coin de ton champ sans le moissonner, et tu ne ramasseras pas ce qui reste à glaner. Tu ne cueilleras pas non plus les grappes restées dans la vigne, et tu ne ramasseras pas les grains qui en seront tombés. Tu abandonneras cela au pauvre et à l'étranger. Je suis l'Éternel, votre Dieu.

Vous ne déroberez point, et vous n'userez ni de mensonge ni de tromperie les uns envers les autres.

Vous ne jugerez point faussement par mon nom, car tu profanerais le nom de ton Dieu. Je suis l'Éternel.

Tu n'opprimeras point ton prochain, et tu ne raviras rien par violence.

Tu ne retiendras point jusqu'au lendemain le salaire du mercenaire.

Tu ne maudiras point un sourd, et tu ne mettras devant un aveugle rien qui puisse le faire tomber ; car tu auras la crainte de ton Dieu. Je suis l'Éternel.

Tu ne commettras point d'iniquité dans tes jugements : tu n'auras point égard à la personne du pauvre, et tu ne favoriseras point la personne du grand, mais tu jugeras ton prochain selon la justice.

Tu ne répandras point de calomnies parmi ton peuple. Tu ne t'élèveras point contre le sang de ton prochain. Je suis l'Éternel.

Tu ne haïras point ton frère dans ton cœur, tu pourras re-

la quatrième génération, les fautes des pères, « Dieu
barbare qui passait au fil de l'épée tous les peuples qui

prendre ton prochain, mais tu ne te chargeras point d'un péché
à cause de lui. Tu ne te vengeras point, et tu ne garderas point
de rancune contre les enfants de ton peuple. Tu aimeras ton
prochain comme toi-même. Je suis l'Éternel.

Vous observerez mes lois.

Tu n'accoupleras point des bestiaux de deux espèces différentes ; tu n'ensemenceras point ton champ de deux espèces de semences ; et tu ne porteras pas un vêtement tissu de deux espèces de fils.

Lorsqu'un homme couchera et aura commerce avec une femme, si c'est une esclave fiancée à un autre homme, et qui n'a pas été rachetée ou affranchie, ils seront châtiés, mais non punis de mort, parce qu'elle n'a pas été affranchie. L'homme amènera pour sa faute à l'Éternel, à l'entrée de la tente d'assignation, un bélier en sacrifice de culpabilité. Le prêtre fera pour lui l'expiation devant l'Éternel avec le bélier offert comme victime pour le péché qu'il a commis, et le péché qu'il a commis lui sera pardonné.

Vous ne mangerez rien avec du sang. Vous n'observerez ni les serpents ni les nuages pour en tirer des pronostics. Vous ne couperez point en rond les coins de votre chevelure, et tu ne raseras point les coins de ta barbe. Vous ne ferez point d'incisions dans votre chair pour un mort et vous n'imprimerez point de figures sur vous. Je suis l'Éternel.

Tu ne profaneras point ta fille en la livrant à la prostitution, de peur que le pays ne se prostitue et ne se remplisse de crimes.

Vous observerez mes sabbats, et vous révérerez mon sanctuaire. Je suis l'Éternel.

Ne vous tournez point vers ceux qui évoquent les esprits, ni vers les devins ; ne les recherchez point, de peur de vous souiller avec eux. Je suis l'Éternel, votre Dieu.

Tu te lèveras devant les cheveux blancs, et tu honoreras la personne du vieillard. Tu craindras ton Dieu. Je suis l'Éternel.

Si un étranger vient séjourner avec vous dans votre pays, vous ne l'opprimerez point. Vous traiterez l'étranger en séjour parmi vous comme un indigène du milieu de vous, vous l'aimerez comme vous-mêmes, car vous avez été étrangers dans le pays d'Égypte. Je suis l'Éternel, votre Dieu.

Vous ne commettrez point d'iniquité ni dans les jugements, ni dans les mesures de dimension, ni dans les poids, ni dans

étaient sur le chemin de son peuple et qui frappait les

les mesures de capacité. Vous aurez des balances justes, des poids justes, des épha justes et des hin justes. Je suis l'Éternel, votre Dieu, qui vous ai fait sortir du pays d'Égypte.

Vous observerez toutes mes lois et toutes mes ordonnances, et vous les mettrez en pratique. Je suis l'Éternel. (*Lévitique*, XIX, 1-37.)

Si un homme commet adultère avec une femme mariée, s'il commet adultère avec la femme de son prochain, l'homme et la femme adultère seront punis de mort.

Si un homme couche avec la femme de son père, et découvre ainsi la nudité de son père, cet homme et cette femme seront punis de mort : leur sang retombera sur eux.

Si un homme couche avec sa belle-fille, ils seront tous deux punis de mort ; ils ont fait tous les deux une confusion : leur sang retombera sur eux.

Si un homme couche avec un homme comme on couche avec une femme, ils ont fait tous deux une chose abominable ; ils seront tous deux punis de mort ; leur sang retombera sur eux.

Si un homme prend pour femmes la fille et la mère, c'est un crime : on les brûlera au feu lui et elles, afin que ce crime n'existe pas au milieu de vous.

Si un homme couche avec une bête, il sera puni de mort ; et vous tuerez la bête.

Si une femme s'approche d'une bête, pour se prostituer à elle, tu tueras la femme et la bête ; elles seront mises à mort : leur sang retombera sur elles. (*Lévitique*, XX, 10-17.)

... Tu ne livreras point à son maître un esclave qui se réfugiera vers toi, après l'avoir quitté. Il demeurera chez toi, au milieu de toi, dans le lieu qu'il choisira, dans l'une de tes villes, où bon lui semblera : tu ne l'opprimeras point.

Il n'y aura aucune prostituée parmi les filles d'Israël, et il n'y aura aucun prostitué parmi les fils d'Israël.

Tu n'apporteras point dans la maison de l'Éternel, ton Dieu, e salaire d'une prostituée ni le prix d'un chien, pour l'accomplissement d'un vœu quelconque; car l'un et l'autre sont en abomination à l'Éternel, ton Dieu.

Tu n'exigeras de ton frère aucun intérêt ni pour argent, ni pour vivres, ni pour rien de ce qui se prête à intérêt. Tu pourras tirer un intérêt de l'étranger, mais tu n'en tireras point de ton frère, afin que l'Éternel, ton Dieu, te bénisse dans tout ce que tu entreprendras au pays dont tu vas entrer en possession.

Si tu fais un vœu à l'Éternel, ton Dieu, tu ne tarderas point

Philistins de maladies secrètes pour les contraindre d'offrir à ses prêtres des amas d'or » (1).

Dans le précepte sabbatique, le bétail passe avant l'étranger, tant le jéhovisme est étroitement nationaliste.

Le dixième précepte semble ne concerner que le propriétaire et met au rang des choses prenables, avec le bétail et les richesses, la femme et les serviteurs.

Il est évident que le prochain dont parle le *Décalogue* ne comprend que les nationaux. Pour ces derniers, d'ailleurs, les garanties sont nombreuses : l'*Exode* en fourmille.

Si tu achètes un esclave hébreu, il servira six années, mais la septième il sera libre.
... Si tu prêtes de l'argent à mon peuple pauvre qui est avec toi, tu ne seras point à son égard comme un créancier; tu ne lui prendras point d'intérêt.

Dure est la loi jéhoviste pour la femme. Celle-ci est non seulement mineure, mais impure ; le père a le droit de vendre sa fille. Elle n'est pas non plus douce pour l'esclave, cette loi.

à l'accomplir; car l'Éternel, ton Dieu, t'en demanderait compte, et tu te chargerais d'un péché. Si tu t'abstiens de faire un vœu tu ne commettras pas un péché. Mais tu observeras et tu accompliras ce qui sortira de tes lèvres, par conséquent les vœux que tu feras volontairement à l'Éternel, ton Dieu, et que ta bouche aura prononcés.
Si tu entres dans la vigne de ton prochain, tu pourras à ton gré manger des raisins et t'en rassasier; mais tu n'en mettras point dans ton vase. Si tu entres dans les blés de ton prochain, tu pourras cueillir des épis avec la main; mais tu n'agiteras point la faucille sur les blés de ton prochain. (*Deutéronome*, XXIII, 15-25.)

(1) L. Arréat : *Une éducation intellectuelle.*

Si quelqu'un frappe son esclave et qu'il meure sous sa main, il sera puni ; mais s'il survit un jour ou deux, il ne le sera pas, car c'est son argent.

Mais il faut ici reconnaître que la réduction de l'esclave à l'état d'animal torturable et tuable fait partie du droit antique. Le divin Platon lui-même écrit : « Si un esclave se défend et tue un homme libre, il doit être traité comme un parricide. »

« Loi de haine, d'exclusivisme et de châtiment, à l'instar de toutes les lois sémitiques, plus que loi d'amour et de régénération, la loi mosaïque punit de mort l'idolâtrie, la magie, la malédiction à son père et à sa mère, la bestialité, l'inceste même indirect, l'adultère, la violation du sabbat, la fornication au moment critique de la femme, etc. ; en revanche, le meurtrier contre lequel n'est pas relevé le délit d'embûches en sera quitte pour aller aux lieux de refuge. » (1) Mais le meurtre prémédité sera puni de mort ; sera de même puni de mort celui qui a volé un homme pour le vendre. Les dégâts matériels ne sont punis que par des compensations. Le système de compensation va loin : « S'il y a un accident, tu donneras vie pour vie,

---

(1) Le peuple hébreu, dit un philosophe éminent, ayant surtout été bigot, c'est l'idolâtrie qui, dans sa loi, est considérée comme le plus grand des crimes. Ainsi l'*Exode* condamne à mort quiconque ose travailler le jour du sabbat (XXXII, 14). De même on y est sans pitié pour l'ennemi vaincu ; l'Éternel ordonne de passer au fil de l'épée, sans exception, tous les habitants des villes de Chanaan. (*Deutéronome*, XX, 16, 17.) Mais si un homme frappe son esclave ou sa servante, de telle sorte qu'ils puissent survivre seulement un ou deux jours, l'homme ne sera point puni, *parce qu'il les a achetés de son argent* (XXI, 20, 21). On le voit, Jéhovah était déjà plein d'égards pour le dieu Mammon, destiné à le supplanter. (J. Baissac : *Origine des religions.*)

œil pour œil, dent pour dent, main pour main, pied pour pied, brûlure pour brûlure, blessure pour blessure, meurtrissure pour meurtrissure. » En somme, la loi du talion que déjà pourtant le grand tragique Eschyle allait condamner sur la scène d'Athènes.

A côté de cela des recommandations touchantes :

Si tu rencontres le bœuf de ton ennemi ou son âne égaré, tu les lui ramèneras.

Si tu vois l'âne de ton ennemi succombant sous le poids, tu aideras à le décharger.

Tu ne porteras point atteinte aux droits du pauvre dans son procès.

Tu n'opprimeras point l'étranger, tu ne le maltraiteras point, car vous avez été étrangers dans le pays d'Égypte.

Tu ne muséleras pas le bœuf... Tu ne feras pas cuire le chevreau dans le lait de sa mère.

C'est là le seul écho du compatissant panthéisme indou, encore influent sur les religions égyptienne et mazdéenne, mais dont, cruels à l'envi, sémites et Européens sémitisés vont, si malheureusement pour le développement moral de l'humanité, s'écarter de plus en plus, à tel point que trente siècles de civilisation ne parviendront à adoucir, sous ce rapport, qu'une imperceptible élite, et que la cruauté envers les animaux, non comptée comme un mal, est l'atroce loi générale.

Le côté le plus remarquable de la loi mosaïque est certainement l'institution de l'*année sabbatique* et celle du *jubilé*, prescriptions éminemment égalitaires.

Pendant six années tu ensemenceras ton champ ; pendant six années tu tailleras ta vigne ; tu en recueilleras le produit. Mais la septième année... tu n'ensemenceras point ton champ et tu ne tailleras point ta vigne. Tu ne moissonneras point ce qui provient des grains tombés de ta moisson et tu ne vendangeras point les raisins de ta vigne non taillée. Ce sera une année de repos pour la terre.

Ce que produira la terre pendant son sabbat vous servira de nourriture, à toi, à ton serviteur, à ta servante, à ton mercenaire, à l'étranger qui demeure avec toi, à ton bétail et aux animaux de ton pays ; tout son produit servira de nourriture.

..... Vous sanctifierez la cinquantième année, vous publierez la liberté dans le pays pour tous les habitants ; ce sera pour vous le jubilé ; chacun de vous retournera dans sa propriété (s'il l'avait vendue), chacun de vous retournera dans sa famille (s'il avait été vendu).

On a fini par s'en apercevoir, au grand scandale des commentateurs chrétiens. Les commandements jéhoviques ont des sanctions purement terrestres ; toute la Bible est remplie de menaces de servitude ou d'abandon aux prévaricateurs et de promesses de richesse et de prospérité aux fidèles observateurs (1).

(1) Mécontents de cette spiritualisation dont leur *Bible* a été l'objet de la part des chrétiens, les Juifs fidèles l'ont abandonnée à ces mêmes chrétiens et l'ont remplacée par le *Talmud*, devenu ainsi la loi d'une sorte de jéhovisme ésotérique persistant. — Les textes sont pourtant précis.
Qui sait, dit le pessimiste jéhoviste, si l'esprit de l'homme monte dans les régions supérieures. Pour moi, méditant sur la condition des hommes, j'ai vu qu'elle était la même que celle des animaux. Leur fin est la même ; l'homme périt comme l'animal ; ce qui reste de l'un n'est pas plus que ce qui reste de l'autre, tout est néant. (Salomon : *l'Ecclésiaste*, ch. vii.)
Sur le point de la matérialité des punitions et des récompenses, le langage de Jéhovah est d'une crudité qui ne laisse rien à désirer :
« Si vous suivez mes lois, si vous gardez mes commande-

ments et les mettez en pratique, je vous enverrai des pluies en leur saison, la terre donnera ses produits et les arbres des champs donneront leurs fruits. A peine aurez-vous battu le blé que vous toucherez à la vendange, et la vendange atteindra les semailles ; vous mangerez votre pain à satiété, et vous habiterez en sécurité dans votre pays. Je mettrai la paix dans le pays, et personne ne troublera votre sommeil ; je ferai disparaître du pays les bêtes féroces, et l'épée ne passera point par votre pays. Vous poursuivrez vos ennemis, et ils tomberont devant vous par l'épée. Cinq d'entre vous en poursuivront cent, et cent d'entre vous en poursuivront dix mille, et vos ennemis tomberont devant vous par l'épée. Je me tournerai vers vous, je vous rendrai féconds et je vous multiplierai, et je maintiendrai mon alliance avec vous. Vous mangerez des anciennes récoltes, et vous sortirez les vieilles pour faire place aux nouvelles. J'établirai ma demeure au milieu de vous, et mon âme ne vous aura point en horreur. Je marcherai au milieu de vous, je serai votre Dieu, et vous serez mon peuple. Je suis l'Éternel, votre Dieu qui vous ai fait sortir d'Égypte, qui vous ai tirés de la servitude : j'ai brisé les liens de votre joug, et je vous ai fait marcher la tête levée.

« Mais si vous ne m'écoutez point et ne mettez point en pratique tous ces commandements, si vous méprisez mes lois, et si votre âme a en horreur mes ordonnances, en sorte que vous ne pratiquiez point tous mes commandements et que vous rompiez mon alliance, voici alors ce que je vous ferai : J'enverrai sur vous la terreur, la consomption et la fièvre, qui rendront vos yeux languissants et votre âme souffrante ; et vous sèmerez en vain vos semences : vos ennemis les dévoreront. Je tournerai ma face contre vous, et vous serez battus devant vos ennemis ; ceux qui vous haïssent domineront sur vous, et vous fuirez sans que l'on vous poursuive.

« Si, malgré cela, vous ne m'écoutez point, je vous châtierai sept fois plus pour vos péchés. Je briserai l'orgueil de votre force ; je rendrai votre ciel comme du feu, et votre terre comme de l'airain. Votre force s'épuisera inutilement, votre terre ne donnera pas ses produits, et les arbres de la terre ne donneront pas leurs fruits.

« Si vous me résistez et ne voulez pas m'écouter, je vous frapperai sept fois plus selon vos péchés. J'enverrai contre vous les animaux des champs, qui vous priveront de vos enfants, qui détruiront votre bétail, et qui vous réduiront à un petit nombre ; et vos chemins seront déserts.

« Si ces châtiments ne vous corrigent point et si vous me résistez, je vous résisterai aussi et je vous frapperai sept fois

D'ailleurs aucune idée de droit, car « le sémite est un esclave que Jéhovah commande et châtie. » (1)

plus pour vos péchés. Je ferai venir contre vous l'épée, qui vengera mon alliance ; quand vous vous rassemblerez dans vos villes, j'enverrai la peste au milieu de vous, et vous serez livrés aux mains de l'ennemi. Lorsque je vous briserai le bâton du pain, dix femmes cuiront votre pain dans un seul four et rapporteront votre pain au poids ; vous mangerez, et vous ne serez point rassasiés.

« Si, malgré cela, vous ne m'écoutez point et si vous me résistez, je vous résisterai aussi avec fureur, et je vous châtierai sept fois plus pour vos péchés. Vous mangerez la chair de vos fils, et vous mangerez la chair de vos filles. Je détruirai vos hauts lieux, j'abattrai vos statues consacrées au soleil, je mettrai vos cadavres sur les cadavres de vos idoles, et mon âme vous aura en horreur. Je réduirai vos villes en déserts, je ravagerai vos sanctuaires et je ne respirerai plus l'odeur agréable de vos parfums. Je dévasterai le pays, et vos ennemis qui l'habiteront en seront stupéfaits. Je vous dispersersai parmi les nations et je tirerai l'épée après vous. Votre pays sera dévasté et vos villes seront désertes. » (*Lévitique*, XXVI, 3-33.)

(1) « Un satrape perse du nom de Pactyas s'était soulevé en Lydie contre Cyrus. Celui-ci envoya pour le combattre une armée sous les ordres d'un général nommé Mazarès. Pactyas, trop faible pour résister aux troupes du roi, prit la fuite et alla se réfugier à Cumes ; Mazarès dépêcha des messagers dans cette ville, pour exiger que le rebelle lui fût livré : mais les Cuméens, avant de prendre un parti à cet égard, demandèrent à en référer à la divinité des Branchides, dont l'oracle, sur le territoire de Milet, était très couru des Ioniens et des Éoliens. Ils envoyèrent donc aux Branchides, pour savoir, du dieu, ce qu'ils devaient faire de Pactyas. L'oracle répondit qu'il fallait le livrer aux Perses. Les Cuméens, que cette réponse ne satisfit point, supposèrent d'abord que ceux qui avaient été consulter le dieu pouvaient avoir mal rapporté ses paroles, et, sur l'avis d'Aristodique, un des citoyens les plus considérés, on envoya une seconde ambassade, à la tête de laquelle se trouvait Aristodique lui-même. Celui-ci, une fois les nouveaux messagers arrivés aux Branchides, posa ainsi, au nom de Cumes, la question à l'oracle : « O roi ! le Lydien Pactyas est venu chez nous
« en suppliant, fuyant une mort violente, que les Perses lui eus-
« sent fait subir. Or, ceux-ci le réclament, exigeant des Cu-
« méens qu'ils le leur livrent. Quoique nous redoutions la

L'aryen, plus raisonneur, plus pénétré du sentiment de la dignité humaine, s'élève à la notion du droit qui obscurcit chez lui la notion du devoir (1).

Que si maintenant nous comparons les actes aux dogmes, nous trouverons chez les favoris de Jéhovah, Moïse, Josué, Samuel, David, etc., les actes bien inférieurs et surtout empreints d'une cruauté rebutante (2).

« puissance des Perses, nous ne voudrions pas livrer un sup-
« pliant avant de savoir de toi ce que nous avons à faire. » A cette nouvelle question, l'oracle répondit comme la première fois qu'il fallait livrer Pactyas. Sur ce commandement étrange, contre lequel protesta sa conscience d'honnête homme, Aristodique se mit à faire le tour du temple en dénichant les petits des passereaux et de tous les autres oiseaux qui s'y trouvaient. Une voix, sortant alors du sanctuaire, lui cria : « O le plus
« impie des hommes ! Qu'oses-tu faire ? Tu chasses les hôtes du
« temple ? » Mais Aristodique reprit sans hésiter : « O roi,
« puisque tu prends tant d'intérêt à tes hôtes, devrais-tu ordon-
« ner aux Cuméens de livrer le leur ? » De retour à Cumes, l'ambassade rendit compte de sa mission, et les Cuméens, persistant dans leur résolution de ne point livrer Pactyas, le firent partir pour Mytilène, où ils allèrent même le reprendre ensuite, à la nouvelle du danger qu'il y courait, pour le transporter de là à Chio, dont les habitants furent moins généreux. » (HÉRODOTE, I, 154 et suiv.)

Cet exemple si simple est bien fécond en enseignements. En rapprochant la noble protestation des Cuméens de ce que l'on appelle l'obéissance d'Abraham (*Genèse*, XXII) toujours louée dans les églises pour un acte dont aucun chrétien de notre race ne voudrait certainement charger sa conscience, dussent tous les miracles imaginables conspirer contre sa raison pour essayer de la convaincre du commandement divin ; en la rapprochant encore de la malédiction que s'attira Saül, pour être resté fidèle à la parole donnée par lui au malheureux Agag (*Samuel*, XV), on a une éclatante illustration de la différence qui sépare la race de Prométhée, le ravisseur du feu céleste, de celle dont le dieu n'avait de loi que sa volonté, et qui a pu dire, sans soulever aucune réclamation : « C'est moi qui produis le bien et qui crée le mal ; je suis le maître, qui ai tout fait. » (ESAIE, XLV, 7); J. BAISSAC : *Origine des Religions*).

(1) D'Assier : *Philosophie naturelle.*
(2) Dolfus : *De la nature humaine.*

Preuve de plus que la plupart des préceptes moraux du *Pentateuque* ont été pour le moins arrangés et adoucis par Esdras. Tels quels, ils n'en reflètent pas moins assez fidèlement les mœurs hébraïques. De là vient leur concordance avec les écrits jugés postérieurs. Qu'on en juge par ce résumé sommaire des *Proverbes* :

Crainte de l'Éternel, amour de la sagesse et de la science, répudiation du vol, du brigandage et du meurtre. Respecter son père, être déférent envers sa mère, accepter avec reconnaissance les châtiments de l'Éternel, se confier en lui contre les méchants ; ne pas être envieux. Ce que hait l'Éternel, le voici : « Les yeux hautains, la langue menteuse, les mains qui répandent le sang innocent, le cœur qui médite des projets iniques, les pieds qui se hâtent de courir au mal, le faux témoin qui dit des mensonges et celui qui excite les querelles entre frères. » Fuir la femme corrompue, éviter l'adultère, « car il attire la vengeance du mari ». Si tu es moqueur, tu en porteras la peine ; mais si tu es sage, tu l'es pour toi. Sois juste et loyal pour attirer sur toi les bénédictions. Évite l'astuce et la méchanceté pour éviter le mal qui en découle. Sois prudent et discret, laborieux, fuyant l'intempérance et la paresse, tu t'en trouveras bien, car aucun malheur n'arrive au juste, mais les méchants sont accablés de maux. Fuis les mauvaises pensées et les querelles. Ne sois ni orgueilleux ni arrogant pour éviter la ruine. Celui qui donne de son pain au pauvre sera béni.

Tout cela est, il faut le reconnaître, bien supérieur au *chaldéisme*, au *baalisme* et à *l'olympisme* d'avant Hésiode et d'avant les orphiques. Mais si, comme le voulait Fourier, on doit juger un peuple par la condition qui est faite, chez lui, à la femme, les Hébreux ne nous apparaîtront pas très élevés dans l'échelle morale. « C'est vainement que chez les sémites on chercherait, dit J. Baissac, des types à mettre en regard de Pénélope, des mères de Sparte, des Lucrèce, des Véturia, des Cornélie, etc. On trouve chez eux, comme dans toutes les autres races non aryennes, des femmes aussi fortes, reines, héroïnes, prêtresses et inspirées ; mais des matrones, tout à fait conjointes de pères, *conjuges*, et mères de la famille, *matres familias*, il n'y en eut que dans le milieu où nous parlons. La famille, chez les sémites, se groupait autour du père seul ; chez les Aryas, autour du père et de la mère. Comment y aurait-il eu des *matres familias* dans ces familles sémitiques où le père seul était pour tous et où chaque enfant pouvait avoir sa mère particulière ! »

Il faut ajouter que les héroïnes juives sont souvent fort peu recommandables. Telles sont Raab, la prostituée complice des espions étrangers, qui livre aux exterminateurs juifs Jéricho, sa patrie ; Ruth, qui, pour tout mérite, séduit le pieux et riche Booz ; Judith, qui se fait la prostituée du général ennemi, pour l'assassiner pendant son sommeil ; Esther, qui n'a d'autre mérite que d'avoir réussi à être la première du royal harem de Suze, etc.

La femme est la perdition de l'homme dans les légendes hébraïques ; sur ce point le *Talmud* ne le cède pas à la *Bible*. On en jugera par le portrait que le rabbin Emmanuel Ben Salomon a fait en peu de mots de la femme mariée : « Celui qui traîne une femme pour s'unir à elle trouve en même temps la confusion de son visage : son opprobre ne s'effacera pas ; il sera méprisé, avili. Elle mordra comme un serpent ; elle divisera comme un basilic ; elle regardera par la fenêtre et par les jalousies. » Les écrivains chrétiens n'ont pas été en reste, cela va de soi ; tandis qu'en dehors du monde judéo-chrétien, on ne trouve guère qu'Aristophane pour avoir ainsi parlé des femmes.

Nous aurons plus d'air dans le prophétisme et surtout dans Isaïe dont les sublimes et brûlantes poésies sont certainement d'un initié, et d'un initié de génie.

Isaïe, l'impérissable Homère sémitique, commence par idéaliser le culte : ce fut la préoccupation première de tous les initiés; on la trouve dans Osée, Amos et Michée, notamment.

Qu'ai-je affaire de la multitude de vos sacrifices, dit l'Éternel
Je suis rassasié des holocaustes de béliers et de la graisse des
[veaux ;
Je ne prends point plaisir au sang des taureaux, des brebis et
[des boucs.
Quand vous venez vous présenter devant moi,
Qui vous demande de souiller mes parvis ?
Cessez de m'apporter de vaines offrandes.
J'ai en horreur l'encens,
Les nouvelles lunes, les sabbats et les assemblées ;
Je ne puis voir le crime s'associer aux solennités.
Mon âme hait vos nouvelles luttes et vos fêtes ;
Elles me sont à charge,
Je suis las de les supporter.
Quand vous étendez les mains, je détourne de vous mes yeux ;
Quand vous multipliez vos prières, je n'écoute pas :
Vos mains sont pleines de sang.
Lavez-vous, purifiez-vous :
Otez de devant mes yeux la méchanceté de vos actions
Cessez de faire le mal,
Apprenez à faire le bien, recherchez la justice,
Protégez l'opprimé,
Faites droit à l'orphelin,
Défendez la veuve.

En chantant ainsi, le grand poète hébreu avait gravi les plus hauts sommets de l'humanité morale et à la nation qui l'avait produit on pouvait prédire les plus hautes destinées.

Bien touchante — et supérieure à celle que nous donnera Platon — est cette peinture du juste qui travaille pour le bien de tous et qui a été le cadre que l'on a rempli ensuite de l'image de Jésus.

> Il n'avait ni beauté ni éclat pour attirer nos regards
> Et son aspect n'avait rien pour nous plaire.
> Méprisé et abandonné des hommes,
> Homme de douleur et habitué à la souffrance,
> Semblable à celui dont on détourne le visage,
> Nous l'avons dédaigné, nous n'avons fait de lui aucun cas ;
> Cependant il a porté nos souffrances,
> Il s'est chargé de nos douleurs
> Et nous l'avons considéré comme puni,
> Frappé de Dieu et humilié ;
> Mais il était blessé pour nos péchés,
> Brisé pour nos iniquités ;
> Le châtiment qui nous donne la paix est tombé sur lui
> Et c'est par ses meurtrissures que nous sommes guéris.
> ... Il a été maltraité et opprimé
> Et il n'a point ouvert la bouche.

Ainsi est le juste, expiateur des péchés du peuple, mais pour lui aussi la récompense viendra, la récompense de cette vie selon les exigences du matérialisme juif.

> ... C'est pourquoi je lui donnerai sa part avec les grands ;
> Il partagera le butin avec les puissants,
> Parce qu'il s'est livré lui-même à la mort.
> Et qu'il a été mis au nombre des malfaiteurs,
> Parce qu'il a porté les péchés de beaucoup d'hommes,
> Et qu'il a intercédé pour les coupables.

Voilà maintenant le prophète qui brise le cercle du chauvinisme juif pour appeler tous les peuples au bien-être et à la régénération :

Vous tous qui avez soif, venez aux eaux,
Même celui qui n'a pas d'argent :
Venez, achetez et mangez.
Venez acheter du lait et du vin sans argent, sans rien payer.
Pourquoi pesez-vous de l'argent pour ce qui ne nourrit pas ?
Pourquoi travaillez-vous pour ce qui ne rassasie pas ?
Ecoutez-moi donc et vous mangerez ce qui est bon
Et votre âme se délectera de mets succulents.
Prêtez l'oreille et venez à moi,
Ecoutez et votre âme vivra :
Je traite avec vous une alliance éternelle.

Les recommandations morales sont dignes de l'appel :

Voici le jeûne auquel je prends plaisir :
Détache les chaînes de la méchanceté,
Dénoue les liens de la servitude,
Renvoie libres les opprimés,
Et que l'on rompe toute espèce de joug.
Partage ton pain avec celui qui a faim,
Et fais entrer dans ta maison le malheureux sans asile.
Si tu vois un homme nu, couvre-le,
Ne te détourne point de ton semblable,
Alors ta lumière poindra comme l'aurore.

Plus loin le grand initié hébraïque s'élève jusqu'à la conception des justices socialistes :

... Ceux qui auront amassé le blé le mangeront
Et loueront l'Éternel.
Ceux qui auront récolté le vin le boiront
Dans les parois de mon sanctuaire.
... Ils bâtiront des maisons et les habiteront.
Ils planteront des vignes et en mangeront le fruit ;
... Ils ne travailleront pas en vain.
Ils n'auront pas d'enfants pour les voir périr,
Car ils formeront une race bénie de l'Éternel
Et leurs enfants seront avec eux.
... Il ne se fera ni tort ni dommage
Sur toute ma montagne sainte,
Dit l'Éternel.

On se sent pris d'une admiration sans borne devant ce plus grand des anciens Juifs, qui fut aussi un patriote de génie et sauva sa nation, des Assyriens de Sennachérib, par la haute et habile politique qu'il inspira au bon roi Ézéchias. Dans *Job*, Isaïe s'éleva à la plus haute philosophie servie par une poésie irrésistible. Un tel homme devait mourir martyr. Le tyran molochiste Manassès le fit scier entre deux planches. Les prophètes Amos, Osée, Jérémie, Ézéchiel, Daniel, Néhémie méritent notamment de participer à la gloire. Comme lui ils combattirent pour la réforme religieuse et politique, et contre le molochisme sanglant et rétrograde, dont Samuel, David, Élie et Élisée, qu'une légende menteuse a ceints d'une gloire imméritée, furent les plus néfastes représentants (1).

Les prophètes novateurs furent certainement des initiés; victorieux, quels pas ils auraient fait faire à l'humanité! Avec eux, que nous sommes loin de l'étroitesse utilitaire et du talion mosaïque! Malheureusement ce n'est pas Isaïe, mais Moïse que les hasards de l'histoire ont sacré prédécesseur du christianisme, et la morale chrétienne ne s'en ressentira que trop.

Avant de traiter de la morale issue des dogmes chrétiens, il importera de dire quelques mots de la morale de l'islamisme, fils plus direct et plus ressemblant du judaïsme.

II. — L'Islamisme.

Si, sans distinction aucune, on fait entrer purement et simplement l'islamisme dans la philosophie

(1) Voir sur ce sujet le *Molochisme juif*, par L. Tridon, ancien membre de la Commune de Paris.

de l'histoire, il nous paraîtra rétrograde, inférieur à la plupart des religions antiques, inférieur aussi au judaïsme et au christianisme et par suite dépouillé de toute efficacité moralisatrice. Mais il en va autrement, si nous considérons les mœurs des peuples auxquels il s'est adressé d'abord.

Au moment où parut Mahomet, les antiques peuples du Yemen étaient encore complètement idolâtriques. Polygames, polyandres, infanticides, incestueux, leurs mœurs familiales étaient au plus bas degré. Le reste à l'avenant, féodalité, régime des castes, esclavagisme (1). A ces peuples, Mahomet recommanda et finalement imposa le culte d'un seul Dieu, interdit l'inceste et l'infanticide, prêcha la douceur, la loyauté dans les transactions, réglementa la polygamie et la servitude des femmes.

Sa *Récitation* ou *Coran* apporta donc un progrès moral au monde arabe, progrès bien relatif s'entend. Mêlant les traditions sémitiques et les enseignements

(1) On s'en convaincra par ce texte du quatrième et du septième sourate : « Il vous est interdit d'épouser *vos mères* et *vos sœurs*, vos tantes paternelles et maternelles, vos nièces, *vos nourrices*, vos sœurs de lait, *les mères de vos femmes*, les filles confiées à votre tutelle et issues de femmes avec lesquelles vous auriez cohabité. N'épousez pas non plus les filles de vos fils que vous avez engendrés. »
Voici maintenant les prescriptions du Coran, relativement à la protection des petits enfants, que les Arabes tuaient sans scrupule et sans pitié, pour se décharger du soin de les nourrir. « L'abîme a englouti ceux qui, dans leur aveugle ignorance, immolaient leurs enfants. Ils se sont perdus et n'ont point connu la lumière... Dis-leur : Ne tuez point vos enfants par crainte de la pauvreté. Nous vous donnerons de la nourriture pour vous et pour eux. Evitez ce crime en public et en secret. » (Sourate IV.) « Que la crainte de l'indigence ne vous fasse point tuer vos enfants. Nous fournirons à leurs besoins et aux vôtres. Cette action est un attentat horrible. » (Sourate XVII.)

de la Bible aux enseignements du moine nestorien Bahirah, du couvent de Bosrah, Mahomet fit une religion judéo-chrétienne. Au judaïsme, il emprunta la légende abrahamanique, le dieu unique, jaloux et iconoclaste, la famille patriarcale et polygamique, l'infériorité radicale de la femme, les prescriptions hygiéniques concernant la nourriture et les ablutions; au christianisme, ses anges, la conception d'un paradis qu'il matérialisa et d'un enfer éternel, enfin ses pratiques d'abstinence; enveloppa tout cela dans un ardent prosélytisme patriotique et religieux et déchaîna sur le monde la dernière grande révolution religieuse qu'il ait vue. Mais l'œuvre du grand Arabe devait être en somme rétrograde par le seul fait de la conservation de l'esclavage et de la polygamie. Qu'importent les plus beaux préceptes quand ils ne sont faits que pour quelques dominateurs et qu'ils rejettent dans les limbes de la servitude l'une des deux moitiés du genre humain ! La polygamie favorisa certainement la conquête musulmane, en ce qu'elle lui permit de tuer tous les vaincus et d'épouser leurs femmes, s'assurant ainsi dès la seconde génération une population issue des spectateurs du prophète (1). Mais une intrusion si violente, si inique, si dévastatrice ne pouvait donner naissance à une civilisation de vastes progrès et de puissantes créations sociales. Aussi voyons-nous maintenant l'islamisme, encore dominant en Afrique et dans une partie de l'Asie, ne tenir nulle part le flambeau de l'humanité, enfermé partout dans les cercles mortifères du fanatisme religieux, ayant même

(1) Voir Draper : *les Conflits de la science et de la religion.*

perdu le souvenir de ses splendeurs passagères des VIIIᵉ et XIIIᵉ siècles (1).

Quelle est maintenant la morale du Coran ? Tout d'abord l'intolérance judéo-chrétienne dans toute son étroitesse : « Les croyants sont toujours frères ; mais tous ceux qui ne croient pas sont ennemis. » — « O croyants, ne vous liez point avec les chrétiens et les juifs. Malheur au musulman qui reste à son foyer plutôt que d'aller combattre ! Il n'évitera pas la mort, car le terme de sa vie est fixé. »

Le premier des devoirs, le devoir sacro-saint est la prière. Avant de prier, on doit se purifier, soit en se plongeant dans l'eau, soit en se lavant la face, les mains et les pieds. Autrement la prière n'est point agréable à Allah. On doit prier tous les jours : le matin avant le lever du soleil, à midi passé et après le coucher du soleil. On doit encore prier la nuit avant la première veille. Du haut des minarets des mosquées, des *muezzins* (crieurs) annoncent les heures de la prière. Le vrai croyant prie à genoux, la face tournée vers la Mecque. Préalablement il s'est dépouillé de tout vêtement luxueux et a pris les apparences de l'humilité. La prière la plus ordinaire est celle-ci, qu'on voit au premier chapitre du Coran ; elle est fort égoïste.

Louanges à Dieu, au Seigneur de toutes les créatures, au

(1) Singuliers civilisateurs, ces conquérants disant comme Omar : « Brûlez tous les livres : ceux qui sont dans le sens du Coran sont inutiles, et ceux qui n'y sont pas sont nuisibles. » En raisonnant ainsi, Omar acheva la dispersion et l'incendie des débris de cette incomparable bibliothèque d'Alexandre, œuvre glorieuse de Ptolémée le Sauveur et de Démétrius de Phalère, déjà aux trois quarts brûlée par les chrétiens de Théophile et de Cyrille.

très miséricordieux, au souverain qui présidera au jour du jugement! Nous t'adorons, nous implorons ton assistance. Conduis-nous dans le droit chemin, dans le chemin qu'ont suivi les élus, non dans celui des réprouvés !

L'aumône vient immédiatement après la prière. On doit la faire soit en argent, soit en fruits, céréales, etc. A la fin du Rhamadan, chaque musulman doit donner, pour lui et sa famille, une mesure de riz, de raisins, de dattes, de froment, d'orges ou d'autres provisions analogues.

Le précepte de l'aumône tient une grande place dans la morale du Coran :

> Faites la prière, donnez l'aumône; le bien que vous ferez, vous le trouverez auprès de Dieu, parce qu'il voit vos actions. O croyants ! donnez l'aumône sur les biens que nous vous avons répartis, avant le jour où l'on ne pourra plus acquérir, où il n'y aura plus d'amitié ni d'intercession... O croyants ! n'annulez pas le mérite de vos aumônes par les reproches ou les mauvais procédés... O croyants ! faites l'aumône des biens les meilleurs que vous avez acquis et des fruits que pour vous nous faisons sortir de terre... Ne choisissez point ce que vous avez de plus mauvais et de plus vil pour le donner... N'offrez point ce que vous ne voudriez pas recevoir, à moins que ce soit par une convention particulière. Sachez que Dieu est riche et comblé de gloire. C'est Satan qui nous met devant les yeux la menace de la pauvreté; il nous commande la faute, mais le Seigneur nous promet le pardon et l'abondance... La réprobation ne sera point le partage des bienfaisants. Il est bien de faire de bonnes œuvres au grand jour; il est mieux encore de le cacher et de les verser dans le sein des pauvres. Elles effacent les péchés, parce que le Très-Haut est le témoin des actions de l'homme. Faites l'aumône le jour et la nuit, en public et en secret. Vous en recevrez le prix des mains

de l'Éternel, et vous serez à l'abri des frayeurs et des tourments. Si votre débiteur a de la peine à vous payer, donnez lui du temps ; ou si vous voulez mieux faire, remettez-lui sa dette... Vous ne serez justifié que quand vous aurez fait l'aumône de ce que vous avez de plus cher. Tout ce que vous donnerez sera connu de Dieu.

Vient ensuite le jeûne qui consiste pour le vrai croyant en l'abstention de toute satisfaction sensuelle ; il faut par conséquent refréner ses yeux, sa langue, ses oreilles, ses mains, ses pieds, etc., en un mot ne songer qu'à Allah. Pendant le Rhamadan, carême mahométan, qui dure un mois lunaire, le vrai croyant doit se priver de toute nourriture solide et liquide, jusqu'après le coucher du soleil.

Mentionnons encore quelques prescriptions diverses.

En premier lieu se place l'abstinence du vin et des liqueurs enivrantes, l'interdiction de la viande de porc. L'apostasie est punie de mort. L'usure, la fraude, le faux témoignage sont sévèrement châtiés. La circoncision est de rigueur ; elle a lieu de six à seize ans ; en subissant l'opération on doit dire à haute voix : « Allah seul est Dieu et Mahomet son prophète. »

Seront environnés de gloire dans le jardin des délices :

Ceux qui persévèrent dans la prière ;
Qui donnent la portion prescrite de leur biens à l'indigent qui sollicite et à celui que la honte retient ;
Ceux qui confessent la vérité au jour du jugement ;
Qui évitent avec soin de mériter le courroux du ciel, dont personne ne peut se croire à l'abri ;
Ceux qui gardent la continence, qui n'ont de commerce qu'avec leurs femmes et leurs esclaves ;

Ceux qui sont fidèles à leurs serments et à leurs traités ;
Ceux qui dans leurs témoignages ne s'écartent jamais de la vérité.

Plus loin, Mahomet recommande la douceur envers les esclaves et présente, sans le prescrire, l'affranchissement comme agréable à Allah.

Il a soin d'instruire les croyants sur la manière de gouverner les femmes.

Si vous craignez d'être injustes envers les orphelins, n'épousez que peu de femmes, deux, trois ou quatre parmi celles qui vous auront plu ! Si vous craignez encore d'être injustes, n'en épousez qu'une seule ou une esclave. Cette conduite vous aidera plus facilement à être justes. — Si vos femmes commettent l'adultère, appelez quatre témoins. Si leurs témoignages se réunissent contre elles, enfermez-les dans des maisons jusqu'à ce que la mort les visite ou que Dieu leur procure un moyen de salut.

Les femmes vertueuses sont obéissantes et soumises ; elles conservent soigneusement pendant l'absence de leurs maris ce que Dieu leur a ordonné de conserver intact. Vous réprimanderez celles dont vous aurez à craindre la désobéissance et l'insoumission ; vous les reléguerez dans des lits à parts, vous les battrez ; mais, aussitôt qu'elles vous obéissent, ne leur cherchez point querelle.

Toutefois la mère sera respectée : « Un fils gagne le paradis aux pieds de sa mère. »

En somme, à un peuple très immoral et adonné à des pratiques cruelles, Mahomet apporta des prescriptions plus humaines et plus morales, fort adultérées encore néanmoins de cruauté et d'immoralité. Si sa réformation n'était pas sortie du monde arabe, on pourrait la considérer comme un progrès ; mais elle envahit, ensanglanta, ravagea, frappa pour longtemps de stérilité, comme un torrent fait d'une belle plaine, la plus florissante région de la civilisation orientale. Elle fit bien succéder à la désolation dans les pays conquis une sorte de renouveau. Ce ne fut qu'une efflorescence sans lendemain, qui n'allait pas tarder à devenir obstructive dans le grand mouvement de l'évolution humaine conduit en ce moment par les vaillants peuples de la race indo-européenne à laquelle s'est jointe l'élite du sémitisme occidentalisée (1).

Quant à la sanction morale, Mahomet ne fut qu'un plagiaire des chrétiens. Le paradis fut transformé en jardins de délices où les fidèles ont à profusion les mets les plus succulents, les vins les plus exquis à eux servis par des enfants d'une jeunesse éternelle. Près des fidèles, et pour les enchanter des plus doux plai-

---

(1) Les éclaircies ne manquent pas pourtant et le Coran offre des sentences comme celles-ci :

« Allez à la recherche de la science jusqu'au bout du monde. »

« Que la science soit comme votre monture égarée que vous cherchez partout où vous croyez pouvoir la rencontrer. »

« L'homme le plus utile à ses semblables est le favori de Dieu. »

« Celui qui a tué un homme a tué un monde. »

« Celui qui a sauvé la vie d'un homme est comme s'il avait sauvé la vie au genre humain. »

« Si Dieu l'eût voulu, tous les hommes seraient musulmans. » — « Les chrétiens seront jugés d'après l'Evangile ; ceux qui les jugeront autrement seront prévaricateurs. » — « Ne disputez avec les juifs et les chrétiens qu'en termes honnêtes et modérés. Confondez ceux d'entre eux qui sont impies. Dites : nous croyons au livre qui nous a été envoyé et à vos écritures; votre Dieu et le nôtre ne sont qu'un ; nous sommes musulmans. » — « Nous avons prescrit à chaque peuple ses rites sacrés. Qu'ils les observent et qu'ils ne dissimulent point sur la religion. »

sirs, seront les houris aux beaux yeux noirs et au teint d'une blancheur égalant l'éclat des perles. Ils se promèneront sur la verdure éternelle près des eaux jaillissantes, sous les arbres pliant sous les fruits qui s'offrent à la main. Ils reposeront sur des lits élevés avec leurs épouses rajeunies, redevenues éternellement vierges.

Autre sera le sort des malheureux relégués à gauche. Au milieu d'un vent brûlant et de l'eau bouillante, ils seront enveloppés de tourbillons d'une fumée épaisse; elle ne leur apportera ni fraîcheur ni contentement.

Ainsi Mahomet descendit à l'atroce conception chrétienne de l'enfer éternel. Au moins il ne trouva pas dans son cerveau, pour peindre les tourments des damnés, la féroce imagination de Dante le césarien et de ses précurseurs catholiques, tous maîtres en invention d'inénarrables tortures.

En dehors du Coran, l'œuvre arabe la plus connue est certainement le merveilleux recueil des *Mille et une Nuits*. Nous ne chercherons pas là un traité de morale. Les premières pages du livre qui nous montrent le sultan Schariar tuant chaque matin la femme qu'il s'est choisie la veille, parce qu'antérieurement une femme (dont il s'est d'ailleurs cruellement vengé) l'a trompé, et une jeune fille l'héroïque Scheherazade tâchant d'amorcer le monstre en commençant chaque matin un nouveau conte, impressionnent visiblement et apprennent à détester le despotisme musulman.

Il y a cependant çà et là des préceptes moraux fort sages et bien supérieurs à ce qu'on pouvait lire en ce sens dans les livres chrétiens de l'époque (viiie siècle). A plusieurs reprises, il y est dit de rendre le bien pour le mal; la fraude est toujours punie.

Voici les conseils d'un père mourant à son fils :

Le premier moyen de vivre en sûreté, c'est de se donner entièrement à soi-même et de ne pas se communiquer facilement.

Le second, de ne faire violence à qui que ce soit ; car, en ce cas, tout le monde se révolterait contre vous ; et vous devez regarder le monde comme un créancier à qui vous devez de la modération, de la compassion et de la tolérance.

Le troisième, de ne dire mot quand on vous chargera d'injures. On est hors de danger, dit le proverbe, lorsque l'on garde le silence. C'est particulièrement en cette occasion que vous devez le pratiquer. Vous savez aussi, à ce sujet, qu'un de nos poètes dit que le silence est l'ornement et la sauvegarde de la vie ; qu'il ne faut pas, en parlant, ressembler à la pluie d'orage qui gâte tout. On ne s'est jamais repenti de s'être tu, au lieu que l'on a souvent été fâché d'avoir parlé.

Le quatrième, de ne pas boire de vin, car c'est la source de tous les vices.

Le cinquième, de ménager vos biens ; si vous ne les dissipez pas, ils vous serviront à vous préserver de la nécessité. Il ne faut pas pourtant en avoir trop, ni être avare : pour peu que vous en ayez et que vous les dépensiez à propos, vous aurez beaucoup d'amis ; mais si au contraire vous avez de grandes richesses et que vous en fassiez un mauvais usage, tout le monde s'éloignera de vous et vous abandonnera. » (Conseils de Nouredin-Ali à son fils Brededhin Hassan, *Mille et une Nuits*, t. I", p. 296.)

Ce ne sont là que des conseils de prudence, des axiomes de morale utilitaire ; ils n'en portent pas moins l'empreinte d'une philosophie supérieure à celle du moyen âge européen, et sont comme un reflet de l'admirable civilisation maure détruite en Espagne par la barbarie catholique.

III. — Le Christianisme.

La religion à laquelle la mort de l'irréprochable Julien (1) avait livré le monde avait une morale douce qu'on croirait un écho affaibli du bouddhisme :

Bienheureux les pauvres d'esprits, parce qu'à eux appartient le royaume des cieux. Bienheureux ceux qui sont doux, parce qu'ils posséderont la terre. Bienheureux ceux qui pleurent, parce qu'ils seront consolés. Bienheureux ceux qui ont faim et soif de la justice, parce qu'ils seront rassasiés. Bienheureux les miséricordieux, parce qu'ils obtiendront miséricorde. Bienheureux ceux qui ont le cœur pur parce qu'ils verront Dieu. Bienheureux les pacifiques, parce qu'ils seront appelés fils de Dieu. Bienheureux ceux qui souffrent des persécutions pour la justice, parce que le royaume des cieux est à eux. Vous avez appris qu'il a été dit : œil pour œil et dent pour dent. Et moi je vous dis de ne point résister au mal que l'on veut vous faire ; mais si quelqu'un vous frappe sur une joue, tendez-lui l'autre, et si quelqu'un veut vous prendre votre tunique, abandonnez-lui encore votre manteau.

Vous avez appris qu'il a été dit : Vous aimerez votre prochain et vous haïrez vos ennemis. Et moi je vous dis : Aimez vos ennemis, faites du bien à ceux qui vous

---

(1) « Jamais, après lui, on ne vit d'homme plus digne de gouverner les hommes, » dit le chrétien Montesquieu. Jamais, pourtant, homme n'a été calomnié par l'histoire autant que ce jeune sage dont nul contemporain n'égale la pureté, la bonté et la justice et qui dépassa Marc-Aurèle. Mais le *væ victis* est la loi du passé, et la flèche d'un soldat perse avait décidé du sort du monde : le *Galiléen avait vaincu*, vaincu par la mort du jeune et grand empereur, pour lequel vient enfin le jour de la justice historique. Auguste Comte s'est montré rétrograde et étroit en mettant Julien au rang des réprouvés de l'histoire avec Philippe II et Bonaparte.

haïssent, et priez pour ceux qui vous persécutent et qui vous calomnient, afin que vous soyez les enfants de votre Père qui est dans les cieux, qui fait lever son soleil sur les bons et sur les méchants, et fait pleuvoir également sur les justes et sur les injustes. Car si vous n'aimez que ceux qui vous aiment, quelle récompense en aurez-vous ? Les publicains ne le font-ils pas aussi ? Et si vous ne saluez que ceux qui vous saluent, que faites-vous en cela de plus que les autres ? Ceux qui ne sont pas juifs ne le font-ils pas aussi ? Vous, soyez parfaits comme notre Père céleste est parfait. Gardez-vous de faire vos bonnes œuvres devant les hommes pour en être regardés, et, lorsque vous donnez l'aumône, ne faites pas sonner la trompette, mais que votre main gauche ignore le bien que fait votre main droite. Lorsque vous priez, ne ressemblez pas aux hypocrites qui aiment à prier debout devant les synagogues, pour être vus des hommes. Vous, lorsque vous voudrez prier, entrez dans votre chambre, et, la porte en étant fermée, implorez votre Père dans le secret, et votre Père, qui voit ce qui se passe dans le secret, vous en tiendra compte. Gardez-vous de faire de longues prières comme font les païens. Ils s'imaginent que s'ils disent beaucoup de paroles, ils seront plus tôt exaucés. Ne les imitez pas, parce que votre Père sait ce dont vous avez besoin avant que vous le lui demandiez ; mais bornez votre prière à ces mots : « Notre Père qui êtes dans les cieux, que votre nom soit sanctifié, que votre règne arrive, que votre volonté soit faite sur la terre comme au ciel ; donnez-nous aujourd'hui notre pain de chaque jour ; pardonnez-nous comme nous pardonnons ; ne nous induisez pas en tentation ; mais délivrez-nous du mal. Ainsi soit-il. » — Ne jugez point afin que vous ne soyez point jugés, car comme vous jugerez on vous jugera et on se servira envers vous de la même mesure dont vous vous serez servi envers autrui. Pourquoi voyez-vous une paille dans l'œil de votre frère, vous qui ne voyez pas une poutre dans votre œil ! Hypocrite, ôtez d'abord la poutre de votre œil, et alors vous verrez à tirer la paille de votre frère.

Jamais, depuis le Bouddha, l'enseignement religieux ne s'était élevé si haut, et la plus grande, la plus bienfaisante des transformations nous aurait réjoui la terre, si l'évangélisme n'avait été comprimé par le paulinisme et par le catholicisme pratique.

On a dit avec raison que l'éthique douce, miséricordieuse, résignée des évangiles n'était rien moins que nouvelle. Elle n'est sous certains rapports qu'un décalque affaibli du bouddhisme (1). Mais ce qui appartient bien au christianisme, c'est la légende de son Christ doux et bienfaisant dans sa vie, sauveur par sa mort tragique, en un mot revêtu de toutes les splendeurs morales du Juste messianique annoncé par les prophètes et par Platon.

Certes, nous comprenons l'amour qu'éprouvèrent tous les torturés, tous les accablés, tous les blessés de la domination romaine, pour le *Fils de l'homme*, pour le prolétaire sublime qui avait passé, disaient

---

(1) L'*amour du prochain* remonte au védisme, dans lequel il avait pris une forme plus large. Les *Védas* et le *Manava Darma-Sastra*, l'*Itihasa* et le *Purana*, sans aller aussi loin que la doctrine du Bouddha, ne cessaient de le prêcher. Et même à la rigueur, chez les anciens aussi, on trouve des traces du sens de la charité ; ainsi chez Cicéron : *De Finibus*, V, 23.
De même chez Pythagore (Arthur Schopenhauer : *le Fondement de la morale*, traduction de l'allemand par A. Burdeau). Quant à la célèbre formule : *Aime ton prochain comme toi-même*, elle se trouvait dans les écrits de l'un des disciples immédiats de Confucius. Et la non moins célèbre : *Ne fais pas à autrui ce que tu ne voudrais pas qui te fût fait à toi-même*, se trouve dans Tobie (Ch. IV, v. 16).

ses disciples, consolant, éclairant, guérissant, purifiant les malades de l'âme et du cœur.

Et pour qu'il fût bien la touchante personnification de toutes les douleurs antiques, lui-même avait été un pauvre, un rejeté, que sa famille avait accusé de folie (1), un ennemi des prêtres, qui l'accusèrent de son temps, qui pressentaient en lui le grand novateur moral devant abroger la vieille loi. Dans ses heures de tristesse, la mort douloureuse et ignominieuse des suppliciés lui paraissait l'inévitable aboutissant de sa vie de réformateur et de consolateur ; il n'en allait pas moins dans sa sérénité douce et comme enveloppé de l'auréole du sacrifice de soi, — acceptée comme un devoir, — apaisant les agités, guérissant les malades, consolant les affligés, pardonnant aux pécheurs, les purifiant, appelant à lui tous les déshérités, tous les maudits de l'ordre social ; tonnant contre les prêtres, contre les superbes, contre les riches ; prêchant une vertu douce et facile, la pureté, la droiture du cœur et la bonté ; relevant la femme

---

(1) « Les parents de Jésus ayant appris ce qui se passait vin-
« rent pour le saisir, car ils disaient de lui : Il est hors de sens
« (Marc, III, 21). — Jésus, ainsi traité, renia sa famille : sur-
« vinrent sa mère et ses frères, qui, se tenant dehors, l'envoyè-
« rent appeler. La foule était assise autour de lui et on lui dit :
« Voici ta mère et tes frères qui sont dehors ; ils te demandent.
« Et il répondit : Qui sont ma mère et mes frères ? Puis,
« jetant les regards sur ceux qui étaient autour de lui : Voici,
« dit-il, ma mère et mes frères, car quiconque fait la volonté
« de Dieu, celui-là est mon frère, ma mère et ma sœur. » (Marc,
III, 35.)

« Et ses frères lui dirent : Si tu fais ces choses, montre-toi
« toi-même au monde. *Car ses frères non plus ne croyaient
« en lui.* » (Jean, VII, 4.)

Que devient, pour le dire en passant, la légende de la vierge Marie, en présence de pareils textes ?

adultère; préférant le pécheur repentant et bienfaisant au juste orgueilleux et méprisant; vivant au milieu des pauvres et des impurs, que charmait et régénérait sa suave parole, pour les consoler et les améliorer ; résumant toute perfection dans l'amour du prochain, partie intégrante de l'amour du Dieu-père, et aimant à dire de lui-même: *Apprenez de moi que je suis doux et humble de cœur.*

Type accompli de *médiateur ;* quoique craintif de la souffrance (1), il s'offre en holocauste à son dieu paternel et meurt en pleine jeunesse du supplice des esclaves en disant à ses bourreaux : *Pardonnez-leur, ô mon père, car ils ne savent ce qu'ils font.*

Les disciples directs du Christ avaient compris ces enseignements et les mirent même en pratique dans leurs premières communautés, inspirées de la plus complète fraternité communiste, comme nous l'apprend saint Luc :

La multitude de ceux qui avaient cru n'étaient qu'un cœur et qu'une âme. Nul ne disait que ses biens lui appartinssent en propre, mais tout était commun entre eux...

Et une grande grâce reposait sur eux tous.

Car il n'y avait parmi eux aucun indigent : tous ceux qui possédaient des champs ou des maisons les vendaient, apportaient le prix de ce qu'ils avaient vendu, et le déposaient aux pieds des apôtres; et l'on faisait des distributions à chacun selon qu'ils en avaient besoin. (*Actes des Apôtres,* IV, 32.)

C'était bien pour la distribution des richesses ; mais,

---

(1) Fait attesté, dans la légende, par l'agonie anticipée et le moment de défaillance du jardin des Oliviers. Cette faiblesse ne diminue pas le mérite du Jésus légendaire ; au contraire, elle montre mieux la grandeur du sacrifice volontaire.

de la production, l'enseignement évangélique, ennemi du travail, ne s'était pas préoccupé. Le produit des biens des fidèles, telle était l'unique source de revenu, selon la parole du Maître : Allez vendre ce que vous avez et donnez-en le prix aux pauvres.

Parole absurde, d'ailleurs, et dont l'accomplissement aboutirait au dépouillement volontaire de tous les bons au bénéfice final des rapaces et des mauvais, à qui on livrerait ainsi tous les biens de la terre, c'est-à-dire toute puissance.

En outre un tel précepte suppose le monde divisé en trois factions : celle des... des dépouillés volontaires qui irait en s'éteignant, celle des mendiants dépendant du bon vouloir des premiers et faisant profession de parasitisme, et celle des avisés et des rapaces qui attirent tout à eux. La morale catholique a besoin de malheureux souffrant de la misère et vivant d'autrui, afin que la charité — ayant pour but non le soulagement spontané des souffrances humaines, mais une récompense après la mort — puisse s'exercer. Dans la même préoccupation extra-terrestre, l'Évangile condamne le travail (*les lys ne filent point et sont mieux vêtus que Salomon dans toute sa gloire*) ; la femme travailleuse et prévoyante est inférieure à la femme mystique (*Marthe, vous vous donnez trop de mal : Marie a choisi la meilleure part*). Conséquence directe : la misère est déclarée d'ordre perpétuel (*Vous aurez toujours des pauvres parmi vous*), et la justice distributive est blâmée dans la parabole des ouvriers employés à la vigne (*les derniers venus seront récompensés les premiers*). Ce sont là, au point de vue social, les principales lacunes de la morale évangélique.

Fermée au travail et à la justice, réaction exagérée contre le sensualisme baalique et olympique, l'éthique chrétienne fut, en outre, immorale en poussant l'austérité jusqu'à l'obligation de se torturer follement soi-même et à s'insurger non moins follement contre les conditions de la vie humaine, contre la nature elle-même. La chose fut poussée à un tel point par le troupeau des commentateurs que la propreté devint vice, l'hygiène crime, et la saleté vertu. A Kant était réservé l'honneur de découvrir que la vie n'est ni une épreuve imposée par un dieu fantasque, ni un champ d'exercice pour l'insane macérateur, ni une course à la puissance et à la jouissance, mais bien un devoir, une mission de dignité envers soi-même, de justice et de bonté envers autrui.

Ces côtés anti-humains de la morale catholique ont été vivement flétris par les chefs de l'utilitarisme moderne.

Les souffrances sans profit, lit-on dans la *Religion naturelle* (1), les privations inutiles résultant des pratiques imposées, comme le jeûne, le célibat, l'abstinence des repas, l'abstinence des plaisirs de la société et de la gaîté, l'abstinence de remèdes pendant la maladie, le renoncement à l'estime publique, sont les bases de cette morale religieuse.

Viennent ensuite les terreurs religieuses, la crainte déprimante et atroce de l'enfer : car tel est l'état naturel d'un esprit perpétuellement fixé à un monde invisible.

---

(1) *La Religion naturelle, son influence sur le bonheur du genre humain*, d'après les papiers de Jérémie Bentham, par George Grote. Traduit de l'anglais par M. E. Cazelles.
Religion naturelle fut mis pour *religion chrétienne* dans le but d'éviter les persécutions de l'Église anglicane.

Il ne s'abandonne qu'avec inquiétude à des pratiques destinées à éviter un malheureux sort dans ce monde, ce qui tient le danger redouté toujours présent à l'imagination. Il résulte de cet état d'esprit une censure constante des jouissances légitimes de la vie et aussi des devoirs de famille et d'humanité, par d'enfantins scrupules préalables et d'injustifiés remords subséquents.

La religion a, en outre, pour résultats de nous faire détester ceux, si méritants qu'ils soient, si proches qu'ils nous soient, qui ne croient pas en Dieu ou n'observent pas les pratiques religieuses. Ce sentiment va jusqu'au plus haïssable égoïsme, à la plus monstrueuse cruauté (abandon de leurs parents par les fanatisés, et persécutions religieuses, les plus cruelles de toutes). La corruption du sens moral, la perversion du sens intellectuel, la sanctification de la haine anti-humaine, l'aversion du progrès, sont aussi des maux religieux.

Rien en effet plus que la croyance en une cosmogonie absurde ou, pour parler plus exactement, à une théogonie, ne détourne les facultés intellectuelles des choses utiles en cette vie, et n'atrophie, par la disjonction entre la croyance et l'expérience, le sens scientifique, autrement dit la réflexion indagatrice (de la recherche) et rectificatrice. Dommage bien grave, car tout le bonheur humain dépend des efforts humains excités par l'union intime de la croyance et de l'expérience. Si une croyance injustifiable déprime l'esprit, de même l'antipathie créée par le fanatisme religieux déprave le caractère et développe un égoïsme immodifiable et anti-humain. Dans l'ordre social, la création de clergés dont les intérêts sont opposés au progrès humain et toujours liés par leurs intérêts rétrograde avec les « intérêts sinistres d'ici-bas »; ce qui fait l'éternelle alliance souvent tacite, toujours effective des clergés et des gouvernements oppresseurs.

Mettre le pied sur la gorge à la société et la piller après avoir déprimé, rendu malheureux, effrayé, opprimé ses membres, tel est le but que les confédérés poursuivent.

La critique est exagérée dans la forme, mais vraie au fond.

Une autre cause de corruption agit dès le principe sur la morale chrétienne.

Dieu étant si immense et l'homme si peu de chose, d'après le dogme, la conclusion s'imposait d'elle-même : l'homme vertueux n'a aucun droit à la justice divine, la grâce est tout, la moralité humaine rien ; la foi est supérieure aux œuvres.

A saint Paul remonte la responsabilité de la néfaste doctrine (1) qui triompha, malgré les efforts des dis-

---

(1) « Il en fut ainsi de Rebecca, qui conçut du seul Isaac notre père ; car quoique les enfants ne fussent pas encore nés et qu'ils n'eussent fait ni bien ni mal, — afin que le dessein d'élection de Dieu subsistât sans défendre des œuvres et par la seule volonté de celui qui appelle, — il fut dit à Rebecca : Le plus grand sera assujetti au plus petit; selon qu'il est écrit : J'ai aimé Jacob et j'ai haï Esaü.

« Que dirons-nous donc ? Y a-t-il en Dieu de l'injustice ? Loin de là ! Car il dit à Moïse : Je ferai miséricorde à qui je fais miséricorde, et j'aurai compassion de qui j'ai compassion. Ainsi donc, cela ne dépend ni de celui qui veut, ni de celui qui court, mais de Dieu qui fait miséricorde. Car l'Ecriture dit à Pharaon : Je t'ai suscité à dessein pour montrer en toi ma puissance, et afin que mon nom soit publié par toute la terre. Ainsi il fait miséricorde à qui il veut, il endurcit qui il veut.

« Tu me diras : Pourquoi blâme-t-il encore ? Car qui est-ce qui résiste à sa volonté ? O homme, toi plutôt, qui es-tu pour contester avec Dieu ? Le vase d'argile dira-t-il à celui qui l'a

ciples directs de Jésus et notamment de saint Jacques (1).

Ici une parenthèse.

N'ayant ni ne pouvant avoir ici aucune préoccupation d'exégèse chrétienne, je n'ai pas à me prononcer sur le grand procès entre les premiers apôtres de Jésus et celui qui se sacra lui-même apôtre des gentils. Que Pierre, Jacques et leurs zélateurs jérusalémitains aient été, comme le dit Renan, des gens à courte vue, des pédants opiniâtres, des sectaires étroits, c'est possible. Qu'ils aient eu tort de vouloir réduire le christianisme naissant aux mesquines proportions d'une rénovation juive, c'est incontestable.

Mais il est non moins vrai que les premiers apôtres observèrent fidèlement les enseignements fraternitaires de l'évangile. Paul, que Renan, son admirateur, est obligé de déclarer orgueilleux, férocement

---

formé : Le potier n'est-il pas maître de l'argile, pour faire avec la même masse un vase d'honneur ou un vase d'un usage vil ? Et que dire, si Dieu, voulant montrer sa colère et faire connaître sa puissance, a supporté avec une grande patience des vases de colère formés pour la perdition, et s'il a voulu faire connaître la richesse de sa gloire envers des vases de miséricorde qu'il a d'avance préparés pour la gloire ? » (Epitre de saint Paul aux Romains.)

(1) « La foi peut-elle le sauver ? Si un frère ou une sœur sont nus et manquent de la nourriture de chaque jour, et que l'un d'entre vous leur dise : Allez en paix, chauffez-vous et vous rassasiez ! et que vous ne leur donniez ce qui est nécessaire au corps, à quoi cela sert-il ? Il en est ainsi de la foi : si elle n'a pas les œuvres, elle est morte en elle-même.

« Mais quelqu'un dira : toi tu as la foi, et moi j'ai les œuvres. Montre-moi ta foi sans les œuvres, et moi, je te montre la foi par mes œuvres. » (Epitre de saint Jacques, II, 14.)

Saint Pierre fut encore plus dur pour l'homme de Tarse. Il taxa sa doctrine de frivole et l'appela *l'homme ennemi* (Voir P. DE LAGARDE : *Clémentina*, p. 3.)

autoritaire, fanatique, aigri par ses laideurs physiques, jaloux et se comportant de telle sorte que les Athéniens le prirent pour un charlatan, ne mérite pas tout l'honneur de la prédication aux gentils. C'est dans l'admirable communauté d'Antioche, celle dont les fidèles reçurent les premiers le titre de *chrétiens*, que prit naissance le christianisme cosmopolite.

Et quel était le chef des Antiochiens ? Un envoyé des Jérusalémitains, le tolérant et sympathique Barnabas. C'est Barnabas qui y attira Paul. Ce dernier, enragé d'orgueil et de domination, y insulta grossièrement Pierre et fit tant que Barnabas, écœuré, suivit à Jérusalem le prince des apôtres. Les fidèles de la ville sainte en conçurent une telle haine contre l'homme de Tarse que, lorsque ce dernier vint à Jérusalem, ils l'auraient tué sans l'intervention des soldats romains de Claudius Lisias. Il est toutefois hors de doute que Paul annonça la bonne nouvelle aux gentils, avec une habileté, une activité et une constance incomparables ; mais s'il élargit la propagande, il rétrécit le dogme en l'enfermant dans les étroites limites de son pharisaïsme dur et antihumain ; ce fut là son grand crime et un mal irréparable.

Au lieu donc, comme Auguste Comte et Baur, qui relèguent Jésus parmi les vulgaires suppliciés, de tenir Paul, ce fanatique au cœur de fer, pour le fondateur du christianisme, nous ne voyons en lui que le trop puissant corrupteur de l'évangélisme.

Mais le plus grand corrupteur, le grand déviateur du Christianisme, le grand contempteur de la moralité humaine, fut Augustin. Paul avait foulé aux pieds l'effort moral de l'homme, Augustin le piétina avec la rage insatiable d'un débauché passé au fanatisme religieux.

Citer vaut mieux ici que commenter.

Tous les hommes ont mérité la damnation. Si quelques-uns, sans mérite aucun de leur part, sont épargnés, c'est le pur effet d'une miséricorde *toute gratuite*. Quant aux autres, ils ne font que subir un juste châtiment.

Le salut ne peut se trouver nulle part que dans l'église catholique. Imaginez un homme ayant d'excellentes mœurs ; s'il n'a pas la foi, elles ne sauraient lui apporter aucun avantage. Prenez-en un autre dont les mœurs sont moins bonnes ; s'il possède la foi, il peut obtenir le salut auquel le premier ne peut arriver.

Dans ceux qui n'ont pas voulu s'instruire, l'ignorance est un péché ; *dans ceux qui ne l'ont pas pu, c'est la peine du péché :* donc, ni les uns ni les autres n'ont une juste excuse ; ils subissent les uns et les autres une juste condamnation. Socrate, Marc-Aurèle, Scipion, sont tous exclus du royaume éternel. Des païens ne sauraient être sauvés, n'ayant pas la foi en Jésus-Christ. S'ils étaient sauvés, ce divin sauveur serait donc mort inutilement ?

Toute justice dont la piété n'est pas le mobile n'est pas la justice.

Dieu a dit : Tu ne tueras point. Mais s'il n'y a plus de défense, il n'y a plus de crime, et, *si Dieu, par une prescription spéciale, ordonne de tuer, l'homicide est une vertu.*

C'est en vue du bien des hérétiques qu'on les *contraint* à changer de foi. Agir autrement à leur égard, ce serait leur rendre le mal pour le mal. Comparez ce que font les hérétiques et ce qu'ils subissent : ils tuent des âmes, on les frappe dans leur corps. Peuvent-ils se plaindre de recevoir la mort temporelle, eux qui infligent la mort éternelle ?

Les bons et les méchants peuvent faire la même

chose, mais dans des desseins différents. C'est par juste sévérité et par amour, que les bons persécutent les méchants. »

L'ordre de la nature ayant été renversé par le péché, *c'est avec justice que le jour de la servitude a été imposé au pécheur.* L'esclavage est une peine. C'est pourquoi l'apôtre avertit les esclaves d'être soumis à leurs maîtres et de les servir de bonne volonté, afin que, s'ils ne peuvent être affranchis de leur servitude, ils sachent y trouver la liberté, en ne servant point par crainte, mais par amour, jusqu'à ce que l'iniquité passe et que toute domination humaine soit anéantie, au jour où Dieu sera tout en tous. Tout appartiendrait légitimement aux fidèles ; les infidèles n'ont pas une obole en légitime propriété (1).

L'actif de saint Augustin est plus considérable: voici les principaux axiômes antimoraux, antihumains dont la paternité lui revient :

La foi doit précéder l'intelligence. Je le crois parce que c'est absurde. L'écriture sainte est l'autorité absolue non seulement dans les questions de foi, mais encore dans celles de science. Les vertus des païens ne sont que des vices brillants. Hors de l'Eglise point de salut. L'autorité politique doit intervenir contre les hérétiques. Les hérétiques doivent être contraints de rentrer dans l'Eglise. Par droit divin tout est aux fidèles et les infidèles ne possèdent rien légitimement.

Lisez la *Cité de Dieu*, presque tout y est épouvantable.

Quelle influence, ceci étant admis comme article de

---

(1) D'après les extraits donnés par Joseph Fabre, dans son *Histoire de la philosophie*.

foi, pouvaient avoir dans le présent et dans l'avenir les enseignements des Lactance, des Jérôme, des Tertullien, des Basile, des Clément, des Justin, des Chrisostôme, des Ambroise, des François d'Assise, et autres gloires pures de l'Eglise ? Il est si vrai que la théorie augustinienne fut adoptée par l'Eglise que huit cents ans après, le théologien souverain du moyen âge, Thomas d'Aquin, ne tint pas un autre langage et prêcha, en ces termes, *l'odium théologicum* :

> Si les faussaires et autres malfaiteurs sont justement punis par les princes séculiers, à plus forte raison les hérétiques convaincus doivent-ils être non-seulement excommuniés, mais punis de mort. L'Eglise témoigne d'abord sa miséricorde pour la conversion des égarés ; car elle ne les condamne qu'après une première et une seconde réprimande. Mais si le coupable est obstiné, l'Eglise, désespérant de sa conversion et veillant sur le salut des autres, le sépare de l'Eglise par sa sentence d'excommunication et le livre au jugement séculier pour être séparé de ce monde par la mort. Car, ainsi que le dit saint Jérôme, les chairs putrides doivent être coupées, et la brebis galeuse séparée du troupeau, de peur que la maison tout entière, tout le corps, tout le troupeau, ne soient atteints de la contagion, gâtés, pourris et perdus. Arius ne fut qu'une étincelle à Alexandrie. Mais pour n'avoir pas été étouffée d'un seul coup, cette étincelle a enflammé l'univers.

Ainsi disait le grand maître du catholicisme au moyen âge, et il fit loi. Le plus illustre père de l'Église catholique moderne, Bossuet, ne parlera pas autrement. Non content de pousser à l'intolérance en prenant sa grande part de la *Révocation de l'édit de Nantes*, crime irréparable qui généra tant d'injustices, tant de douleurs, et dont les conséquences finales, ressenties encore, sont le déclin de la France, « l'aigle de Meaux » fit de l'histoire à la saint Augustin (1).

On le vit ensuite, après avoir glorifié l'esclavage, soutenir contre le protestant Jurieu, qui, avant Rousseau, réclamait le *contrat social*, que les peuples n'avaient pas de droits et n'existaient que par les princes (2).

Ce n'était pas encore assez pour cette âpre et cruelle âme de prêtre. Il commit dans ses *Elévations* les lignes suivantes :

(1) « Bossuet (dans son *Histoire universelle*) fait graviter toutes les civilisations antiques autour de l'imperceptible peuple juif. Dieu suscite la civilisation assyrienne pour le châtier, — la civilisation perse pour le rétablir, — la civilisation grecque et Alexandre pour le protéger — les Egyptiens pour l'exercer, — des rois de Syrie pour le punir de nouveau, — les Romains pour le délivrer des rois de Syrie, et enfin pour l'exterminer après son dernier crime, — résultat final peu consolant, ce semble, si Dieu faisait tant de bruit pour rien. A la tribu juive succède aussitôt l'Eglise qui est à son tour le centre du monde. C'est encore à elle que se rapportent tous les événements du passé. Je me trompe, les révolutions des empires ont, avec la gloire de l'Eglise, un autre but, une autre fonction historique : elles servent à humilier les princes. » Grand bien leur fasse ! Tel est, en peu de mots, le thème de Bossuet. (P. LANFREY : *l'Eglise et les Philosophes*.)

(2) Louis XIV se réjouit fort d'une semblable théorie et en profita. Il racontait à une de ses maîtresses combien son confesseur avait tranquillisé sa conscience alarmée de l'oppression et de l'épuisement de son peuple, en l'assurant qu'il était le maître de tout ce que possédaient ses sujets. (GORDAN : *Discours politique* sur *Tacite*.)

Autre exemple de l'efficacité moralisatrice de la confession auriculaire, déclarée obligatoire seulement par acte du quatrième concile de Latran, en 1215 :

« Emmanuel VI, roi de Portugal, ayant fait son sérail d'un couvent de religieuses, ne s'y rendait jamais qu'accompagné de son confesseur portant le viatique pour l'absoudre et l'administrer en cas de quelque accident imprévu. » (D'HOLBACH.)

Nous lisons aussi dans les saints prophètes (?) que Dieu et ses saints se riront des damnés, qu'ils les insulteront par des reproches mêlés de dérisions et de railleries, et que, non contents de les découvrir et de les convaincre, ils les immoleront à la risée de tout l'univers... C'est, direz-vous, pousser la vengeance jusqu'à la cruauté ! Je l'avoue; mais Dieu aussi deviendra cruel et impitoyable. Après que sa bonté (singulière bonté) aura été méprisée, il poussera la rigueur jusqu'à tremper et laver ses mains dans le sang des pécheurs. Tous les justes entreront dans cette dérision de Dieu et riront de l'impie.

Écoutez-le encore :

Que vous êtes terrible, ô Eglise sainte, lorsque vous marchez, Pierre à votre tête, abattant les têtes superbes et toute hauteur qui s'élève contre la science de Dieu, pressant ses ennemis de tout le poids de vos bataillons sacrés, les accablant tout ensemble et de toute l'autorité des siècles passés et de toute l'exécration des siècles futurs, dissipant les hérésies et les étouffant quelquefois dans leur naissance, prenant les petits de Babylone et les écrasant contre votre Pierre ! (*Sermon sur l'unité de l'Eglise.*)

Les actes, disons-le avec douleur, furent conformes aux paroles ; la pensée humaine fut garrottée pendant les quinze siècles de la domination catholique. De la sorte, montant des champs de carnage et des lieux de tortures, la dure intolérance entra dans les mœurs, tuant dans l'œuf tous les progrès moraux, frappant non seulement les hérétiques et les philosophes proprement dits, mais les hommes de science comme Galilée, les novateurs industriels comme Bernard Palissy.

Pour les religions anciennes, nous avons cherché

la portée morale des épopées par elles inspirées. Nous ferons de même pour le Christianisme.

Aucune religion, aucun cycle poétique, n'a produit une épopée comparable en horreur à la *Divine Comédie* du sombre gibelin florentin que la déviation catholique et le chauvinisme italien veulent encore admirer, parce que l'atroce poème est écrit dans une belle langue. Augustin et Bossuet aussi furent de grands écrivains, en sont-ils moins des malfaiteurs de la pensée et des fléaux pour le progrès humain ?

L'enfer dantesque s'ouvre par des supplices immérités.

Alors, est-il dit (Chant IV), Virgile entra et me fit entrer avec lui dans le premier cercle qui environne l'abîme. Là, autant que je pus m'en convaincre, en prêtant attentivement l'oreille, on n'entendait pas des plaintes ; mais des soupirs agitaient l'air de la prison éternelle, parce qu'une foule d'hommes, de femmes et d'enfants y éprouvaient une douleur de l'âme sans tourment. « Eh bien, me dit mon généreux maître, tu ne demandes pas quels sont ces esprits que tu vois ; apprends, avant d'avancer encore, que ces ombres n'ont pas péché. Mais il ne suffit pas qu'elles aient eu des mérites, puisqu'elles n'ont pas reçu de baptême, porte de la foi dans laquelle tu as été élevé. Si, parmi ces esprits, il en est qui vécurent avant la venue de Jésus-Christ, ils sont ici parce qu'ils n'adoraient pas Dieu d'une manière convenable. Je suis au nombre de ces derniers. C'est pour cette raison, et non pour aucun crime, que nous sommes relégués dans ce lieu, et notre infortune se borne à vivre encore dans le désir, sans conserver l'espérance.

Si les êtres coupables d'être nés avant Jésus sont aussi implacablement traités, quel sera le sort de ceux qui, devant les douleurs de la vie universelle, et d'ailleurs éclairés par la science, n'ont pas cru aux dieux de leur pays et de leur époque ? Le féroce poète va nous le dire au dixième chant :

Mon maître, que je suivais, s'avançait par un sentier secret, entre les murailles de l'enceinte et des sépulcres enflammés. Je m'écriai : « Poète doué d'un haut courage, qui me conduis à ton gré au milieu de cette région impie, réponds-moi et contente mon désir. Pourrait-on voir ceux qui sont enfermés dans ces tombes ardentes ? elles sont ouvertes et la garde n'en est confiée à personne. » Il me répondit : « Elles seront fermées, quand les coupables qui les habitent reviendront de la vallée de Josaphat, avec leurs dépouilles qu'ils ont laissées sur la terre. Epicure et tous ses sectateurs, qui font mourir l'âme avec le corps, ont leurs sépulcres de ce côté. »

Suit une longue énumération de philosophes et d'hérétiques.

Je n'ai pas le courage de suivre l'amant de Béatrice dans l'énumération des supplices dont il épouvante l'imagination de ses lecteurs, car, dit naïvement un de ses admirateurs, « il invente toujours de nouveaux supplices (souvent pour des fautes fort légères, qui sont plutôt des mérites humains) et ne se répète jamais. »

Mais voici un exemple de la bonne foi chrétienne qu'il prêche.

Alors un des malheureux de la croûte glacée nous cria : « O âmes si coupables que vous avez été précipitées dans le dernier gouffre, arrachez-moi ces voiles endurcis ! que je puisse soulager ma douleur avant que mes larmes se regèlent une autre fois ! » Et moi à cet esprit : « Dis qui tu es, je t'accorderai mon secours, et si ensuite je n'écarte cet obstacle qui te fait gémir, je veux être plongé au fond de cette glace. » L'ombre répartit : « Je suis frère Albéric, je suis celui dont le jardin a produit des dattes pour des figues : je reçois ici un digne et juste échange. » — « Mais, repris-je, est-ce que tu es déjà mort ? » — « Je ne puis te dire ce qu'est devenu mon corps dans le monde. Cette Ptolémée funeste a ce privilège, que souvent un coupable y roule avant qu'Atropos ait remué les doigts : enfin, pour que tu brises, avec plus de zèle, les glaçons épais qui enchaînent mes larmes, apprends qu'aussitôt qu'une âme est traîtresse comme la mienne, son corps lui est enlevé par un démon qui le gouverne à son gré, pendant tout le temps fixé pour le reste de sa vie. Cette âme tombe alors dans la froide citerne, et peut-être vois-tu encore là-haut le corps de celui qui est glacé près de moi. Tu dois le connaître, si, depuis peu, tu as quitté la terre. C'est Branca d'Oria : il s'est cependant écoulé beaucoup d'années depuis qu'il a été précipité dans cette enceinte. »

« — Je crois que tu me trompes, lui dis-je : Branca d'Oria n'est pas mort ; il mange, il boit, il dort, il s'habille comme nous. » L'ombre répondit : « Michel Sange n'était pas encore tombé dans la fosse de Malébranche, où bout une poix tenace, qu'un diable s'empara, sur la terre, du corps de Branca d'Oria et de celui de ses parents complices de sa trahison. Maintenant étends la main, et ouvre-moi les yeux. » Je me gardai de le satisfaire, et ce fut une action courtoise que d'avoir manqué à ma parole.

Tu ne dois rien aux infidèles, ni foi, ni réprocité, disait la morale courante du catholicisme qui enténébrait cette triste époque (1).

(1) « Le bon roi saint Loys faisait mettre en grandes fosses les chrétiens, et jeter d'autre part du pont et laisser à l'eau les corps des Sarrazins qui étaient retaillés (circoncis). » (JOINVILLE.)

Paul avait prêché le respect aux princes dont, quels qu'ils fussent, « le pouvoir vient de Dieu », le Dante n'a d'amour, de vénération que pour les Césars germains qu'il convie patriotiquement à l'asservissement de l'Italie et à la destruction des républiques italiennes (1). Pour lui, le crime des crimes, c'est le césaricide, qu'il met de pair avec le déicide comme le comprennent les catholiques. Aussi, au fond de son enfer, met-il, avec Judas Iscariote, Brutus et Cassius, broyés sous les dents de Satan à triple gueule :

> Tout le Cocyte était enchaîné sous les glaces, autour de Dité (Satan) ; il pleurait de ses six yeux, et ses trois mentons étaient inondés de larmes et d'une bave sanguinolente : dans chacune de ses bouches, ses dents resserraient un pécheur ; il torturait ainsi trois âmes à la fois.

(1) « Albert de Germanie : Vois comme cette bête (l'Italie) est devenue féroce, pour n'avoir pas été corrigée par l'éperon, lorsque tu as commencé à lui imposer le joug ! Toi qui abandonnes cette bête indocile et sauvage, quand tu devrais enfourcher les arçons, qu'un juste jugement tombe du ciel sur ta race, et qu'il effraye ton successeur ! Entraînés par la cupidité, ton père et toi, vous avez souffert que le jardin de l'Empire fût abandonné. Viens voir, homme négligent, les Montecchi, les Cappulletti, les Monaldi, les Filippeschi, les uns déjà consternés, les autres dans la crainte de l'être. Viens, cruel, et vois l'oppression de ceux qui te sont fidèles : venge leurs injures, et tu sauras comme le séjour de Santafiora est tranquille. Viens voir ta ville de Rome veuve et délaissée, qui pleure, qui t'appelle nuit et jour, et qui s'écrie : O mon César, pourquoi n'accours-tu pas dans mon sein ? Viens voir combien on t'aime, et, si tu n'as aucune pitié de nous, apprends de ta renommée à rougir de tes retards. » (*Purgatoire*, ch. XI.) Toutes les républiques italiennes sont par ce césarien germanisant anathématisées. *Ah ! Génois, homme sans mœurs et rempli de vices, pourquoi n'êtes-vous pas séparés de l'univers !* s'écrie-t-il (ch. XXXIII). Les autres ne sont pas mieux traitées. Il a fallu l'étroitesse cléricale d'un Mazzini pour faire du florentin renégat un grand patriote italien.

Celle que j'aperçus d'abord souffrait moins des morsures que du déchirement des griffes qui la dépouillaient de sa peau. L'âme qui est ainsi mordue est Judas Iscariote ; vois, sa tête est dans la bouche du monstre, et ses jambes s'agitent en dehors. Des deux autres esprits, dont la tête est pendante, celui que la bouche africaine déchire est Brutus ; observe comme il se tord sans se plaindre. L'autre, qui paraît si remarquable par son embonpoint, est Cassius. (Ch. XXXIV.)

Brutus et Cassius déclarés les plus coupables des hommes parce qu'ils voulurent délivrer Rome du césarisme !

Lorsque l'auteur nous conduit dans le purgatoire et dans le paradis, ce ne sont pas les bienfaiteurs des hommes que nous y trouvons ; mais, à côté des plats adorateurs du Dieu vindicatif et impitoyable, ceux qui, après avoir vécu dans la rapine, l'iniquité et le meurtre, se repentirent à la dernière minute, lorsque déjà enveloppés dans les ténèbres de la mort, ils ne pouvaient plus faire le mal. Toute l'immoralité de Paul et d'Augustin, inventeurs du dieu « qui sauve qui il veut, damne qui il veut », abstraction faite des mérites, est pieusement mise en lumière par le poète césarien, le poète le plus antihumain, par conséquent le plus immoral qui ait jamais paru. Il outra le catholicisme, mettant dans son enfer les papes coupables de politique démocratique, ce qui a fait que quelques libres penseurs irréfléchis se sont mépris sur son œuvre.

Il y aurait quelque injustice à ne juger l'éthique épique du catholicisme que d'après un poème essentiellement politique : *La Chanson de Roland*, cette admirable épopée de l'ancienne France qui, après un oubli immérité de huit siècles, est remise en lumière et immortalisera le nom de Touroude.

D'abord le bien. On trouve au début le grand souffle panthéiste dans le trouble de la nature qui précéda la mort de Roland.

Victime des machinations de Ganelon, qui s'est donné au roi sarrazin Marsile, par haine de Roland, « le grand empereur Charles, à la barbe fleurie », est reparti avec son invincible armée pour « retourner en douce France ». Il ne reste plus en Espagne que l'arrière-garde de vingt mille hommes, commandée par les douze pairs dont les plus glorieux sont : Roland, Olivier et Turpin. Déjà l'immense armée sarrazine est partie de Saragosse pour accabler les vingt mille Français, et la destinée a condamné Roland à mourir avec les douze pairs, avec tous les siens. Alors la nature, qui le pressent, s'en attriste et s'en émeut.

« ... Il y a en France une merveilleuse tourmente,
Déchaînement de tempête, bruits de tonnerre,
Eclats de foudre, ravages de grêle ;
Et (rien n'est plus vrai) un tremblement de terre
Depuis Saint-Michel-du-Péril jusqu'aux saints de Cologne,
Depuis Besançon jusqu'au port de Wissant
Pas une maison dont les murs ne crèvent.
A midi il y a grandes ténèbres ;
Il ne fait clair que si le ciel se fend.
Tous ceux qui voient ces prodiges en sont dans l'épouvante
Et plusieurs disent : « C'est la fin du monde,
C'est la consommation du siècle. »
Non, non : ils ne le savent pas, ils se trompent !
C'est le grand deuil pour la mort de Roland !

Le héros chrétien objet de tant de deuil et de tant d'amour nous est montré digne de sa renommée ; il encourage les siens, puis se jette sur les Sarrazins comme la foudre, exterminant tout ce qui s'oppose à lui. Malgré les sages conseils d'Olivier, il refuse de sonner du cor Olifant, que Charlemagne eût pu entendre. Il veut tout devoir à son courage, il se contente de répondre aux objurgations moins héroïques, mais sensées de son ami :

> Frappe de ta lance, Olivier, et moi de Durandal,
> Ma bonne épée que me donna le roi ;
> Et, si je meurs, qui l'aura pourra dire :
> C'était l'épée d'un noble vassal.

Ce n'est que lorsqu'il a vu ses compagnons tomber sous le nombre, comme les épis sous la faux du moissonneur, que pleurant sur tant de désastres et tant de douleurs, il porte l'Olifant à sa bouche ensanglantée. Un son formidable franchit les Pyrénées et vient frapper les oreilles de Charlemagne. Aussitôt, sur l'avis du duc Naymes malgré les perfides conseils du traître Ganelon, le grand empereur part au secours de Roland ; mais il n'arrivera que pour le venger.

Olivier et Turpin sont morts avec l'armée en héros et en chrétiens ; Roland, resté le dernier, est blessé mortellement.

> ... Il sent que la mort lui est proche,
> Sa cervelle s'en va par les oreilles. [appelle.
> Le voilà qui prie pour ses pairs d'abord, afin que Dieu les
> Puis il se recommande à l'ange Gabriel. [proche),
> Il prend l'Olifant d'une main (pour n'en pas avoir de re-
> Et de l'autre saisit Durandal, son épée.
> Il s'avance plus loin qu'une portée d'arbalète ;
> Il s'avance sur la terre d'Espagne...

Il pense à sa vaillante épée, à son invincible Durandal. Quel malheur si elle devenait la proie d'un infidèle, et il lui dit :

> O ma bonne Durandal ! à l'heure où je me sépare de vous
> Je n'en ai pas moins souci de votre honneur.

Cela dit, l'Achille chrétien tente de briser l'épée qui fut toujours tirée loyalement et glorieusement « pour l'empereur et pour la douce France ». Il ne peut parvenir à la briser et s'en désole. Cependant la mort s'approche.

> Il est là, gisant sous un pin, le comte Roland ;
> Il a voulu se tourner du côté de l'Espagne.
> Il se prit alors de se souvenir de plusieurs choses :
> De tous les pays qu'il a conquis,
> Et de douce France et des gens de sa famille,
> Et de Charlemagne, son seigneur, qui l'a nourri,
> Et des Français qui lui étaient si dévoués.
> Il ne peut s'empêcher d'en pleurer et de soupirer.
> Mais il ne veut pas se mettre lui-même en oubli,
> Et, de nouveau, réclame le pardon de Dieu.
> O notre vrai Père, dit-il, qui jamais ne mentis,
> Qui ressuscitas saint Lazare d'entre les morts
> Et défendis Daniel contre les lions,
> Sauve, sauve mon âme et défends-la contre tous périls,
> A cause des péchés que j'ai faits en ma vie.
> Il a tendu à Dieu le gant de sa main droite :
> Saint Gabriel l'a reçu,
> Alors sa tête s'est inclinée sur son bras,
> Et il est allé, mains jointes, à sa fin.

Il est impossible d'imaginer une mort plus chevaleresquement sublime, d'après l'idéal d'alors.

Voyons maintenant le revers de l'épopée rolandienne. Il n'y a pas de foi et de droit des gens que pour les chrétiens entre eux ; l'ennemi sarrazin n'est considéré que comme un animal malfaisant qu'on tue par trahison ou par force, comme on peut, et sans aucune considération de loyauté ou d'humanité. Les dieux de l'ennemi sont des diables d'enfer.

« Tu ne dois ni paix, ni foi, ni amour aux païens »,

dit Charlemagne. Quiconque n'est pas chrétien est hors de l'humanité. « Félons païens, « dit constamment Touroude, le chantre de Roland, et disent avec lui tous les poètes du cycle carolingien, chaque fois qu'ils veulent désigner les musulmans, si supérieurs, en ce temps-là, aux chrétiens. Que nous sommes loin ici de la haute impartialité des homériques, qui rendent justice à l'ennemi et créent Priam, Hector, Andromaque, Memnon, Enée, Sarpédon, parmi les Troyens. Pour le chrétien intolérant et ignorant, le monde est contenu dans les limites étroites et sombres de la chrétienté : l'humanité n'existe pas, et le genre humain doit être mutilé. Or, la cruauté des actes répondait au rétrécissement de la pensée. Entre les combattants, aucun de ces échanges courtois qu'on vit entre Diomède et Sarpédon, Ajax et Hector. Le chrétien n'a qu'une passion, qu'un but : exterminer les mécréants. Ce faisant, il fait œuvre pie. Sous ce rapport, l'humanité, dans l'enfunèbrement catholique, a reculé bien au delà de la barbarie homérique qui, après la victoire, se contentait d'asservir l'ennemi vaincu. La chevalerie catholique, elle, l'extermine quand il n'est pas chrétien, en vertu du précepte jéhovique :

« Lorsque l'éternel, ton Dieu, t'aura introduit dans le pays vers lequel tu t'avances pour en faire la conquête, et qu'il chassera devant toi des nations nombreuses et que l'Eternel, ton Dieu, te les livrera et que tu les auras vaincues, tu les dévoreras, tu les mettras à mort et tu ne leur accorderas ni capitulation ni merci. »

Voici comment Touroude célèbre la prise de Saragosse, après la victoire tardive de Charlemagne.

Cette description nous dispense d'une démonstration plus complète :

> Le jour est passé, les ombres de la nuit tombent,
> La lune est claire, les étoiles flamboient,
> L'empereur est maître de Saragosse.
> Mille Français, sur son ordre, parcourent la ville en tous [sens,
> Entrent dans les mosquées et les synagogues,
> Et, à coups de maillets de fer et de cognées,
> Mettent en pièces Mahomet, toutes les images, toutes les [idoles.
> De sorcellerie, de mensonge, il ne reste plus de trace.
> Le roi croit en Dieu et vient faire le service de Dieu.
> Alors les évêques bénissent l'eau,
> Et mènent les païens au baptistère.
> S'il en est un qui se refuse à faire la volonté de Charles,
> Il le fait pendre, occire ou brûler.

Ce bel exploit terminé, Charlemagne retourne en France où il fait, avec une cruauté inapaisable, écarteler Ganelon après l'avoir fait longuement torturer.

Avertissons bien ici que l'immortel auteur de la *Chanson de Roland* n'a pas chargé le tableau. Le sac imaginaire de Saragosse est une idylle comparée à la prise très réelle de Jérusalem :

> « Ils commencent par massacrer tous ceux qu'ils rencontrent : quand les nôtres, dit un témoin oculaire, Raymond d'Agiles, chanoine de la cathédrale du Puy, furent en possession des remparts et des tours, *on vit des choses admirables (!) Parmi les Sarrazins les uns étaient frappés de mort, ce qui était pour eux le sort le plus doux ; d'autres, après avoir longtemps souffert, étaient livrés aux flammes. On voyait dans les rues et sur les places de la ville des monceaux de têtes, de mains et de pieds.* » (RAYMOND D'AGILES : *Gesta Dei per Francos.*)

Les hommes de pied et les chevaliers marchaient de tous côtés à travers les cadavres. Mais tout cela n'était encore que peu de choses : Il faut dire ce qui arriva au temple de

Salomon, où les Sarrazins avaient coutume de célébrer les solennités de leur culte. Tout en ne rapportant que la simple vérité, on aura de la peine à nous croire. Dans le temple et dans le portique on marchait dans le sang jusqu'aux genoux du cavalier et jusqu'à la bride du cheval. Après cela les chefs tiennent conseil, et de sang-froid font égorger tous les musulmans échappés au carnage. *On assure que soixante-dix mille personnes furent exterminées soit au moment de la prise de la ville, soit par suite de cet ordre atroce.*

Qui ne voit dans cet acte de sauvage barbarie l'imitation des procédés employés par Josué à Jéricho, Macéda, Libna, etc., consciencieusement relatés dans l'histoire sainte comme une exécution des ordres du Seigneur. Il n'est pas étonnant, dès lors, que l'auteur de la première croisade, si sensé qu'il fût pour son époque, donne à son livre le titre impie dont on ne cesse d'admirer la sublimité (1).

Le chantre des Croisés sera plus tard embarrassé en face de cette boucherie, honte éternelle de la religion exterminatrice qui les inspire ; il fera dire à Godefroy de Bouillon, invitant ces sanguinaires subordonnés à ensevelir leurs morts :

« ... Ces pieux devoirs conviennent mieux que le pillage et la vengeance. Hélas! cette journée a vu beaucoup de carnage et d'horreur ; elle a trop éclairé l'avarice et la haine. Arrêtons le cours d'un odieux brigandage et d'une fureur qui nous déshonorent. » (Le Tasse : *La Jérusalem délivrée*, ch. XIX.)

Et que l'on ne vienne pas dire que l'inhumanité chrétienne était un reflet de l'époque.

---

(1) L. Leblois, pasteur de Strasbourg : *les Origines religieuses de l'humanité.*

Ces musulmans, que les chevaliers chrétiens traitaient avec tant de sauvagerie, s'étaient comportés tout autrement. Quand ils prirent Jérusalem en 637, le patriarche Sophronius demanda à se rendre au Calife lui-même. Omar averti vint exprès de la Mecque s'aventurant dans le désert sur son chameau roux ; ayant pour toute suite un domestique et pour tout bagage un sac de blé, une outre pleine d'eau et un panier de dattes. Arrivé à Jérusalem, il pria le Dieu victorieux « de lui accorder une conquête qui ne soit pas teinte de sang ». Puis il reçut les chrétiens à résipiscence, leur accorda le libre exercice de leur religion, la possession de leurs églises et traita fort convenablement l'archevêque. Cela fait, il posa la première pierre d'une mosquée et reprit le chemin du désert sans avoir versé une goutte de sang ni fait verser une larme.

C'est à une telle magnanimité que répondit le massacre du 15 juillet 1099. Les mœurs purent s'adoucir par la courtoisie guerrière, la chevalerie s'éleva à de hautes grandeurs morales ; mais la morale religieuse fut toujours étouffée par la plus implacable intolérance qu'ait vue le monde. Les persécutions périodiques dont les juifs furent victimes, l'écrasement inexpiable des Albigeois, des Vaudois et autres hérétiques, suivant la destruction de la pensée et de l'art antique, et l'extermination des Ariens, l'inquisition, le supplice horrible de tant de penseurs, parmi lesquels les Giordano Bruno et les Varini, et, jusqu'à la veille de la Révolution, le système d'extermination inauguré par Louis XIV contre les protestants, l'attestent assez.

Ne voyant dans autrui que des mécréants à convertir

ou à punir, l'absolutiste religieux est incapable de s'élever au respect de la conscience d'autrui et, par suite, d'avoir une morale sociale ; car celui qui n'admet pas qu'il puisse y avoir de la valeur morale en dehors de sa conception particulière — dans ce triste monde des erreurs successives et du sophisme souverain, où, vu l'inaccessibilité de la vérité absolue, les hommes valent moins par leur foi que la manière dont ils la pratiquent, — celui-là ne peut concevoir les droits humains d'autrui, et ne les respecte que contraint et forcé. A ce point de vue, le catholicisme et toutes les formes de l'absolutisme chrétien sont immoraux, socialement parlant.

De cet abîme ténébreux et sanglant de l'intolérance, les hommes de la Réforme, sauf quelques exceptions, comme Calvin, remontèrent au demi-jour de l'interprétation individuelle.

Son poète protestant a noblement prophétisé les jours désirés de la tolérance et du respect des vaincus. Milton console du Dante.

Quelle force d'âme il a fallu au grand républicain protestant pour présenter à la postérité un Satan si grand, et par moments si noble !

« ... L'inquiétude est assise sur sa joue fanée... Sous
« les sourcils d'un courage indompté et d'un orgueil
« patient veille sa vengeance, « car rien né changera
« cet esprit fixe, ce haut dédain *né de la conscience du*
« *mérite offensé.* » Mais sa vengeance même avait quelque chose de grand, puisqu'elle avait surtout en vue la satisfaction due à ses compagnons de révolte et de malheurs. Aussi ces derniers ne manquèrent-ils pas « de prouver par leurs louanges combien il pri-
« saient *celui qui pour le salut général méprisait le*

« *sien, car les esprits réprouvés ne perdent pas
« toutes leurs vertus.* »

Et digne était de ces louanges celui que le malheur de ses compagnons de défaite torturait : « Cruel était
« son œil ; toutefois il s'échappait des signes de remords
« et de compassion, quand Satan regardait ceux qui
« partageaient ou plutôt qui suivirent son crime... jetés
« hors des éternelles splendeurs, maintenant con-
« damnés pour toujours à avoir leur lot de souf-
« frances. »

Milton atteint au sublime d'Eschyle, lorsqu'il nous montre le grand et terrible révolté fondant en larmes avant de haranguer ses innombrables légions.

... Satan se prépare à parler, et les bataillons l'entouren rendus muets par l'attention. Trois fois il essaie de commencer ; trois fois, en dépit de sa fierté, des larmes telles que les anges en peuvent verser débordent. Enfin des mots entrecoupés de soupirs forcent le passage.

Quelle grandeur dans l'hésitation de Satan à séduire Eve. Il s'afflige du mal qu'il va faire. La vengeance l'emporte, mais après quels combats !

Le tentateur prenait un pareil plaisir à voir ce plateau fleuri, doux abri d'Eve ainsi matineuse, ainsi solitaire ! Sa forme angélique et céleste, mais plus suave et plus féminine, sa gracieuse innocence, toute la façon de ses gestes, ou de ses moindres mouvements, intimident la malice de Satan, et par un doux larcin dépouille sa violence de l'intention violente qu'il apportait. Dans cet intervalle le mal unique demeure abstrait de son propre mal, et pendant ce temps demeure stupidement bon, désarmé qu'il était d'inimitié, de fourberie, de haine, d'envie, de vengeance. Mais l'enfer ardent qui brûle toujours en lui, quoique dans un demiciel, finit bientôt ses délices et le torture d'autant plus qu'il voit plus de plaisir non destiné pour lui, alors il rappelle la haine furieuse.

Il s'écrie :

Et quand je m'attendrirais à votre inoffensive innocence (comme je le fais), une juste raison publique, l'honneur, l'empire que ma vengeance agrandira par la conquête de ce nouveau monde, me contraindraient à présent de faire ce que sans cela j'abhorrerais, tout damné que je suis.

Belzébuth nous est présenté avec « une contenance sérieuse » et semblable à une colonne d'Etat ; quant à Mammon, il prononce ces fières et républicaines paroles : « Cherchons notre bien en nous ; vivons de « notre fond pour nous-mêmes, libres, ne devant « compte à personne, préférant une rude liberté au « joug léger d'une pompe servile. »

Voilà maintenant une glorification de l'amour conjugal qui semble une éloquente réfutation des dures maximes pauliniennes et augustiniennes (1).

Salut, amour conjugal, mystérieuse loi, véritable source

---

(1) Paul remet sous le joug la femme affranchie par Jésus. Il n'admet la famille que comme un pis aller (*Il vaut mieux se marier que brûler*). Augustin est plus révoltant ; il prêche carrément l'extinction du genre humain, non par les motifs élevés et touchants du pessimisme, mais par pur sectarisme religieux.

« Il est bien de se marier et d'être mère de famille ; mais il est mieux de ne pas se marier. J'en sais qui là-dessus murmurent : Eh quoi ! disent-ils, si tous les hommes gardaient une continence absolue, que deviendrait le genre humain ? Eh ! plût à Dieu que tous y consentissent : nous en verrions bien plus tôt la fin du monde et, avec la destruction de la cité terrestre, l'achèvement de la cité céleste ! » (SAINT AUGUSTIN : *la Cité de Dieu*).

de l'humaine postérité, seule propriété dans le paradis où tous les autres biens étaient en commun ! Par toi l'ardeur adultère fut chassée des hommes et reléguée parmi le troupeau des bêtes ; par toi fondées sur la raison loyale, juste et pure, les relations chéries et toutes les charités du père, du fils et du frère furent connues pour la première fois. Loin de moi d'écrire que tu sois un péché ou une honte, ou de penser que tu ne conviennes pas au lieu le plus sacré, toi, source perpétuelle des douceurs domestiques, toi dont le lit a été déclaré chaste et insouillé pour le présent et pour le passé, et dans lequel sont entrés les saints et les patriarches. Ici l'amour emploie ses flèches dorées, ici il allume son flambeau durable et agite ses ailes de pourpre, ici il règne et se délecte.

Une analyse au point de vue moral du *Paradis perdu* nous entraînerait trop loin. Disons, pour résumer, que les fortes vertus stoïciennes, unies à la pureté évangélique, en ont inspiré presque toutes les pages.

Le temps et le milieu y furent sans doute pour beaucoup ; nous en avons pour preuve la *Messiade* de Klopstock, véritable glorification de la plus touchante charité évangélique. Abbadona, le démon repentant, est pardonné. Ainsi le repentir sauve les coupables jusque dans les enfers.

L'amour de Cidlie (fille de Jaïra) et de Sémida, de Naïm, tous deux ressuscités, supporte dignement la comparaison avec l'amour d'Adam et d'Eve, ce dernier plus largement humain, mais moins idéal et moins épuré.

La *Messiade* marquait que, dans le catholicisme même, l'intolérance religieuse, qui est, avec l'égoïsme, le plus grand ennemi de la morale sociale, était vaincue par l'esprit nouveau. Son triomphe permettait de prédire la résurrection prochaine de la philosophie étouffée quinze siècles auparavant à Rome, à Athènes, à Alexandrie, à Antioche et dans la Constantinople arienne par le césarisme converti et la démagogie catholique.

Pour conclure, la morale chrétienne ne fut pas, à tout prendre, inférieure aux morales religieuses qui l'avaient précédée.

Elle fut même supérieure à beaucoup d'entre elles. Il faut encore lui reconnaître un penchant à la douceur et à la bonté, à la pureté, qui en firent une opposition directe à la cruauté et à la corruption romaines. Son triomphe fut glorieusement illustré par l'abolition des cirques, cette abomination jamais assez flétrie du peuple romain, et par la fondation des hospices renouvelés du bouddhisme. L'Eglise n'abolit pas l'esclavage comme on l'a faussement prétendu ; mais elle prêcha la douceur et la charité aux maîtres en recommandant l'obéissance aux serviteurs. Elle dut ainsi faire beaucoup pour l'adoucissement des mœurs, avant le débordement des Barbares. Sans doute les moralistes stoïciens et alexandrins étaient supérieurs aux moralistes chrétiens ; mais les chrétiens seuls surent projeter sur les masses profondes des asservis et des écrasés les reflets de leurs demi-lumières morales.

Ils faillirent vite à leurs promesses ; ils glorifièrent leur Constantin, qui fut un monstre; exterminèrent les Ariens, cette élite chrétienne, et successivement persécutèrent tous les hérétiques qui tentèrent d'humaniser le christianisme, recourant pour cela à tous les moyens, depuis les atroces calomnies jusqu'aux plus odieux assassinats et aux plus cruels massacres. Destructeurs de toutes les manifestations esthétiques et philosophiques de l'efflorescence grecque, ils furent sans force morale devant les Barbares qu'ils convertirent et ne moralisèrent pas. Leur religion d'amour devint une religion d'égoïsme, par la préoccupation exclusive du salut individuel, et de pratique antisociale, par la préférence donnée à un monde imaginaire (auquel on devait tout sacrifier), sur le monde réel. Ne pouvant arrêter la vie humaine dans ses incompréhensibles développements, ils la maudirent, n'aimèrent le prochain que pour l'amour de Dieu, firent du dévouement au bien public une concession souvent condamnable au respect humain. En revanche la mortification volontaire (l'abêtissement de l'âme et la macération du corps) fut par eux mise au faîte de l'édifice moral du catholicisme. Ces causes, auxquelles il faut joindre, en premier lieu, l'intolérance ecclésiastique qui sévit pendant quinze siècles et dont le monde saigne encore; en second lieu, le respect sans conditions aux puissances, ont fait que, depuis longtemps, ce n'est plus — non plus d'ailleurs que dans les sanctuaires d'aucune religion révélée, — dans les sanctuaires chrétiens, qu'il faut chercher le flambeau de l'humanité, meilleure et plus heureuse, de l'avenir.

Cherchons dans les philosophies.

II

LES MORALES PHILOSOPHIQUES

I

MORALES SPIRITUALISTES

Nous n'aurons pas, dans notre analyse des morales philosophiques, à déplorer d'aussi funestes erreurs que dans notre excursion à travers les systématisations religieuses. Mais il faut, par contre, reconnaître que si la philosophie a moins erré que la religion, elle a moins influé sur le mouvement humain (1).

Il est vrai que son influence restreinte a presque toujours été apaisante et bienfaisante, tandis que l'influence religieuse a souvent été meurtrière au

(1) Nous n'allons pourtant pas jusqu'à dire avec Renan : « On compterait les âmes qu'a ennoblies la philosophie ; on ferait en quatre pages l'histoire de la petite aristocratie qui s'est groupée sous ce nom ; le reste, livré au torrent de ses rêves, de ses terreurs, de ses enchantements, a roulé pêle-mêle dans les hasardeuses vallées de l'instinct et du délire, ne cherchant sa raison d'agir et de croire que dans les éblouissements de son cerveau et les palpitations de son cœur. »

genre humain, quelquefois adouci, consolé, plus fréquemment aveuglé, dévoyé, terrorisé, barbarisé par la religion, surtout quand sont venues les pétrifications cléricales.

La philosophie, encore une fois, n'a pas de tels écarts à se reprocher ; ses élus ont toujours été parmi les plus utiles des hommes. C'est là une supériorité.

Nous devons, néanmoins, reconnaître que la séparation n'a pas été si tranchée au premier abord.

Ainsi, entre les morales religieuses et les morales philosophiques, Pythagore, qui procéda les deux courants, est un moraliste de transition.

Elève de Phérécyde, de Thalès et d'Anaximandre de Milet, Pythagore alla chercher la sagesse religieuse en Égypte. Il y resta vingt-deux ans, y obtint de Pérénitès et des prêtres d'Héliopolis, de Thèbes et de Memphis l'initiation aux mystères de la religion ésotérique du pays.

Pythagore s'était même fait recevoir prêtre, lorsqu'il fut, avec d'autres captifs, emmené à Babylone par l'armée de Cambyse.

Avec son ardeur à s'instruire, dans la grande capitale chaldéenne, Pythagore se fit l'élève des Mages et s'initia non seulement aux doctrines de Zoroastre, mais aussi au brahmanisme et au bouddhisme dont certains sectateurs avaient pénétré jusqu'à Babylone. De retour dans la patrie grecque, il se fit initier, en Crète, aux mystères de Cabires et obtint de la prêtresse Thémistoclès qu'elle lui ouvrît le sanctuaire sacré de Delphes.

On trouvera naturel que Pythagore, étant ainsi préparé, l'initié dût l'emporter en lui sur le philosophe. Le glorieux sage procéda moins, en effet, par propagande philosophique que par initiations religieuses. Son grand savoir le mettait trop au-dessus de la foule pour qu'il pût par exemple comprendre ces démocraties de la grande Grèce que, des Jardins de Crotone où il avait fixé sa demeure, il voyait s'agiter tumultueusement. Il eut alors le tort, lui le révélateur de la sagesse philosophique, lui le plus haut et plus pur moraliste qui ait encore paru en Occident, de se faire l'inspirateur du parti aristocratique, dont le fameux athlète Milon était le bras. A lui on dut la guerre entre l'aristocratique Crotone et la démocratique Sybaris (1). Victorieuse dans cette guerre, l'aristocratie crotoniate fut implacable ; elle prit tous les biens des vaincus et réduisit en esclavage tous ceux des sybarites qui avaient échappé au massacre, sans distinction d'âge ni de sexe. Avec la part de dépouilles qu'il eut encore le tort d'accepter, Pythagore fit bâtir le célèbre *Institut* qui porte son nom.

(1) Si calomniée par la fameuse légende de la feuille de rose pliée en deux qui empêcha, dit la légende, le Sybarite Sminiride de dormir. A Sybaris florissait une démocratie énergique et égalitaire.
En ce qui touche Pythagore, il est juste toutefois de faire observer qu'après tout, les démocraties en question reposaient sur l'esclavage ; et aristocratie pour aristocratie, le philosophe était excusable de préférer la prépondérance d'une minorité initiée et éclairée à celle d'une majorité plus considérable peut-être, mais plus livrée à l'ignorance et à l'envie. Son plus grand tort est d'avoir vu les choses de trop haut ; et surtout de n'avoir pas connu la loi d'évolution qui de nos jours éclaire les obscurités de l'histoire. S'il avait connu cette grande loi, il aurait compris probablement que ces démocraties, plus mauvaises peut-être momentanément que certaines aristocraties, n'en étaient pas moins un pas en avant, un facteur nécessaire du développement historique et n'en contribuaient pas moins à répandre dans l'humanité un principe fécond dont devaient profiter les siècles futurs.

Là vinrent en foule pour se faire initier à la sagesse pythagorique un grand nombre d'hommes et de femmes remarquables, particulièrement l'élite de la jeunesse de Crotone.

Les démocrates qui formaient à Crotone, sous la direction du démagogue Cyclôn, une minorité menaçante, s'effrayèrent des progrès de cette société mystique, aux rites mystérieux, à la vie extraordinaire et cachée, de plus si puissante par le savoir et la solidarité : on y expliquait les lois du monde et « tout était commun entre tous ». — Une révolte éclata dans Crotone, l'*Institut* fut incendié, et les pythagoriciens tués ou dispersés par les démocrates victorieux, 490 ans avant l'ère vulgaire. Quant au maître, qu'on avait épargné, il trouva à grand'peine un refuge à Tarente, où il mourut obscurément, après avoir été l'homme illustre de son temps (1).

Je n'ai pas ici à donner la théogonie de Pythagore ; qu'il me suffise de dire que pour lui les nombres n'expriment pas seulement les lois du monde physique et moral, les rapports entre les choses, mais qu'ils sont encore le principe même de ces lois, l'essence immanente des choses, les créateurs harmoniques de l'univers, supérieurs et antérieurs aux

---

(1) La doctrine pythagoricienne fut précieusement conservée et propagée par Philolaüs de Crotone, Ocellus de Lucanie, Timée de Locres, Lysis Archytas de Tarente, etc. Puis elle fut continuée et amendée par les *Eléates* : Xénophane de Colophon, Parménide et Zénon d'Elée, Mélipsus de Samos. Ces derniers sont célèbres par leur négation du mouvement : « L'être en soi est immuable, disaient-ils ; il forme un tout unique sous forme de sphère arrondie, dans laquelle il n'y a ni changement ni mouvement réel ; les modifications et les agitations qui frappent nos yeux ne sont que vaine apparence. » Leur morale valait mieux que leur doctrine ; ils observaient les plus pures

choses. Une telle conception, dit Fouillée « laisse la réalité dehors ». Hégel avait déjà dit : « qu'elle laisse sans véritable explication le mouvement, la vie, le concret. »

Le sage de Samos n'a guère été plus heureux dans sa métempsychose, imitée de quelques religions orientales, et se résolvant comme pour celles-ci dans l'absorption finale brahmanique et bouddhiste.

L'influence de son éducation se fit sentir aussi dans sa morale. Mais, à vrai dire, il eut deux morales, celle du haut initié, celle du sage.

Par la première, il recommande l'abstinence de l'amour physique, celle de la nourriture animale, le silence absolu pendant des années entières, des vêtements uniformes, en un mot, le renoncement au monde et la célébration de certains mystères importés de l'Orient.

La seconde se résume dans la modération, la tempérance, les exercices hygiéniques, la pureté du cœur, l'amour de la science, l'examen de conscience, le culte de l'amitié, la piété envers les dieux. Ethique supérieure à tout ce qui était alors connu. L'histoire a conservé d'admirables préceptes connus sous le nom de *Vers dorés*, attribués à Théano, la jeune

prescriptions de l'éthique pythagoricienne en y joignant un civisme élevé. Zenon d'Elée mourut dans les tortures pour la liberté et la démocratie.

Le pythagorisme ne se perdit pas dans l'école éléate. Plus de cinq siècles après la mort du grand philosophe de Samos, Appolonius de Tyane parut, qui, presque aussi grand que le maître, donna à la doctrine un nouvel éclat. Après lui, toutefois, elle alla se fondre, alliée aux mystères orphiques et égyptiens dans la *synchrèse* alexandrine, où elle forme, avec le platonisme, l'école connue sous le nom *d'école néoplatonicienne d'Alexandrie*.

femme de Pythagore, mais qui sont plutôt de son disciple Lysis, l'un des affiliés de l'*Institut*. De Théano ou de Lysis, ces vers qu'inspira Pythagore contiennent les préceptes moraux les plus purs qu'on ait formulés jamais, et de combien supérieurs aux morales théocratiques connues alors et connues depuis. Je les donne d'après la version de Fabre d'Olivet qui les rattache à la grande poésie eumolpide personnifiée, d'après lui, en Orphée. La morale pythagoricienne dériverait ainsi pour une part du grand Celte éducateur de la Grèce et de la haute morale des initiés celto-thraces, ce qui n'ôte rien à sa valeur intrinsèque. Voici les *Vers dorés* :

> Sois bon fils, père juste, époux tendre et bon père,
> Choisis pour ton ami l'ami de la vertu ;
> Cède à ses doux conseils, instruis-toi par sa vie
> Et pour un tort léger ne le quitte jamais.
> Il t'est donné pourtant de combattre et de vaincre
> Tes folles passions : apprends à les dompter.
> Sois sobre, actif et chaste ; évite la colère
> En public, en secret ne te permets jamais
> Rien de mal, et surtout respecte-toi toi-même.
> Ne parle et n'agis point sans avoir réfléchi ;
> Sois juste. Souviens-toi qu'un pouvoir invincible
> Ordonne de mourir : que les biens, les honneurs
> Facilement acquis sont faciles à perdre.
> Et quant aux maux qu'entraîne avec soi le destin,
> Juge-les ce qu'ils sont. Supporte-les et tâche
> Autant que tu pourras d'en adoucir les traits :
> Les Dieux aux plus cruels n'ont pas livré les sages.
> Comme la Vérité, l'Erreur a ses amants :
> Le philosophe approuve ou blâme avec prudence,
> Et si l'Erreur triomphe, il s'éloigne, il attend.
> Ecoute et grave bien en ton cœur mes paroles :
> Ferme l'œil et l'oreille à la prévention :
> Crains l'exemple d'autrui, pense d'après toi-même,
> Consulte, délibère, et choisis librement.
> Laisse les fous agir et sans but et sans cause.
> Tu dois dans le présent contempler l'avenir.

Ce que tu ne sais pas, ne prétends point le faire
Instruis-toi : tout s'accorde à la constance, au temps.
Veille sur ta santé : dispense avec mesure,
Au corps les aliments, à l'esprit le repos.
Trop ou trop peu de soins sont à fuir ; car l'envie
A l'un et l'autre excès s'attache également.
Le luxe, l'avarice, ont des suites semblables ;
Il faut choisir en tout un milieu juste et bon.
Dès l'instant du réveil examine avec calme
Ce qu'il te reste à faire et qu'il faut accomplir.
Que jamais le sommeil ne ferme ta paupière
Sans t'être demandé : Qu'ai-je omis ? Qu'ai-je fait ?
Si c'est mal, abstiens-toi ; si c'est bien, persévère.
Médite mes conseils ; aime-les ; suis-les tous :
Aux divines vertus ils sauront te conduire.
J'en jure par celui qui grava dans nos cœurs
La Tétrade sacrée, immense et pur symbole,
Source de la nature, et modèle des Dieux.
Mais qu'avant tout, ton âme, à son devoir fidèle
Invoque avec ferveur ces Dieux dont les secours
Peuvent seuls achever tes œuvres commencées.
Instruit par eux, alors rien ne t'abusera :
Des êtres différents tu sonderas l'essence ;
Tu connaîtras de tout le principe et la fin,
Tu sauras, si le Ciel le veut, que la nature,
Semblable en toute chose, est la même en tout lieu :
En sorte qu'éclairé sur tes droits véritables,
Ton cœur de vains désirs ne se repaîtra plus.
Tu verras que les maux qui dévorent les hommes
Sont le fruit de leur choix : et que ces malheureux
Cherchent hors d'eux les biens dont ils portent la source.
Peu savent être heureux : jouets des passions,
Tour à tour ballottés par des vagues contraires
Sur une mer sans rive ils roulent, aveuglés,
Sans pouvoir résister ni céder à l'orage.
Dieux ! vous les sauveriez en dessillant leurs yeux...
Mais non ; c'est aux Humains, dont la race est divine,
A discerner l'Erreur, à voir la Vérité,
La Nature les sert. Toi qui l'as pénétré,
Homme sage, homme heureux, respire dans le port.
Mais observe mes lois en t'abstenant des choses
Que ton ami doit craindre en les distinguant bien,
En laissant sur le corps régner l'intelligence :
Afin que, s'élevant dans l'Éther radieux
Au sein des Immortels, tu sois un dieu toi-même !

Telle était la morale qu'on enseignait en Europe, sous les portiques de la philosophie, cinq cents ans avant l'ère vulgaire, huit cents avant le triomphe du christianisme.

II

SOCRATE, PLATON, LES CYNIQUES, ARISTOTE, etc.

Quand parut Socrate, cinquante ans après Thalès et Anaximandre, cent ans après Démocrite et Héraclite, la philosophie des causes premières et de la recherche des origines et des lois du monde avait jeté tout son éclat et dominait la haute pensée grecque, par elle jetée dans les voies scientifiques.

En entrant dans l'arène philosophique, le fils du sculpteur Sophronisque et de la sage-femme Phéranète avait pour but, avant tout, de ramener la pensée de l'étude de la nature et de ses lois à l'étude restreinte et purement psychologique de l'homme, au fameux *gnoti seauton*, connais-toi toi-même. Œuvre réactionnaire dans laquelle ne réussit que trop bien le grand philosophe plébéien.

« Avec le triomphe de Socrate, dit Lange (1), nous nous trouvons en présence d'une réaction dans le plus mauvais sens du moment.

« Par lui, une école philosophique qui a conscience de sa défaite et de la supériorité intellectuelle de ses adversaires, semble se relever, prétendre encore à la

(1) *Histoire du matérialisme*. Rappelons ici que le néo-kantiste Lange ne fut rien moins que matérialiste.

victoire et vouloir substituer aux idées plus exactes, qui commençaient à faire jour des opinions reproduisant, seulement sous une forme nouvelle, avec une magnificence et une énergie encore inconnues, mais aussi avec leur caractère primitif et pernicieux, les vieilles erreurs de la pensée antiphilosophique.

« Le matérialisme déduisait les phénomènes naturels des lois invariables, absolues ; la réaction lui opposa une raison anthropomorphique, qui ne faisait qu'à regret sa part à la nécessité ; elle ébranlait ainsi la base de toute étude de la nature et lui substituait l'instrument élastique du caprice et de la fantaisie.

« Le matérialisme concevait la finalité comme la plus brillante fleur de la nature, mais sans lui sacrifier l'unité de son principe d'explication. La réaction socratique combattait avec fanatisme en faveur d'une théologie qui, même sous ses formes les plus éclatantes, ne cache qu'un plat anthropomorphisme, et dont l'élimination radicale est la condition indispensable de tout progrès scientifique.

« Le matérialisme donnait la préférence aux recherches mathématiques et physiques, c'est-à-dire aux études qui permirent réellement à l'esprit humain de s'élever pour la première fois à des notions d'une valeur durable. La réaction commença par rejeter complètement l'étude de la matière au profit de l'éthique, et quand, avec Aristote, elle reprit la direction qu'elle avait abandonnée, elle la faussa entièrement par l'introduction irréfléchie d'idées morales (arbitraires en justification du fait existant).

« Si, sur ces points, le mouvement réactionnaire est incontestable, il est donc affligeant qu'on ait vu si longtemps un progrès dans la grande école philosophique athénienne, qui représente le plus expressément l'opposition contre le matérialisme et le sensualisme. »

En ces quelques lignes l'œuvre philosophique de Socrate est vue de haut et magistralement caractérisée. En morale, toutefois, Socrate voulut être novateur ; il tenta de donner une science morale. La justice et toute autre vertu est science, dit-il ; car les choses justes et tout ce qui fait la vertu sont choses belles par elles-mêmes. Dès lors ceux qui les connaissent ne peuvent leur préférer autre chose ; par conséquent, la connaissance et la pratique sont adéquates.

Cela s'explique.

Tout homme recherche nécessairement son plus grand bien et son plus grand bonheur ; à cette recherche, il consacre ses actes. Or il se trouve que le bien de l'homme est en harmonie avec le bien proprement dit ; sitôt que l'homme a fait cette découverte, il ne manque pas d'y conformer sa conduite et de rechercher le bien ou le bonheur par la pratique du bien ou de la vertu. Ainsi la vertu est science, on la suit quand on la connaît, et l'on ne fait le mal que lorsqu'on le croit bon pour soi, ce qui est une grave erreur.

Toute la science morale consiste donc dans la suppression de cette erreur qui supprime le mal et dans la connaissance du bien qui en entraînera la pratique.

Il y a quatre vertus : de volonté ou *courage*, la vertu de sensibilité ou *tempérance*, la vertu de relation envers les hommes ou *justice*, et la vertu de relation avec Dieu ou *piété* ; elles se résolvent dans une cinquième qui les comprend toutes : la *sagesse*.

Cette façon de comprendre la morale constitue une fort belle utopie. Mais elle n'est que cela.

Socrate était trop antimatérialiste pour ne pas être frotté d'idées religieuses. Il venait d'ailleurs après les initiés aux mystères orientaux, qui avaient répandu les idées d'expiation et de châtiment extra-terrestre. Au moins comprit-il ces idées un peu à la large manière des Iraniens, pour lesquels tous les châtiments étaient des expiations, aboutissant à une purification finale et à l'entrée de tous dans le bonheur des justes et des purifiés.

Dans un passage de la *République* de Platon, Her, l'Arménien qui avait été tué dans une bataille, raconte son voyage aux enfers : il vit d'abord deux ouvertures, une allant aux cieux, l'autre dans les sombres séjours de la douleur et de l'expiation ; les âmes passaient par l'une ou par l'autre selon l'arrêt des juges assis entre ces deux ouvertures. Un va-et-vient d'âmes avait lieu à l'ouverture infernale, les unes rentrant, les autres sortant après expiation suffisante, et les souffrances étaient en raison des crimes. Les unes étaient punies dix fois pour chaque injustice et chaque punition durait cent ans. Cette religiosité était rétrograde, comparée à la grande pensée naturiste des bouddhistes et des matérialistes ; elle était en tout cas supérieure à la conception de l'enfer éternel que les chrétiens ont inventé depuis.

S'il n'eût eu pour Socrate un véritable culte, Platon eût relégué son maître au modeste rang de précurseur de l'école nouvelle, dont lui, le divin auteur des *Dialogues*, de la *République* et des *Lois*, aurait été le révélateur et le formulateur.

Le disciple fut certes plus grand que le maître par

la profondeur, la perspicacité, la finesse, le génie, la constance qu'il déploya dans l'exposé de la philosophie que l'histoire n'a pu se résigner à nommer socratique (1), et qui a reçu le qualificatif de *platonicienne*.

Le platonisme est éminemment optimiste. Ne repose-t-il pas sur ces deux principes :

L'être le meilleur en soi doit être aussi le plus réel en soi et le plus actuel.

L'être le meilleur en soi doit être aussi le meilleur pour les autres, le plus puissant, le plus fécond, le plus bienfaisant : sa bonté est sa raison d'être ?

En d'autres termes, Dieu et le souverain bien ne sont qu'une seule et même chose. Ce bien en soi, dont abuseront tant les spiritualistes, existe nécessairement et ne pourrait pas ne pas exister. Platon, qui avait d'abord suivi les leçons d'Héraclite et qui était initié aux mystères, donna par cet idéalisme forcené un formidable croc-en-jambes aux doctrines de ses premiers maîtres.

Lui aussi faisait servir ses connaissances ésotériques à ses vues particulières.

On a dit qu'il avait fait entrer dans le socratisme, pour en faire le platonisme, tout Héraclite, tout Parménide, tout Pythagore ; c'est une exagération, non une fausseté.

Voici d'ailleurs une abréviation sommaire de sa

(1) Le qualificatif de *socratique* a été réservé aux procédés de raisonnement employés le plus souvent par Socrate, *l'ironie* et le *maïeutique*, ou méthode d'accouchement des esprits, moyen d'amener le contradicteur à conclure lui-même comme on voulait.

philosophie et de son éthique, faite d'après les lucides exposés d'Ad. Fouillée, le plus éminent de ses interprètes contemporains :

> Il y a deux degrés dans la connaissance : l'opinion qui s'attache au sensible et la science qui s'attache à l'intelligible. De même il y a deux degrés dans l'amour : l'un correspondant au monde intellectuel (la Vénus céleste ou Uranie qui recherche la beauté de l'âme), l'autre correspondant au monde terrestre (la Vénus terrestre qui recherche la beauté du corps).
>
> L'amour a pour mobile la possession du bien, ou d'un bien, et, l'immortalité étant son objet, la nature pour satisfaire la Vénus terrestre tend à perpétuer le plus possible les êtres les uns par les autres. En ce sens, on peut dire qu'un désir immense d'immortalité travaille tous les êtres dans la nature et les arrache à leur égoïsme pour les faire se dévouer à l'objet de leur amour et perpétuer leur espèce.
>
> Mais il y a une fécondité intellectuelle supérieure à la fécondité des corps, l'âme aussi engendre pour conquérir l'immortalité de la gloire et ce qu'elle engendre, ce sont les vertus.
>
> Le bon et le beau sont identiques et la beauté morale, mère des belles actions, est ce qu'il y a de plus beau et de meilleur. Quoi de plus doux que l'union de nos belles âmes, quoi de plus ineffable que l'union avec Dieu, beauté et bonté suprêmes !
>
> Nous y tendons par la volonté, car la volonté ne peut vouloir que le bien comme fin, dès qu'elle le connaît. Mieux on sait, plus l'âme est vertueuse, c'est-à-dire se conforme aux *idées* et ressemble à Dieu. Or ressembler à Dieu, c'est pratiquer la sainteté, la justice et la sagesse. L'œil fixé sur l'idée suprême, l'homme s'efforce de l'imiter par la pratique des trois vertus qui sont pour la raison la *sagesse,* pour le cœur le *courage,* pour la sensibilité la *tempérance,* et se confondent dans une vertu harmo-

nique, la *justice* : la justice consistant à rendre ce qui est dû non seulement à chaque homme, mais encore à chaque chose (1).

La justice produit l'amour et aussi l'unité de l'homme avec lui-même, c'est-à-dire la paix, la félicité et l'harmonie intérieures, le bonheur consistant dans le rapport de l'homme avec la justice et l'ordre qui en est l'application : c'est pourquoi il est meilleur de subir une injustice que de la commettre.

La justice dans l'État produit la concorde universelle et le bonheur commun ; nous en concluons que la pratique des vertus dans leur application sociale constituant la politique, est aussi nécessaire que la pratique individuelle de la vertu.

Il en résulte que la morale est la science qui produit l'unité dans l'âme ; la politique, la science qui produit l'unité dans l'État. De même que la raison concilie les facultés humaines naturellement opposées, de même la politique doit substituer à la multiplicité antagonique des individus, cause d'imperfection et de discorde, une unité vivante faite de la juxtaposition des trois classes (magistrats correspondant à la *raison*, guerriers correspondant au *courage*, travailleurs correspondant à la *tempérance* et chargés de veiller à la satisfaction des besoins physiques) et de la communauté des biens.

Platon a donc proclamé une *moralité individuelle* faite de vertus personnelles, et une *moralité sociale* faite de justice distributive et réalisée par l'État ou cité communiste dont sa *République* fut l'idéal, et ses *Lois* une approximation. Quant à sa philosophie, elle se résume en dernière analyse dans sa conception des

---

(1) « Non seulement à chaque homme, mais à chaque chose », heureuse réminiscence du haut panthéisme d'Héraclite.

idées ou *types*, notions rationnelles d'absolu, d'invariabilité, de nécessité, d'unité, etc.

D'après Platon, ces idées correspondaient à des choses réelles, à des choses qui sont les *types éternels* sur lesquels toutes les choses sensibles sont modelées. Ces *idées*, seules intelligibles, sont en nous, mais non toujours présentes à notre intelligence qui se les rappelle à mesure qu'elle aperçoit des copies (sensibles) faites à leur image.

D'où il ressort que l'élément métaphysique des choses, ou, si l'on préfère, leur conception rationnelle et supra-sensible existe seule réellement, la réalité n'étant qu'un *modèle*, une *image* de l'idéalité, qui, loin d'être fille des sensations, les précède et les détermine. C'est un avant-goût de Hégel, et, en somme, l'abstraction substituée à l'étude de la nature et des faits. Ultra-spiritualisme bien digne de l'ultra-idéalisme qui l'a inspiré.

Par là surtout, Platon paya tribut aux pythagoriciens et aux éléates, en même temps qu'il donnait à l'idéalisme la base d'airain dont il n'est pas sorti, et que Kant a si magistralement décrite en quatre lignes en s'inscrivant en faux contre ce procédé (1).

Des *idées* de Platon sont nés en droite ligne l'*entéléchie* d'Aristote, le *verbe* de Jean l'Évangé-

---

(1) La thèse de tous les vrais idéalistes, depuis l'école d'Élée jusqu'à l'évêque Berkeley, est contenue dans la formule suivante : Toute connaissance acquise par le sens de l'expérience n'est qu'une pure apparence, et la vérité n'existe que dans les idées fournies par l'entendement pur et la raison. « Le principe qui régit et détermine tout mon idéalisme est, au contraire : Toute connaissance de choses, provenant de l'entendement pur ou de la raison pure, n'est qu'une simple apparence, et la vérité ne se trouve que dans l'expérience. »

liste, la *raison suffisante* de Leibnitz, le *Dieu véridique* de Descartes et l'*Être suprême* ou *Souverain bien* de tous les spiritualismes modernes. D'elles surtout naquit également la grande école alexandrine (1) ou néoplatonicienne. La théogonie, en s'orientalisant, est devenue un véritable panthéisme spiritualiste, dont se sont plus tard imprégnés les *kabbalistes* et les plus hauts grades de la *franc-maçonnerie*. Négligeant Xénophon, qui n'eut pas de vues particulières en morale et se contenta de *grossiériser*, dans quelques-uns de ses dialogues, l'éthique socratique, et de pousser, pour sa part, à la barbarisation de la Grèce, par l'injustifiable apologie des Spartiates (2), nous arrivons à deux autres disciples de Socrate qui firent grand bruit : Aristippe, chef de l'école *cyrénaïque*, et Antisthène, chef de l'école *cynique*.

La morale cyrénaïque est plutôt une anti-morale. Elle porte que le plaisir immédiat, et quel qu'il soit, doit toujours être en tout recherché ; il est un bien même lorsqu'il naît d'une chose déshonnête. Rien de

---

(1) Nous n'avons pas à parler longuement de cette glorieuse école, qui, en morale, se tint à une combinaison de mysticisme oriental, de platonisme et de stoïcisme, mais nous devons mentionner que l'un de ses fondateurs, Philon le Juif, le grand maître des *kabbalistes*, fit de la *Bonté* la vertu suprême. Venaient, après, la *Prudence*, la *Vaillance*, la *Tempérance* et la *Justice*.

(2) Ce qui pour des Athéniens était un crime, non seulement contre le bon sens et la justice, mais contre la patrie et l'humanité, Socrate et Platon s'en rendirent également coupables. Cette aberration a eu son prolongement tragique dans notre Révolution. C'est au nom des prétendues vertus du peuple abominable de Lycurgue, que les rousseens jacobinisant Robespierre, Saint-Just et leurs complices, envoyèrent à l'échafaud l'élite de la génération révolutionnaire, tuant ainsi la Révolution elle-même, en profanant son saint nom.

sa nature, ajoutaient les partisans d'Aristippe, n'est juste, injuste, digne ou honteux, mais ce sont les coutumes et les lois qui ont établi ces distinctions.

Les coutumes, c'est-à-dire les mœurs ; les lois, c'est-à-dire les nécessités sociales. Mais c'est justement là-dessus qu'est fondée la morale ; pour la nier, les cyrénéens reviennent à l'état de nature, ils se font antisociaux, pour être antimoraux. C'est logique, la morale n'étant qu'une des conditions la plus haute, il est vrai, de la vie sociale.

Raisonneurs de même force leurs disciples, les *hégésiaques* et les *annicériens* que nous nous contenterons de nommer.

Mais philosophes d'une autre trempe furent les cyniques.

On pouvait dire à Antisthène : « Je vois ton orgueil à travers les trous de ton manteau » ; on a pu changer Diogène en une sorte de bouffon de la philosophie, on a pu faire de *cynique* le synonyme d'effronté ; tout cela veut simplement dire qu'en cette occasion les préjugés vulgaires prirent leur revanche sur d'âpres censeurs et de sévères réformateurs. Les cyniques furent humains dans le sens le plus élevé du mot, autant qu'on pouvait l'être alors. Ils appelaient tous les hommes à la liberté et à la dignité philosophiques. Par Antisthène, ils accordaient à la femme une aptitude aussi grande qu'à l'homme pour la vertu.

Justice leur fut d'ailleurs rendue, quand avec Arrien ils se furent défaits de certaines excentricités. Ils eurent la gloire d'amasser les éléments du stoïcisme qui, comme l'a très bien vu un contemporain (1),

---

(1) Ogereau : *Essai sur le système philosophique des Stoïciens.* Félix Alcan.

« ne fut qu'un cynisme agrandi », et d'être glorifiés par l'irréprochable Julien.

Aristote, sectateur fidèle de l'éclectisme et du conservatisme, mêla d'expérimentation l'idéalisme de Platon, son maître. Pour lui la vertu fait partie du souverain bien, mais ne l'est pas tout entier ; la santé, le savoir, les capacités, la réputation, les richesses, etc., en font aussi partie. Le souverain bien se compose donc de biens intérieurs et de biens extérieurs. La vertu doit être prise de l'expérience, pose-t-il en fait ; la vertu, qui consiste à garder un juste milieu entre des vices opposés (tout excès étant vice), est un bien, le plaisir aussi. « Le plaisir achève l'acte et le complète. C'est une fin qui vient se joindre au reste comme à la jeunesse sa fleur. Pourquoi le plaisir n'est-il pas continuel ? Parce que toutes les facilités humaines sont incapables d'agir continuellement ; or le plaisir n'a pas ce privilège plus que tout le reste ; car il n'est que la conséquence de l'acte. Il est à croire que si tous les hommes aiment le plaisir, c'est que tous aussi aiment la vie ; car la vie est une sorte d'acte. »

Ainsi le plaisir est un résultat inséparable de l'action de nos facultés. De ce principe Aristote tire deux conclusions importantes : 1° que les plaisirs sont spécifiquement différents ; 2° que les plaisirs sont entre eux comme les actes ; c'est l'acte qui sert de mesure au plaisir, et non le plaisir qui sert de mesure à l'acte.

1° Les plaisirs diffèrent en *espèce* et non pas seulement en *degré*. Les actes, dit-il, qui sont spécifiquement différents, ne peuvent être complétés que par des plaisirs différents en espèce. Ainsi les actes de la pensée diffèrent des actes des sens ; et ceux-ci ne diffèrent pas moins d'espèce entre eux : les plaisirs devront donc différer aussi..... A chaque acte différent correspond un plaisir propre : le plaisir propre d'un acte vertueux est un plaisir honnête ; celui d'un mauvais acte est un plaisir coupable... Il semble même qu'il y a pour chaque animal un plaisir qui n'est propre qu'à lui, comme il y a pour lui un genre d'action spéciale. Le plaisir du chien est tout autre que celui du cheval ou de l'homme.

2° Aristote ne se contente pas d'établir la spécificité du plaisir : il en mesure la qualité et la valeur d'après la qualité même des actes. « L'acte le meilleur, dit-il, est celui de l'être le mieux disposé par rapport au plus parfait des objets. Et cet acte n'est pas seulement l'acte le plus complet, il est aussi le plus agréable..... La qualité réelle et vraie des choses est celle que leur trouve l'homme bien doué ; la vertu est la vraie mesure de toute chose. L'homme de bien, en tant que tel, en est le seul juge, et les vrais plaisirs sont ceux qu'il prend pour tels...... Les plaisirs des êtres dégradés ne sont pas des plaisirs (1). »

Mélange singulier d'idéalisme et d'utilitarisme, poétisé par le culte de l'amitié que le stagyrite sut célébrer avec une forte et pénétrante éloquence. Mais, dans les détails, les mauvais côtés fourmillent. Aristote justifie toutes les iniquités antiques, le vol et la rapine sont pour lui des moyens d'acquérir, l'infanticide (comme aussi pour Platon, il est vrai, et tous les Grecs, moins les Thébains) est une chose naturelle. Pour lui encore, l'esclavage est une nécessité

---

(1) P. Janet : *la Morale.*

sociale d'ordre éternel, n'ayant rien d'inique ; il en prêche la conservation.

On connaît son défi ridicule que la science a relevé. S'il fut le plus grand philosophe de son temps, si selon l'expression de ses admirateurs il a fait le tour de la pensée humaine, il n'eut pas comme moraliste l'action bienfaisante qui aurait dû résulter de sa puissance intellectuelle.

Il prêcha si bien la douceur à son disciple Alexandre que celui-ci débuta par un parricide, la destruction totale de Thèbes, la plus noble ville de Grèce après Athènes, et qu'il continua par la destruction non moins totale des deux plus grandes et plus florissantes villes du monde, à cette époque : Tyr et Persépolis, sans parler de Gaza où il se déshonora par une cruauté sans exemple.

Disciple plus recommandable d'Aristote fut Théophraste, que notre grand La Bruyère a si finement interprété.....

Le Lesbien Tyrtame, surnommé par ses disciples *Théophraste, le parleur divin*, suivit d'abord les leçons de Leucippe d'Eresos, puis celles de Platon ; enfin il s'attacha à la fortune d'Aristote dont il fut le continuateur au point de vue philosophique et naturaliste. Frappé, à cent-sept ans, après une vie bien remplie, de la maladie qui devait l'emporter, il regretta de sortir de la vie au moment où il ne faisait que commencer à être sage. Coquetterie de vieillard, sans doute. Il fut un éclectique dans le meilleur sens du mot, s'élevant contre les insolentes prétentions de l'aristocratie et contre les sciences des démagogues. Théophraste tenta aussi de marier la philosophie péripatéticienne à la forme abondante et harmonieuse de Platon.

Comme moraliste, Théophraste est surtout connu par son *Traité des caractères* qui devait inspirer, nous l'avons dit, notre profond et sympathique La Bruyère dont il sera parlé à la fin de ce chapitre.

Le plus connu des disciples moralistes d'Aristote, après Théophraste, est Critolaüs qui, dans la fameuse *Balance* qui porte son nom, enseignait que les biens de l'âme l'emportent sur ceux du corps, et l'emporteraient encore quand même on mettrait avec ces derniers la terre et les mers. Ainsi s'opérait le retour de certains péripatéticiens au platonisme pur.

III

LES STOÏCIENS

Nous arrivons à la plus estimée des écoles de philosophie morale de l'antiquité.

Fondée à Athènes, vers l'an 300 avant l'ère vulgaire, par Zénon de Citium (Chypre), l'école stoïcienne se fit de suite une place honorée dans la république philosophique (1). Elle fut propagée d'abord par Cléanthe d'Assos qui, plus austère encore que Zénon, prit pour devise « vivre conformément à la raison en faisant un choix entre nos tendances naturelles » (2). Vint ensuite Chrysippe de Soli, qui systématisa les enseignements du maître, en y faisant entrer les amendements de Cléanthe, à la suite duquel

---

(1) Ce nom vient de *Stoa*, portique, Zénon ayant donné ses premières leçons sous les portiques du Pécile.
(2) Cléanthe est l'auteur de l'hymne célèbre à Jupiter, où l'on a vu un déisme plus épuré que le déisme chrétien.

il soutenait que le plaisir est un mal. Exagération de disciples qui alla jusqu'à la négation de la douleur (1).

Helvétius s'élève avec trop de violence, dans son poème *le Bonheur*, contre cette exagération :

> Qui feint d'être insensible est toujours orgueilleux.
> Comment, encore trompé par son dehors austère,
> Prends-tu pour sage un fou superbe, atrabilaire,
> Qui, sensible aux plaisirs, les fuit pour éviter
> Le danger de les perdre et de les regretter !
> . . . .
> Vois ces fous insulter aux plaisirs qu'ils n'ont pas,
> S'enivrer des vapeurs de leur faux héroïsme,
> Apôtres et martyrs d'un morne zénonisme,
> Préférer sottement la douleur au plaisir,
> Et l'orgueil d'en médire au bonheur d'en jouir.

Helvétius visait évidemment l'ascétisme chrétien dans cette critique. De là une violence dont il n'était pas coutumier.

Ariston de Chio, Diogène de Babylone, Panetius de Rhodes, Possidonius d'Apamée, Antipater de Thessalonique et autres philosophes estimés continuèrent la propagation du stoïcisme, qui fit son entrée à Rome et eut pour illustres adeptes Sénèque, Lucain, Épictète, Marc-Aurèle et presque tous ceux qui, dans Rome césarisée, restèrent fiers, purs et libres. Le stoïcisme attacha ainsi glorieusement son nom à toutes les protestations contre la domination romaine devenue plus que jamais une vaste machine de corruption, de torture, de dépeuplement et de mort.

---

(1) Possidonius, torturé à Rhodes par la goutte, n'interrompit son discours que pour dire : *Douleur, tu as beau faire, tu n'es pas un mal*. Aria, l'héroïque femme de Pœtus, mourant, comme son mari, par ordre de Néron, dit, en retirant le poignard de son sein ensanglanté, qu'elle venait de transpercer : *Non dolet*, cela ne fait pas de mal.

Quelle est donc cette doctrine qui ne désespéra pas de l'humanité à une époque de servitude et de démoralisation universelles ?

Comme philosophie le stoïcisme est un panthéisme spiritualiste, admettant l'immortalité conditionnelle de l'âme (1).

Les stoïciens ne reconnaissaient aucun dieu transcendant, aucune âme absolument distincte du corps ; mais leur matière est complètement animée et non pas simplement mise en mouvement ; leur dieu est identique avec le monde, mais il est cependant plus que la matière qui se meut ; il est la « raison ignée du monde, » et cette raison opère ce qui est raisonnable, ce qui est conforme à la finalité, comme fait la matière rationnelle de Diogène d'Apollonie, d'après les lois que l'homme emprunte à sa conscience et non à l'observation des objets. L'anthropomorphisme, la théologie et l'optimisme dominaient donc entièrement le stoïcisme ; et, pour le caractériser avec précision, on peut dire qu'il est panthéiste dans le sens spiritualiste du mot. (LANGE : *Histoire du matérialisme*.)

Pour Zénon et ses disciples, en effet, toute substance est une forme qui s'exprime par la *tension* ou l'*effort*. L'*acte* pur et immobile d'Aristote est aussi abstrait que l'*idée* de Platon ; le réel c'est l'action dans le mouvement et le travail, l'action dans la nature et dans

---

(1) L'âme, qui est de nature corporelle, subsiste encore quelque temps après la mort ; les âmes mauvaises et dépourvues de sagesse, dont la matière est moins pure et moins durable, périssent plus vite ; les âmes vertueuses s'élèvent jusqu'au séjour des bienheureux, où elles continuent d'exister jusqu'au grand embrasement des mondes ; elles retombent, avec tout ce qui existe dans l'unité de l'essence divine. (LANGE : *Histoire du matérialisme*.)

l'humanité. Il n'y a pas d'autre raison des choses que la raison même, ou âme du monde qui se meut dans le vaste corps qu'elle anime et relie sous les lois de la nécessité. Tout découle de l'enchaînement infini des causes, au sein de la cause universelle.

Un monde plus petit, l'humanité, est contenu dans le grand monde. Dans l'humanité se retrouvent aussi deux éléments universels, *matière et force, pensée et action*. La raison ou volonté luttant contre la passion, c'est la vertu, la vertu qui contient le secret de l'univers.

Qu'est-ce donc que la vertu pour les stoïciens ?

Nous devons aimer le bien pour lui-même et non pour le bonheur qui, dans cette vie ou dans une autre, doit en résulter pour nous. Le plaisir et la douleur ne sont rien pour le sage, car pour lui le juste est le seul bien, l'injuste le seul mal, et tout ce qui n'est en soi ni juste ni injuste, doit être indifférent à ses yeux.

La vertu doit être aussi sociale et comprendre la théorique de nos devoirs non pas seulement envers nos concitoyens, mais envers tous les hommes. A la cité de Platon et d'Aristote nous substituons l'humanité (1).

Le bonheur et la vertu se confondent ; ils dépendent de nous, sachons vouloir : Notre bien et notre mal sont dans notre volonté, car la volonté intérieure et libre de l'homme est suffisante pour le soustraire aux coups de la fortune et des autres hommes. Il y a sans doute des choses qui ne dépendent pas de nous, dédaignons-les, et ne mettons

(1) Ce sublime altruisme n'était, il faut le répéter, qu'un écho des mystères. Juvénal confirme Pindare, lorsqu'il dit (satire XV) : « Quel est l'homme bon et digne de la lumière des mystères, tel que le prêtre de Cérès veut que l'on soit, qui pense qu'aucun des maux d'autrui lui soit étranger ? »

notre bonheur que dans les choses qui dépendent de nous. Là est le secret du bonheur.

Les choses qui ne dépendent pas de nous sont le corps, les biens, la réputation, les dignités, en un mot toutes les choses qui ne sont point du nombre de nos actions. Les choses qui dépendent de nous sont libres par nature : rien ne peut ni les arrêter ni leur faire obstacle ; quant à celles qui ne dépendent pas de nous, elles sont faibles, esclaves, sujettes à mille obstacles et à mille inconvénients, et entièrement étrangères à l'homme (1). Souviens-toi donc que si tu prends pour libres les choses qui de leur nature sont esclaves et pour tiennes en propre celles qui dépendent d'autrui, tu trouveras partout des obstacles, tu seras affligé, troublé et tu te plaindras des dieux et des hommes ; au lieu que, si tu prends pour tien ce qui t'appartient en propre et pour étranger ce qui est à autrui, jamais personne ne te forcera de faire ce que tu ne veux point, ni ne t'empêchera de faire ce que tu veux ; tu ne te plaindras de personne... La maladie, par exemple, est un empêchement du corps, et nullement de la volonté, à moins qu'elle-même ne le veuille. Je suis boiteux, voilà un empêchement pour mon pied ; mais pour ma volonté, point. Pour tous les accidents qui t'arrêteront, dis-toi la même chose, et tu trouveras qu'ils sont toujours un empêchement pour quelque autre chose, non pour toi.

Quant à la volonté, elle est bien en ton pouvoir ? — Je ne sais pas. — Peut-on t'apprendre de force ce qui est faux ? — Non ! (2).

(1) Sans doute les biens extérieurs ne dépendent pas de nous ; mais ils n'en sont pas moins partie intégrante du souverain bien ; sur ce point, Aristote a raison. La constatation stoïcienne nous amène simplement à conclure que, dans les sociétés jusqu'ici réalisées, l'homme n'est pas l'artisan de son bonheur, qu'il est dominé par des fatalités sociales qu'il s'agit de vaincre par un effort collectif de l'humanité ou révolution.

(2) Oui, certes, on peut inculquer le faux à un jeune cerveau, à preuve que c'est le fait général. Donc, même en se plaçant

— Quelqu'un peut-il te forcer à vouloir ce que tu ne veux pas ?

— On le peut, car, en me menaçant de la mort ou de la prison, on me force à vouloir.

— Mais si tu méprisais la mort ou la prison, t'inquiéterais-tu de ces menaces ?

— Non !

— Mépriser la mort est-il en ton pouvoir ?

— Oui.

— Ta volonté est affranchie.

Ceci admis, n'oublie pas que l'homme, en tant qu'être moral et social, consiste dans l'âme raisonnable. Le corps n'est qu'un instrument dont l'âme se sert pour agir sur le monde extérieur et se manifester ; sa tâche est de travailler sans cesse à son perfectionnement. Aime tes amis comme aime une âme élevée, comme aime un homme heureux. Jamais la raison ne nous commande de nous abaisser, de pleurer, de nous mettre dans la dépendance des autres. Aime tes amis en te gardant de tout cela... Et qui t'empêche de les aimer comme on aime des gens qui doivent mourir, qui doivent s'éloigner... (1).

Il faut savoir supporter les séparations... La nature a fait les hommes les uns pour les autres ; il faut tantôt qu'ils vivent ensemble, tantôt qu'ils se séparent, et, quand ils se séparent, il faut qu'ils ne soient pas tristes... Ainsi l'amour stoïque s'incline devant la nature et consent à ses

sur le terrain des stoïciens, leur morale n'est accessible qu'au petit nombre que n'a pas déformé l'enseignement de l'erreur presque universelle, et même pour ces privilégiés il n'y a de moralité possible qu'au prix d'une constance héroïque, ce qui n'est le fait que du très petit nombre. Le stoïcisme est la morale de quelques forts et non pas la morale de tous, la grande morale sociale et humaine. Cette dernière, nous ne la trouvons guère d'ailleurs chez les anciens philosophes, comme nous l'expliquerons plus loin.

(1) Ce résumé est fait d'après le *Manuel d'Épictète*, traduit et annoté d'une manière irréprochable par M. Guyau, jeune philosophe de grande valeur déjà et de plus grande espérance.

lois nécessaires, réservant toute son action pour l'âme, pour la raison à laquelle seule il s'attache à autrui (1).

Le philosophe stoïcien étend sur tous sa sympathie. Il a pour famille l'humanité tout entière. Les hommes sont ses fils et les femmes ses filles ; c'est comme tels qu'il va les trouver pour leur dire où sont les biens, où sont les maux (2). Battu, il aime ceux qui le battent, parce qu'il est le père et le frère de tous les hommes, leur apôtre, leur surveillant. Il veille et peine pour l'humanité tout entière, car les affaires de l'humanité sont les siennes, car, s'élevant au-dessus de la famille, de la cité, de la patrie, il prêche l'amour du genre humain, disant avec Marc-Aurèle : Aime les hommes de tout ton cœur. Bien plus, cet altruiste humain se prolonge en bonté pour tout ce qui vit, car, d'après Sénèque, il règne entre tous les êtres et entre toutes choses un nœud sacré, un rapport de famille. Ainsi le même amour qui unit les hommes entre eux relie l'humanité au monde et au principe du monde (3).

(1) L'amitié stoïcienne est bien conditionnelle et bien froide, mais, dit Guyau, autant les stoïciens ont peu compris l'amitié personnelle, autant ils ont tendu à développer l'amour de l'humanité.

(2) Déjà les cyniques s'étaient proclamés citoyens du monde et il y avait longtemps qu'Euripide avait dit : « L'esclave vaut l'homme libre s'il est homme de bien » ; mais c'est la première fois que la solidarité humaine était affirmée avec cette ampleur de pensée et cette chaleur de cœur. Ecoutons par exemple Sénèque : « Tout ce que tu vois, tout cet ensemble à la fois divin et humain est un : nous sommes les membres d'un grand corps. La nature nous a faits parents ; elle nous a formé des mêmes éléments et pour les mêmes fins. C'est elle qui nous a donné cet amour mutuel qui constitue le bien social ; c'est elle qui a associé le droit avec le juste, c'est sous la pression de son commandement que les mains se lèvent pour secourir. Que ce vers soit dans nos cœurs comme il est sur nos lèvres : *Je suis homme et rien de ce qui touche l'humanité ne doit m'être étranger !* Nous sommes nés pour quelque chose de commun. »

(3) Jusqu'ici Epictète après Zénon et ses premiers disciples ; maintenant Marc-Aurèle.

Que tout ton plaisir et tout ton délassement soient de passer d'une action sociale à une action sociale, avec la pensée de Dieu.

Vivre d'accord avec les dieux, et celui-là est d'accord avec les dieux, qui leur montre une âme contente de leurs décrets. Tout ce qui te convient au monde me convient, rien n'est tardif ou prématuré pour moi, qui est de saison pour toi. Tout m'est fruit dans ce que tes saisons apportent, ô nature. Tout vient de toi, est en toi. Celui-ci disait : O chère cité de Cécrops ! Ne puis-je dire : O chère cité de Jupiter ! (1)

Fixe là-dessus ta pensée, ô Marc-Aurèle, et accomplis ce qu'exige notre nature commune, avec simplicité, avec modestie, sans ombre de dissimulation. Répète-toi souvent : « Je suis membre de la société humaine »; si tu dis simplement : « Je fais partie de la société humaine », c'est que tu n'as pas encore de plaisir à faire du bien aux hommes comme à tes parents et à tes frères ; tu leur en fais par pure bienséance, tu ne t'y portes pas encore comme à ton propre bien. Chacun doit faire comme le pied et la main qui, s'ils étaient doués de raison et qu'ils comprissent la constitution de la nature, ne se remueraient jamais sans tenir compte de l'utilité du corps tout entier. Ton bien se confond avec le bien de tous. Ce qui n'est pas utile à l'essaim n'est pas non plus utile à l'abeille. Il faut être branche du même arbre, tout en ayant chacun sa pensée.

Que tous tes plaisirs et tes délassements soient de passer d'une action sociale à une autre de même nature.

(1) Les dieux n'étaient et ne pouvaient être pour les stoïciens que des représentations conventionnelles de la divinité universelle. Déjà, Pline le naturaliste avait écrit : « Ira-t-on prétendre qu'il y a un Jupiter ou un Mercure, des dieux désignés par des noms à eux et une liste de personnages célestes ? Qui ne voit que l'interprétation de la nature rend digne de risée une pareille imagination ! » (PLINE, *Hist. nat.*, II, 5.)

Qu'un autre soit plus fort que toi à la lutte ; mais qu'il ne soit pas plus sociable, plus modeste, mieux disposé aux accidents de la vie, plus indulgent aux fautes du prochain.

C'est le propre d'un homme d'aimer ceux même qui l'offensent.

Tu les aimeras, si tu viens à penser que tu es leur parent, que c'est par ignorance et malgré eux qu'ils font des fautes, que dans peu vous mourrez tous, et surtout qu'on ne t'a point fait de mal, puisqu'on n'a pas rendu ton âme de pire condition qu'elle n'était auparavant.

Nous travaillons tous à l'accomplissement du même ouvrage ; quelques-uns avec connaissance et intelligence, les autres sans réflexion. Héraclite a dit, si je ne me trompe, que ceux-là même qui dorment sont des ouvriers qui contribuent de quelque chose à ce qui se fait dans le monde. L'un y contribue d'une façon, l'autre d'une autre : même celui qui murmure contre les accidents de la vie, qui se raidit contre le courant général des choses pour l'arrêter, s'il était possible, y contribue encore plus, car le monde avait besoin d'un tel ouvrier.

Personne ne se lasse de recevoir du bien. Or, c'est se faire du bien que de faire des actions conformes à la nature. Ne te lasse donc point de faire du bien aux autres, puisque par là tu t'en fais à toi-même.

Cette hauteur morale n'a pas été dépassée. Comme elle avait laissé loin le dernier mot de la sagesse antique, inscrit sur le temple de Delphes : *Connais-toi toi-même. Rien de trop. La mesure en toutes choses !* Et comme elle était supérieure à l'horrible légalité romaine, si égoïstique, si rapace, si dure et qui, par tant de côtés, nous étreint encore par son odieux droit familial et son non moins odieux droit propriétaire !

Malheureusement, le touchant altruisme stoïcien,

égal à l'altruisme bouddhique et supérieur à l'altruisme évangélique, aboutit dans la pratique à un pessimisme découragé. Le même Marc-Aurèle nous dira :

> Souviens-toi de l'étendue universelle, quelle part en as-tu ? Et de la durée universelle, quel fugitif instant fait ta portion ?... Pense souvent à la vitesse de la fuite de la succession des choses qui sont et deviennent. Car la substance est comme un fleuve dans un écoulement éternel; et les vivants en des changements continuels et les causes en des transformations innombrables ; et il y a un abîme sans fond, le passé puis l'avenir, tout s'engloutira. En un tel état, n'est-ce pas folie que de se tourmenter ou de s'affliger ?...
>
> Tout cela va disparaître : nos corps dans le monde, nos mémoires dans la durée. La durée de la vie de l'homme est un point, sa substance un écoulement, sa sensation une impuissance, son corps un bâtiment qui tombe, son âme une toupie qui tourne, sa fortune une obscurité, sa renommée un jugement d'aveugle. Bref, tout dans son âme n'est que songe et fumée.
>
> Penser autrement serait mettre en dehors de nous le bonheur, tandis qu'il est la jouissance intime attachée à la conscience de sa propre grandeur. C'est pourquoi le sage qui la possède jouit de tout le bonheur possible et il ne saurait rien espérer au delà.
>
> Ne désirons que l'indispensable, passons-nous joyeusement du reste, selon la devise célèbre : *substine et abstine*, soutiens et abstiens-toi.
>
> Quand maintenant les servitudes de la vie sont trop lourdes, le sage peut affirmer sa liberté en face de la nature, en rejetant courageusement la vie.

Ainsi cette morale si haute aboutit, pour avoir trop violenté la nature, pour n'avoir pas voulu reconnaître

le droit de l'être humain à rechercher aussi un plus grand bonheur pour lui dans un grand bonheur collectif, au culte de la mort, tout comme le christianisme (1).

(1) Nous n'apprendrions rien de nouveau en ajoutant à ce qui précède des démonstrations vertueuses de Sénèque et de Cicéron, qu'ils célébrèrent éloquemment, sans les pratiquer, les vertus stoïciennes.

Sénèque disait :

« Le bonheur consiste à vivre selon la nature. Or, la nature pour l'homme, c'est la raison. Là sont avec le vrai bonheur la liberté, la tranquillité, l'indépendance des choses extérieures, la délivrance des soucis de la vie, la paix intérieure, le calme, l'imperturbabilité. »

Stoïcisme théorique le plus pur, que Sénèque menait avec une fortune scandaleuse de 400 millions de sesterces. A ceux qui l'en blâmaient, il répondit : 1° On fait ce reproche à tous les philosophes ; 2° le philosophe seul sait user des richesses ; 3° il ne les possède pas injustement; 4° il les possède, elles ne les possèdent pas.

Piètres raisons qui ne sauraient, malgré le bain forcé qui termina sa vie, faire absoudre ce charlatan de la morale austère qui maximait sur une table d'or le mépris des richesses.

Cicéron qui, le premier, a prononcé ce beau mot : *caritas generis humani*, a pour lui, au point de vue philosophique, cette admirable glorification de l'amitié : « Après la sagesse, je regarde l'amitié comme le plus riche présent que nous font les dieux immortels. D'autres préfèrent l'opulence, d'autres la santé, d'autres la puissance, d'autres les honneurs et plusieurs même la volupté. Ce dernier est le partage des brutes et à l'égard du reste ce sont les choses fragiles, incertaines et qui dépendent moins de notre prudence que de la fortune et de ses caprices. Quant à ceux qui comptent la vertu pour le bien suprême, ils ont une grande raison. Mais la vertu même est ce qui fait naître l'amitié ; elle en est le soutien et il ne peut y avoir d'amitié sans vertu. Une amitié avec des gens qui ressemblent à ceux que je nomme devient une source intarissable d'agréments. Est-ce vivre, que de n'avoir pas à se reposer dans le sein d'un ami ? Quelle douceur comparable à celle de savoir à qui parler de tout aussi librement qu'avec soi-même ? Ce qui vous arrive d'heureux vous flatterait-il également si personne n'y était aussi sensible que vous ? Et dans un accident fâcheux, où trouver la consolation si ce n'est dans

André Lefèvre a été autorisé à dire :

La vertu stoïcienne fut bien véritablement une vertu mortuaire et non humaine. Si le Sage, au lieu de s'ouvrir les veines sur l'ordre du maître, avait tué le licteur, s'il avait fait de sa maison une citadelle assiégée, s'il avait ameuté le peuple à grand fracas, si même il avait fui, il aurait plus fait pour la liberté et pour la justice. Les recueils d'apophtegmes y eussent perdu beaucoup de belles paroles. Les héroïques réponses d'Épictète, esclave, au maître qui lui cassait la jambe, et les préceptes austères de son *Manuel*, les touchantes effusions mystiques de Marc-Aurèle n'auraient point offert des modèles de magnanimité aux martyrs du renoncement, à l'*Imitation de Jésus-Christ* d'onction aux prédicateurs ; mais les Césars auraient tremblé sur leur trône, et ils en seraient tombés.

un ami, pour qui vos peines sont encore plus accablantes que pour vous-même. Tous les autres objets de nos désirs font presque borner chacun à leur utilité propre. Vous aurez des richesses, c'est pour en faire usage, du crédit pour être considéré, des honneurs pour être loué, du plaisir pour le goûter, de la santé pour ne point souffrir et pour résister aux fatigues du corps. Mais l'amitié est d'une ressource infinie. Partout elle s'offre à vous. Partout elle a lieu. Jamais elle n'est importune, jamais onéreuse. Avoir un ami est avoir un autre soi-même. Quand l'un est absent, l'autre le remplace ; si l'un est riche, l'autre ne manque de rien ; si l'un est faible, l'autre lui donne des forces et, pour dire quelque chose de plus, celui qui meurt le premier renaît dans la constante estime, dans le souvenir tendre. Pour le mort, il semble que ce soit une douleur, et pour le survivant un mérite.

« Aussi est-ce un proverbe que l'amitié pour l'utilité va de pair avec le feu et l'eau. Je ne dis pas cela d'une amitié faible et commune qui pourtant ne laisse pas d'avoir son prix et ses agréments. Je parle d'une sincère et d'une parfaite amitié dont à la vérité on ne cite que bien peu d'exemples. Celle-ci donne à la prospérité un nouvel éclat. Dans l'adversité, comme elle en partage le poids, elle la rend plus légère, et, parmi les bons offices qu'elle nous prodigue alors, c'est qu'en nous mettant un avenir favorable devant les yeux elle ne permet pas que notre caractère succombe. »

Si Marc-Aurèle, ajouterons-nous, au lieu de dire à tout moment: « Prends garde de faire le César », l'eût fait réellement puisqu'il l'était, il eût, — comme le fait faire à son lieutenant Vérus un publiciste éminent, ce jour-là utopiste de génie (1), — il eût fermé les cirques, aboli graduellementt l'esclavage, donné la terre aux colons, fait refaire au monde l'apprentissage de la liberté et laissé en mourant une république méditerranéenne florissante. Puissante assez pour ne laisser passer les barbares que comme des hôtes, après leur avoir fait montrer patte blanche de civilisé; puissante assez encore pour refouler en Orient le christianisme, d'ailleurs combattu seulement par la propagande d'une religion sociale, plus humaine, plus laborieuse, plus européenne, plus en rapport avec les plus terribles nécessités de cette époque polésigénésique.

En faisant ainsi, l'empereur-philosophe n'eût pas seulement prêché la morale, il l'eût fondée, ce qui est le plus difficile, comme dira plus tard le pessimiste Schopenhauer.

IV

SPIRITUALISTES MODERNES

Le christianisme ayant, après son triomphe, éteint dans le sang et sous les ruines toutes les philosophies,

---

(1) Renouvier, *l'Uchronie*, œuvre de pensée profonde et trop peu connue. Dans ce roman philosophique et social du grand criticiste français, Marc-Aurèle, démissionnaire, laisse le pouvoir à Vérus qui régénère l'Occident par le refoulement du christianisme, la justice et la liberté.

en même temps que toutes les manifestations esthétiques de l'antiquité, il nous faut traverser sans nous arrêter les siècles ténébreux et désolés du barbare moyen âge catholique. Même lorsque la Renaissance et la Réforme eurent crevé le globe d'airain sous lequel se débattait l'humanité accablée sous la triple tyrannie du prêtre, du noble et du roi, ni la lumière, ni la justice, ni la liberté ne se hâtèrent d'accourir. On avait été trop longtemps dans les ténèbres pour se faire si vite à la clarté ; puis les bûchers de Giordano Bruno et de Vanini projetaient sur le monde de la pensée leurs flammes menaçantes. Les moralistes catholiques eurent donc seuls la parole. On n'a pas besoin de dire qu'ils n'atteignirent jamais les hauteurs créatrices.

Pascal, un génie profond cependant, reste toujours, quand il parle éthique, dans les données antimorales de la grâce et de l'omnifaisance de Dieu.

Il n'y a pas, pour l'âpre janséniste, qui déclare jusqu'à « l'abêtissement », de charité naturelle en l'homme, car « ce que l'on croit être cela n'est que la grâce expressément surnaturelle qui nous vient de Dieu. »

Dès lors, plus de morale humaine possible, nous sommes simplement, comme dit Renan, les jouets d'un égoïsme supérieur. « Les pensées du héros de Port-Royal, a dit Voltaire, ne peuvent être utiles qu'à un solitaire qui cherche de nouvelles raisons pour haïr et mépriser le genre humain. »

Nicole, autre janséniste, auteur des *Essais de Morale,* vaut encore moins comme moraliste :

Il faut, nous dit-il, il faut n'agir qu'en vue de Dieu, et

il faut craindre de recevoir en ce monde la récompense des bonnes œuvres que nous faisons... Dieu a droit de nous punir des bonnes œuvres dont nous nous glorifions qui sont comme un larcin que nous lui faisons...

Il ajoute : *La charité nous porte à nous haïr, non pas à nous aimer ; nous devons plutôt souhaiter le mépris des créatures que leur amour.*

Belle morale de malfaiteurs !

Pour Descartes, la moralité se confond avec la rectitude du jugement éclairé et la base de la morale est dans la bonne volonté et l'utilité sociale.

Il explique ces deux points de vue :

1º Je ne crois point que, pour mal faire, il soit besoin de voir clairement que ce que nous faisons est mauvais ; il suffit de le voir confusément ou seulement de se souvenir qu'autrefois on a jugé que cela l'était sans le voir en aucune façon, c'est-à-dire sans faire attention aux raisons qui le prouvent ; car, si nous le voyons clairement, il nous serait impossible de pécher pendant le temps que nous le verrions de cette sorte ; c'est pourquoi on dit : *omnis peccans est ignorans.*

2º Le souverain bien de chacun en particulier ne consiste qu'en une ferme volonté de bien faire et au contentement qu'elle produit. Donc la raison est que je ne remarque aucun autre bien qui me semble si grand, qui soit entièrement au pouvoir de chacun. Car, pour les biens du corps et de la fortune, ils ne dépendent pas entièrement de nous, et ceux de l'âme se rapportent tous à deux choses, qui sont, l'une de connaître, et l'autre de vouloir ce qui est bon ; mais la connaissance est souvent au delà de nos forces ; c'est pourquoi il ne reste que notre volonté dont nous puissions absolument disposer.

Au lieu de cette philosophie spéculative qu'on enseigne dans les écoles, ne peut-on trouver une pratique par laquelle connaissant la force et les actions du feu, de l'eau, de l'air, des astres, des cieux et de tous les autres corps qui nous environnent, aussi distinctement que nous connaissons les divers métiers de nos artisans, nous les pourrions employer en même façon à tous les usages auxquels ils sont propres, et ainsi nous rendre maîtres et possesseurs de la nature ?

Réminiscence de socratisme : morale supérieure au moins aux duretés jansénistes précitées.

L'un des cartésiens les plus connus, le père Malebranche, le théoricien militant de cette absurdité odieuse : l'insensibilité des animaux, retomba, lui, dans l'omnipotence et l'omnifaisance divines des jansénistes.

« Il n'y a, disait-il, qu'une seule cause qui soit vraiment cause, et l'on ne doit pas s'imaginer que ce qui précède un effet en soit la véritable cause. Dieu ne peut même communiquer sa puissance aux créatures ; il n'en peut faire de véritables causes ; il n'en peut faire des dieux ; corps, esprits, pures intelligences, tout cela ne peut rien.

« L'homme est un pur néant par lui-même. Il ne peut rien sans Dieu, ni penser, ni se mouvoir. Dieu est l'auteur de nos pensées, de nos plaisirs, de nos douleurs. »

Fuyons cet oratorien qui dit en parlant de tous les monuments de la pensée humaine échappés aux destructeurs catholiques : « Ce serait un petit malheur si tout cela venait à brûler ! »

Lui qui voit tout en Dieu ne voit pas qu'il est fou.

Au moins Fénelon, lorsqu'il traite de morale, donne

quelques conseils de bonté et de civilité puérile et honnête.

A titre de curiosité, je reproduis ici ses *Quatrains moraux* qui ne sont pas plus mauvais que tout ce qu'on a dit de son temps sur le même sujet (1) :

> Rendez au créateur ce que l'on doit lui rendre.
> Réfléchissez avant que de rien entreprendre.
> Point de sociétés qu'avec d'honnêtes gens ;
> Et ne vous flattez pas de vos heureux talents.
> Conformez-vous toujours aux sentiments des autres ;
> Cédez honnêtement, si l'on combat les vôtres.
> Donnez attention à tout ce qu'on vous dit ;
> Et n'affectez jamais d'avoir beaucoup d'esprit.
> N'entretenez personne au delà de sa sphère :
> Et dans tous vos discours tâchez d'être sincère.
> Tenez votre parole inviolablement,
> Et ne promettez point inconsidérément.
> Soyez officieux, complaisant, doux, affable,
> Et pour tous les humains d'un abord favorable.
> Sans être familier, ayez un air aisé.
> Ne décidez de rien qu'après avoir pesé.
> Aimez sans intérêt; pardonnez sans faiblesse.
> Choisissez vos amis avec délicatesse.
> Cultivez avec soin l'amitié d'un chacun.
> A l'égard de procès, n'en intentez aucun.

(1) Sans en excepter ceux qui, un siècle avant, avaient fait la réputation de Pibrac. Ce dernier n'avait guère été qu'un imitateur de Phocylide, d'Epicharme, et autres poètes gnomiques de la Grèce.

Voici un échantillon de la manière de Pibrac :

> Songe que c'est trop peu que de ne pas mal faire ;
> Il faut faire le bien, il faut qu'un malheureux
> Dans toi trouve toujours un ami généreux
> Et l'innocent toujours un défenseur sévère.
> L'avide ambition pour mère a l'ignorance,
> Le sot orgueil pour père et l'enfer pour pays,
> Pour désir l'univers, pour plaisir les ennuis,
> Et trouve son tyran dans son impatience.

Plus profonde, pour cette époque, est cette sage pensée du vieux Charron que la morale est subordonnée au milieu social qui nous enserre et qu'on doit s'en affranchir le plus possible, par le scepticisme et la prudence.

Ne vous informez point des affaires des autres ;
Sans affectation taisez-vous sur les vôtres.
Prêtez de bonne grâce, avec discernement.
S'il faut récompenser, faites-le noblement.
En quelque heureux état que vous puissiez paraître,
Que ce soit sans excès et sans vous méconnaître.
Compatissez toujours aux disgrâces d'autrui.
Supportez ses défauts, vivez bien avec lui.
Surmontez les chagrins où l'esprit s'abandonne,
N'usez de raillerie envers nulle personne.
Où la discorde règne, apportez-y la paix ;
Et ne vous vengez point qu'à force de bienfaits.
Reprenez sans aigreur ; louez sans flatterie.
Riez paisiblement ; entendez raillerie.
Estimez un chacun dans sa profession ;
Et ne critiquez rien par ostentation.
Ne reprochez jamais le plaisir que vous faites,
Mais le mettez au rang des affaires secrètes.
Prévenez les besoins d'un ami malheureux :
Sans prodigalité montrez-vous généreux.
Modérez les transports d'une bile naissante ;
Et ne parlez qu'en bien d'une personne absente.
Fuyez l'ingratitude ; et vivez sobrement.
Jouez pour le plaisir et perdez noblement.
Parlez peu, pensez bien, et n'offensez personne.
Faites toujours grand cas de ce que l'on vous donne.
Ne tyrannisez point le pauvre débiteur ;
Pour lui comme pour vous soyez de bonne humeur.
Au bonheur du prochain ne portez point d'envie ;
Et ne divulguez point ce que l'on vous confie.
Ne vous vantez de rien, gardez votre secret.
Après quoi, mettez-vous au-dessus du caquet.

Ce n'est élevé ni de pensée ni de ton ; l'auteur de *Télémaque* était ordinairement mieux inspiré.

Il y a plus d'originalité dans La Bruyère.

L'illustre auteur des *Caractères* « ne découvre, dit Taine, que des vérités de détail. Il montre le ridicule d'une mode, l'odieux d'un vice, l'injustice d'une opinion..... mais ses vues éparses ne le conduisent pas à une idée unique ; il tente mille sentiers et ne fraye pas de routes. De tant de remarques vraies il ne forme pas un ensemble ; il donne des conseils à chaque âge, à chaque condition, à chaque passion, mais non à l'humanité. »

Il n'empêche que La Bruyère, en même temps que l'un des ouvriers les plus accomplis de la prose française, ne soit un moraliste généreux, digne des sympathies de la postérité. Il a dignement célébré les sentiments affectifs, et la compatissance est au fond de tous ses jugements. Il a vu aussi, tout comme Vauban et Fénelon, les injustices, les gaspillages et les douleurs de son temps ; il les a déplorés ou stigmatisés en réflexions immortelles. On connaît la fameuse remarque sur les paysans (« Certains animaux farouches, etc. »). Il osa dire l'un des premiers que l'honnêteté est plus proche de la pauvreté que de la richesse.

Cherchez ce qu'il y a d'ironie douloureuse et d'ardent désir de réforme dans cette réflexion : « Il faut des saisies de terre et des enlèvements de meubles, des prisons et des supplices, je l'avoue ; mais justice, loi et besoin à part, ce m'est toujours une chose nouvelle de contempler avec quelle férocité les hommes traitent d'autres hommes. »

Voici une autre remarque, révolutionnaire celle-là :

> Il y a des misères sur la terre qui saisissent le cœur : il manque à quelques-uns jusqu'aux aliments ; ils redoutent l'hiver ; ils appréhendent de vivre. L'on mange ailleurs des fruits précoces ; l'on force la terre et les saisons pour fournir à sa délicatesse. De simples bourgeois, seulement à cause qu'ils étaient riches, ont eu l'audace d'avaler en un seul morceau la nourriture de cent familles. Tienne qui voudra contre de si grandes extrémités, je me jette et me réfugie dans la médiocrité.

Les *simples bourgeois*, dit Sainte-Beuve, viennent là bien à propos pour endosser le reproche, mais je ne répondrais pas que la pensée ne fût écrite un soir en rentrant de ces soupers de demi-dieux, où M. le duc (le duc de Charolais, petit-fils du Grand Condé, que Saint-Simon lui-même a voué à l'exécration de l'histoire) « poussait de champagne Santeuil » (que la jolie famille empoisonna pour se divertir). Que de réformes poursuivies depuis lors et non encore menées à bonne fin contient cette parole ! Le cœur d'un Fénelon y palpite sous un accent plus contenu. La Bruyère s'étonne, comme d'une chose *toujours nouvelle*, de ce que Mme de Sévigné trouvait tout simple, ou seulement un peu drôle : le xviiie siècle, qui s'étonnera de tant de choses, s'avance.

Le même Saint-Beuve a dit sans exagération :

> La Bruyère, dans le cercle du moraliste, a ce don sans pareil d'être successivement chaque cœur ; il est du petit nombre de ces hommes qui ont tout su.

La Bruyère n'a été équitablement apprécié que par le xixe siècle ; mais au xviiie siècle il trouva un admirateur et un continuateur dans le noble auteur des *Réflexions morales*.

Vauvenargues, jeune officier, mort à trente-deux ans après avoir été aveuglé et défiguré par la petite vérole, est le plus sympathique des maximistes français.

> En le lisant, dit Marmontel, je crois encore l'entendre ; et je ne sais si sa conversation n'avait pas même quelque chose de plus animé, de plus délicat que ses divins écrits.

Marmontel a écrit ailleurs :

> Vauvenargues connaissait le monde et ne le méprisait

point. Ami des hommes, il mettait le vice au rang des malheurs, et la pitié tenait dans son cœur la place de l'indignation et de la haine. Jamais l'art et la politique n'ont eu sur les esprits autant d'empire que lui en donnaient la bonté de son naturel et la douceur de son éloquence. Il avait toujours raison, et personne n'en était humilié. L'affabilité de l'ami faisait oublier en lui la supériorité du maître.

L'indulgente vertu nous parlait par sa bouche.

Doux, sensible, compatissant, il tenait nos âmes dans ses mains. Une sérénité inaltérable dérobait ses douleurs aux yeux de l'amitié. Pour soutenir l'adversité, on n'avait besoin que de son exemple ; et, témoin de l'égalité de son âme, on n'osait être malheureux avec lui.

C'est Vauvenargues qui a prononcé ces deux grandes paroles : « Les grandes pensées viennent du cœur, » et : « On ne peut être juste si l'on n'est humain. » De lui aussi cette maxime : « La clémence vaut mieux que la justice (1). »

Citons encore :

Nous sommes susceptibles d'amitié, de justice, d'humanité, de compassion et de raison. Mais, ô mes amis ! qu'est-ce donc que la vertu ?

C'est un grand spectacle de considérer les hommes méditant en secret de s'entre-nuire, et forcés néanmoins de s'entr'aider contre leur inclination ou leur dessein.

Nous querellons les malheureux pour nous dispenser de les plaindre.

La magnanimité ne doit pas compte à la prudence de ses motifs.

---

(1) Voltaire a dit avec autant de force :
Qui n'est que juste est dur, qui n'est que sage est triste.
(Epître I au roi de Prusse.)

L'avare prononce en secret : Suis-je chargé de la fortune des misérables ? et il repousse la pitié qui l'importune.

Il ne faut pas trop craindre d'être dupe.

La raison ne connaît pas les intérêts du cœur.

Toute l'œuvre de Vauvenargues est dans cet ordre d'idées.

A côté de la pléiade française du xviie siècle avait brillé un astre philosophique de première grandeur : je veux parler de Leibnitz, plus connu comme philosophe que comme moraliste. Moraliste, cependant, et moraliste éminent en dépit de son optimisme, que de profonds esprits ont qualifié d'immoral, avec quelque raison.

On a de lui cette belle définition de l'amour humain :

Amare est felicitate alterius delectari : aimer, c'est se délecter du bonheur d'autrui. Ainsi est résolue (1) la question de l'amour désintéressé, quoique cependant il soit vrai que nous ne faisons rien que pour notre bien : c'est que toutes ces choses, que nous désirons par elles-mêmes et sans aucune vue d'intérêt, sont d'une nature à nous donner du plaisir par leurs excellentes qualités, de sorte que la félicité de l'objet aimé est dans la nôtre.

Le mal vient de l'erreur, dit-il encore, et le bien est dans la connaissance ; quant au plaisir, c'est une perfection sentie. Vers cette perfection, source d'élévation et de bonheur, doit donc tendre toute l'extériorité rationnelle de l'homme (2).

---

(1) On a objecté que la félicité d'autrui n'est qu'un intermédiaire par lequel nous voyons notre propre félicité. Soit, il n'en est pas moins beau et suprêmement moral de chercher son bonheur dans celui d'autrui. En outre, la préférence d'altruisme peut aller jusqu'au sacrifice de soi. N'y a-t-il pas là quelque chose de plus que l'égoïsme bien entendu ?

(2) Ces hautes préoccupations intellectuelles n'empêchèrent

J'appelle perfection, ajoute-t-il, tout ce qui élève l'être (*alle Erhœhung des Wesens*). Elle consiste dans la force d'agir (*in der Kraft zu wirken*) ; tout être réside en une certaine force ; plus grande est la force, plus haute et plus libre est l'essence (*hœher und freier ist dass Essenz*). En outre, plus une force est grande, plus se manifeste en elle la pluralité dans l'unité (*Viel aus einem und in einem*) ; or, l'un dans le plusieurs n'est rien autre que l'accord (*die Uebereinstimmung*) et de l'accord naît la beauté, et la beauté engendre l'amour. D'où l'on voit comment bonheur, plaisir, amour, perfection, essence, force, liberté, harmonie, ordre sont liés l'un à l'autre : ce qui a été remarqué de bien peu de philosophes. Lorsque l'âme ressent en elle-même harmonie, ordre, liberté, force ou perfection, elle en ressent aussi du plaisir et cet état produit une joie durable qui ne peut tromper. Or, lorsqu'une telle joie vient de la connaissance et est accompagnée de lumière, et produit par conséquent dans la volonté une certaine inclination vers le bien, c'est ce qu'on appelle la vertu (1).

De Leibnitz à Kant, la transition est facile. Ce n'est pas sans un grand sentiment de respect que nous allons analyser et critiquer l'œuvre du plus grand des moralistes de l'école idéaliste.

pas Leibnitz de s'occuper aussi du bonheur terrestre des hommes. Dans un de ses écrits inédits en langue allemande, analysé par M. Westermann, il demandait la création d'ateliers nationaux « afin, disait-il, que les riches négociants n'exploitent plus les pauvres travailleurs ». Au XVIIe siècle ! c'est à noter à la gloire de ce grand homme.

(1) Voir Leibnitz (extraits de la *Théodicée*, par Ad. Fouillée). Voir aussi Janet : *la Morale*.

V

KANT, FICHTE, RENOUVIER, LANGE, JANET

Le grand et profond philosophe moraliste de Kœnigsberg s'attache tout d'abord à débarrasser la morale de tout eudémonisme, de tout motif intéressé.

Ces définitions sont à ce sujet d'une sévère précision.

La *bonne volonté* d'un homme, ou la *vertu en général*, est l'intention désintéressée, dominante, d'agir d'après les lois de la moralité. Toute intention et toute action où l'utile et l'agréable sont sacrifiés à la valeur externe sont *vertueuses*. Les actions qui n'ont d'autre but que l'utile, que l'agréable, ne sont pas *vertueuses*, quand bien même elles pourraient n'être pas précisément vicieuses. Elles se font non par devoir, mais par prudence.

Il insiste ; pour lui, la morale est une *obligation morale*, et l'*obligation morale* est le devoir de faire ce qui est conforme à la loi rationnelle et d'omettre ce qui y est contraire.

D'où vient maintenant cette *loi rationnelle ?*

L'être raisonnable, nous dit Kant, appelle sa causalité une volonté en tant simplement qu'il est membre du monde intellectuel. *Or le monde intellectuel contient le fondement du monde sensible, par conséquent aussi de ses lois.* Je dois m'y conformer et, comme intelligence, me reconnaître soumis aux lois du monde intellectuel, comme à des *impératifs* (limitant les mouvements sensibles) pour moi et les actions conformes comme des devoirs.

Ainsi le motif moral initial émane des insondables profondeurs de l'abstrait ou de la raison pure et n'a pour point d'appui que le fond mouvant de la conscience, de la conscience qui n'est qu'un *processus*.

Schopenhauer n'a-t-il pas raison de dire que la morale kantienne est, en dernier ressort, une fille de la morale théologique ; que, comme cette dernière, elle est une morale d'esclave, obéit à un commandement. Cela est tellement vrai que Kant, trahissant sa critique philosophique, en arrive à dire que la morale a trois postulats :

1º L'*immortalité* de l'âme, découlant de la condition pratiquement nécessaire de la conformité de la durée pour l'accomplissement de la loi morale ;

2º La *liberté*, découlant de la supposition nécessaire où est l'homme du monde sensible, quant à la faculté de déterminer sa volonté, d'après les lois d'un monde intelligible ;

3º L'*existence de Dieu*, découlant de la nécessité de la condition d'un monde intelligible, par la supposition d'un bien suprême absolu.

Ces postulats découlant de « suppositions », de « nécessités », sont ce qu'il y a de plus arbitraire, et Kant a infirmé son éthique, en voulant à toute force la faire reposer sur des bases théologiques, spiritualistes et métaphysiques, que lui-même reconnaît seulement « supposables » et « nécessaires », c'est-à-dire incertaines.

En outre, n'est-ce pas là ouvrir la porte aux sanctions extra-terrestres et donner une récompense pour but à l'obligation morale qu'on nous a dit pompeusement avoir pour objet non pas de nous rendre heureux, mais de nous rendre seulement dignes de l'être (1) ?

Comme plus solidement assise est la morale altruiste: sociale dans ses origines, sociale dans sa destination !

Kant est plus heureux, son point de départ étant admis, dans le choix des formules générales dont il se sert pour envelopper ses préceptes moraux.

Toutes les actions moralement bonnes doivent dériver des lois morales que nous prenons pour maximes, et les lois elles-mêmes doivent émaner du *principe suprême de la moralité* qui veut universellement et nécessairement. Ce n'est qu'à cette condition que les actions des hommes auront des règles certaines et déterminées. Ce principe général suprême peut être exprimé de différentes manières, mais qui ne diffèrent point quant au fond.

I. *Agis d'après des règles et des maximes telles que tu puisses vouloir qu'elles soient érigées en lois générales pour toi et pour tous les autres hommes.* Si, par exemple, nous ne pouvons jamais vouloir que ce soit une maxime générale parmi les hommes de tromper, de voler, d'abréger sa vie par l'intempérance, nous rejetterons cette maxime comme moralement mauvaise.

II. *Ne traite jamais les êtres raisonnables, toi-*

---

(1) Schopenhauer l'en a vivement blâmé :
« Toute nécessité morale est subordonnée à une condition, à un châtiment ou à une récompense ; pour parler comme Kant, elle est essentiellement hypothétique et non, comme il l'affirme, catégorique ; supprimez par la pensée ces conditions, l'idée de nécessité reste vide de sens... Cette prétention de mettre l'éthique sous une forme impérative... découle de l'éthique théologique:.... car tout cela repose sur cette hypothèse que l'homme dépend d'une volonté étrangère qui lui commande et lui édicte des châtiments et des récompenses... Morale d'esclaves...» (SCHOPENHAUER: *le Fondement de la morale*, traduction de A. Burdeau.)

même ou les autres, comme de simples moyens par des fins arbitraires, mais comme des fins en soi.* Ceux-là manquent à cette maxime qui ne se servent de leur raison que pour se procurer de nouveaux moyens de jouissance, et en oublient la principale destination. Il en est de même de ceux qui traitent les autres hommes comme de simples choses, ainsi que de ceux qui compriment la liberté de conscience d'autrui par des vues intéressées, ou qui le trompent dans leur intérêt.

III. Agis d'après des maximes telles que toi-même, si tu étais législateur universel, tu puisses les ériger en lois pour des êtres raisonnables. Ce que tu veux que les autres fassent ou ne fassent pas à ton égard, toi-même fais-le ou ne le fais pas par rapport à eux. Il y aurait contradiction dans ta propre raison, si tu voulais que quelque chose te fût permis, quand ta raison trouverait d'ailleurs qu'il ne peut l'être aux autres.

Cette dernière formule n'est guère que la paraphrase magnifiquement faite de l'antique : *Ne fais pas à autrui ce que tu ne voudrais pas qui te fût fait à toi-même.*

Mais il reste bien à Kant l'admirable respect de la personne humaine qui lui fait nous recommander de *ne pas nous servir d'autrui pour nos fins propres, à titre de moyens*, et l'excellent procédé d'universaliser, par la pensée, un acte afin de juger de sa moralité.

Reprenons notre exposé.

Tout être libre devant être considéré comme l'auteur de sa valeur morale ou non morale, la raison attribue à ses actions un mérite ou un démérite moral. *Le compte moral est la détermination de la valeur ou de la non-valeur interne d'une intention et d'une action d'après les principes de la raison morale,* le devoir étant une contrainte que l'on se fait en faveur d'une fin prise contre son inclination.

Par suite, les actions ont une valeur interne et une valeur externe qui peuvent se rencontrer et aussi ne pas se rencontrer. Dans ce dernier cas, la valeur interne (le bien ou le mal, le juste ou l'injuste de l'acte en soi) doit l'emporter sur la valeur externe (l'acte envisagé dans ses conséquences).

Ainsi la bonne volonté ou la bonne intention, l'acte sans autre but que l'accomplissement des lois de la morale pour elles-mêmes est tout dans l'éthique.

Schiller s'est spirituellement moqué de cette préoccupation exclusive du mobile des actes dans l'épigramme suivante :

Scrupule de conscience. — Je sers volontiers mes amis, mais, hélas ! je le fais avec inclination, et ainsi j'ai souvent le remords de n'être pas vertueux.

Décision. — Tu n'as qu'une chose à faire : il faut tâcher de mépriser cette inclination et faire alors avec répugnance ce que t'ordonne le devoir.

Nous connaissons maintenant la base morale de Kant ; voyons sa catégorisation des devoirs :

La morale, ensemble des fins de la raison pratique pure, peut encore être dite science de la vertu ou science des devoirs. Le concept du devoir conduit aux fins et établit les préceptes moraux ; il repose sur cet axiome : *Fais ton devoir par devoir*, en ayant toutefois en vue le *perfectionnement de toi-même* et le *bonheur des autres*.

Les devoirs sont de deux sortes :

Devoirs parfaits ou *devoirs de droit* découlant de l'*impératif catégorique* et dont la transgression est une faute.

Devoirs imparfaits ou *devoirs moraux*, découlant de l'*impératif hypothétique* et dont l'accomplissement est son mérite.

Un devoir est parfait quand on est obligé à quelque chose de précis, par exemple : respecter la propriété d'autrui.

Par contre, le devoir est imparfait quand la loi rationnelle laisse quelque chose à l'arbitraire, par exemple : assister les nécessiteux. Ainsi la justice est un devoir parfait, la bienfaisance ou la bonté un devoir imparfait.

Combien arbitraire est cette distinction ! Qui peut se flatter de posséder le sens exact de la justice et surtout d'être juge en sa propre cause ! Selon que l'on sera plus avide ou plus porté à la générosité, plus dur ou plus bienveillant, le plateau de la balance penchera d'un côté ou de l'autre, mais plus souvent du côté du juge que du côté du jugé, car l'égoïsme, « motif anti-moral par excellence » qui est en nous, prend tous les déguisements et surtout celui de la justice. Piètre arbitre de la moralité est donc notre sens de la justice, pour juger en notre propre cause, et l'on risquerait moins d'errer en se défiant toujours des incitations de l'égoïsme, en faisant appel aux sentiments altruistes, que le passé social de l'humanité a lentement stratifiés en nous, pour apprécier les actes, et en mettant la bonté au premier rang des motifs moraux.

D'après ce qui a précédé, Kant divise les devoirs des deux catégories en *devoirs envers soi* et en *devoirs envers autrui*. Son disciple Snell les a classés de la sorte :

Devoirs envers soi. — 1° Nous devons chercher à conserver et à relever la dignité humaine ; 2° conserver notre vie ; 3° conserver nos facultés intellectuelles et travailler à les développer ; 4° conserver notre santé ; 5° conserver notre bonheur.

Sauf le premier et le troisième, ces devoirs n'ont aucune valeur morale proprement dite ; encore le troisième est-il incomplet en ce que, parlant seulement des *facultés intellectuelles*, il semble proscrire les *facultés affectives*, qui ont pour le moins autant d'influence que les facultés intellectuelles.

Devoirs envers autrui. — Nous devons, dit encore Snell : 1° respecter les autres hommes comme des êtres raisonnables ; 2° conserver et augmenter leur dignité d'hommes ; 3° conserver la vie, la santé et toutes les forces corporelles des autres hommes ; respecter et conserver leurs biens ; 4° être véridiques ; 5° respecter nos engagements.

Que signifie ce mot *conserver* appliqué aux facultés et aux biens d'autrui ? Nous ne sommes en rien responsables des qualités et de l'avoir d'autrui, puisque, d'après Kant, nous ne lui devons que la justice. On remarquera encore que la simple formule qui eût été d'ailleurs plus rationnelle « aider autrui selon notre pouvoir » ne se trouve pas dans la partie altruiste du décalogue kantien.

Kant, disent ses biographes, fut un homme de mœurs intègres et d'une modestie exemplaire ; il disait n'avoir causé le malheur d'aucune créature humaine. Mais il n'avait cultivé en lui que l'*organe cognitif* ou l'entendement, et les sentiments affectifs lui étaient aussi étrangers que la poésie ou l'éloquence qu'il appelait de la prose en délire. Tant valut l'homme, tant vaut l'éthique pure, élevée, stricte, juste, mais sèche et privée de ce sentiment de bonté sans lequel aucune théorie morale ne sera attractive, ni ne passionnera les foules.

Les devoirs de l'ordre affectif ne sont pourtant pas

entièrement négligés par Kant, mais il les relègue dans la catégorie des imparfaits :

Le devoir d'amour du prochain est *large* (ou imparfait). Il consiste à faire les fins des autres hommes (tant qu'elles n'ont rien d'immoral). Le précepte : aime ton prochain *comme toi-même*, signifie donc : prends pour fin le bien, le salut d'autrui. Les devoirs d'amour sont au nombre de trois : la bienfaisance, la reconnaissance et la participation (il eût fallu dire sympathie).
C'est un devoir de faire le bien aux autres hommes qui sont dans le besoin, suivant la mesure de ses facultés, sans rien attendre en retour, vu que la loi de l'égoïsme est opposée à elle-même dès qu'elle est érigée en loi générale, c'est-à-dire qu'elle est contraire au devoir ; ce qui nous fait dire que la maxime de l'utilité commune est un devoir.

De ce théorème, Kant aurait dû conclure qu'un certain minimum de bonté ou de bienfaisance doit faire partie des devoirs parfaits. Il n'en est rien, il se contente de dire :

La participation à la joie et à la peine d'autrui sont, à la vérité, des sentiments (c'est-à-dire ne sont pas des concepts moraux), mais c'est un sentiment d'humanité de les faire servir comme moyen pour faire le bien d'une manière raisonnable (comme s'ils n'étaient pas le bien par eux-mêmes). On connaît les vices opposés à ces trois devoirs ; ce sont : l'*envie*, l'*ingratitude* et la *joie du malheur d'autrui* (ou antipathie).

L'amitié et la sociabilité font aussi partie des devoirs imparfaits. Voici comment le philosophe classe la première et comprend la seconde :

L'amitié dans sa perfection (l'amitié esthétique) est

l'union de deux personnes par un amour et un respect égal et mutuel. Elle est de devoir large, c'est-à-dire qu'on doit y aspirer, mais qu'on n'est pas obligé de l'atteindre dans sa perfection.

L'*amitié morale* (pour la distinguer de l'amitié esthétique) est la parfaite confiance de deux personnes qui s'ouvrent l'une à l'autre de leurs jugements et de leurs sensations secrètes, autant que la chose est possible, sans préjudice pour le respect réciproque. L'amitié morale n'est pas un idéal : elle existe réellement par ci, par là, dans sa perfection. Mais l'amitié esthétique, telle que nous l'avons définie plus haut, est un idéal du cœur.

La *sociabilité* et, par conséquent, les qualités qui rendent le commerce des hommes agréable, est aussi un devoir. Ce n'est pas précisément de la vertu, mais c'en est un ornement et quelquefois un commencement.

Jusqu'au bout s'affirme le caractère purement rationaliste de la morale kantienne ; elle n'est même pas innée, et, comme une science quelconque, elle demande à être apprise.

« Elle doit être le fruit d'une forte résolution, d'après la raison pratique pure, en tant que cette raison obtient, dans la conscience de sa réflexion (par liberté), la victoire sur les inclinations. » — La vertu est donc une *doctrine*, c'est-à-dire qu'elle peut et doit être apprise. Il eût fallu ajouter : autant que le comporte le fond moral qui est en nous, et qui se compose des sentiments de dignité, de justice et de bonté déposés en nous par l'acquis des générations successives, et des devoirs nécessités par la vie sociale. Enfin, et dernière critique, les devoirs de Kant s'arrêtèrent à l'humanité, aux êtres raisonnables ; les animaux, par conséquent, sont des choses et doivent être traités comme des moyens... Si donc l'homme doit compatir aux souffrances des bêtes, c'est pour s'exercer ; nous nous habituons sur elles, comme *in animâ vili*, à éprouver la compassion envers nos semblables. « Et moi, d'accord avec toute l'Asie, celle qui n'a pas été atteinte par l'Islam (c'est-à-dire par le judaïsme), je dis que de telles pensées sont odieuses et abominables. Ici encore on voit pleinement ce que nous avons démontré, que cette morale philosophique n'est bien qu'une morale de théologiens, mais déguisée ; qu'elle est toute dépendante de la Bible. Comme la morale chrétienne (je reviendrai sur ce point) n'a pas un regard pour les animaux, dans la morale des philosophes aussi ils demeurent hors la loi, de simples « choses, » des moyens bons à tout emploi, un je ne sais quoi fait pour être disséqué vif, chassé à courre, sacrifié en des combats de taureaux et en des courses, fouetté à mort au timon d'un chariot de pierres qui ne veut pas s'ébranler. » (Schopenhauer : *loco citato*.)

Le plus éminent des disciples français de Kant, Charles Renouvier, dans sa *Science de la morale*, apprécie naturellement avec plus de faveur l'œuvre du maître. Il la résume en ces lignes que nous nous faisons un devoir de reproduire :

« L'antinomie de la conscience et du monde est résolue pratiquement par la limitation réciproque des devoirs de respect et de bonté, d'une part, et du devoir de conservation, de l'autre, tous devoirs ramenés au centre de la personne ; de cette harmonie résulte la *justice* qui consiste en ce que l'agent moral, au lieu de subordonner les fins d'autrui aux siennes, considère la personne d'autrui comme semblable à lui et possédant des fins propres qu'il doit respecter en vertu du principe pratique suprême. » Pour Fouillée, Kant est un scolastique de génie qui met fin à la scolastique, un théologien profond qui met fin à la théologie, un moraliste de l'ancienne école qui met fin à la morale traditionnelle. Sa grande gloire est d'avoir entr'ouvert les portes à une philosophie nouvelle ; mais, en philosophie plus qu'ailleurs, la logique veut qu'une porte soit entièrement ouverte ou entièrement fermée. « Aussi croyons-nous, ajoute Fouillée, que les esprits rigoureux, s'ils ne veulent pas revenir en arrière du kantisme, s'élanceront en avant : tous en sortiront.

Après Kant, beaucoup de philosophes cherchèrent le motif moral dans l'impératif catégorique ou notion du devoir par devoir et dans la dignité de l'homme. Parmi eux se distingue Fichte, dont Schopenhauer a si cruellement exagéré et si amèrement critiqué les défauts. Fichte appuya fortement les affirmations kantistes.

> Le motif moral est absolu, dit-il ; il commande purement et simplement, sans intervention d'aucune fin différente que lui-même... L'homme tout entier n'est que le véhicule de la loi morale. Tout individu est une fin en ce qu'il est un moyen propre de réaliser la raison ; c'est là le but dernier de son existence, c'est pour cela qu'il est, et, si ce but n'est pas atteint, il n'a aucun besoin absolument d'exister.

Une telle façon de voir poussa à une glorification exagérée du *moi*, à un autonomisme ou individualisme transcendant. Par une heureuse inconséquence cependant, Fichte fut un généreux et compréhensif humaniste, un apôtre glorieux du progrès qui, tout en restant patriote allemand, se fit l'apologiste de la Révolution française, alors débordant de la France sur sa patrie! Il fut le précurseur du socialisme en Allemagne. Et il en était digne l'homme qui disait : « Lorsqu'un homme est persécuté, c'est un devoir absolu de le défendre, fût-ce au péril de notre propre vie. Dès qu'une vie d'homme est en danger, nul n'a plus le droit de songer à sa propre sûreté. »

A plus forte raison en était digne l'auteur de cette sublime invocation :

> Non, ne nous quitte point, palladium sacré de l'humanité, pensée consolante que de chacun de nos travaux, de chacune de nos douleurs, naît pour nos frères une nouvelle perfection, une joie nouvelle; que nous travaillons pour eux et que nous ne travaillons pas en vain; qu'à la place où maintenant nous nous fatiguons et sommes foulés aux pieds et — ce qui est pire encore — où nous errons et nous trompons grossièrement, un jour fleurira une génération qui pourra toujours faire ce qu'elle voudra, parce qu'elle ne voudra que le bien; — tandis que nous, dans des régions supérieures, nous serons satisfaits de nos descendants et retrouverons développés dans leurs vertus les germes que nous aurons déposés en eux et reconnaîtrons pour nôtres. Enthousiasme-nous, perspective de cet avenir, et donne-nous le sentiment de notre dignité; montre-nous-la du moins dans nos dispositions, encore que notre état présent la contredise. Répands l'audace et un sublime enthousiasme sur nos entreprises, et, dussions-nous être brisés, soyons ranimés, pendant que nous soutient la première pensée : « J'ai fait mon devoir »; soyons ranimés par la deuxième pensée : « Aucune semence, jetée par moi, ne sera perdue dans le monde moral; au jour de la moisson j'en verrai les fruits et, avec les tiges, je me tresserai d'immortelles couronnes. »

L'élan poétique qui emportait Fichte, quand il

écrivait ces paroles, dit Lange, ne s'empara pas de lui à propos d'une contemplation religieuse confuse, mais de Kant et de la Révolution française. Ainsi, chez Fichte, vie et doctrines ne sont qu'un, et tandis, que la parole de vie était prostituée par des princes de ce monde, surgissait en lui l'esprit destructeur de toutes les chaînes ; il déclarait à haute voix que le renversement de ce qui existait en France avait du moins amené quelque chose de meilleur que les constitutions despotiques, tendant à la dégradation de l'humanité.

Tel était Fichte; on peut se présenter avec confiance au jugement de la postérité, lorsqu'on laisse un pareil testament auquel on a conformé ses actes.

Pour une grande part, l'honneur de Kant sera de n'avoir inspiré que des hommes d'une haute valeur morale. Nous avons vu ce qu'était Fichte; avec moins de puissance, mais avec des vues aussi élevées et des intentions aussi pures, Renouvier a aussi écrit d'admirables pages sur la morale, le progrès humain et le socialisme.

Il amende heureusement son maître lorsqu'il dit : « On peut aussi faire des actes moraux par sentiment et sympathie aussi méritoires que ceux accomplis par raison et par devoir. »

Cependant, comme le sage de Kœnigsberg, il base le motif moral sur la conscience :

> La thèse du criticisme est précisément la primauté de la morale dans l'esprit humain à l'égard de l'établissement possible au nom des vérités transcendantes desquelles on prétendait jadis universellemennt déduire la morale. Le criticisme subordonne tous les inconnus aux phénomènes, tous les phénomènes à la conscience et dans la conscience même la raison théorétique à la raison pratique.

Il reste toujours à démontrer que la conscience est un état *permanent* et n'est pas *une suite d'états*. Renouvier se contente de prendre la conscience, telle quelle, d'un être raisonnable :

> Cette conscience se témoigne un *devoir faire* : une telle notion est constitutive de l'état le plus élémentaire de la moralité d'un agent. Il suffit que celui-ci soit un être prévoyant, raisonnable et qu'il ait des fins à poursuivre, et que tous les biens ne soient pas équivalents entre eux à ses yeux, et qu'il doit préférer ceux qui tendent à conserver et à développer notre nature et notre raison, conformément au plan dont notre raison est capable et que notre conscience nous dit de réaliser.

Mais par les développements donnés à la morale individuelle, familiale et sociale est remarquable la *Science de la morale* du philosophe français. Il est impossible d'interpréter dans un sens plus humain, plus social la morale intuitive.

Kant a trouvé là un digne commentateur. J'ai analysé ailleurs le système social qu'il fait découler de sa morale (1) ; les nécessités respectives de la dignité humaine, des sentiments altruistes et de la solidarité sociale y sont très suffisamment reconnus et respectés.

La *Science de la morale* est toutefois beaucoup plus précieuse par les excellentes données de détails dont elle fourmille que par la base éthique qu'elle préconise. Fouillée, si précieux à citer pour ce qui regarde le kantisme, a pu dire avec quelque raison :

> En résumé, dans cette *Science de la morale*, — si riche d'ailleurs en détails ingénieux, en discussions approfondies

(1) *Histoire du socialisme*, 2ᵉ volume.

sur les applications de la morale, principalement sur les problèmes de droit et de politique, — l'établissement des principes nous semble à peu près nul : l'idée de devoir, au nom de laquelle le criticisme veut imposer aux métaphysiciens une nouvelle méthode appelée méthode morale, demeure vague et amphibologique. Quand on analyse et qu'on tire de leur obscurité les principes du système, de façon à le reconstruire, — tâche que ne rendent pas toujours facile les procédés de style et de composition propres à M. Renouvier, — on voit que ces principes se ramènent à six postulats principaux, nécessaires, selon lui, pour fonder la morale, sans compter les postulats nécessaires pour la compléter, tels que l'immortalité personnelle et l'existence d'un ou de plusieurs dieux.

M. Renouvier toutefois a protesté contre cette interprétation et a construit sa base éthique dans une argumentation que je résume ci-dessous :

Le postulat de la vie future n'est pas nécessaire pour fonder l'autorité de la raison pratique ; cette autorité se fonde sur l'*obligation* et l'obligation se témoigne à la conscience indépendamment de la conciliation, possible ou non, de la loi morale avec le bonheur et avec les lois de la nature. En revanche, le postulat du libre arbitre est nécessaire pour attribuer à la morale une valeur objective, puisque, si la liberté n'est pas réelle, nos actes sont toujours prédéterminés et le devoir qui suppose la possibilité d'un acte n'est qu'une illusion.

Mais la liberté n'est pas un fait d'expérience, un fait certain de conscience, c'est un simple objet de croyance morale.

En d'autres termes, la morale criticiste ne dépend pas du libre arbitre affirmé comme réel. On n'a affaire au libre arbitre que pour son apparence, c'est-à-dire pour un fait inniable en toute hypothèse. Illusion ou réalité, il est constant que pour tout le monde les actes pour lesquels il peut être question de droit, de devoir, nous sont représentés comme pouvant, en fait, se déterminer de deux manières opposées dont l'une exclut l'autre. Mais il ne s'ensuit pas de là que la notion de l'obligation soit subordonnée à la question de savoir si cette apparence d'indétermination a, ou non, l'indétermination réelle pour fondement. »

Puis Renouvier ajoute : « Le devoir n'est pas une hypothèse, mais une notion. Ce qui est une hypothèse, c'est une existence d'un fondement externe du devoir dans la nature universelle des choses, indépendamment du fondement que je lui trouve dans ma conscience.

Ce dernier point est le côté faible de la morale criticiste. Les consciences individuelles ne sont que des produits changeants et plus ou moins acquis ; elles ne nous fourniront aucune base morale certaine. Il serait mieux de baser la morale sur ceci, que nous sommes une partie d'un grand tout, et que nous devons, en diminuant le plus possible la souffrance autour de nous, apporter tout notre concours à l'évolution universelle vers le mieux.

Lange, l'illustre auteur de *l'Histoire du matérialisme*, rejette les postulats de la raison pratique de Kant. « C'est en nous, dit-il, que nous trouvons la loi morale, dans l'observance de laquelle nous trouverons une haute félicité. Mais nous ne devons jamais séparer notre bonheur du bonheur commun, et notre moralité est en raison de notre solidarisme pratique. »

Une semblable philosophie ne pouvait que conduire au socialisme ; aussi, comme Fichte, et plus que Renouvier, Lange devint socialiste. Et l'un des livres les plus précieux du socialisme moderne est sa *Question ouvrière* (*Arbeiterfrage*) à laquelle nous ne pouvons que renvoyer le lecteur.

Paul Janet se rapproche de Kant par sa façon de poser la question morale.

« Tout être se doit à lui-même d'atteindre au plus haut degré d'excellence et de perfection dont sa nature est susceptible. »

Il ajoute assez logiquement :

L'homme ne peut concevoir sa propre essence idéale, sans vouloir en même temps réaliser cette essence autant qu'il est en lui. La nécessité morale, comme l'a reconnu Kant, n'est que la *volonté supérieure* de l'homme commandant à sa *volonté inférieure*. L'homme ne peut pas vouloir autre chose que d'être vraiment homme, complètement homme, c'est-à-dire être réellement ce qu'il est virtuellement. Cette volonté raisonnable se trouve en conflit avec la volonté sensible. La volonté supérieure en tant qu'elle s'impose à l'inférieure s'appelle *obligation*.

Toutefois, les actes doivent avoir un but d'utilité. Une loi morale qui nous ordonnerait de casser des pierres sans but, pour la seule raison de faire plier nos penchants, serait loi vide de tout contenu, par conséquent vide de sens.

Les solitaires de la Thébaïde, qui s'épuisaient de fatigue à arroser un bâton mort, nous représentent une image absolue d'une loi purement formelle dégagée de tout objet matériel. Il ajoute même : Nous plaçons le souverain bien dans le bonheur suivant la doctrine presque unanime des philosophes.

Concession importante à l'eudémonisme et à l'utilitarisme que Kant n'eût jamais faite.

La même préoccupation a inspiré la suivante classification des devoirs :

1° Dans une même classe de devoirs on peut poser en principe que l'importance de ces devoirs est en raison de l'importance de leur objet et, en cas de conflit, les plus excellents doivent l'emporter ;

2° Entre plusieurs classes de devoirs (toutes choses égales d'ailleurs) l'importance des devoirs est en raison de l'étendue des groupes auxquels ils s'appliquent. De là ce mot de Fénelon : Je dois plus à l'humanité qu'à ma patrie, à ma patrie qu'à ma famille, à ma famille qu'à mes amis, à mes amis qu'à moi-même.

En fervent spiritualiste, Janet tient beaucoup à éthériser le bonheur : « Le bonheur, dit-il, n'est pas un choix, une combinaison de plaisir, comme le veut Bentham, c'est la plus haute joie, le plus pur plaisir adéquat à la plus haute excellence. » Rêve de moraliste ; la conception du bonheur dépend du sujet et la logique de *Gryllus* embarrassera toujours *Ulysse* (1).

Le caractère relatif et progressif de la morale n'a pas échappé à M. Janet, mais, au lieu de rechercher la cause des progrès dans l'adoucissement constant des rapports sociaux, il préfère la voir dans une sorte de révélation des meilleurs, « le héros ou le saint », dont les exemples deviennent des devoirs pour les autres hommes, et qui sont les meilleurs livres de morale.

Qui ne verra là une réminiscence de conception religieuse : la loi morale révélée par les hommes-dieux ?

L'*eudémonisme rationnel* de Janet ne le conduit pas au socialisme, en quoi il se distingue fâcheuse-

---

(1) Voir *Genèse de la morale*.

ment des disciples de Kant. La justice est pour lui d'origine divine et ne serait point sans un dispensateur suprême qui fait que l'on peut dire : *Adveniat regnum tuum*.

« Comment dois-je croire, dit-il en terminant, que de ce grand vide où l'on veut nous réduire il puisse sortir un règne de volontés saintes et justes, liées entre elles par les lois du respect et de l'amour ? Kant, le grand stoïcien, a plus fermement que personne décrit la nécessité de ce règne de la loi, sans rien emprunter aux raisons théologiques ; mais il a compris que cet ordre abstrait et idéal resterait une pure conception, s'il ne s'y joignait ce qu'il appelle avec raison « la foi « pratique, la foi morale » à l'existence de Dieu. Cette foi morale est la seule que nous ayons à revendiquer ici, la démonstration théorique des principes de la théologie naturelle étant en dehors de notre recherche. »

Tout en protestant contre cette pétition de principe, sachons gré à Janet d'avoir eu un regard de commisération pour les animaux qu'il a qualifiés de *demi-personnes*, ayant des *demi-droits*.

III

LES MORALES MATÉRIALISTES

I

LEUCIPPE, DÉMOCRITE, ÉPICURE ET LES PREMIERS PHILOSOPHES DE LA NATURE

La philosophie matérialiste ne le cède ni en ancienneté ni en éclat à la philosophie spiritualiste. Sans remonter à Gotama, qui enseigna dans les Indes, huit siècles avant l'ère vulgaire, la théorie atomistique, nous voyons, bien avant l'efflorescence spiritualiste. le matérialisme florissant. Thalès, Anaximandre et Anaximène, de Milet ; Leucippe et Démocrite, d'Abdère, avaient déjà multiplié les savantes investigations, fait de grandes découvertes sur l'origine et les lois de l'univers et fondé la doctrine atomistique, un siècle avant la réaction socratique et l'avènement de Platon, alors que le spiritualisme philosophique n'avait été représenté que par Pythagore et par l'école éléate.

Telle qu'elle fut formulée et complétée par Leucippe, Démocrite, Épicure, Lucrèce, la théorie atomistique, base de la morale matérialiste, peut être résumée comme il suit :

Les vrais principes de toutes choses sont le plein et le vide. Le plein consiste dans les atomes qui sont en nombre infinis, insécables, identiques en espèce, différents en grandeur et en forme, doués d'un mouvement perpétuel, formant des tourbillons et composant tous les êtres, en s'agrégeant. Ils sont le principe de toutes choses : d'eux seuls sont formés les nombres infinis en nombre et qui, comme tout ce qui est, se forment, croissent, se corrompent et se désagrègent.

Rien ne peut sortir du néant, rien n'y peut rentrer ; tout changement n'est qu'agrégation des parties. Les atomes forment tout, ils se meuvent dans le *Tout*, selon un mouvement circulaire qui a ses lois, bien que nous ne les connaissions pas, car rien dans la nature ne se fait sans cause ; tout se fait d'après une raison et par nécessité. — Seulement cette raison n'est point une divinité extérieure à l'univers ; elle est une loi intérieure à l'univers lui-même. Ainsi en mouvement, les atomes engendrent par leur façon de se combiner le feu, l'eau, l'air, la terre, formés en dernière analyse d'atomes irréductibles.

Pour ce qui est de l'âme, elle est composée d'atomes plus subtils, lisses et ronds, pareils à ceux du feu. Ces atomes sont les plus mobiles de tous, et de leurs mouvements qui pénètrent tout le corps naissent les phénomènes de la vie. Ainsi le corps fait d'atomes plus grossiers n'est que le récipient de l'âme. Le bonheur réside dans l'âme, la beauté corporelle sans l'intelligence a quelque chose de bestial. Quant à l'intelligence, c'est un phénomène résultant de propriétés mathématiques de certains atomes. La sensation est l'unique source de nos connaissances : de tous les corps émanent des effluves qui s'insinuent dans les organes, pénètrent dans le cerveau et y produisent les images des choses.

Cela admis, quel peut être le souverain bien pour l'homme, partie infinitésimale mais consciente de ce grand Tout toujours en mouvement ?

Le souverain bien est un état de tranquillité, non de plaisir, un état dans lequel l'âme jouit de la sérénité du bonheur, sans être troublée par aucune superstition religieuse, ni par nulle autre affection. Il est aussi dans la pratique de la justice, œuvre des hommes et que la nature ne connaît pas.

En d'autres termes, la morale est la recherche honnête du bonheur intellectuel. Ainsi le comprit Démocrite.

Autant, en effet, que nous en pouvons juger par les trop rares fragments conservés, l'œuvre morale du grand ancêtre matérialiste peut se résumer de la sorte :

> Le bonheur consiste dans la tranquillité sereine de l'esprit, à laquelle l'homme ne peut parvenir qu'en maîtrisant ses désirs. La modération et la pureté, unies à la culture de l'esprit et au développement de l'intelligence, donnent à chaque homme les moyens d'y atteindre malgré toutes les vicissitudes de la vie. Les plaisirs sensuels ne procurent qu'une courte satisfaction, et celui-là seul qui fait le bien, uniquement pour le bien, même sans y être poussé par la crainte ou l'espérance, est assuré d'une récompense intime.

Tout utilitaire qu'elle soit, l'éthique de Démocrite ne manque pas d'élévation ; elle est même moins sensualiste que ne le seront celle d'Épicure et surtout celle des matérialistes du xviie et du xviiie siècle. C'est pourquoi peut-être le grand excommunié de Platon (1) n'a pas été l'éponyme de la morale maté-

---

(1) Platon, dans sa haine contre le naturisme, jura de ne jamais écrire le nom de Démocrite et tint parole. Corollaire-

rialiste si calomniée. A Épicure, qui d'ailleurs s'en est montré digne, était réservé ce périlleux honneur. Hâtons-nous de dire que la morale épicurienne, si décriée par ceux qui ne la connaissaient pas, n'est pas moins pure que celle de Démocrite.

« Cette morale voluptueuse de l'épicurisme si séduisante en apparence n'est, au fond, qu'un triste et assez morne ascétisme. » a pu dire Janet (1). Père d'une morale ascétique devait être effectivement l'homme qui disait : « On ne peut être heureux que par la vertu, et quiconque est vertueux est heureux (2). » Mais c'était là un ascétisme, qui, s'il était triste, était désintéressé, n'ayant pas en vue ni récompense éternelle, ni salut individuel, et étant même particulièrement dirigé contre les sanctions extra-terrestres.

Épicure et son école eurent, en effet, pour but principal de délivrer le monde des terreurs de la superstition religieuse (3). L'homme, selon le matérialiste, doit chercher le bien dans la nature même et vivre

---

ment, le fanatisme spiritualiste se mit à la destruction des œuvres du grand matérialiste et malheureusement réussit. Aristote a pu se parer impunément des dépouilles de Démocrite. « Que serait Aristote, s'écrie A. Lefèvre, si les œuvres de Démocrite nous étaient restées ? »

(1) Qu'on donne à Épicure du pain et de l'eau, et il est prêt à disputer de bonheur avec Jupiter (Guyau).

(2) Il est impossible de vivre agréablement sans la prudence, sans l'honnêteté et sans la justice. La vie de celui qui pratique l'excellence de ces vertus se passe toujours dans le plaisir, de sorte que l'homme qui est assez malheureux pour n'être ni prudent, ni honnête, ni juste est privé de tout ce qui pouvait faire la félicité de ses jours (Épicure).

(3) Velleius, après avoir raillé les stoïciens de leur triple foi à la providence, à la fatalité, à la divination, ajoute : « Pour nous, exempts de toutes ces terreurs et mis en liberté par Épicure, nous ne craignons point les dieux. »

conformément à elle. Dans une telle conception de la vie, le bien est dans le plaisir ; mais il faut s'entendre sur le plaisir. Il y a le *plaisir mobile* mêlé de souffrances et le *plaisir stable* qui se trouve dans la tranquillité absolue de l'âme ou *ataraxie*, nous pourrions presque dire résignation.

Comment y atteindre ? Par la modération, par l'amélioration de soi ; le commencement du salut étant la connaissance de la faute par la force d'âme contre les adversités extérieures et par le culte de l'amitié se réalisant en association complète ou communauté. En outre, les hommes réunis en société peuvent stipuler telle forme d'association leur garantissant le plus de bonheur possible et favorisant les progrès de l'humanité.

Malheureusement, en même temps que l'indifférence en matière de religion, les épicuriens préconisèrent l'indifférence politique ou égoïsme antisocial. Ils ne furent que trop obéis sur ce point : on le vit bien dans la Rome impérialisée, pendant que les stoïciens qui, eux, s'ils ne savaient pas combattre, savaient au moins mourir. Déjà Lucrèce, le grand théoricien latin de l'épicurisme, tant envié par Virgile (1), tant admiré par Ovide (2), avait poétisé l'indifférence sociale.

Combien, en effet, du haut des sereines régions de la résignation philosophique est dédaigneux le dis-

---

(1) A lui s'adressaient les beaux vers de l'*Énéide* si souvent cités :
« *Heureux celui qui a pu connaître le principe des choses et qui a foulé aux pieds toutes les terreurs, l'inexorable Destin et le bruit de l'insatiable Achéron !* »
(2) *Les vers du sublime Lucrèce ne périront que le jour où le monde périra lui-même.* (Ovide : élégie XV.)

ciple d'Épicure pour ceux qui, dans ce triste monde de la corruption, de la souffrance et du crime, vont cherchant à tâtons le chemin de la vie !

> Lorsque la grande mer sous les coups de l'orage
> Mugit, bondit, écume, il est doux, du rivage,
> De contempler en paix le douloureux effort
> D'un pâle naufragé luttant contre la mort...

En revanche, ne fut-il pas un bienfaiteur de l'humanité celui qui essaya de prémunir les malheureux humains contre l'abominable conception des enfers religieux :

> . . . . . . L'enfer, mais sa longue souffrance,
> L'homme l'a rassemblée en sa courte existence :
> Sur son fatal rocher ce Tantale enchaîné
> Aux superstitions c'est l'homme abandonné,
> Qui, dans les maux cruels dont le destin l'accable,
> De vautours renaissants, ce Tityé entouré,
> Aux gouffres infernaux n'est donc pas dévoré ?
> A des maux infinis quel être peut suffire ?
> Tityé est ce mortel que le crime déchire,
> Qui, par des goûts honteux sans cesse captivé,
> Couve d'affreux remords dans son cœur dépravé.
> Ce Sisyphe imprudent, qu'un fol espoir anime,
> De ce mont escarpé veut atteindre la cime ;
> Vers elle il pousse, élève un énorme rocher :
> Le fardeau monte, monte, et prêt à la toucher
> Retombe et sous sa masse entraîne sa victime,
> La replonge, écrasée, au fond du sombre abîme.
> De l'orgueil téméraire emblème ingénieux,
> Sisyphe est cet avide et fol ambitieux
> Qui mendie en rampant la faveur populaire,
> Brigue de vains faisceaux, ou l'honneur consulaire,
> Et toujours rebuté, la honte sur le front,
> Va, dans un antre obscur, dévorer son affront ;
> Insensible au retour de la saison féconde,
> Dévorer, sans jouir, les biens dont elle abonde ;
> Vainement irriter la soif de ses désirs,
> Epuiser chaque jour la coupe de plaisir
> En s'abreuvant enfin des plus pures délices,

> Dans un cœur fatigué les changer en supplices,
> N'est-ce pas le tourment de ces jeunes beautés
> Qui, dans cet âge heureux, si cher aux voluptés,
> Dans un vase sans fond vont d'une main craintive
> Verser incessamment une onde fugitive ?
> Si ce profond Tartare et ses feux dévorants,
> L'hydre, les fouets vengeurs, les sulfureux torrents
> Ne sont que les vains fruits d'un pieux artifice,
> Jamais le crime heureux n'échappe à son supplice ;
> Le crime à chaque pas est suivi par l'effroi,
> Il sent peser sur lui le glaive de la loi.
> Dût-il tromper les yeux du juge redoutable,
> Les tourments des enfers sont dans un cœur coupable;
> En vain il se confie au secret protecteur,
> Le mal conduit au mal et punit son auteur.
>
> (Lucrèce, *traduction de Saint-Ange*.)

Et peut-on vraiment dire qu'elle était indifférente aux maux de l'humanité, la philosophie qui a trouvé le contrat social au bout de ses recherches (1) ?

N'en devons-nous pas conclure que l'indifférentisme d'Épicure fut tout de circonstance et que ses disciples romains eurent tort de le généraliser? Le sage d'Épicure, tel que nous le dépeint Diogène Laërce, n'est nullement un égoïste, et c'est à coup sûr un héros de vertu :

> Il peut être outragé par la haine, il se met au-dessus de l'injustice par la sagesse, il s'affranchit des passions, il est excellent ami et ne se lamente point contre le sort. Il sera doux envers les esclaves et il se garde des aiguillons de l'amour. Insensible à la gloire et à l'ambition, il ne s'appliquera qu'à la sagesse, aux productions de l'esprit et ne descendra jamais jusqu'à mendier comme les cyniques. Il

---

(1) La justice n'est rien en soi, la société des hommes en fait naître l'utilité dans les pays où les peuples ont connu de certaines conditions pour vivre, sans s'offenser et sans être offensés. (Epicure).

ne sera point jaloux et communiquera sa science à ceux qui en sont dignes. Si l'occasion s'en présente, il mourra pour son ami.

Ce culte de l'amitié, qui vient ici couronner le caractère du sage, remonte aux enseignements d'Épicure : « De tout ce que la sagesse peut acquérir pour rendre la vie heureuse, l'amitié est ce qu'il y a de plus excellent, de plus fécond et de plus avantageux. »

« Toutefois, dit Épicure, l'amitié est intéressée, nous nous lions par utilité et ne prenons que des apparences du désintéressement. » C'est vrai, disent beaucoup d'épicuriens, dans les commencements de l'amitié, mais ensuite on aime les amis pour eux-mêmes, par habitude. Nullement, disent d'autres épicuriens, l'amitié est un pacte tacite par lequel deux amis s'engagent à s'aimer l'un et l'autre autant qu'ils s'aiment eux-mêmes.

Si bien froides nous semblent ces dissertations, souvenons-nous que les stoïciens eux-mêmes n'admettaient qu'une amitié fort conditionnelle.

Il est temps d'arriver à la morale épicurienne proprement dite ; elle repose sur les principes suivants :

La morale indique à l'homme sa fin.

La physique ou physiologie sert à confirmer la morale.

La logique ou canonique, complétant les deux premières, enseigne à juger de tout par le témoignage des sens.

La vertu doit être recherchée pour les douleurs qu'elle évite.

Les grandes vertus épicuriennes sont la *sagesse*, la *tempérance*, le *courage* et la *justice* (1), qui ne sont pas des

---

(1) Comparez avec les vertus platoniciennes.

fins en elles-mêmes, mais des moyens d'arriver aux plaisirs durables.

Tous les principes moraux de l'épicurisme ont été résumés dans la fameuse *Canonique* qu'André Lefèvre nous présente comme suit :

La canonique se formule en douze préceptes : quatre pour l'usage de la sensation, quatre pour l'usage de l'anticipation, quatre enfin pour l'usage de la passion.

Première série : 1° Les sens ne trompent jamais.

2° L'erreur ne tombe que sur l'opinion.

3° L'opinion est vraie lorsque les sens la confirment (ou ne la contredisent pas).

4° L'opinion est fausse lorsque les sens la contredisent ou ne la confirment pas.

Seconde série : 1° Toute anticipation vient des sens.

2° L'anticipation est la vraie connaissance et la définition même d'une chose.

3° L'anticipation est le principe de tout raisonnement.

4° Ce qui n'est point évident par soi-même (par sensation immédiate) doit être démontré par l'anticipation d'une chose évidente.

Troisième série : 1° Prenez le plaisir qui ne doit être suivi d'aucune peine.

2° Fuyez la peine qui n'amène aucun plaisir.

3° Fuyez la jouissance qui doit vous priver d'une jouissance plus grande ou vous causer plus de peine que de plaisir.

4° Prenez la peine qui vous délivre d'une peine plus grande ou qui doit être suivie d'un plus grand plaisir.

Le plaisir qui semble tout dominer est fort idéalisé. D'après Cicéron lui-même, un ennemi, le plaisir épicurien était ainsi compris :

Le plaisir mérite d'être toujours recherché pour lui-même, parce qu'il est plaisir, et qu'on doit pareillement fuir toujours la douleur parce qu'elle est douleur. Ainsi, le sage mettant l'un et l'autre dans la balance renoncera au plaisir et recherchera la douleur si elle doit lui procurer un plus grand plaisir.

Tout plaisir, quoique dérivé des sens, doit se rapporter à l'âme ; le corps n'est sensible qu'au plaisir présent, mais l'âme partage avec le corps un plaisir présent, jouit d'avance du plaisir qu'elle se promet et ne laisse jamais s'évanouir entièrement le plaisir passé (1).

Démocrite avait été étouffé par la réaction socrato-platonicienne ; l'école d'Épicure, gâtée, d'ailleurs, par quelques intrus (2), fut pour quinze siècles enveloppée dans l'anéantissement du paganisme par le christianisme. Mais ce ne fut qu'un long sommeil.

Les temps étaient proches où Gassendi, Pomponace, Vanini, Érasme, Montaigne, Hobbes allaient

---

(1) En un mot, la doctrine d'Epicure n'est pas, comme celle d'Aristippe, la recherche irraisonnée du plaisir, mais la recherche des plaisirs dépouillés de tous éléments, étrangers et inférieurs, c'est-à-dire non suivis de remords ou de douleurs ; ainsi envisagée, la morale épicurienne devient la mère vénérable de l'utilitarisme moderne, si brillamment proclamé par les philosophes français du xviiie siècle, systématisé par Bentham et son école et finalement idéalisé par J.-S. Mill, avec lequel la morale utilitaire confine à la morale altruiste.

(2) Tel Théodore *l'athée*, pour qui les fins de l'homme sont la joie et la tristesse, c'est-à-dire le plaisir qui provient de la sagesse et la tristesse qui provient de l'ignorance. Il appelait la *prudence* et la *justice* les habitudes contraires des maux, le *plaisir* et la *peine* tenant selon lui le milieu entre le bien et le mal. Le dévouement était pour lui un sacrifice fait par la sagesse à l'opinion du vulgaire, nous dit Diogène Laërce. Sacrifices à l'opinion du vulgaire étaient aussi la plupart des préjugés moraux. C'était là proclamer le droit des forts à l'immoralité. Une telle conception eût révolté le vertueux et résigné Epicure.

préluder à la glorieuse renaissance matérialiste que salua le xviiie siècle.

II

LES PRÉCURSEURS DU MATÉRIALISME MODERNE (GASSENDI, VANINI, HOBBES, LOCKE, MANDEVILLE, LA ROCHEFOUCAULD, ETC.)

Hobbes fut, à proprement parler, le premier des matérialistes modernes à aborder les questions morales. Il ne le fit pas de façon à recommander l'école, alors si honnie, qu'il représentait. Gassendi avait préconisé et prêché la douce tempérance épicurienne ; Pomponace, la pureté démocritaine (1) ; Vanini s'était fait le champion du déterminisme matérialiste (2) ; Hobbes, lui, s'aventura : il prétendit faire ressortir de sa philosophie politique et morale la nécessité de la tyrannie.

Tout est recherche de l'intérêt personnel ; l'homme est un loup pour l'homme (*homo homini lupus*). Ce monde est le théâtre de la guerre de tous contre tous (*bellum*

---

(1) Pomponace disait formellement : « La vraie récompense de la vertu, c'est la vertu elle-même, qui rend l'homme heureux : car la nature humaine ne peut posséder rien de plus sublime que la vertu ; elle seule donne la sécurité à l'homme et le préserve de toutes les agitations. Chez l'homme vertueux tout est en harmonie : il ne craint rien, il n'espère rien, et reste toujours le même dans la prospérité comme dans l'infortune. Le vicieux trouve sa punition dans son vice même. »

(2) « Nos vertus et nos vices, disait-il crûment, dépendent des humeurs et des germes qui entrent dans la composition de notre être, du climat, de la constitution atmosphérique, etc. »

omnium contra omnes). Il n'y a de droits que lorsqu'il y a société et contrat, mais il ne peut y avoir contrat et société durable, vu l'indomptable égoïsme de la populace, que sous le despotisme absolu d'un monarque omnipotent, véritable Léviathan social. D'ailleurs toute révolution qui triomphe est légitime (1).

La force prime le droit : telle est donc en peu de mots la doctrine politique de Hobbes.

Sa morale est dans ce goût:

La sensation est le principe de la connaissance. Tout savoir en dérive. La sensation elle-même n'est pas autre chose qu'un mouvement de certaines parties de l'intérieur de l'être sentant. Vienne ensuite la mémoire sensation de ce qu'on a senti et l'imagination sensation continuée mais affaiblie. La première passion produite par l'imagination (l'égoïsme primant d'ailleurs sur tous les sentiments) est l'amour de la gloire, c'est-à-dire une exagération de notre valeur.

Le repentir n'est qu'une passion produite par l'opinion ou la connaissance qu'une action qu'on a faite n'est point propre à conduire au but qu'on se propose ; son effet est de faire quitter la route que l'on suivait, afin d'en prendre une autre qui conduise à la fin que l'on envisage.

La *pitié* est l'imagination ou la fiction d'un malheur futur pour nous-mêmes produite par le sentiment du malheur d'un autre.

Voilà pourtant une éclaircie :

Il y a une autre passion que l'on désigne sous le nom d'*amour*, mais que l'on doit plus proprement appeler *bienveillance* ou *charité*. Un homme ne peut pas avoir

(1) Ceci en hommage à Cromwel, dont l'hypocrite et dure tyrannie avait plu à Hobbes.

de plus grande preuve de son pouvoir que lorsqu'il se voit en état non seulement d'accomplir ses propres désirs, mais encore d'assister les autres dans l'accomplissement des leurs.

L'homme de force revient vite.

Comme il n'y a ni justice, ni droits abstraits, il n'y a pas non plus de devoirs. Dans le principe tout homme a droit à toutes choses; par conséquent aucune action ne peut être injuste.

Si une personne vient à nuire à une autre, du moment qu'il n'existe entre elles aucun pacte, on peut bien dire que celle-là fait tort à celle-ci, mais non qu'elle lui fasse une injustice. Et, en effet, que la personne lésée s'avise de demander réparation, l'autre lui dira : « Que me demandez-vous ? Pourquoi aurais-je agi à votre gré de préférence au mien ? » Pour moi je ne vois rien à répondre.

La volonté de nuire est innée chez tous les hommes dans l'état de nature.

Rien n'est plus agréable, dans la possession de nos biens propres, que de penser qu'ils sont supérieurs à ceux d'autrui.

Les brutes, quand elles ont atteint leur bien-être, ne portent point envie aux êtres de leur espèce; l'homme, au contraire, n'est jamais plus nuisible à autrui que lorsqu'il possède abondamment le loisir et les richesses.

Le matérialisme philosophique ne saurait être rendu responsable de ces âpres et dures affirmations. Hobbes n'était pourtant pas si mauvais qu'il voulait le faire croire. Il y a en lui du désespéré de voir l'homme si méchant, et en somme, au fond, il reprend l'idée d'Épicure : le *contrat social* générant la justice. Ce n'est que par un paradoxal illogisme qu'il aboutit à son monstrueux despotisme politique.

Quoi qu'elle ait été, toutefois, la rudesse d'Hobbes est encore préférable aux savantes immoralités politiques de Machiavel dont on connaît les enseignements (1).

Préférable aussi est la doctrine de Hobbes aux immoralités politiques d'un autre genre de Mandeville, conteur fameux de la *Fable des Abeilles*. Mandeville osa prétendre que les conditions du bien social sont dans les privations des pauvres et les gaspillages des riches :

« La tempérance, la sobriété et un travail continuel conduisent le pauvre sur le chemin du bonheur matériel, et constituent pour l'État la source de la richesse », dit-il mensongèrement. Et il ose ajouter : « Si les penchants du riche ne sont pas illimités, le commerce et l'industrie s'arrêtent et l'État se meurt. » (2)

---

(1) Certains ont voulu voir dans le *Prince* des conseils détournés aux peuples et une divulgation des procédés tyranniques. Interprétation puérile : toute l'œuvre de Machiavel suinte les mêmes doctrines. Ainsi, dans ses *Réflexions sur Tite-Live*, la subordination de l'État à la religion usuelle, quelque surannée, quelque absurde qu'elle soit, est cyniquement prêchée : « L'État doit maintenir la religion régnante. Les chefs doivent encourager et soutenir tout ce qui se produit en faveur de la religion, lors même qu'ils la jugeraient fausse ; ils doivent d'autant plus le faire qu'ils seront plus prudents et meilleurs connaisseurs des affaires de ce monde. Ce procédé, les hommes sages l'ont suivi, et ainsi a pris naissance la foi aux miracles que les religions ont célébrée, bien qu'ils fussent aussi faux que les religions elles-mêmes ; les habiles les exagèrent, quelle qu'en soit l'origine, et l'influence de ces hommes fait admettre les miracles par les masses. »

(2) Voici un extrait de la *Fable des Abeilles* :
« Des fous peuvent se flatter de jouir des charmes de la terre, de devenir des guerriers renommés, de vivre au milieu des douceurs de l'existence tout en restant vertueux. Renoncez à ces rêveries vides de sens. Il faut de l'astuce, du libertinage, de la vanité, pour que nous puissions en retirer des fruits savou-

C'était la morale du temps, surtout dans l'entourage de Charles II. « Notre sphère d'action dans cette vie, disait Rochester, un des courtisans du prince, est le bonheur ; quiconque regarde au delà est un âne. La jouissance est bonne, d'où qu'elle vienne. » — « Un homme d'esprit, dit un héros de roman, contemporain de tout ceci, ne peut être ni un coquin ni un misérable, quoi qu'il fasse. »

Le philosophe de Malmesbury eut le grand tort de prêter à cette immoralité pratique l'appui de son âpre et puissant esprit.

Lorsque mourut Hobbes, en 1679, la philosophie était plus florissante que jamais en Angleterre, car bientôt allait être dans tout son éclat la grande pléiade philosophique où brillèrent presque simultanément Shaftesbury, Swift, le satiriste si spirituel et si profond des *Voyages de Gulliver*, et Locke, le représentant le plus autorisé du *sensualisme* dans la seconde moitié du dix-septième siècle et au commencement du dix-huitième.

Sensualisme, ai-je dit, et non du matérialisme, car, comme plus tard Voltaire et Rousseau le feront avec plus de violence encore, Locke prodigue les invectives aux matérialistes. De sa tolérance tant vantée il exclut les athées « qui ne peuvent être tolérés, attendu que les promesses, les contrats, les serments, la bonne foi, qui sont les principaux biens de la société civile, ne sauraient engager un athée à tenir sa parole, et que, si l'on bannit du monde la croyance en Dieu, on ne peut qu'y introduire aussitôt le désordre et la confusion. »(2)

reux... Le vice est aussi nécessaire pour la prospérité d'un Etat que la faim pour l'entretien de la vie de l'homme. »
(1) Locke : *Lettre sur la Tolérance*.

Dans le même esprit, Locke disait :

Il serait fort inutile d'imaginer une règle qu'on imposerait aux actions libres de l'homme sans y joindre une sanction, une peine ou une récompense propre à déterminer la volonté.

Sommes-nous en présence d'un incroyable illogisme intellectuel, ou d'une opportune concession aux préjugés du siècle, pour faire passer plus facilement des vérités plus hautes? *Grammatici certant...* c'est à discuter.

Le certain est que la philosophie de Locke, basée sur l'éviction absolue des idées innées, est matérialiste au premier chef. Non moins certain est-il que sa morale est également matérialiste, puisqu'il en exclut aussi les sentiments innés. Il insiste, comme Hobbes, sur le relativisme du bien et du mal, et les preuves ne lui manquent pas : les Mingréliens enterrent sans aucun remords leurs enfants vivants, les Topinambous croient mériter les paradis en dévorant beaucoup d'ennemis, etc. (1).

Matérialiste aussi est le philosophe anglais dans ses *Quelques pensées sur l'éducation* (1693).

Il y arbore pour idéal le *mens sana in corpore sano*

---

(1) « Si l'idée du juste et de l'injuste n'est pas innée chez l'homme à titre d'idée parfaitement déterminée, celui-ci apporte du moins en naissant la faculté de la concevoir. Nous naissons avec des jambes, quoique nous ne sachions nous en servir que plus tard ; de même nous apportons pour ainsi dire, en naissant, l'organe qui nous fera distinguer le juste et l'injuste ; et le développement de notre esprit provoque nécessairement la fonction de cet organe. » (LANGE : *Histoire du matérialisme.*)

Incontestable ; seulement cette puissance morale latente est fille du développement social des sentiments que se sont héréditairement transmis les successives générations humaines.

de Juvénal : une âme saine dans un corps sain, et il envisage l'éducation sous ce triple aspect :

L'éducation physique ayant pour principe l'endurcissement du corps ;

L'éducation intellectuelle ayant pour principe l'utilité pratique ;

L'éducation morale ayant pour principe l'honneur et pour objectif la culture des vertus et des facultés utiles qui sont : 1° la vertu ; 2° la prudence ; 3° les bonnes manières, l'instruction (1).

Rien de plus matérialiste que cette éthique..... (2)

Bien qu'allant plus loin que Locke, dans la négation de l'innéité, puisqu'il met la réalité du moi en question (3), Hume ne conclut pas comme son compatriote et, le premier des modernes, il fait reposer la morale sur le sentiment de sympathie. Point de vue que nous examinerons dans la suite du présent ouvrage.

Nous clorons la série des morales matérialistes du xviie siècle par une interprétation sommaire des *Maximes* de la Rochefoucauld.

Dans son recueil, qualifié de « miroir de l'homme »

(1) Voir pour la critique de cette méthode éducative. (G. Compayré : *Histoire de la Pédagogie.*)

(2) Matérialiste aussi devint la philosophie sensualiste, acclimatée en France par Cohdillac, Destutt de Tracy, Laromiguière Ainsi le voulait la logique. C'est Cabanis qui jeta le filon sensualiste dans le grand courant matérialiste.

(3) Tel pourra peut-être percevoir quelque chose de simple et de permanent qu'il nomme son moi. D'ailleurs, à l'exception de quelques métaphysiciens, je puis affirmer hardiment que tous les autres hommes ne sont qu'un faisceau ou une collection d'idées différentes qui se succèdent avec une incompréhensible rapidité et se trouvent dans une fluctuation et un mouvement continuels. (Hume.)

par La Fontaine (ce qui ne fait pas l'éloge de l'homme) et « d'assez triste livre » par J.-J. Rousseau, l'écrivain gentilhomme base toute morale sur l'intérêt — ce qui nous le fait ranger parmi les matérialistes — et sur l'amour-propre, — on ne disait pas encore égoïsme.

Ce que nous prenons pour des vertus n'est souvent qu'un assemblage de diverses actions et de divers intérêts que la fortune ou notre industrie savent arranger ; et ce n'est pas toujours par valeur et par chasteté que les hommes sont vaillants et que les femmes sont chastes.

L'amour-propre est le plus grand de tous les flatteurs.

Quelques découvertes que l'on ait faites dans le pays de l'amour-propre, il y reste encore bien des terres inconnues.

On peut dire de toutes nos vertus ce qu'un poète italien a dit de l'honnêteté des femmes, que ce n'est pas souvent autre chose qu'un art de paraître honnête.

Ce que le monde nomme vertu n'est d'ordinaire qu'un fantôme formé par nos passions, à qui on donne un nom honnête, pour faire impunément ce qu'on veut.

L'intérêt parle toutes sortes de langues, et joue toutes sortes de personnages, même celui de désintéressé.

L'intérêt qui aveugle les uns fait la lumière des autres.

Si nous n'avions point d'orgueil, nous ne nous plaindrions pas de celui des autres.

L'orgueil est égal dans tous les hommes et il n'y a de différence qu'aux moyens et à la manière de le mettre au jour.

Il semble que la nature, qui a si sagement disposé les organes de notre corps pour nous rendre heureux, nous ait aussi donné l'orgueil pour nous épargner la douleur de connaître nos imperfections.

L'orgueil a plus de part que la bonté aux remontrances que nous faisons à ceux qui commettent des fautes ; et nous ne les reprenons pas tant pour les en corriger que pour leur persuader que nous en sommes exempts.

La générosité est un industrieux emploi du désintéressement pour aller plus tôt à un plus grand intérêt.

Quant à la bonté véritable, c'est une vertu inférieure qu'il faut laisser au peuple ; dans un esprit cultivé elle ne peut être sincère :

La pitié est souvent un sentiment de nos propres maux dans les maux d'autrui. C'est une habile prévoyance des maux où nous pouvons tomber.
Il faut se contenter de témoigner de la compassion et *se garder bien d'en avoir.* C'est une passion qui n'est bonne à rien au-dedans d'une âme bien faite, qui n'est bonne qu'à affaiblir le cœur et qu'on *doit laisser au peuple qui, n'exécutant jamais rien par raison, a besoin de passion pour le porter à faire les choses.*

Des aphorismes aussi clairs n'ont besoin d'aucun commentaire. La Rochefoucauld fut un grand écrivain, un satirique incomparable, mais un bien piètre moraliste.

III

LA METTRIE, DIDEROT, D'ALEMBERT, HELVÉTIUS, D'HOLBACH, SAINT-LAMBERT, VOLNEY, MARMONTEL, CONDORCET.

Le grand siècle se présente à nous avec la plus brillante école matérialiste qu'ait encore vue le monde. Conformément aux traditions fournies par les grandes époques matérialistes, la nouvelle école ne ménagera pas les préjugés. Elle commence par poser sa donnée éthique avec une rudesse extrême où l'on sent presque la préoccupation de froisser les opinions courantes. La Mettrie *fecit* qui devint, à cause de cela, le *monstrum horrendum* du matérialisme.

Étant déjà assez insolites par elles-mêmes, en ces beaux jours du jésuitisme et du jansénisme, les opinions de La Mettrie furent odieusement caricaturées. Le résumé suivant, que nous donnons d'après l'un des plus nobles représentants du spiritualisme philosophique moderne (Lange), a le mérite d'être fidèle et de faire justice de quelques exagérations.

> Le bonheur de l'homme repose sur le sentiment du plaisir qui est partout le même, mais se divise, suivant sa qualité, en plaisir grossier ou fin, court ou durable. Comme nous ne sommes que des corps, nos jouissances intellectuelles, même les plus élevées, sont par conséquent, en vertu de leur substance, des plaisirs corporels ; mais, quant à leur valeur, ces plaisirs diffèrent beaucoup les uns des autres. Le plaisir sensuel est vif mais court, le bonheur qui découle de l'harmonie de tout notre être est calme mais durable. L'unité dans la variété, cette loi de la nature entière, se retrouve donc ici, et il faut reconnaître en principe que toutes les espèces de plaisir et de bonheur ont des droits égaux, bien que les natures nobles et instruites éprouvent d'autres jouissances que les natures basses et vulgaires.
>
> Cette différence est secondaire, et, à ne considérer que l'essence du plaisir, non seulement il échoit à l'ignorant comme au savant, mais encore il n'est pas moins grand pour le méchant que pour le bon.
>
> Le développement intellectuel d'un sujet n'est pas une condition *sine quâ non* de bonheur. Que le bonheur de l'homme soit fondé sur la sensibilité et non sur l'éducation, c'est chose démontrée par le grand nombre d'ignorants qui se sentent heureux dans leur ignorance et même en mourant se consolent par des espérances chimériques qui sont pour eux un bienfait.

Avec une théorie semblable, on peut justifier l'immobilisme intellectuel et politique. L'intelligent et habile Frédéric II avait quelques motifs de protéger La Mettrie. Mais reprenons notre exposé :

> La réflexion peut augmenter le plaisir, mais non le donner. Celui qu'elle rend heureux possède un bonheur supérieur ; mais souvent la réflexion détruit le plaisir. L'un se sent heureux par ses simples dispositions naturelles ; l'autre est riche, honoré et amoureux ; malgré cela, il se sent malheureux, parce qu'il est inquiet, impatient et jaloux, parce qu'il est l'esclave de ses passions.
>
> Toutes choses égales, la différence entre les bons et les mauvais consiste en ce que, chez les premiers, l'intérêt public l'emporte sur l'intérêt privé, tandis que le contraire a lieu chez les derniers. Les uns et les autres agissent avec nécessité. D'où l'on peut et doit inférer que le repentir est absolument condamnable, parce qu'il ne fait que troubler la tranquillité de l'homme sans influer sur sa conduite (1).

Nous pouvons cependant, confesse La Mettrie, donner la préférence à ceux qui mettent l'intérêt général au-dessus de l'intérêt particulier, en un mot aux *altruistes* sur les égoïstes, et diriger en ce sens notre éducation et nos ordonnations sociales. Mais il n'a pas compris que « le principe moral le plus important sur lequel le matérialisme puisse s'appuyer » c'est la sympathie et le sens social. Il ne mentionne qu'en passant l'altruisme. « On s'enrichit en quelque sorte par la bienfaisance et l'on prend part à la joie qu'on fait naître. » Ce n'est pas assez dire.

En somme, comme le dit excellemment le philo-

(1) Epicure a pourtant dit que la connaissance de la faute est le commencement du salut.

sophe que nous avons suivi pour cet exposé, si La Mettrie a trop prêché le relativisme moral, il n'a pas prêché ouvertement le vice, comme l'a fait, dans sa fable des *Abeilles*, Mandeville, le prototype des économistes libéraux, des champions du laisser-faire économique.

J'aperçus, dans le vague de l'espace, un édifice suspendu comme par enchantement. Il ne portait sur rien. Ses colonnes, qui n'avaient pas un demi-pied de diamètre, soutenaient des voûtes qu'on ne distinguait qu'à la faveur des jours dont elles étaient symétriquement percées... Je parvins au pied d'une tribune à laquelle une grande toile d'araignée servait de dais. Elle me parut posée comme sur un point d'aiguille. Cent fois par jour je tremblai pour le personnage qui l'occupait. C'était un vieillard à longue barbe, aussi sec et plus nu qu'aucun de ses disciples. Il trempait, dans une coupe pleine d'un fluide subtil, un chalumeau qu'il portait à sa bouche, et soufflait des bulles à une foule de spectateurs qui travaillaient à les porter jusqu'aux nues... Tous ses membres grossissaient à mesure qu'il s'avançait. Dans le progrès de ses accroissements successifs, il m'apparut sous cent formes diverses. Je le vis diriger vers le ciel un long télescope, estimer à l'aide d'un pendule la chute des corps, constater avec un tube rempli de mercure la pesanteur de l'air et, le prisme en main, décomposer la lumière.

C'était alors un énorme colosse ; sa tête touchait aux cieux, ses pieds se perdaient dans l'abîme, ses bras s'étendaient de l'un à l'autre pôle.

Il secouait de la main droite un flambeau dont la lumière se répandait au loin dans les airs, éclairait au fond des eaux et pénétrait dans les entrailles de la terre. Quelle est, demandai-je à Platon, cette figure gigantesque qui vient à nous ?

Reconnaissez l'Expérience, me répondit-il. Fuyons, me

dit encore Platon ; cet édifice n'a plus qu'un moment à durer. A ces mots, il part ; je le suis ; le colosse arrive, frappe le portique : il s'écroule avec un bruit effroyable, et je me réveille.

Ainsi tombe ce « portique des hypothèses », palais de « cette maudite métaphysique qui a fait tant de fous. »

Vous avez reconnu dans cette description le grand ouvrier de l'*Encyclopédie*. L'éthique de Diderot n'est pas moins antimétaphysicienne que sa philosophie.

C'est la propriété acquise par le travail ou par droit de premier occupant qui fit sentir le premier besoin des lois.... Toute guerre naît d'une prétention commune à la même propriété... Toutes les institutions civiles et nationales se consacrent et dégénèrent réciproquement toutes les lois surnaturelles et divines ; et réciproquement toutes les lois surnaturelles et divines se fortifient et s'éternisent en dégénérant en lois civiles et nationales. C'est une des palingénésies les plus funestes au bonheur et à l'instruction de l'espèce humaine... Il existait un homme naturel : on a introduit au dedans de cet homme un homme artificiel... Tantôt l'homme naturel est le plus fort, tantôt il est terrassé par l'homme moral et artificiel.

L'idéal moral est brièvement formulé :

Rechercher le bonheur en faisant le bien, en s'exerçant à la connaissance du vrai, en ayant toujours devant les yeux qu'il n'y a qu'une seule vertu, la justice ; qu'un seul devoir, se rendre heureux ; un seul corollaire, ne pas surfaire la vie, ne pas craindre la mort (1).

---

(1) Diderot mourut en philosophe et en homme de bien. Le curé de Saint-Sulpice eut l'ambition d'ajouter la conquête du créateur de l'*Encyclopédie* à la conversion de Voltaire. Il insista surtout longtemps pour une rétractation : « Cela, disait-il, ferait un si bel effet dans le monde. — Oui, répondit Diderot, mais avouez que ce serait un impudent mensonge. » (LANFREY.)

D'Alembert passe moins légèrement sur la sympathie considérée comme base de la morale matérialiste :

> L'observation des lois naturelles écrites est ce qu'on appelle probité, la pratique des lois naturelles écrites est ce qu'on appelle la vertu ; cette pratique est proprement l'objet de la morale, car la sévérité des lois qui produit la crainte est la morale la plus efficace qu'on puisse opposer aux crimes, et la vraie morale, celle qui enseigne la vertu, est le supplément des lois.
> *La vertu sera d'autant plus pure, que l'on sera plus rempli de l'amour universel de l'humanité.* Or, notre âme n'a qu'une certaine étendue d'affections ; ainsi, les passions qui remplissent l'âme de quelque objet particulier nuisent à la vertu, parce que le degré de sentiment qu'elles emportent et qu'elles consomment est autant de retranché sur celui qu'on doit à tous les membres de la société pris ensemble. L'amour, par exemple, peut produire quelquefois le même effet que le défaut d'humanité, par la violence avec laquelle il nous concentre dans un objet et nous détache de tous les autres ; il n'éteint pas l'amitié dans les âmes vertueuses, mais souvent il l'assoupit ; s'il adoucit quelquefois les âmes féroces, il dégrade encore plus sûrement les âmes faibles. L'amour est pourtant de toutes les passions la plus naturelle, la plus excusable et la plus commune.

On n'a jamais dit mieux. L'illustre victime de l'hystérique pimbêche qui fut Mlle de Lespinasse put comprendre, dans sa douleur, l'égoïsme et les injustices de l'amour, qui est à l'amitié ce que l'instinct est à la raison héritée, acquise et développée dans le sens de la justice et de la bienveillance.

Cependant d'Alembert était trop de son siècle pour ne pas faire de l'égoïsme éclairé le principe de tout altruisme.

Si on appelle bien-être ce qui est au delà du besoin absolu, il s'ensuit que sacrifier son bien-être au besoin d'autrui est le grand principe de toutes les vertus sociales, et le remède à toutes les passions. Mais ce sacrifice est-il dans la nature, et en quoi consiste-t-il ?

Sans doute, aucune loi naturelle ou politique ne peut nous obliger à aimer les autres plus que nous ; cet héroïsme, si un sentiment absurde peut être appelé ainsi, ne saurait être dans le cœur humain. Mais l'amour éclairé de notre propre bonheur nous montre, comme des biens préférables à tous les autres, la paix avec nous-mêmes et l'attachement de nos semblables ; et le moyen le plus sûr de nous procurer cette paix et cet attachement est de disputer aux autres le moins possible la jouissance de ces biens de convention si chers à l'avidité des hommes ; ainsi l'amour éclairé de nous-mêmes est le principe de tous les sacrifices.

Helvétius, l'homme bienfaisant entre tous, le philosophe magnanime qui disait de son détracteur Marivaux : « Ah ! le malin, si je ne le pensionnais pas de 2,000 francs par an, comme je le remettrais à sa place ; mais, dans notre situation réciproque, cela le gênerait », Helvétius insiste sur le caractère égoïstique de la sympathie. Il a même dit cette parole terrible : « Aimer, c'est avoir besoin. » Son argumentation est serrée :

La sensibilité physique produit nos idées, ou, ce qui revient au même, nos idées nous viennent par les sens.

Le désir de notre bonheur suffit pour nous conduire à la vertu.

C'est par de bonnes lois qu'on rend les hommes vertueux.

La douleur et le plaisir font penser et agir les hommes.

Il faut traiter la morale comme les autres sciences, et faire une morale comme une physique expérimentale.

C'est à la différente manière dont le désir du bonheur se modifie qu'on doit ses vices et ses vertus.

Les hommes ne sont point méchants, mais soumis à leurs intérêts.

Les actions vertueuses sont les actions utiles au public.

De tous les plaisirs des sens, l'amour est le plus vif.

Il faut moins se plaindre de la méchanceté des hommes que de l'ignorance des législateurs, qui ont toujours mis en opposition l'intérêt particulier à l'intérêt général.

Voici comment il développe :

Tous les hommes sont mus par la force ; tous tendent également à leur bonheur ? Que c'est la diversité des passions et des goûts, les uns conformes et les autres contraires à l'intérêt public, qui décide de nos vertus et de nos vices. Sans mépriser le vicieux, il faut le plaindre, se féliciter d'un naturel heureux, remercier le ciel de ne nous avoir donné aucun de ces goûts et de ces passions qui nous eussent forcés de chercher notre bonheur dans l'infortune d'autrui. Car enfin on obéit toujours à son intérêt ; et de là l'injustice de nos jugements, et ces noms de juste et d'injuste prodigués à la même action, relativement à l'avantage ou au désavantage que chacun en reçoit. Mais, dira-t-on, si l'on fait tout pour soi, on ne doit donc pas de reconnaissance à ses bienfaiteurs ! Du moins, répondrai-je, le bienfaiteur n'est-il pas en droit de l'exiger... C'est en faveur des malheureux, et pour multiplier le nombre des bienfaiteurs, que le public impose avec raison aux obligés le devoir de la reconnaissance.

En résumé, l'auteur de l'*Esprit* se préoccupa surtout des droits et des devoirs de l'individu ; la doctrine, qui n'est au fond que celle d'Epicure plus largement interprétée, après avoir été vulgarisée par Volney et ramenée par Bentham à une forme plus scientifique, est devenue la morale utilitaire ou de *l'intérêt bien entendu.*

Dans le même ordre de pensée nous trouvons d'Holbach qui, comme Épicure, donna pour but aux efforts de l'humanité « la félicité durable, non le plaisir éphémère ».

L'illustre baron tenta dans le *Système social* de fonder la morale sur la physiologie et l'éducation ; mais, tout en proclamant l'eudémonisme terrestre, il loue vivement les vertus civiques qui sont bien quelquefois, quoi qu'il prétende, de *la vertu par vertu.*

La morale, dit-il, doit être fondée sur la nature de l'homme ; il faut qu'elle lui apprenne ce qu'il est, le but qu'il se propose et les moyens d'y parvenir. *Respice finem,* envisage ton but : voilà l'abrégé de toute morale.

C'est incontestable ; mais toute la difficulté est reportée à la fixation du but qui sera moral, en raison seulement de ses extensions altruistes.

D'Holbach s'exagère l'influence de l'éducation, car c'est trop s'avancer que de dire : « L'homme par sa nature n'est ni bon ni méchant. Il cherche le bonheur dans chaque instant de sa durée. Le plus grand scélérat aurait pu devenir un homme de bien. »

Le mobile de *l'intérêt* ne peut, d'après d'Holbach lui-même, être invoqué que par l'homme de bien, ce qui équivaut à faire découler la morale de la connaissance et de la prédominance des sentiments moraux, et ceci est exact.

Le mot « intérêt », dit-il encore avec raison, est le synonyme d'injustice, de corruption, de malice, de petitesse, dans un avare, un courtisan, un tyran. Dans l'homme de bien « intérêt » signifie équité, bienfaisance, grandeur d'âme, désir de mériter l'estime des autres ou désir d'être bien avec soi même.

Bien plus que les précédents philosophes, le savant auteur du *Système social* recommande la bonté. Il en parle comme un panthéiste moderne :

> Que j'aime le principe de l'homme sensible qui a dit qu'on ne devrait ni battre un chien ni détruire un insecte, sans aucune cause suffisante pour se justifier devant le tribunal de l'équité !

Nous avancerons encore dans cette voie de l'altruisme avec Volney.

Il dit bien, lui aussi, selon la formule matérialiste : « La base de la moralité est l'amour éclairé de soi-même. Le vice ou la vertu ont toujours un but physique qui est de détruire ou de conserver le corps »; et par là l'auteur des *Ruines* est de l'école de Diderot, d'Alembert, Helvétius, d'Holbach; mais c'est un véritable altruiste, lorsque, dans son *Catéchisme du citoyen français*, il recommande comme il suit les vertus sociales :

> La nature a organisé l'homme pour la société. « En lui donnant des sensations, elle l'organisa de telle sorte que les sensations des autres se reflètent en lui ; de là naissent des sensations simultanées de plaisir, de douleur, de sympathie, qui sont un charme et un bien indissoluble de la société. »

Plus loin nous lisons avec autant de plaisir :

> *Demande.* — Comment la charité ou l'amour du prochain est-il un précepte ?
> *Réponse.* — Par raison d'égalité et de réciprocité, car, lorsque nous nuisons à autrui, nous lui donnons le droit de

nous nuire à son tour. Ainsi, en attaquant l'existence d'autrui, nous portons atteinte à la nôtre, par l'effet de la réciprocité. Au contraire, en faisant du bien à autrui, nous avons lieu et droit d'en attendre l'échange, l'équivalent, et tel est le caractère de toutes les vertus spéciales d'être utiles à l'homme qui les pratique par le droit de réciprocité qu'elles donnent sur ceux à qui elles ont profité.

Vis pour tes semblables, afin qu'ils vivent pour toi.

Cela ne revient-il pas au dialogue de Marmontel dans le meilleur de ses *Contes moraux*, le *Mysanthrope converti* :

Le vice et la vertu ne sont que des rapports. L'un est vice parce qu'il nuit aux hommes, l'autre est vertu par le bien qu'il fait.
— Précisément.
Haïr le vice et aimer la vertu, ce n'est donc que s'intéresser aux hommes, et pour s'y intéresser il faut les aimer.

Pour s'intéresser aux hommes il faut les aimer. « La loi et les prophètes » de la morale sociale sont contenus dans ces quelques mots.

A mesure que nous nous approchons de la révolution, la morale matérialiste devient plus sociale. Saint-Lambert, auteur aussi d'un *Catéchisme civique*, parle comme Volney et Marmontel :

Demande. — Qu'est-ce que l'homme ?
Réponse. — Un être sensible et raisonnable.
Demande. — Comme sensible et raisonnable, que doit-il faire ?
Réponse. — Chercher le plaisir, éviter la douleur.
Demande. — Quels sont ceux qui s'aiment bien ?
Réponse. — Ceux qui ne séparent pas leur bonheur de celui des autres hommes. Êtes-vous jeune ou vieux, riche ou pauvre, faible, ignorant ou éclairé ? Mortel, vous devez à

tous les mortels d'être juste. Riche, vos richesses sont dans vos mains le tribut d'un pauvre. Ouvrez-lui son trésor ; pauvre, vous ne donnerez que de faibles secours aux malheureux, mais allez le consoler dans son travail, et rappelez l'espérance dans son âme. Surprenez-vous un secret ? C'est la propriété d'un autre ; respectez sa propriété. Vous confie-t-on un secret ? C'est un dépôt ; ne violez pas ce dépôt.

Prenez l'habitude de faire et de dire ce qui peut unir les hommes entre eux.

Faites-vous aimer, afin qu'on aime dans votre bouche la justice et la vérité.

Vous avez un ennemi tant que vous n'avez pas pardonné.

Redoublez d'égards pour l'homme que vous avez obligé, et d'amour pour celui qui nous oblige.

Servez l'homme dans celui dont vous ne pouvez aimer la personne.

Dites-vous : mes biens ne sont pas à moi seul, ils sont à moi et à l'Etat ; ma vie n'est pas à moi seul, elle est à moi et à l'Etat.

Ainsi est dignement close, à la fin du xviiie siècle, l'éthique matérialiste ou utilitaire commencée au xviie, sous de si fâcheux auspices, avec Hobbes et Mandeville.

Il s'agira maintenant de lui donner une rigueur mathématique ; c'est ce qu'indique l'éminent et glorieux disciple de d'Alembert : Condorcet (1) ; c'est ce qui va tenter Bentham.

---

(1) « En méditant sur la nature des sciences morales, on ne peut s'empêcher de voir qu'appuyées comme les sciences physiques sur l'observation des faits, elles doivent suivre la même méthode, acquérir une langue également exacte et précise, atteindre au même degré de certitude. Tout serait égal entre elle pour un être qui, étranger à notre espèce, étudierait la société humaine comme nous étudions celle des castors et des

IV

BENTHAM ET SES SUCCESSEURS

Bentham est à la morale matérialiste, que nous appellerons *utilitaire*, ce que Kant, son contemporain, est à la morale spiritualiste ou *intuitive*. Non pas qu'il ait élargi le cadre de la morale utilitaire, au contraire il l'a plutôt rétréci ; mais il lui a donné une précision qu'elle n'avait pas eue avec les philosophes français, il l'a réduite à être, selon sa propre définition, une *arithmétique des plaisirs et des peines*.

Pour lui donc, comme pour ses prédécesseurs français, la nature a placé le genre humain sous l'empire de deux souverains maîtres : la *peine* et le *plaisir*. Ce principe, selon Bentham, n'a pas été démontré, tant il est évident ; il suffit de l'expliquer. Cela fait, l'utilitaire conclut que le plaisir, étant l'unique but de la vie, il doit être l'unique règle des actes. Cependant le but de la vie ne doit pas être le seul plaisir individuel, mais aussi le bonheur collectif (1). Il ne faut pas non plus que le plaisir soit immédiat : « L'utilitaire enseigne à

---

abeilles. Mais ici l'observateur fait partie lui-même de la société qu'il observe, et la vérité ne doit avoir que des juges, prévenus ou séduits. La marche des sciences morales sera donc plus lente que celle des sciences physiques. (CONDORCET : *Discours et réception à l'Académie française.*)

(1) Bentham raconte qu'il cherchait depuis longtemps un système de morale, auquel il pût s'attacher, lorsqu'un livre du docteur Priestley, à présent oublié, lui tomba par hasard sous la main ; il y trouva pour la première fois cette formule écrite en italique : *Le plus grand bonheur du plus grand nombre.*

« A cette vue, je m'écriai, transporté de joie comme Archi

donner au plaisir une direction telle qu'il soit productif d'autres plaisirs, et à la peine une direction telle qu'elle devienne une source de plaisirs, ou du moins qu'elle soit rendue aussi légère, aussi supportable et aussi transitoire que possible. » Dans la recherche du bonheur la société doit rivaliser avec l'individu. Elle peut l'aider beaucoup en cela ; aussi son but doit-il être d'organiser toutes choses en vue de réaliser la plus grande somme de plaisir pour tous. Dans ce sens, l'intérêt public s'identifiera avec l'intérêt privé. Les actes qui procurent la plus grande somme de plaisirs seront vertueux : ceux qui produisent le plus de souffrances seront mauvais.

Bentham, dit le jeune et savant auteur de la *Morale anglaise contemporaine*, ne voit en face de sa doctrine qu'un antagoniste, un seul, mais qui se revêt de mille formes diverses : c'est ce principe absolu et magistral qui a pour devise : « *Ipse dixi*, je l'ai dit. » A l'*ipse-dixitisme* se rattachent deux doctrines : la première, l'*ascétisme* ; la seconde repose sur ce que Bentham appelle le principe de *sympathie* et d'*antipathie*. Ce principe consiste à approuver ou à blâmer par sentiment, sans admettre aucune autre raison de ce jugement que le jugement même : simple affaire d'humeur, d'imagination et de goût. A ce principe, Bentham rattache toute doctrine qui admet soit la *conscience*, soit le *sens moral*, soit une loi *naturelle*, un *droit naturel*, une *obligation morale*, etc. Tous les moralistes *a priori* rentrent ainsi, selon Bentham, dans le genre trop nombreux de ceux qui blâment ou approuvent

mède lorsqu'il découvrit le principe fondamental de l'hydrostatique : *Euréka*, j'ai trouvé ! » (M. Guyau : *la Morale anglaise contemporaine*).

sans raison, par une sympathie ou une antipathie, elles-mêmes se ramenant, en fin de compte, à une foule de mobiles intéressés que Bentham énumère et classe : on désapprouve par répugnance des sens, par orgueil blessé, etc. Sous l'apparent arbitraire des sentiments moraux, Bentham croit retrouver l'influence fatale de l'intérêt.

Quant à la prétendue *obligation morale*, c'est un terme vague, nuageux et vide, aussi longtemps que l'idée d'intérêt ne vient pas le préciser et le remplir. Des *devoirs* « il est fort inutile d'en parler, le mot même a quelque chose de désagréable et de répulsif... Quand le moraliste parle de devoirs, chacun pense aux intérêts. » Mais la conscience ? demandera-t-on peut-être. — « Chose fictive », répond Bentham. La conscience, c'est l'*opinion* favorable ou défavorable qu'un homme conçoit de sa propre conduite, opinion qui n'a de valeur qu'autant qu'elle est conforme au principe utilitaire.

Mais citons les paroles du maître :

> Il est fort inutile de parler des devoirs... L'intérêt est uni au devoir dans *toutes les choses de la vie ;* plus on examinera ce sujet, plus *l'homogénéité* de l'intérêt et du devoir paraîtra *évidente*... En saine morale, le devoir d'un homme ne *saurait jamais consister* à faire ce qu'il a intérêt à ne pas faire... par une juste estimation, il apercevra la coïncidence de ses intérêts et de ses devoirs...

A la formidable objection que raisonner ainsi c'est faire la part trop belle aux égoïstes et aux corrompus, Bentham réplique sans se troubler :

> Aujourd'hui l'homme vicieux semble avoir une balance de plaisir en sa faveur ; le lendemain, le niveau sera réta-

bli, et le jour suivant on verra que la balance est en faveur de l'homme vertueux : La déontologie ne demande pas de sacrifice définitif. Elle propose à l'homme un surplus de jouissances. Il cherche le plaisir ; elle l'encourage dans cette recherche ; elle la reconnaît pour sage, honorable et vertueuse, mais elle le conjure de ne point se tromper dans ses calculs. Elle lui représente l'avenir... Elle demande si, pour la jouissance goûtée aujourd'hui, il ne faudra point payer un intérêt usuraire. Elle demande que la même prudence de calcul, qu'un homme sage applique à ses affaires journalières, soit appliquée à la plus importante de toutes les affaires, celle de la félicité et du malheur.

Plus loin, avec une instance plus grande, le grand utilitaire nous dit :

La tâche du moraliste éclairé est de démontrer qu'un acte immoral est un faux calcul de l'intérêt personnel, et que l'homme vicieux fait une estimation erronée des plaisirs et des peines.

Ne reculant devant aucune conséquence, Bentham ajoute :

La déontologie (1) reconnaît que l'ivrogne lui-même se propose un but convenable ; mais elle est prête à lui prouver qu'il se trompe.

Nous dirons plus, ajoute-t-il, d'après le principe de l'utilité, le plus abominable plaisir que le plus vil des malfaiteurs ait jamais retiré de son crime ne devrait pas être réprouvé s'il demeurait seul, mais il est nécessairement suivi d'une telle quantité de peines, ou, ce qui revient au même, d'une telle chance d'une certaine quantité de peines, que le plaisir en comparaison est comme rien ; et c'est là

(1) Déontologie, science de ce qui convient. C'est par ce néologisme que Bentham définit la morale.

la vraie, la seule raison, mais parfaitement suffisante pour en faire un sujet de châtiment.

Tout cet étalage « d'égoïsme éclairé » a pour but unique le bonheur de chacun, mais seulement dans la félicité commune.

La première loi de la nature, c'est de désirer notre propre bonheur. Les voix réunies de la prudence et de la bienveillance se font entendre et nous disent : Cherchez votre propre bonheur dans le bonheur d'autrui. — Si chaque homme agissant avec connaissance de cause dans son intérêt individuel, obtenait la plus grande somme de bonheur possible, alors l'humanité arriverait à la suprême félicité, et le but de toute morale, le bonheur universel serait atteint. En écrivant cet ouvrage, ajoute Bentham, nous avons pour objet le bonheur de l'humanité, ton bonheur, lecteur, et celui de tous les hommes.

Généreuses paroles que le grand utilitaire commente dignement en étendant sa bienveillance aux animaux.

Ce que nous nous proposons, c'est d'étendre le domaine du bonheur partout où respire un être capable de le goûter ; et l'action d'une âme bienveillante n'est pas limitée à la race humaine, car, si les animaux que nous appelons inférieurs n'ont aucun titre à notre sympathie, sur quoi s'appuieraient donc les titres de notre propre espèce ?

Un homme sympathique envers les animaux sera plus disposé à la sympathie envers les hommes, et réciproquement ; Bentham ajoute ces belles paroles :

La chaîne de la vertu enserre la création sensible tout entière. Le bien-être que nous pouvons départir aux animaux est intimement lié à celui de la race humaine, et celui de la race humaine est inséparable du nôtre.

Pour achever de faire connaître la méthode benthamiste, donnons un exemple de l'*arithmétique morale* qui lui sert de mesure de comparaison.

Voici par exemple l'ivrognerie :

Il ne s'agit pas de savoir si c'est une habitude honteuse et déprimante, mais si elle est ou n'est pas nuisible. Évidemment elle apporte un plaisir, mais un plaisir de courte durée ; ce plaisir constitue la *colonne des profits*. Quelle est la *colonne des pertes* ?

Nous avons de suite :

1° Les indispositions et autres effets préjudiciables à la santé ; 2° les peines contingentes à venir, par suite l'affaiblissement de la constitution et des maladies résultant de l'ivrognerie ; 3° la perte de temps et d'argent proportionnée à la valeur de ces deux choses ; 4° la peine produite dans l'esprit de ceux qui vous sont chers, tel que, par exemple, une mère, une épouse, un enfant ; 5° la défaveur attachée au vice de l'ivrognerie, le discrédit notoire qui en résulte aux yeux d'autrui ; 6° le risque d'un châtiment légal et la honte qui l'accompagne, comme, par exemple, les lois punissant la manifestation publique de l'insanie temporaire produite par l'ivresse ; 7° le risque des châtiments attachés au crime qu'un homme ivre est exposé à commettre ; 8° le tourment produit par la crainte des peines d'une vie future.

Il est évident, conclut Bentham, que mathématiquement l'ivrognerie est une action mauvaise ; la colonne des pertes probables l'emporte énormément sur celle des profits assurés. L'ivrognerie, au point de vue commercial, serait une spéculation ruineuse ; on achèterait trop cher le plaisir qu'elle prouve.

C'est incontestable, mais inviter chacun à faire ce

calcul, est-ce le meilleur moyen de combattre le vice de l'ivrognerie ? Les dérivatifs seraient plus efficaces, car le calcul arrive bien tard, lorsque l'attraction passionnelle pèse de tout son poids sur la volonté (1).

De nos jours, J.-S. Mill et Spencer, pour ne parler que des plus illustres, ont donné à l'utilitarisme un lustre plus éclatant encore. Ils en ont, de plus, élargi heureusement les horizons.

J.-S. Mill est, à vrai dire, plutôt un altruiste à raisonnements utilitaires qu'un utilitaire proprement dit.

Il base bien la morale sur la recherche du plaisir ; mais il mesure le plaisir à la *qualité,* non à la *quantité,* et le plaisir suprême qui doit l'emporter sur les autres, c'est le bonheur d'autrui, c'est la félicité commune (2).

Sans entreprendre, s'écrie-t-il, de justifier l'opinion, ni même de préciser le genre de justification dont elle est susceptible, je déclare simplement ma conviction, que le principe général auquel toutes les règles de la pratique devraient être conformes, que le critérium par lequel elles

---

(1) L'utilitarisme benthamiste trouva des réfractaires parmi les matérialistes, et parmi ceux-là il faut citer Shelley qui, dans son *Prométhée délivré,* glorifie la vie morale du Messie hellénique comme aurait fait un stoïcien :

« Souffrir des maux que l'on croit infinis ; oublier des injustices plus noires que la mort et la nuit ; défier le pouvoir qui semble tout-puissant ; aimer et supporter, espérer jusqu'à ce que l'espérance crée de son propre naufrage la chose contemplée ; ne jamais changer, ni faillir, ni se repentir : voilà ta gloire, Titan ! »

(2) C'est ce qu'il a appelé imprégner l'utilitarisme benthamiste d'éléments stoïciens et d'éléments chrétiens. Seulement le plaisir ainsi choisi devient simplement le *bien* des moralistes *catégoriques.*

devraient être éprouvées, est ce qui tend à procurer le bonheur du genre humain, ou plutôt de tous les êtres sensibles ; en d'autres termes, que promouvoir le bonheur est le principe général de la téléologie ou théorie des fins.

Sortant, nous insistons là-dessus, de la donnée *utilitariste*, il fait de la vertu l'objet d'une véritable obligation morale. Car, quelle autre explication donner à des paroles comme celles-ci :

L'amour de l'argent, du pouvoir ou de la gloire peut rendre et souvent réussit à rendre l'individu nuisible aux autres membres de la société à laquelle il appartient, tandis que rien au monde ne le rend aussi précieux pour ses semblables que la culture de l'amour désintéressé par la vertu. Par conséquent, le critérium utilitaire, tout en tolérant et en approuvant ces autres désirs acquis aussi longtemps qu'ils sont utiles, *ordonne et exige* que la culture de l'amour de la vertu soit poussée aussi loin que possible, comme étant, entre toutes choses, ce qui importe le plus au bonheur général.

Il veut que cette vertu ainsi cultivée soit altruiste :

J'admets pleinement cette vérité : que la culture d'une noblesse idéale de volonté et de conduite est, pour les êtres humains individuels, une fin à laquelle doit céder, en cas de conflit, la recherche de leur propre bonheur ou de celui des autres (en tant qu'il est compris dans le leur). Mais je soutiens que la question même de savoir ce qui constitue cette élévation de caractère doit être décidée en se référant au bonheur comme principe régulateur. Le caractère lui-même devrait être pour l'individu une fin suprême, simplement parce que cette noblesse de caractère parfaite, ou approchant de cet idéal chez un assez grand nombre de personnes, contribuerait plus que toute autre chose à rendre la vie humaine heureuse, — heureuse à la fois, dans le sens relativement humble du mot, par le plaisir et l'absence de douleur, et, dans le sens le plus élevé, par une vie qui ne serait plus ce qu'elle est maintenant, presque universellement puérile et insignifiante, mais telle que peuvent la désirer et la vouloir des êtres humains dont les facultés sont développées à un degré supérieur.

J.-S. Mill tient même à prouver, comme un simple idéaliste, que le beau et le bien sont identiques. Il prouve surtout par là l'excellence de sa nature. Nous continuons à citer :

Ceux-là seulement sont heureux, dit-il, qui ont l'esprit tendu vers quelque objet autre que leur propre bonheur, par exemple vers le bonheur d'autrui, vers l'amélioration de la condition de l'humanité, même vers quelque acte, quelque recherche qu'ils poursuivent, non comme un moyen, mais comme une fin idéale. Aspirant ainsi à une autre chose, ils trouvent le bonheur chemin faisant. Les plaisirs de la vie — telle était la théorie à laquelle je m'arrêtais — suffisent pour en faire une chose agréable, quand on les cueille en passant sans en faire l'objet principal de l'existence. Essayez d'en faire le but principal de la vie, et du coup vous ne les trouverez plus suffisants. Ils ne supportent pas un examen rigoureux. Demandez-vous si vous êtes heureux, et vous cessez de l'être. Pour être heureux, il n'est qu'un seul moyen, qui consiste à prendre pour but de la vie non pas le bonheur, mais quelque fin étrangère au bonheur.

Paroles d'une grande âme et d'un cœur ardent. Le philosophe anglais démontre que la société mieux organisée peut, par la justice économique, supprimer la pauvreté et ses douleurs ; par l'éducation, l'ignorance et ses vices. Elle peut aussi, par l'harmonie des intérêts, réduire l'égoïsme à n'être plus ni malfaisant ni violent, et, par le complet développement intellectuel affectif et physique de l'être humain, avoir raison de la corruption et du mal moral.

Quelle différence entre cette morale d'un grand économiste, d'un grand philosophe, d'un penseur profond, de l'un des hommes les plus sympathiques et les plus éminents du xixe siècle et la morale socialiste ?

Aucune. Aussi, sur ce point, nous déclarons-nous le fervent admirateur de J.-S. Mill.

Son éthique a été résumée avec une précision rare par M. Guyau dans ces lignes que je reproduis :

« L'égoïsme, ou la recherche du plaisir individuel au point de départ, puis le désintéressement, ou la recherche du plus grand bonheur général, puis enfin, comme condition de ce bonheur même, la dignité ou la recherche d'une noblesse idéale de volonté. »

Herbert Spencer élargit de son côté le cadre de l'utilitarisme, en tâchant de lui apporter une synthèse universelle basée sur les plus récentes constatations des sciences naturelles, sur les catégories du *connaissable* de Mill et sur le transformisme de Darwin.

Si donc il est vrai qu'il y a deux morales, celle primitive de l'égoïsme, celle idéale de l'altruisme, il est vrai aussi qu'il y a une morale intermédiaire, car il est nécessaire qu'entre le commencement et la fin, pendant toute l'évotion sociale, il s'établisse entre elle une morale transactionnelle qu'on peut appeler morale *ego-altruiste* et qui dominera tant que l'altruisme ne sera pas généralisé. Bien plus, l'altruisme absolu est une absurdité si l'on réfléchit qu'il n'est praticable sur une grande échelle que s'il se trouve dans la même société une moitié égoïste à côté d'une moitié altruiste. Si chacun s'intéressait dûment aux autres, il n'y aurait personne pour accepter les sacrifices que tous seraient prêts à faire. D'où il ressort que l'altruisme pur, dans une société, implique une nature humaine qui rend l'altruisme pur impossible, faute de gens envers qui le pratiquer.

Sophisme. D'abord l'altruisme ne saurait être à ce point absolu ; ensuite il n'a pas seulement en vue les services matériels (dont l'utilité diminuera à mesure que s'étendra la justice dans les rapports sociaux), mais aussi et surtout ce que nous appellerions les services moraux, la bienveillance, la compassion, la sympathie... Or de ce côté son champ d'action est illimité.

Spencer a raison, toutefois, de montrer le côté immoral de l'altruisme absolu (maladie rare) dans la société actuelle. Indubitablement, au delà de certaines limites, le sacrifice de soi-même est un mal pour tout le monde, pour ceux en faveur desquels il s'accomplit, aussi bien que pour ceux qui l'accomplissent. Pour que le renoncement soit pratiqué par un homme, il faut que l'égoïsme soit pratiqué par un autre. S'il est noble de procurer une jouissance à autrui, l'empressement à accepter cette jouissance est tout le contraire.

Les socialistes l'ont bien compris ainsi, lorsqu'ils ont dit que le communisme, cet altruisme légalisé et réalisé, devra être précédé d'une période éducative de justice économique.

L'altruisme absolu étant critiqué de la sorte, Spencer ne tarit point en éloges sur l'altruisme relatif dont il fait, et avec raison, non seulement un agent de justice, de bonté, mais encore un agent de bonheur (1) :

C'est aussi une vérité à ne pas négliger, que la somme des plaisirs esthétiques est plus considérable pour une nature égoïste. Les joies et les douleurs humaines forment un élément principal de la matière de l'art, et il est évident que les plaisirs dont l'art est la source s'accroissent à mesure que se développe la sympathie pour ces joies et ces douleurs.

Si nous comparons la poésie primitive, ruisselante de violence, à notre poésie actuelle consacrée à exciter chez les lecteurs la sympathie pour les faibles, nous croyons qu'avec le développement d'une nature plus instruite s'est ouverte une sphère de jouissances inaccessibles aux temps barbares.

Au même point de vue, un égoïsme illégitime se nuit à lui-même en produisant une incapacité d'éprouver le bonheur, car il se prive d'un grand nombre de jouissances sociales, et il manque de ces accroissements de plaisir et de ces adoucissements de la douleur que nous procurent ceux qui nous aiment et partagent nos sentiments. Ajoutons que les plaisirs purement égoïstes sont rendus moins vifs par la société même ; dans la première partie de la vie et dans la seconde ils disparaissent presque entièrement. L'égoïsme est donc un déprimant du bonheur (2).

(1) Les conditions du bonheur sont indiquées par lui dans cette belle formule : *La vie complète dans la société complète*.
(2) Le point sur lequel je me sépare de la doctrine de l'utilité, telle qu'elle est ordinairement comprise, dit Fouillée avec quelque raison, n'est pas le but à atteindre, mais la méthode à suivre pour atteindre ce but. *J'admets qu'il faut envisager le bonheur comme la fin dernière ; je n'admets pas qu'il soit posé comme la fin prochaine.* Après avoir conclu que le bon-

Voilà certes de l'utilitarisme puisé aux sources les plus profondes de la personne humaine améliorée. Hâtons-nous d'ajouter que Spencer tient à bien établir que si, dans une certaine mesure, il admet une sorte d'*obligation morale*, ce n'est pas le renoncement qu'il prêche :

> Quelque étrange, dit-il, que la conclusion paraisse, c'est cependant une conclusion qu'il faut tirer ici : l'accomplissement de toutes les fonctions est, en un sens, une obligation morale.
>
> On pense d'ordinaire que la morale nous commande seulement de restreindre certaines activités vitales qui, dans notre état actuel, se développent souvent à l'excès, ou qui sont en opposition avec le bien-être spécial au général ; mais elle nous commande aussi de développer nos activités, jusqu'à leurs limites normales. Si on les comprend ainsi, toutes les fonctions animales, aussi bien que les fonctions plus élevées, ont leur caractère obligatoire.
>
> Sans doute, dans notre état actuel de transition caractérisé par une adaptation très imparfaite de notre constitution aux conditions d'existences, des obligations morales

---

heur est ce qu'il s'agit de réaliser, la philosophie de l'utilité suppose que la morale n'a pas d'autre affaire que de généraliser empiriquement les résultats de la conduite et de fournir, pour la direction de la vie, ses généralisations empiriques et rien de plus. La thèse que je soutiens est que la morale, proprement dite, la science de la droite conduite, a pour objet de déterminer comment et pourquoi certains modes de conduite sont funestes, certains autres modes avantageux. Ces bons et mauvais résultats ne peuvent être accidentels, mais doivent être les conséquences nécessaires de la nature des choses, et je conçois qu'il appartient à la science morale de déduire les lois de la vie et les conditions de l'existence, quels sont les actes qui tendent à produire le malheur. Cela fait, ces déductions doivent être reconnues comme lois de conduite, et l'on doit s'y conformer sans avoir égard à une évaluation directe du bonheur et du malheur.

d'ordre suprême rendent souvent nécessaire une conduite préjudiciable au point de vue physique ; mais nous devons reconnaître aussi que, laissant de côté les autres effets, il est immoral de traiter le corps de manière à diminuer la plénitude ou la vigueur de sa vitalité.

De même, pour lui, le but moral et social doit être une expansion de l'être humain dans la liberté, la solidarité et la justice, non un effacement de l'individu devant l'être collectif.

Ce que nous appelons la loi morale, dit-il, la loi de la liberté dans l'égalité, est la loi sous laquelle l'individuation devient parfaite. La faculté qui se développe encore aujourd'hui, et qui deviendra le caractère définitif de l'humanité, sera l'aptitude à reconnaître cette loi et à y obéir. L'affirmation toujours plus intense des droits de l'individu signifie une prétention toujours plus forte à faire respecter les conditions externes indispensables au développement de l'individualité. Non seulement on conçoit aujourd'hui l'individualité, et l'on comprend par quels moyens on peut la défendre, mais on sent qu'on peut prétendre à la sphère d'action nécessaire au plein développement de l'individualité, et on veut l'obtenir. Quand le changement qui s'opère sous nos yeux sera achevé, quand chaque homme unira dans son cœur à un amour actif pour la liberté des sentiments actifs de sympathie pour ses semblables, alors les limites de l'individualité qui subsistent encore, entraves légales ou violences privées, s'effaceront ; personne ne sera plus empêché de se développer, car, tout en soutenant ses propres droits, chacun respectera les droits des autres. La loi n'imposera plus de restrictions ni de charges; elles seraient à la fois inutiles et impossibles. Alors, pour la première fois dans l'histoire du monde, il y aura des êtres dont l'individualité pourra s'étendre dans toutes les directions. La moralité, l'individuation parfaite et la vie parfaite seront en même temps réalisées dans l'homme définitif.

Spencer ne doute pas d'ailleurs des sublimes destinées de l'humanité progressiste ; son évolutionnisme est un optimisme.

« Le progrès, dit-il, n'est point un accident, mais une nécessité (1). Loin d'être le produit de l'art, la civilisation est une phase de la nature, comme le développement de l'embryon ou l'éclosion d'une fleur. Les modifications que l'humanité a subies et celle qu'elle subit de nos jours résultent de la loi fondamentale de la loi organique, et, pourvu que la race humaine ne périsse point et que la constitution des choses reste la même, ces modifications doivent aboutir à la perfection. Il est sûr que ce que nous appelons le mal et l'immortalité doit disparaître ; il est sûr que l'homme doit devenir parfait. »

Il serait fort désirable que les choses dussent se passer de la sorte et que le couronnement de l'évolution humaine fût, en effet, une société ayant maximé son bien-être matériel, sa félicité *mentale*, sa liberté et sa solidarité sociale, sa puissance intellectuelle, son excellence affective et *morale*, sa bienfaisante suprématie humaine ; — une société ayant substitué les mœurs aux lois, la fraternité aux antagonismes et ayant minimé en elle et autour d'elle la souffrance et l'injustice. Malheureusement, tous les savants et tous les philosophes ne pensent pas de même ; ils doutent et peuvent douter, car combien, de par la nature des choses, le mal l'emporte sur le bien, les agents de

---

(1) Avec cette réserve, toutefois, qu'il n'est pas démontré que l'humanité doit toujours progresser. Elle peut rétrograder, disparaître et l'évolution peut se constituer en dehors d'elle. En un mot, l'évolution nécessaire est *universelle*, non strictement *planétaire* ou *humanitaire*.

douleur sur les agents de plaisir, les agents de dépression sur les agents d'expansion ! Tout ce qui a grandi décroît et meurt !

Il n'en reste pas moins acquis qu'à de pareilles hauteurs, avec des intérêts comme S. Mill et Spencer (1), l'utilitarisme devient l'altruisme évolutionniste auquel nous nous rallierons à la fin de ce travail, en faisant ressortir les conséquences sociales.

Alexandre Bain, avec quelque timidité toutefois, a suivi les traces de ces illustres compatriotes. Mais il s'attaque davantage aux difficultés.

Après avoir indiqué que la morale repose sur deux branches des connaissances humaines : l'*hédonisme* ou science du bonheur, et la *sociologie*, Bain fait ressortir l'état d'obscurité dans lequel est encore la première et demande qu'on se préoccupe d'abord de l'établissement d'un code moral, d'un plan de réforme éthique, d'une classification des devoirs moraux.

Allons-nous revenir au kantisme ? Le philosophe anglais ne s'en préoccupe pas, il tient seulement à nous dire que si la loi générale de la volonté est de tendre au plaisir et de fuir la douleur, il y a des exceptions importantes à cette loi ; que ces exceptions sont : 1° les idées fixes ; 2° les habitudes ; 3° les actes désintéressés en vue d'autrui. Puis il pose en fait que, sous ces trois chefs, il y a des motifs qui font agir, sans rien qui se rapporte au plaisir et à la peine.

Conclusions identiques à celles de Spencer, puisqu'elles aboutissent à une sorte d'obligation morale.

En résumé les psychologues anglais contemporains,

---

(1) Ceci a été écrit en janvier 1884, avant qu'Herbert Spencer se soit déshonoré par la publication de la brochure *l'Individu contre l'Etat*. (Note de Benoit Malon.)

tout en se disant utilitaristes, ont assez gaillardement jeter l'utilitarisme par-dessus bord, pour se rapprocher du socialisme et de l'altruisme.

Ainsi n'a pas fait M. Y. Guyot dans sa *Morale*. Disciple intransigeant d'Helvétius, quelque peu même de La Mettrie, il doit trouver Bentham trop altruiste, il se prononce sans atténuation, pour l'intérêt bien entendu, comme motif moral.

Après avoir exécuté sommairement les morales théologiques et méthaphysiques, Guyot affirme, avec Buckle, que c'est du développement intellectuel seulement qu'il faut se préoccuper, non des sentiments moraux. Le bien individuel est social, provenant de la science, la sentimentalité ne pouvant avoir voix au chapitre (1).

Cela posé, il prêche l'anarchisme bourgeois, dans toute sa rigueur.

Le progrès, dit-il, est en raison inverse de l'action coercitive de l'homme sur l'homme (2).

(1) Buckle, dans son célèbre ouvrage sur l'*Histoire de la civilisation en Angleterre*, a adopté un point de vue faux, pour prouver que le progrès réel des mœurs, ainsi que la culture en général, dépend essentiellement du progrès intellectuel. Si l'on montre que certains principes simples de morale n'ont pas subi de modifications essentielles, depuis l'époque de la rédaction des Védas hindous jusqu'à nos jours, on peut aussi prouver que les simples éléments de la logique sont restés pareillement invariables. On pourrait même affirmer que les règles fondamentales de la connaissance sont restées les mêmes depuis un temps immémorial, et que l'emploi plus parfait de ces règles dans les temps modernes doit être attribué particulièrement à des causes morales. (Lange : *Histoire du matérialisme*.)

(2) C'est vrai, seulement ce n'est là que la forme négative du progrès, et il faudrait ajouter : *le progrès est en raison directe de l'intervention sociale, ou, pour mieux dire, de la préoc-*

Il ne suffit pas de détruire les organisations théologiques ; c'est encore faire acte de rétrograde que de vouloir les remplacer par l'action de l'Etat.

La justice commutative se substitue à la justice distributive. C'est là un résultat forcé, du moment que la décision personnelle fait place à l'action réflexe organisée par la théologie.

Soit, mais, pour en arriver là, il y a des monopoles oppresseurs et spoliateurs à détruire, et à détruire par l'intervention sociale, seule capable de mener à bonne fin l'œuvre réparatrice. Cependant l'auteur de la *Morale* prêche l'anarchisme politique, c'est-à-dire l'anéantissement de la puissance collective réduite, dans son système, à faire l'office de veilleur de nuit, c'est-à-dire, par la force des choses, à ne protéger que les monopoleurs et les spoliateurs légaux contre l'immense et laborieux peuple des asservis de la féodalité financière, dont la puissance, la richesse et la malfaisance ne peuvent que s'accroître en système d'anarchie politique.

L'homme que M. Guyot veut libre ne serait-il que le gros capitaliste régnant sur les plèbes affamées ? On le dirait, car contre ce dévorateur les résistances individuelles ou corporatives du prolétariat sont et seront impuissantes, car la féodalisation grandissante des forces productives ne pourra être vaincue que par les pouvoirs politiques, et le régime d'exploitation de l'homme par l'homme ne pourra être détruit que par une organisation solidaire du travail, sous le haut patronage social.

Aussi bien les nécessités de la production moderne

cupation des intérêts généraux dans l'administration des choses.

font de l'association et de la division du travail une fatalité économique. Le travail individuel a subi, dans la lutte industrielle, le sort des organismes inférieurs dans la lutte pour la vie. Il ne peut plus subsister. Le travail moderne se fait en grand, par vastes agglomérations d'hommes et de capitaux ; il ne peut donc être que *féodalisé* ou *socialisé*. Nous sommes pour la seconde alternative, pour l'épanouissement intellectuel, moral, physique de tous les êtres humains se mouvant librement dans la solidarité sociale. Ce que disant, nous sommes contre la première qui désarme la société, pour livrer, avec toutes ces richesses terrestres, la chair et le sang du prolétariat à quelques monopoleurs, succédant aux prédateurs du passé.

En rétrogradant de J.-S. Mill à J.-B. Say, M. Guyot a été mal inspiré ; l'a-t-il été mieux en repoussant les atténuations altruistes que les derniers et les plus illustres utilitaires ont apporté à la doctrine ?

Nous soutenons le contraire. « L'égoïsme éclairé » ne peut être que le partage de quelques-uns. Dans l'état actuel, l'immense majorité ne verra dans la doctrine qu'un déchaînement de cet odieux égoïsme, fauteur de tous les crimes, de toutes les iniquités, de toutes les souffrances et que Schopenhauer a été autorisé à appeler « le motif antimoral par excellence ».

Cela est si vrai, qu'il suffit d'un spiritualiste sentimental pour embarrasser le matérialiste simpliste, sur le terrain étroit où il s'est placé. « D'abord, qui vous garantit, objecte ce spiritualiste, objet du mépris de M. Guyot, qui vous garantit que la généralité des hommes sauront toujours bien entendre leurs intérêts, surtout dans les cas où cet intérêt devrait être subordonné en apparence à celui de la société tout entière. Que de connaissances, que de lumières, que d'expériences, que de réflexions ? Quelle profondeur et quelle sagacité d'esprit ne faut-il pas pour embrasser tant d'objets divers, les examiner, les comparer et en tirer de chaque circonstance des règles de conduite appliquées à notre position. La morale ne sera donc que pour les philosophes, tout au plus. En effet, puisque notre intérêt bien entendu est le principe de toutes les obligations morales, il ne saurait exister d'obligations morales pour ceux qu'une cause quelconque met hors d'état de bien entreprendre leur intérêt. S'ils se trompent, c'est un malheur et non pas un crime. Il y a plus, le fripon qui croit, en me volant, bien entendre son intérêt, mérite des éloges et non pas un blâme... car comment lui prouverez-vous que vous entendez mieux que lui son intérêt ? » L'argumentation est serrée et mérite qu'on s'y arrête. Lamennais continue :

Que, dans l'ardeur d'une violente passion, je sois maître de la satisfaire en secret, avec la certitude de n'être jamais découvert, direz-vous que mon intérêt me commande de repousser obstinément le plaisir qui s'offre à moi ? Sera-ce mon intérêt qui me fera renoncer à mes habitudes, à mes commodités, à mes biens, à ma patrie, à ma famille, à tout ce que j'ai de plus cher pour l'utilité de mes semblables ou de l'Etat à qui j'appartiens ? En mille circonstances, l'intérêt commun exigera que je languisse dans la misère, que j'use mes forces, ma santé, dans des travaux dont d'autres recueilleront le prix. (LAMENNAIS : *De la Religion*) (1).

(1) J.-S. Mill, Spencer, A. Bain ont victorieusement détourné l'objection, en ne reculant pas devant l'énoncé de certaines obligations altruistes. Y. Guyot a passé outre, en quoi il a été rétrograde dans sa propre doctrine.
Tout en étant aussi retardataire que M. Yves Guyot en éco-

Ainsi l'éthique matérialiste aboutit avec ses meilleurs représentants — et abstraction faite de quelques bourgeois rétrogrades ou intéressés à la défense de l'ordre capitaliste — à la théorie de la solidarité

nomie sociale, tout en voulant, comme lui, faire de la lutte pour la vie qui domine la nature la loi universelle d'une société encombrée de monopoles, Mme Clémence Royer (*le Bien et la loi Morale*) affirme un certain idéalisme moral ; idéalisme purement naturiste et nullement social, il est vrai.

L'erreur des philosophes, en éthique comme en téléologie, dit-elle, a été jusqu'ici de séparer le bien de l'espèce humaine du bien général du monde, de considérer l'homme comme le but unique et la fin suprême de l'univers, et de croire que toute la série organique, dont il occupe le sommet sur la terre, pouvait et devait être impunément sacrifiée en totalité à son égoïsme spécifique. Une philosophie plus large doit, au contraire, tenir compte de tous les éléments de la création ; faire à chaque être sa place dans une juste mesure ; reconnaître que l'homme n'a, dans l'échelle des organismes vivants, qu'une valeur relative, que s'il a des droits au bonheur il n'est pas seul à en avoir, et qu'il doit garder dans ses ambitions de jouissance une limite, proportionnelle à l'intensité même de ses facultés, qu'il ne peut dépasser sans en être aussitôt puni par un avertissement de souffrance et de mal.

D'après cela nous dirons que *tout ce qui contribue à la multiplication des existences, de leurs variétés et de la somme des jouissances qu'elles peuvent se partager, est le bien ; que tout ce qui diminue ces quantités est le mal, et que tout ce qui ne les augmente ni ne les diminue est indifférent.*

Nul ne peut se faire une idée de la souffrance ou de la jouissance en autrui, qu'à condition d'avoir expérimenté à quelque degré des jouissances ou des souffrances analogues ou, tout au moins, d'en avoir par sympathie, à l'occasion d'autrui, la révélation instinctive héréditaire, c'est-à-dire comme une prédisposition psycho-nerveuse à éprouver des dispositions semblables.

De là le défaut de sympathie des natures viles et brutales, pour les grandes souffrances morales, dont les natures supérieures sont seules susceptibles. De là le peu de pitié qu'inspirent le froissement de certains instincts, parmi les plus élevés de certains sentiments, parmi les plus délicats, à ceux qui sont dépourvus de ces sentiments et de ces instincts, ou qui ont des instincts et des sentiments tout contraires. Ce sont des cordes

humaine et de la bonté. En vertu de cette doctrine morale, tout ce qui vit a droit à notre pitié ; nous devons nous attacher à faire souffrir le moins possible les êtres que l'horrible nature des choses nous contraint à sacrifier sous peine de mort à l'humanité. Que si maintenant l'ensemble de nos semblables a plus spécialement droit à notre affection, à notre dévouement, notre complet devoir moral est de travailler à ce qu'il y ait le plus d'équité et le plus de solidarité appliquées dans les rapports des hommes entre eux, et le moins de souffrances possible parmi les êtres vivants sur lesquels nous avons action.

Les morales panthéistes que nous allons maintenant analyser vont nous fournir des aperçus plus vastes encore de la grande morale altruiste.

qui ne peuvent vibrer sympathiquement dans la gamme passionnelle de certaines organisations parce qu'elles y sont absentes. De là aussi cette cruauté froide et cependant innocente, de l'enfant qui tourmente un animal, sans avoir aucune conscience du mal qu'il lui fait, parce qu'il n'a pas l'idée d'un mal semblable.

La notion du bien et du mal est donc, en chaque être conscient, proportionnelle à l'expérience qu'a pu en faire sa sensibilité propre, et à l'expérience des autres êtres analogues qu'il a vu souffrir et jouir par les mêmes causes, ou qui lui ont communiqué leurs sensations par un moyen traditionnel quelconque.

IV

MORALES PANTHÉISTES

ET DIVERSES

I

HÉRACLITE, EMPÉDOCLE, XÉNOPHANE, ANAXAGORE

Si nous avions eu à parler du panthéisme en général, c'est par une étude sur les morales panthéistes que nous aurions commencé ce travail, car les plus antiques et les plus hautes religions ont un fond panthéiste. Il en est particulièrement ainsi des réalisations religieuses des Indous, des Égyptiens et des Perses. Mais nous avons dû subdiviser pour plus de clarté, et c'est ce qui nous a fait restreindre la présente étude au panthéisme philosophique, que nous voyons naître en Grèce et y acquérir immédiatement droit de cité, avec ses grands interprètes Héraclite, Anaxagore, Empédocle, Xénophane.

Anaxagore et Xénophane ne furent pas des panthéistes complets. Anaxagore se contenta d'allégoriser les dieux et de proclamer l'existence d'une âme universelle pénétrant tout et mère de tout mouvement.

Xénophane était avant tout monothéiste, puisque c'est de lui que procèdent les éléates. Il touche pourtant au panthéisme par l'universalité de son dieu. D'après sa doctrine, Dieu est tout l'être, il renferme tout l'être, il n'y a aucune place en dehors de lui, il est tout. Parménide conçut également un Etre Un, immense, immobile dans son ensemble, éternel, à la fois la substance et la pensée. Une chose doit être ou n'être pas, disent les disciples éléates de Xénophane, le *devenir* d'Héraclite n'est pas, c'est l'*Être* qui est. Zénon d'Elée accentue; pour lui, le mouvement est tout relatif : il n'est pas. (On connaît la réponse du cynique qui se mit à marcher pour prouver le mouvement). Ce n'est là qu'une forme panthéistique du spiritualisme que nous n'avions qu'à indiquer. Pour nous, les deux grands ancêtres du panthéisme antique sont Héraclite et Empédocle ; le premier plus profond, le second plus brillant.

Héraclite d'Ephèse a glorieusement attaché son nom à la conception évolutionniste des choses, fractions infinies du *Grand Tout*, modalités passagères, dans l'universel et éternel devenir.

L'élément primitif (Héraclite croyait que c'était le feu) n'est pas, selon l'Ephésien, un principe déterminé ; il se détermine constamment lui-même ; il est quelque chose de vivant, de mouvant ; *il devient tout, tout devient lui*. Il y a ainsi un double mouvement, une émanation et une résorption perpétuelles. Dans toutes les métamorphoses la quantité demeure toujours identique ; c'est une transformation réciproque et un commerce continuel entre les choses.

Eternel est ce mouvement qui emporte les choses ; éternel est le monde qu'il produit. Les formes seules passent, mais elles ne passent que pour revenir et elles ne reviennent que pour passer encore. De là un rythme universel et une série de périodes en toutes choses.

Le monde, par conséquent, ce n'est ni un des dieux ni un des hommes qui l'a fait, mais il a été, il est, et il sera; feu toujours vivant, qui s'allume en mesure et s'éteint en mesure. Un jour l' « embrasement » de l'Univers consumera tout ; mais cet embrasement universel ne sera pas un terme dernier et un état définitif, car le mouvement n'a pas de fin ; l'incendie du monde ne sera qu'une transition à un monde nouveau et ainsi de suite à l'infini.

Notre âme est une étincelle du feu divin, auquel elle emprunte la raison (1). Les sens sont trompeurs ; les yeux et les oreilles sont les témoins grossiers des hommes qui ont une âme informe et livrée à la matière. » En effet, tout est mobile dans les données de nos sens ; la sensation n'est qu'un rapport variable entre deux termes variables.

L'âme se manifeste dans le corps comme l'éclair qui perce le nuage ; elle n'a pas de survivance personnelle, mais elle retournera dans l'âme du Grand Tout, le feu humain ira se résorber dans le feu divin, c'est dire que nous vivons de la mort du divin et mourons de sa vie ; car, par la mort, nous lui rendons le principe que nous lui avions arraché en vivant.

Parties passagères du Grand Tout, nous devons nous incliner devant lui. Notre devoir bien compris consiste dans la conformité de nos actions à la raison générale.

(1) Comparez avec l'atomisme de Démocrite.

Nous devons être toujours soumis et résignés à la loi nécessaire et universelle. Pourquoi désirer le changement, puisque nous en serions aussitôt rassasiés ? Pourquoi changer, puisque changer c'est être encore le même ? Il ne s'agit pas de se révolter, mais de comprendre. Le bien est le mal qui se détruit, le mal est le bien qui disparaît : le bien n'est pas sans le mal, ni le mal sans le bien. Pour Dieu, tout est beau et juste parce que tout est nécessaire ; il a fait chaque chose pour l'harmonie du Tout où se confondent le mal et le bien, comme l'être et le non-être. La règle essentielle de la morale, c'est de purifier en nous le feu divin, de le rendre indépendant des sens et des passions, de le faire remonter sans cesse vers la flamme.

Si Héraclite n'eût pas participé à l'acquis philosophique et religieux des grands ancêtres indous, égyptiens et iraniens, il eût été à coup sûr un des plus pénétrants génies qu'ait vu le monde. Mais son maître, Hippase de Métaponte, disciple de Pythagore, dut lui communiquer les enseignements secrets de Pythagore, c'est-à-dire l'initiation, ce qui diminue son mérite en donnant à ses enseignements une nouvelle force. Des initiés de l'Inde, Héraclite ne prit pas, chose certaine, la douceur ; ce panthéiste s'isola de ses frères de souffrance qu'il méprisait et, singulière ironie du sort, il devint plus célèbre par sa misanthropie que par ses incomparables travaux philosophiques.

Autre fut Empédocle d'Agrigente, poète et législateur, thaumaturge même, dit-on, et adoré des peuples siciliens qu'il éclaira et gouverna. Il apporta à l'humanité pensante l'idée féconde du développement universel résultant de périodes alternatives d'intégration et de dissociation, comme feront, vingt-trois siècles après lui, Saint-Simon et Spencer.

Dans la langue poétique d'Empédocle, l'intégration, c'est l'*amour*, la *Philia* ; la dissociation, c'est la *haine*.

Autrefois le monde se reposait dans l'amour immobile et la félicité infinie. Mais au temps marqué par la nécessité, l'inimitié pénétra la sphère universelle et en divisa les parties y introduisant les différences et la multiplicité. S'il n'y avait d'inimitié dans les choses, tout serait un. Tout vient de l'inimitié, excepté Dieu qui est l'amour, la charité qui unit.

Quand l'*amour* règne en maître absolu, tous les éléments réunis jouissent d'une paix harmonieuse et forment une sphère immense. Si la *haine* devient toute-puissante, tout est séparé et dispersé. Dans les deux hypothèses, il n'existe pas d'êtres isolés. La vie terrestre est suspendue tout entière aux alternatives qui conduisent l'univers sphérique, par la force progressive de la *haine*, à une dissolution croissante ou, par la force de l'*amour*, à une formation organique toujours plus complète et plus parfaite.

En nous aussi existe la lutte.

A l'amour correspond en nous la raison ; à la discorde, les sens. Notre connaissance est nécessairement imparfaite, à cause de l'inimitié qui s'y mêle : elle ne peut atteindre l'amour en sa parfaite unité, dans laquelle, cependant, consiste la vérité pure. La vraie unité des choses n'est donc visible que pour elle-même ; elle est réservée à la connaissance divine.

« Personne n'a vu l'amour dans l'universalité des choses ; non, pas un mortel. » Le progrès consiste à revenir vers l'unité, soit par la connaissance, soit par l'action. Pour cela, il faut passer continuellement d'une forme à une autre, d'une existence à une autre, la métempsycose est la malheureuse condition des mortels ; car l'espèce mortelle provient de la discorde et des gémissements :

Les vivants se font avec les morts, par le changement des espèces !

Que le genre des mortels est misérable !

Hommes de combien de luttes et de gémissements vous êtes nés !

J'ai pleuré, j'ai versé des larmes, en voyant ce séjour inaccoutumé.

L'unique moyen de s'affranchir de notre exil consiste dans la purification de toute haine, et dans un abandon sans réserve à l'amour vivifiant ; il faut être bon envers tout être animé, car tous sont créatures de l'amour ; on doit s'abstenir de tout aliment impur, car nous sommes parents de toutes choses par la nature, quoique nous ne reconnaissions plus cette parenté, à cause des transformations que la discorde a produites. Par la vertu, l'âme devient digne de revenir en Dieu, et tout en rentrera à la fin dans l'unité primitive de l'amour.

En attendant, ne verse pas le sang, car dans le corps d'un animal peut habiter un parent, un ami ; interdis-toi la nourriture animale et, ne pouvant exclure de l'alimentation tous les végétaux, interdis-toi du moins la fève et le laurier (1). Les formes inférieures de la vie et de l'âme sont dues à nos déchéances, les supérieures à des retours aux bons principes.

La transmigration est véritable ; elle est, dans l'ordre moral, le châtiment et la récompense. Au reste, ni l'un ni l'autre ne sont éternels, et au bout de milliers d'années une grande victoire de l'amour mettra fin aux épreuves. Hâte l'avènement de ce jour par la vertu.

Quelle profonde conception du monde et quelle admirable morale, si elle eût été moins excessive en certains cas ! Ce sont là, à n'en pas douter, des lueurs fugitives et épurées échappées du grand foyer de l'*éso-*

(1) Comparez avec Pythagore. Ces prohibitions sont exagérées, et, étant ultra-morales, n'ont aucune efficacité morale.

térisme de l'Inde et de l'Orient, ésotérisme rayonnant qu'allait éteindre pour tant de siècles le triomphe prochain de la théurgie sémitique. Tandis que sur l'arbre plein de sève du philosophisme grec fleurissaient avec tant de force les trois grands rameaux de la conception humaine : spiritualisme, matérialisme et panthéisme (dit aussi *naturisme* ou *monisme*) et que ce dernier pénétrait profondément et de plus en plus les deux premiers (1), les conceptions particulières, procédant de l'un ou l'autre des systèmes précédents, se donnaient carrière.

(1) Tous les philosophes, tous les poètes en témoignent. Dans le monde, selon Aristote, est une *âme* ; selon Cléanthe, un *feu* ; selon Chrysippe, un esprit partout répandu et qui anime tout. Cicéron ne pense pas autrement : « Jupiter, de son âme divine, pénètre le ciel et la terre, les sens, la vie humaine, etc. » « Le monde est vraiment animé de Dieu,» ajoute t-il. Plutarque à son tour : « Le monde éternel créateur se gouverne lui-même. » Voici maintenant les poètes : Lucrèce : « Dieu est tout ce que tu vois, tout cet espace où tu te meus. » Pindare : « Autre est la race humaine, autre la race divine, *mais une même mère* (la Nature) *les a enfantées.* » — Ovide, après Pythagore et Hésiode : « Dieu *et la nature plus puissante* séparèrent les germes du chaos. — La terre est un être animé, elle vit. — Tout change, rien ne périt... Tout s'écoule, toute chose prend forme. — Un dieu est en nous et nous anime.» Mêmes idées dans Tibulle, dans Virgile, qui, dans les *Géorgiques*, explique que l'âme divine est partout répandue et encore comment les éléments se dissolvent dans l'être éternel.

Un écrivain catholique (E. Loudun : *les Deux Paganismes*) termine comme suit une tirade contre le panthéisme : « En résumé, une matière sans figure, qui forme tout, qui se divise à l'infini, maintenue par une force sentante, *naturâ sentiente*, âme du monde, et de cette union naissant la nécessité ou, comme le dit Xénophane en peu de mots : Rien n'est créé, tout ce qui est existe et durera éternellement..., tout est un Dieu et l'univers réciproquement ; voilà le système de toutes les sectes philosophiques, commun, de l'aveu de Cicéron, aux disciples d'Aristote et de Platon. »

La plus célèbre de ces écoles irrégulières est celle des *sophistes*, et Protagoras est sans contredit le plus éminent des sophistes.

Démocrite, se promenant un jour dans Abdère, vit un bûcheron qui rangeait son bois avec une intelligence particulière et une savante symétrie. Il s'approcha de lui, lui parla, l'emmena, l'instruisit : le bûcheron devint Protagoras. Le plébéien philosophe, moins prudent que beaucoup de ses contemporains, osa commencer ainsi un de ses livres : « Pour ce qui est des dieux, je ne sais s'ils existent ou n'existent pas, ni ne m'en préoccupe. » Une si audacieuse impiété fut punie de l'exil par les Athéniens. Le chef des sophistes n'en exprima pas moins sa pensée. Partant de l'idée de sensation, il aboutit à une sorte de relativisme en tant que les choses n'existent que par rapport à celui qui les perçoit et à la façon dont elles sont perçues (vérité incontestable, mais qui a besoin d'être expliquée), ce qui lui fait dire :

L'homme est la mesure de toutes choses, de celles qui sont en tant qu'elles sont ; de celles qui ne sont pas en tant qu'elles ne sont pas.

Les assertions diamétralement opposées sont également vraies.

Ce dernier point s'explique et n'est pas une affirmation sophistique, si l'on ajoute : « dans l'esprit de deux individus différents. »

En morale, Protagoras n'est pas à ce point relativiste :

Le plaisir est le mobile des actions, dit-il, mais il faut faire une différence entre les bons citoyens, les hommes généreux qui ne trouvent leur plaisir que dans le bien et la vertu, et les hommes méchants qui sont entraînés au mal.

D'habitude les disciples, gens à l'esprit servile, excellent à ressembler au maître par les mauvais côtés. Or nul ne fut, plus que Protagoras, malheureux en disciples. On ne chercha dans ses écrits que ce qui, arbitrairement interprété, pouvait paraître justifier les hypocrisies et les égoïsmes de la vie pratique. Il serait dès lors injuste de confondre Protagoras avec les Gorgias qui le suivirent (1).

Le doute systématique de Pyrrhon ou *pyrrhonisme* est célèbre. D'après ce système, aggravation de celui de Protagoras, la connaissance est fort sujette à caution ; elle est relative à l'animal qui perçoit, au sens qui est l'instrument de cette perception, à la disposition du sujet percevant, à la situation de l'objet perçu, aux circonstances où on le perçoit, à la quantité et à la constitution de ce même objet, à la rareté ou à la fréquence de la perception ; enfin aux maux, aux croyances, aux opinions de celui qui perçoit (2).

(1) A. Lefèvre dit de Gorgias : « Sa théorie du bonheur et de la justice aboutissait à l'égalité du vice et de la vertu, au culte du plaisir individuel, de la puissance et de la richesse à tout prix, transformant en maxime et en règle de conduite un fait antisocial : la force prime le droit. »
Protagoras eut d'ailleurs des disciples plus fidèles, entre autres l'éloquent Prodicos, l'auteur du sublime apologue d'Hercule choisissant entre la volupté et la vertu.
(2) Le doute méthodique, l'évidence, l'infinité du monde et les tourbillons de Descartes ; le Dieu consubstantiel à l'univers, la cause immanente, la nature naturante et naturée de Spinoza ; les monades, les atomes, la circulation ascendante et descendante, l'harmonie préétablie, l'optimisme de Leibnitz ; l'identité de Schelling ; le minimum et le maximum de Hegel, sans compter la cause efficiente et finale, la volonté, l'inconscient, etc., tout cela est épars, en germe ou en fait, dans les ouvrages de Giordano Bruno. (Lefèvre).

Pyrrhon avait été un disciple des Mégariques, qui lui avaient appris à envisager toutes choses sous deux points de vue contraires (première conception de l'antinomie hégélienne); c'est en procédant ainsi qu'il en vint « à ne rien affirmer, à ne rien dire, pas plus une chose qu'une autre »; à suspendre sagement son jugement en toute occasion.

Peu active et peu efficace est nécessairement la morale produite par un tel système :

La vertu suprême est dans l'abstention. Qu'est-ce qui trouble les hommes ? — Les opinions qu'ils ont sur les biens et les maux ; le désir des premiers, la crainte des seconds. Aussi le sage s'abstient-il de juger sur le bien et sur le mal ; il suspend son jugement, prenant pour devise : *pas plus une chose qu'une autre*, et les événements extérieurs à sa volonté, même quand ils le frappent, le laissent impassible. La vertu seule lui paraît bonne et il la suit, pour arriver par elle à l'*ataraxie* ou équanimité et absence de trouble.

C'est, on le voit, un reste de stoïcisme, déformé par le doute systématique et universel. — C'est pourquoi nous sommes fondés à mettre la morale des pyrrhoniens au-dessus de celle des sophistes et au niveau de celle des premiers épicuriens.

II

GIORDANO BRUNO, BACON, SPINOZA

Après l'anéantissement de la philosophie indépendante par le christianisme, le panthéisme se réfugia dans les conceptions religieuses ou du moins mystiques, et il inspira, en outre, un grand nombre de sectes chrétiennes (gnostiques, manichéens, etc.), l'école célèbre d'Alexandrie, la Renaissance arabe que personnifie Averrhoès et les kabbalistes qui la conservèrent de siècle en siècle jusqu'au temps de Paracelse, d'Agrippa, de Van Helmont et de Cardan. A ce moment, le panthéisme philosophique renaît et brille d'un vif éclat avec Giordano Bruno, le martyr; Bacon, le créateur de la méthode expérimentale, et Spinoza, non moins illustre.

Giordano Bruno fut un puissant esprit (1); son panthéisme, sans doute par raison de prudence, était mitigé. Il admit que Dieu est une cause finale, agissant en vue d'un but, mais il resta panthéiste en ce qu'il paraissait identifier Dieu avec la substance du monde, et il osa dire:

> Débarrassés du fardeau des cieux, il n'y a ni limites, ni temps, ni barrières, ni murailles qui nous séparent de l'abondance infinie des choses.

Il n'en fallait pas tant pour l'exposer à la férocité catholique et papale. Arrêté à Venise et livré à l'In-

___

(1) Un témoin oculaire, dévoué au saint-siège, raconte ainsi sa mort: « Bruno ne répondit que ces paroles de menace: « La sentence que vous portez vous trouble peut-être en ce « moment plus que moi. » Les gardes du gouverneur le menèrent alors en prison, où on s'efforça encore de lui faire abjurer ces horreurs. Ce fut en vain. Le malheureux est mort au milieu des flammes, et je pense qu'il sera allé raconter dans ces autres mondes qu'il avait imaginés (allusion aux mondes innombrables et à l'univers infini de Bruno) comment les Romains ont coutume de traiter les impies et les blasphémateurs. Voilà, mon cher ami, de quelle manière on procède chez nous contre les hommes de cette espèce. » (Lettre de Gaspard Schappe, *Acta litteraria* de Struve, V, p. 64). C'était en l'an 1690.

quisition, il fut brûlé à Rome avec des raffinements de cruauté qu'on ne saurait assez flétrir (1).

Bacon, qui monta sur l'échafaud pour d'autres motifs, fut plus prudent. Sa morale a un caractère panthéiste plus indiqué qu'exprimé. On ne pouvait alors parler plus clairement, comme l'attestent les bûchers fumants de Bruno et de Vanini faisant suite à ceux des innombrables victimes de l'Inquisition, et à celui de Michel Servet, qu'allumèrent Calvin, l'homme à la haine recuite, et son consistoire genevois.

L'éthique baconienne peut être brièvement résumée comme suit :

La morale se subdivise en deux parties, celle qui traite du modèle ou de l'image du bien, et celle qui traite du régime ou de la culture de l'âme. Toutes les discussions sur le souverain bien n'ont plus de raison d'être ; le christianisme les a éliminées. Pour ce qui est de la culture de l'âme, elle doit se baser sur ce principe, que le propre de chaque être est de se considérer d'une part comme un tout, d'autre part comme une *partie d'un tout plus grand*. La première conception a pour forme d'application *la recherche du bien individuel*, la seconde *la recherche du bien de la communauté*. C'est une loi reconnue, que la

(1) Le *pyrrhonisme* engendre le *probabilisme* qui en est une atténuation. La nouvelle école probabiliste fut fondée par Arcésilas et illustrée par Carnéade, Eucésidème et Sextus l'Empirique. Elle est un embryon de positivisme dans l'antiquité, comme cela ressort de son principe fondamental : « La réalité absolue échappe à nos sens ; il faut donc nous contenter du probable. Les phénomènes seuls ont une valeur, mais on ne peut pas en remonter aux causes, car, pour connaître un signe, il faut auparavant connaître la chose signifiée » ; au lieu de *probable* mettez *relatif*, et vous croirez lire un positiviste contemporain.

conservation de la forme la plus commune doit l'emporter sur celles moins générales ; c'est donc à cette recherche du bien de la communauté que l'homme le mieux doué doit s'appliquer.

Donnons d'abord une idée du panthéisme de Spinoza. Toute modification de la pensée divine est une âme, toute modification de l'étendue divine est un corps ; et, comme en Dieu la pensée et l'étendue se confondent et, par conséquent, ne peuvent se modifier l'une sans l'autre, il s'ensuit que toute modification de l'âme est une modification du corps, et réciproquement.

Dieu, comme substance, est l'indétermination la plus complète. En lui rien de déterminé ne se rencontre ; il n'a ni individualité, ni bonté, ni intelligence, ni volonté, ni rien qu'aucun mot ne puisse exprimer, puisque les mots n'expriment que des choses distinctes. Mais il est l'indéterminé se déterminant sans cesse, sans fin et sans mesure. Ses premières déterminations : l'étendue en général, la pensée en général, malgré leur généralité et leur indétermination, par cela seul qu'elles se distinguent, ont déjà quelque chose de déterminé. Elles-mêmes se déterminent de plus en plus en affectant des modes de plus en plus particuliers, qui sont les êtres et les modifications dont les êtres sont susceptibles.

Dieu et la nature ne sont qu'une même chose. Dieu cependant, en tant qu'il passe nécessairement à l'état de détermination, est la nature naturante, en tant que déterminée est la nature naturée.

C'est fatalement et par nécessité de sa propre existence que Dieu se détermine, se particularise et s'incarne en quelque sorte dans le monde. Tout ce qui se produit, tout ce qui arrive, arrive et se produit fatalement.

Cette doctrine qui a les plus étroits rapports avec la conception orientale, dit Brothier, s'en distingue néanmoins, d'abord par sa méthode exclusivement rationnelle, méthode que Spinoza avait empruntée à Descartes ; en second lieu, par la substitution de l'idée de détermination nécessaire à celle de passagères émanations.

Le monde de Brahma ne fait que paraître un certain temps pour ensuite disparaître. Celui de Spinoza, éternel comme Dieu, ou plutôt parce qu'il est Dieu, dure et s'augmente sans cesse par de continuelles déterminations de la substance divine. Le panthéiste spinoziste, malgré son caractère naturiste, ne s'abandonnera pas à toutes les incitations de la nature : car il sait que l'âme, fragment de la raison impersonnelle, est éternelle dans son essence, puisqu'elle retourne à son principe, en perdant seulement la mémoire et l'imagination. « Cependant cette éternité de l'âme ne doit pas être considérée comme un salaire de la vertu, car le bien n'est pas la récompense de la vertu, mais la vertu même. »

Alors même donc que nous ne saurions pas que notre âme est éternelle, nous ne cesserions pas de tenir pour les premiers objets de la vie humaine la piété, la religion, en un mot tout ce qui se rapporte à l'intrépidité de la générosité de l'âme... Nous nous écartons ici, à ce qu'il semble, de la croyance vulgaire. Car la plupart des hommes pensent qu'ils ne sont libres qu'autant qu'il leur est permis d'obéir à leurs passions, et qu'ils cèdent sur leur droit tout ce qu'ils accordent aux commandements de la loi divine.

La piété, la religion et toutes les vertus qui se rapportent à la force d'âme, sont donc à leurs yeux des fardeaux dont ils espèrent se débarrasser à la mort, en recevant le prix de leur esclavage, c'est-à-dire de leur soumission à la religion et à la piété? Et ce n'est pas cette seule espérance qui les conduit; la crainte des terribles supplices dont ils sont menacés dans l'autre monde est encore un motif puissant qui les détermine à vivre, autant que leur faiblesse et leur âme impuissante le comporte, selon les commandements de la loi divine. Sans cette espérance et cette crainte, combien d'hommes se croiraient autorisés par la raison à suivre leurs passions!

Croyance absurde, à mon avis, autant que celle d'un homme qui s'emplirait le corps de poisons et d'aliments mortels, par cette belle raison qu'il n'espère pas jouir pendant toute l'éternité d'une bonne nourriture; ou qui, voyant que l'âme n'est pas éternelle ou immortelle, renoncerait à la raison et désirerait devenir fou; toutes choses tellement énormes qu'elles méritent à peine qu'on s'en occupe... La béatitude n'est pas le prix de la vertu, c'est la vertu elle-même, et ce n'est point parce que nous contenons nos mauvaises passions que nous la possédons; c'est parce que nous la possédons que nous sommes capables de contenir nos mauvaises passions.

Après avoir ainsi répudié tout eudémonisme, Spinoza ajoute :

De tout cela il résulte clairement l'excellence du sage, et sa supériorité sur l'ignorant que l'aveugle passion conduit. Celui-ci, outre qu'il est agité en mille sens divers par les causes extérieures et ne possède jamais la véritable paix de l'âme, est dans l'oubli de soi-même et de Dieu et de toutes choses ; et pour lui, cesser de pâtir, c'est cesser d'être. Au contraire, l'âme du sage peut à peine être troublée. Possédant, par une sorte de nécessité éternelle, la conscience de soi-même et de Dieu et des choses, jamais il ne cesse d'être, et la véritable paix de l'âme il la possède pour toujours.

On n'y atteint cependant pas du premier bond.

La perfection absolue, qui appartient à la substance, se manifestant par des modes, il y a des degrés dans la perfection relative, et, par suite, dans le bien, degrés qui vont montant vers l'être parfait et descendant jusqu'à la négation, la limite dernière du bien, c'est-à-dire jusqu'au mal.

A quoi se mesure l'excellence de l'être ?

Le bien identique au plaisir, c'est ce qui conserve ou augmente l'être, l'utile. Le mal ou la douleur, c'est ce qui diminue l'être.

La vie la meilleure, la plus haute, est celle qui implique le plus de perfection ; celle de l'âme qui a le plus d'idées claires et adéquates (conforme à leur objet) sur elle-même et sur les choses, qui forme de ses idées une chaîne dont le premier anneau est l'être parfait. Le désir et l'amour de Dieu se traduisent en amour des hommes. C'est une loi de notre nature que nos affections s'augmentent quand elles sont partagées. Le but de la morale est d'unir les hommes en une seule âme par la communauté d'un seul amour. L'amour est la clef de voûte de la morale, de la religion et de la société.

La récompense du bien est en lui-même, dans la perfection qu'il procure.

Le châtiment du mal est dans la déchéance qu'il entraîne.

Cette éthique élevée et pure est proche parente du *sustine et abstine* des stoïciens, de l'*ataraxie* des épicuriens ; mais nous ne trouvons pas en elle, malgré l'appel à la communauté d'un seul amour, le grand fond de compatissance et de bonté qui caractérise si heureusement les panthéismes indous et leurs disciples. Les partisans de *l'obligation morale* à outrance trouveront dans Spinoza, sur ce point spécial, un précurseur de Kant.

La métaphysique politique du grand Juif repose sur la distinction entre *l'état de nature et l'état de raison* ; dans le premier domine la loi du plus fort ; le second est régi par les contrats. Il en ressort que « la société est un système de force. Elle n'a de puissance et de réalité que ce que les individus lui en confèrent à tout moment ; si elle était aux individus, ce qu'ils ont de droit et de puissance, elle s'évanouirait. « Une société où la paix n'a d'autres bases que l'inertie des sujets, lesquels se laissent conduire comme un troupeau et ne sont exercés qu'à l'esclavage, ce n'est plus une société, mais une solitude (édition Saisset, *Traité théologico-politique*, p. 381). Mais, d'autre part, les individus ne sont rien sans la société. Loin que le droit qu'ils ont reçu de la nature se trouve diminué par leur union au sein d'une société, ce droit se trouve d'autant plus accru que les liens sociaux sont plus étroits et que les individus qu'ils embrassent sont plus nombreux : si deux individus *s'unissent ensemble et associent leurs forces, ils augmentent leur puissance et par conséquent leur droit*, et plus il y aura d'individus ayant ainsi formé alliance, plus tous ensemble auront de droit. »

En effet, comme un seul homme est incapable de se garder contre tous, il s'ensuit que le droit naturel de l'homme, en tant qu'il est déterminé par la puissance de chaque individu et ne dérive que de lui seul, est nul ; c'est un droit d'opinion plutôt qu'un droit réel, puisque rien n'assure qu'on en jouira avec sécurité. Ajoutez à cela que les hommes, sans un secours mutuel, pourraient à peine sustenter leur vie et cultiver leur âme. D'où nous concluons que le droit naturel, qui est le propre du génie humain, ne peut guère se concevoir que là où les hommes ont des droits communs et forment tous ensemble un seul corps et une seule âme. Bref, l'indépendance individuelle et l'unité organique de l'état sont en raison directe l'une de l'autre.

On le voit, de l'immoralité du droit de nature, entraînant la nécessité d'un pacte social, Spinoza n'a pas conclu, comme Hobbes, au plus dépravant despotisme, mais à une démocratie de liberté et de justice, ce qui non seulement est plus consolant et plus moral, mais encore plus logique, plus conforme à la nature des choses.

Continuons notre exposé.

Le bien et le mal n'ont rien d'absolu, puisque ce qui est bon pour certains hommes peut être mauvais pour d'autres.

Une chose considérée seule ne peut être dite ni *bonne* ni *mauvaise*, mais c'est seulement par rapport à une autre à qui elle sert à acquérir ce qu'elle aime, ou bien ce qu'elle empêche. C'est pour cela que chaque chose, suivant ses différents rapports, et dans le même temps, peut être dite bonne et mauvaise. Ainsi, par exemple, le conseil qu'Achitophel donna à Absalon, reçoit le nom de bon dans l'Ecriture sainte ; il était cependant très mauvais pour David, dont il machinait la perte. Et beaucoup d'autres choses sont bonnes, qui ne sont pas bonnes pour tout le monde.

Plus loin Spinoza dit encore :

Quant à ceux qui recherchent péniblement un certain bien métaphysique, qui manquent de tout rapport *avec les choses réelles,* ceux-là travaillent sous de faux préjugés, sans aucun doute, parce qu'ils confondent la distinction de la raison avec la distinction *modale* (le noumène avec le phénomène).

Telles sont les bases de l'éthique spinoziste, dont les grandes vertus sont la modération et le travail. Par suite, « les deux plus funestes vices sont la *présomption* et la *paresse*. » Par le premier quelques-uns s'élèvent en tyrans sur l'esprit des simples et leur donnent pour oracles éternels un monde de fausses pensées ; par le second le plus grand nombre croupit dans l'ignorance.

De cette double cause, à plus forte raison, viennent les créances absurdes dont les hommes sont infatués, ce qui les divise les uns les autres et ce qui s'oppose directement au but de la nature qui est de les rendre uniformes comme enfants d'une même mère.

A l'instar des philosophes antiques, Spinoza a donné sa théorie de l'amitié qui est toute philosophique et n'a pas la profondeur sentimentale de celle de Leibnitz. Pour le sage d'Amsterdam, l'amitié repose surtout sur l'égalité de développement intellectuel et la communauté des opinions philosophiques. Même là, on voit la grande préoccupation du philosophe de faire résulter la liberté et l'égalité démocratiques de la diffusion des connaissances :

Quant à ce qui me concerne, parmi les choses qui ne sont point en mon pouvoir, il n'en est aucune dont je fasse plus de cas que de former des liens d'amitié avec des hommes qui aiment sincèrement la vérité. Car je crois qu'il n'est rien dans le monde entier, parmi les choses qui ne dépendent point de notre puissance, que nous puissions aimer avec plus de quiétude que de tels hommes ;

parce qu'il est chose impossible de détruire l'amitié qu'ils ont les uns pour les autres, puisque cette amitié est fondée sur l'amour que chacun d'eux nourrit pour la connaissance de la vérité, que de ne pas embrasser la vérité elle-même une fois qu'on l'a perçue. Cette affection est, en outre, la plus forte et la plus réelle que l'on puisse trouver dans les choses qui ne relèvent point de nous-mêmes, puisque rien que la vérité est seule capable d'unir profondément la diversité des cœurs et des sentiments.

Nous ferons nos réserves sur ce point, en rappelant que l'amour est le grand égalisateur. La lumière philosophique n'est pas le partage de tout le monde ; tous ne peuvent aller à la Corinthe de la pensée, mais tous peuvent aimer et aimer profondément leurs semblables avec ou sans accompagnement métaphysique.

III

HEGEL, SCHOPENHAUER ET DIVERS

Si Lange a pu dire que le principe de l'amour naturel du prochain s'harmonise très bien avec le matérialisme physique, dont il porte l'empreinte, à plus forte raison la même chose peut-elle être dite par rapport au panthéisme qui relie tous les êtres par la puissante attraction d'une origine commune.

Cependant, jusqu'ici, nous n'avons pas vu, dans le panthéisme philosophique proprement dit, de morale fraternitaire et solidariste autant que le comporte la doctrine. Cela tient sans doute au manque de liberté philosophique. Bruno dut se dire presque chrétien sans pour cela éviter le bûcher, et, dans la libre Hollande, Spinoza, le doux et sérénissime Baruch, fut un objet de scandale pour les protestants, quelque prudence de forme qu'il ait observée. Plus tard, lorsque la philosophie put rompre violemment avec la religion chrétienne, son implacable ennemie, elle profita de ses premières libertés pour l'attaquer jusque dans l'élément métaphysique de son existence. Pour cela, le panthéisme, théorie synthétique et conciliatrice, ne suffisait plus. Aussi, les nouveaux *naturistes*, quoique ne pouvant se dire athées, à cause des préjugés de l'opinion même éclairée et des sages déistes, des interlopes, comme Voltaire et Rousseau, se dédommagèrent en se faisant *matérialistes*, négateurs à outrance, *agnosticistes*. Nul ne s'arrêtera au panthéisme. De ce radicalisme philosophique, le xviie siècle anglais avait donné l'exemple ; le xviiie siècle français suivit, dépassa, et ce n'est guère qu'à l'aurore du xixe siècle que d'illustres philosophes allemands dévoilèrent de nouveau la lumière panthéiste. Encore ne fut-ce qu'en la colorant fortement de spiritualisme, vu la réaction antimatérialiste sévissant en Occident.

Nous passerons rapidement sur Schelling, Herder, Hegel, plus philosophes que moralistes, qui tendirent surtout à écarter le Dieu objectif (tout en spiritualisant l'univers), à développer la vieille idée héraclitaine, désormais démontrée, de l'universalité de l'évolution et de l'éternel devenir des choses. Ils agirent de la sorte à des degrés divers, car chacun d'eux fut panthéiste à sa manière ; mais ils soutinrent également l'existence de la loi fatale, régissant le développement humain. Sur cette voie, Hegel aboutit à un fatalisme exagéré. Pour lui, tout ce qui a été, tout ce qui est, est bon, pour cela seul que cela est ou a pu être. Il y a, d'ailleurs, deux logiques, une ordinaire, une absolue ; dans l'absolue se réalise l'identité des contraires qui forment une synthèse supérieure et qui, envisagés d'après la logique ordinaire, semblent d'insolubles contradictions.

Les lois du mouvement sont universelles ; l'être pur, identique au néant, se développe par un rythme à trois temps ; le réel et le rationnel sont identiques ; le développement de l'être, la logique et l'ontologie ne sont qu'une seule et même science.

Ce fatalisme historique, enveloppé dans le fatalisme de la vie universelle elle-même, n'empêche pas Hegel de préconiser l'association politique puissamment armée des forces collectives.

En raison de leur généralité même (nous dit-il par la voix de son disciple italien, Vera), les lois ne peuvent tout prévoir : le conflit des intérêts exige l'intervention d'une force collective supérieure. D'ailleurs, l'intérêt est toujours égoïste ; il faut que des sentiments plus puissants obligent les individus à sortir d'eux-mêmes, en vertu d'un grand objet qui les unisse tous, sans quoi la société, née des besoins, va se dissoudre. Cette force coercitive et cet attrait se trouvent dans l'Etat qui est la substance sociale arrivée à la conscience d'elle-même.

Cependant, cette puissance sociale doit couronner une évolution historique, non tenter de la déterminer.

La constitution d'un peuple *se fait*, on ne la fait pas. C'est l'esprit immanent des peuples et l'histoire qui ont fait et font les constitutions.

Avec cette théorie, on peut justifier tous les conservatismes ; ce à quoi, d'ailleurs, Hegel n'a guère manqué.

Schopenhauer, tout en restant assez idéaliste pour son compte, ne se perdit pas dans ce spiritualisme transcendantal qui fait dériver le fait de l'idée. Il s'inspira directement du bouddhisme exotérique et, par là, il s'enfonça dans un pessimisme déprimant ; mais il assit la morale sur des fondements nettement altruistes, en lui donnant pour motif premier la pitié et pour principe général la sympathie ou bonté opposée à l'égoïsme, « motif antimoral par excellence ». En cet ordre d'idées, il avait eu des précurseurs. Parmi les *Maximistes*, La Bruyère et Vauvenargues dont nous avons parlé, il convient d'ajouter ce bon abbé de Saint-Pierre qui avait trouvé et pratiqua cette devise adoptée plus tard par Mme Geoffrin (1) : *Donner et pardonner.*

Il n'est pas jusqu'au futur dogmatiseur de l'individualisme économique, Adam Smith, qui n'ait, après Hume, basé la morale sur les sentiments moraux et la bienveillance. Enfin, plus tard, Owen en Angleterre, Auguste Comte en France, avec des préoccupations différentes, avaient fait de la bienveillance et de l'altruisme le principal motif normal. Schopenhauer ne manquait donc pas de prédécesseurs européens pour

(1) Mme Geoffrin savait des hommes qu'ils sont encore plus faibles et plus vains que méchants, qu'il faut compatir à leur faiblesse, et souffrir leur vanité, afin qu'ils souffrent la nôtre. « Je sens avec plaisir, disait-elle, qu'en vieillissant je deviens *plus bonne*, car je n'ose pas dire *meilleure*, parce que ma bonté tient peut-être à la faiblesse, comme la méchanceté de bien d'autres. J'ai fait mon profit de ce que me disait souvent le bon abbé de Saint-Pierre, que la charité d'un homme de bien ne devait pas se borner à soulager ceux qui souffrent, qu'elle devait s'étendre aussi jusqu'à l'indulgence dont leurs fautes ont si souvent besoin, et j'ai pris, comme lui, pour devise ces deux mots : *Donner et pardonner.* »

les théories altruistes; mais il fut le premier à systématiser la morale et la sympathie universelle. A ce titre il mérite un exposé doctrinal de quelque étendue.

Il n'y a que trois motifs généraux auxquels se rapportent toutes les actions des hommes : c'est seulement à condition de les éveiller, qu'un autre motif quelconque peut agir. C'est :

a. L'*égoïsme*, ou la volonté qui poursuit son bien propre (il ne souffre pas de limites).

b. La *méchanceté*, ou la volonté poursuivant le mal d'autrui (elle peut aller jusqu'à l'extrême cruauté).

c. La *pitié* poursuivant le bien d'autrui (elle peut aller jusqu'à la noblesse et à la grandeur d'âme). Il n'est pas d'action humaine qui ne se réduise à l'un de ces trois principes ; toutefois, il peut arriver que deux y concourent.

Les actions inspirées par le premier motif sont quelquefois indifférentes, le plus souvent nuisibles à autrui ; celles inspirées par le deuxième motif (la méchanceté), sont toujours blâmables et malfaisantes. Par contre, celles inspirées par le troisième (la sympathie ou la pitié) sont toujours bienfaisantes, par suite toujours morales. Sur la sympathie ou la pitié nous baserons la morale.

Et que prendrions-nous en dehors d'elle ? Nous avons repoussé les sanctions théologiques ; l'intérêt bien entendu est impuissant parce qu'il déchaîne l'égoïsme antimoral ; reste la conscience de Rousseau et de Fichte.

La conscience ?

Bien des gens s'étonneraient, s'ils pouvaient voir de quels éléments cette conscience, dont ils se font une si pompeuse idée, se compose exactement : environ 1/5 de crainte des hommes, 1/5 de craintes religieuses, 1/5 de préjugés, 1/5 de vanité, et 1/5 d'habitude ; en somme, elle ne vaut pas mieux que l'Anglais dont on cite ce mot : *I cannot afford to keep a conscience* (entretenir une conscience, c'est trop cher pour moi). Les personnes religieuses, quelle que soit leur confession, n'entendent souvent, par ce mot de conscience, rien autre que les dogmes et les préceptes de leur religion, et le jugement qu'on porte sur soi-même en leur nom ; c'est en ce sens qu'il faut entendre les mots intolérance ou *conscience imposée*, et les théologiens, les scolastiques et les casuistes du moyen âge et des temps modernes : la *conscience d'un homme*, c'était ce qu'il connaissait de dogmes et ce qu'il avait de préjugés.

Le devoir, l'impératif catégorique, sont-ils de plus solides principes moraux ? Le devoir est variable comme la conscience ; il est par conséquent un fond trop mouvant pour que sur lui on puisse bâtir. Que si on prétend l'imposer au nom de quelque idée particulière et s'il devient alors l'*impératif catégorique*, « morale préceptorale », on retombe comme Kant dans les postulats théologiques.

Maintenant la pensée humaine est-elle maîtresse d'elle-même ? En d'autres termes, le libre arbitre existe-t-il ?

Nous répondons négativement par des motifs qui seront contenus dans l'argumentation ci-dessous.

1° Nulle action ne peut se produire sans un motif suffisant, non plus qu'une pierre ne peut se mouvoir sans un choc ou une attraction suffisante.

2° De même, une action, dès qu'il existe un motif suffisant, eu égard au caractère de l'agent pour la provoquer, ne peut manquer de se produire, à moins qu'un motif plus fort n'en rende l'omission nécessaire.

3° Ce qui met la volonté en mouvement ne peut-être que le bien et le mal en général, le bien ou le mal pris au sens le plus large de ces mots, comme aussi déterminé par rapport à une volonté à laquelle l'un est conforme, l'autre contraire. Donc tout motif doit avoir quelque rapport au bien et au mal.

5° C'est être est ou bien l'agent lui-même ou bien un autre; dans ce dernier cas, cet autre est soumis à l'action, en qualité de *patient*, et en ce que l'action tourne à son détriment ou à son profit et avantage.

6° Toute action dont la fin dernière est le bien et le mal de l'agent est qualifiée *égoïste*.

7° Tout ce qui est déduit des actions s'applique également aux omissions dans les cas où viennent s'offrir des motifs pour et contre.

8° En conséquence de l'analyse exposée dans les paragraphes précédents, *égoïsme* et *valeur morale*, en fait d'actions, sont termes qui s'excluent. Un acte a-t-il pour motif un but égoïste, il ne peut avoir aucune valeur morale.

Veut-on qu'un acte ait une valeur morale, il faut qu'il n'ait pour motif, direct ou indirect, prochain ou éloigné, aucune fin égoïste.

9° Comme conclusion au paragraphe, où sont éliminés les prétendus devoirs envers nous-mêmes, l'importance morale d'une action ne peut dépendre que de l'effet produit sur autrui : c'est seulement par rapport à autrui qu'elle peut avoir une valeur morale ou mériter des reproches, être un acte de justice et de charité, ou bien le contraire.

La morale, dit encore Schopenhauer, n'est pas une science pratique comme on le dit, c'est une science théorique.

Comme toute science, elle étudie ce qui est et non ce qui doit être. Ce qui est, c'est qu'il y a des hommes bons et des hommes méchants. Le principe du bien, c'est la pitié que les hommes ont les uns pour les autres : le prin- du mal, c'est l'immobilité, la dureté de cœur, la cruauté. Parmi les hommes, les uns naissent avec des sentiments humains, les autres avec des sentiments égoïstes. La morale décrit les mœurs des hommes, comme l'histoire naturelle celle des animaux, il y a des bons et des méchants, comme il y a des agneaux et des tigres ; en même temps elle détermine le principe d'approbation ou de désapprobation qui n'est autre que la sympathie.

Examinons de plus près et disons d'abord ce qu'est le motif antimoral par excellence : l'égoïsme.

L'égoïsme, chez la bête comme chez l'homme, est enraciné bien fortement dans le centre même. Par suite, règle générale, tous les actes d'un être ont leur principe dans l'égoïsme ; c'est à l'égoïsme toujours qu'il faut s'adresser pour trouver l'explication d'un acte donné, et à lui encore pour découvrir tous les moyens qui servent à mener les hommes vers le but qu'on s'est proposé. L'égoïsme de sa nature ne souffre pas de bornes : c'est d'une façon absolue que l'homme veut conserver son existence, rester exempt à la conscience. Le seul univers que chacun de nous connaisse réellement, il le porte en lui-même, comme une représentation qui est à lui ; c'est pourquoi il en est le centre.

Par suite encore, chacun à ses yeux est le tout de tout : il se voit le possesseur de toute réalité ; rien ne peut lui être plus important que lui-même. Tandis que vu de son point de vue intérieur, son moi s'offre à lui avec ses dimensions colossales ; vu du dehors, il se ratatine, devient quasi à rien ; c'est à peu près un billionième de l'humanité contemporaine.

En outre il sait, de science certaine, ceci : le moi qui à ses yeux vaut tout le reste, ce microcosme, où le microcosme ne surgit qu'à titre de modification, d'accident, ce microcosme qui est pour lui l'univers entier, doit disparaître par la mort, et ainsi la mort à ses yeux équivaut à la disparition de l'univers. Tels sont les éléments dont l'égoïsme, cette plante née de la volonté de vivre, se nourrit ; ainsi se creuse, entre chaque homme et son voisin, un large fossé (1).

L'égoïsme, voilà donc le premier et le principal, mais non toutefois le seul ennemi qu'ait à combattre le motif moral...

Pour lutter contre un pareil adversaire il faut quelque chose de réel et non pas telle formule curieusement subtile de quelque savant *a priori*...

Égoïsme et valeur morale sont termes qui s'excluent, avons-nous dit. Un acte a-t-il pour motif un but égoïste, il ne peut avoir aucune valeur morale... En conséquence sont éliminés les prétendus devoirs envers nous-mêmes, l'importance morale d'une action ne peut dépendre que de l'effet produit sur autrui ; c'est seulement par rapport à autrui qu'elle peut avoir une valeur morale ou mériter des reproches, être un acte de justice et de charité, ou bien le contraire...

La sympathie (justice, pitié, charité, en un mot altruisme) est le seul motif moral :

La conclusion de Schopenhauer vient d'elle-même :

La pitié, principe de toute moralité, prend aussi les bêtes sous sa protection, tandis que, dans les autres systèmes de morale européenne, on a envers elle si peu de responsabilité et d'égards. La prétendue absence de droits des animaux, le préjugé que notre conduite envers eux n'a pas d'importance morale, qu'il n'y a pas comme on dit des devoirs envers les bêtes, c'est là justement une grossièreté révoltante, une barbarie de l'Occident dont la source est dans le judaïsme...

(1) Arthur Schopenhauer, *le Fondement de morale*. Traduit de l'allemand par Burdeau.

Il faut leur rappeler, à ces contempteurs des bêtes, à ces occidentaux judaïsés que, de même, qu'ils ont été allaités par leur mère, de même aussi le chien l'a été par la sienne.

La pitié envers les bêtes est si étroitement unie à la bonté du caractère, que l'on peut affirmer de confiance que celui qui est cruel envers les bêtes ne peut être un homme bon.

Toutefois la bonté doit avoir ses degrés, et, si cette excellence du cœur consiste dans une pitié profonde universelle pour tout ce qui a vie, elle doit tout d'abord avoir l'homme pour objet, parce qu'à mesure que l'intelligence s'accroît, la capacité de souffrir augmente dans la même proportion.

Notre motif moral est ainsi trouvé. Il est tellement le plus général qu'on puisse concevoir qu'il n'est rien qui soulève jusque dans ses profondeurs notre sentiment moral autant que la cruauté. Toute autre faute, nous pourrions la pardonner la cruauté ; non : elle blesse ce qu'il y a de plus profond et de meilleur en nous.

Le philosophe allemand examine ensuite la théorie dans ses applications :

Concevons deux jeunes hommes, Caïus et Titus, tous deux passionnément épris de deux jeunes filles différentes : chacun d'eux se voit barrer la route par un rival préféré, préféré pour des avantages extérieurs.

Ils résolvent, chacun de son côté, de faire disparaître de ce monde leurs rivaux ; d'ailleurs, ils sont parfaitement à l'abri de toute recherche, et même de tout soupçon. Pourtant, au moment où ils procèdent aux préparatifs du meurtre, tous deux, après une lutte intérieure, s'arrêtent.

C'est sur cet abandon de leur projet qu'ils ont à s'expliquer devant nous sincèrement et clairement. — Quant à Caïus, je laisse au lecteur le choix des explications qu'il lui mettra dans la bouche. Il pourra avoir été retenu par des motifs religieux, par la pensée de la volonté divine, du châtiment qui l'attend, du jugement futur, etc. Ou bien encore il dira : « J'ai réfléchi que la maxime de ma conduite dans cette circonstance n'eût pas été propre à fournir une règle capable de s'appliquer à tous les êtres raisonnables en général, car j'allais traiter mon rival comme un simple moyen, sans voir en lui en même temps une fin en soi. » — Ou bien, avec *Fichte*, il s'exprimera ainsi: « La vie d'un homme quelconque est un moyen propre à amener la réalisation de la loi morale: je ne peux donc pas, à moins d'être indifférent à la réalisation de la loi morale, anéantir un être dont la destinée est d'y contribuer. (*Doctrine des mœurs*, p. 373). — (Ce scrupule, soit dit en passant, il pourrait s'en défaire, car il espère bien, une fois en possession de celle qu'il aime, ne pas tarder à créer un instrument nouveau de la loi morale). — Il pourra encore parler à la façon de *Wollaston:* « J'ai songé qu'une telle action serait la destruction d'une proposition fausse. » A la façon de *Hutcheson* : « Le sens moral, dont les impressions, comme celles de tout autre sens, échappent à toute explication ultérieure, m'a déterminé à agir de la sorte. » — A la façon d'*Adam Smith:* « J'ai prévu que mon acte ne m'eût point attiré la sympathie des spectateurs. » Avec *Christian Wolff:* « J'ai reconnu que par là je ne travaillais pas à ma perfection et ne contribuais point à celle d'autrui. » — Avec Spinoza: « *Homini nihil utilius homine: ergo hominem interimere nolui.* » (Rien de plus utile à l'homme que l'homme même: c'est pourquoi je n'ai pas voulu tuer un homme). — Bref, il dira ce qu'il vous plaira ; mais pour Titus, que je me suis réservé de faire expliquer à ma manière, il dira: «Quand j'en suis venu aux préparatifs, quand par suite j'ai dû considérer pour un moment de quoi il s'agissait et pour moi et pour lui,— mais alors aussi la pitié, la compassion m'ont saisi —

je n'ai pas eu le cœur d'y résister: je n'ai pas pu faire ce que je voulais. »

Maintenant je le demande à tout lecteur sincère et libre de préjugés : de ces deux hommes qui est le meilleur ? Quel est celui aux mains de qui on remettrait le plus volontiers sa destinée ? Quel est celui qui a été retenu par le plus pur motif ? Où est dès lors le fondement de la morale ?

La preuve est faite, croyons-nous, par le grand pessimiste allemand et l'on peut ajouter que la compatissance ou bonté universelle est un sentiment si compréhensible et si simple, qu'elle peut être accessible au plus ignorant des hommes, pourvu qu'il soit sorti des ténébreuses férocités de la sauvagerie. Ce n'est pas sous une inspiration de vertu que s'adoucirent les premiers hommes, passant de la sauvagerie à la barbarie et de la barbarie à la civilisation ; c'est sous l'inspiration de la compatissance. Le cruel Achille, nous dit l'homéride avec un sens profond, connut la pitié par ordre des dieux, quand le vieux Priam en larmes s'humilia devant le meurtrier de son fils, et ce fut l'unique circonstance où le féroce élève de Chiron se montra vertueux.

Ainsi, même d'après les poètes de l'âge héroïque, c'est par le sentiment sacré de la pitié, par la compatissance, vertu initiale du genre humain, que pénétrèrent dans l'homme les premières idées de justice.

O sainte et trois fois sainte Pitié ! Vertu mère, vertu régénératrice et réparatrice, divin rayon de l'homme qui s'élève, sois notre déesse, reçois notre culte ! Avec toi, nous ne pouvons errer complètement, et tu suffis à faire pardonner toutes nos imperfections, pourvu que, puissamment agissante en nous, tu nous fasses réparer, par l'amour d'autrui et par les actes de bonté, le mal que, dans notre incapacité d'innocence. nous avons pu faire. Oui, l'homme faible, mais bon, mais altruiste envers ses semblables et compatissant envers tout ce qui vit, cet homme-là, malgré ses chutes, a plus de poids dans la balance de la justice que l'altier pharisien, tout à la domination de ses passions, et qui, dans sa vertu orgueilleusement impeccable, n'aime ni n'aide personne, n'épargne pas une souffrance autour de lui.

« Comme la société serait charmante, si nous nous occupions les uns des autres ! » disait Michelet, — et comme elle serait morale ! nous permettrons-nous d'ajouter.

Dans cet horrible monde de l'entre-dévorement universel, de la vie naissant de la mort et ne se manifestant guère que par la douleur, un grand bonheur, presque le seul qui soit accessible à notre humaine misère, le bonheur des affections partagées et de la diminution de la souffrance autour de soi, nous est permis. Il se trouve que ce bonheur est en même temps la plus efficace vertu, « le souverain bien » dont parlent tous les grands philosophes de l'antiquité. Et nous n'irions pas à lui ! Nous ne consentirions pas à être heureux, autant qu'il nous est donné de l'être, en rendant heureux tout près de nous, en diminuant la souffrance autour de nous !

Le bouddhisme de Schopenhauer fit de ce sec et dédaigneux philosophe allemand un théoricien de la sympathie universelle ; mais il lui inspira aussi le profond pessimisme téléologique (renouvelé de Maupertuis), qui, plus que son admirable éthique, l'a malheureusement rendu célèbre, car le bruyant étouffe toujours le bon.

Je laisse aux disciples de l'auteur de la *Volonté dans la nature* et du *Monde considéré comme volonté intelligente*, aux Harthmann, aux Bahnsen, le soin de commenter ou d'amender sur ce point les théories du maître que je n'ai eu à considérer que comme moraliste et comme tel à l'approuver (1).

La nouvelle philosophie allemande, c'est son honneur, n'a jamais cessé d'avoir des préoccupations éthiques. Nous avons vu Strauss, Heckel, essayer de « substituer à la religion le culte de l'univers. » D'autres plus conséquents, laissant l'univers à la science, ont voulu, après Fichte, remplacer les anciennes religions et les anciens cultes par l'amour et le culte de l'humanité, par l'altruisme théorique et politique. Tandis que Feuerbach, résumant magis-

---

(1) Le pessimisme pratique et persifleur de Schopenhauer fut, d'après Fouillée, singulièrement aiguisé par Chamfort, dont les pensées si fortement exprimées et si désolantes étaient, pour le philosophe de Dantzig, l'objet d'une lecture assidue.

Jamais le disciple allemand ne dépassa le maître français dans l'art de dédaigner les hommes.

Voici, en preuve, quelques-unes des maximes de Chamfort :

— Que voit-on dans le monde? Partout un respect naïf et sincère pour des conventions absurdes, pour une sottise (les sots saluent leur reine), ou bien des ménagements forcés pour cette même sottise (les gens d'esprit craignent leur tyran).

— Il y a plus de fous que de sages ; et, dans le sage même, il y a plus de folie que de sagesse.

— Le plaisir peut s'appuyer sur l'illusion ; mais le bonheur repose sur la vérité : il n'y a qu'elle qui puisse nous donner celui dont la nature humaine est susceptible. L'homme heureux par l'illusion a sa fortune en agiotage ; l'homme heureux par la vérité a sa fortune en fonds de terre et en bonnes constitutions.

— Quand on soutient que les gens les moins sensibles sont,

tralement l'évolution de sa pensée, disait : « Dieu fut ma première pensée, la raison ma deuxième pensée, l'homme ma troisième et dernière pensée. » Henri Czolbe, dans son *Nouvel Exposé du sensualisme*, glorifie la morale de la bienveillance « qu'une nécessité naturelle développe dans les rapports réciproques et mutuels des hommes. »

Déjà Lange nous avait convié à la réalisation de la justice sociale, à la pratique de la bonté, et avec une entraînante éloquence, Henri Heine s'était écrié : « Nous poursuivrons le bonheur des peuples ; cependant nous ne combattrons point seulement sans les droits humains des peuples, mais aussi pour les droits divins de l'humanité : nous fonderons une démocratie de dieux terrestres. »

Sans pousser aussi loin le religiosisme humaniste, de nombreux métaphysiciens s'efforcent de fondre ensemble Spinoza et Hégel, le *panthéiste naturiste* avec le *panthéiste spiritualiste*, et de rajeunir le tout

à tout prendre, les plus heureux, je me rappelle le proverbe indien : « Il vaut mieux être assis que debout, être couché qu'assis ; mais il vaut mieux être mort que tout cela. »

— L'honnête homme détrompé de toutes illusions est l'homme par excellence. Pour peu qu'il ait d'esprit, sa société est très aimable. Il ne saurait être pédant, ne mettant d'impatience à rien. Il est indulgent, parce qu'il se souvient qu'il a eu des illusions comme ceux qui en sont encore occupés. C'est un effet de son insouciance d'être sûr dans le commerce, de ne se permettre ni redites, ni tracasseries. Si on se les permet à son égard, il les oublie ou les dédaigne. Il doit être plus gai qu'un autre, parce qu'il est constamment en état d'épigramme contre son prochain. Il est dans le vrai, et rit des faux pas de ceux qui marchent à tâtons dans le faux. C'est un homme qui, d'un endroit éclairé, voit dans une chambre obscure les gestes ridicules de ceux qui s'y promènent au hasard. Il brise en riant les faux poids et les fausses mesures qu'on applique aux hommes et aux choses (CHAMFORT.)

dans le transformisme darwinien et l'évolutionnisme spencérien. Ils peuvent ainsi nous donner une synthèse de l'univers, illuminée d'idéalisme moral et de solidarité humaine, et suivre cette recommandation de Renan :

> Le premier devoir du philosophe est de s'unir au grand cœur de l'humanité pour le culte de la bonté et de la beauté morale, manifestées dans tous les caractères nobles et les symboles élevés.

Dans la patrie de J.-S. Mill, on est généralement arrivé à concevoir comme suit le développement moral :

> Nous connaissons que notre faiblesse nous est commune avec tous les hommes, et ainsi nous partageons les souffrances de chacun.
>
> Nous sentons la nécessité de nous entr'aider et par là nous sommes disposés à travailler pour les autres. Les impulsions égoïstes nous portent vers les objets seulement en tant qu'ils sont des moyens de satisfaire au désir. Les impulsions altruistes, au contraire, ont plus besoin de l'intelligence pour comprendre l'objet lui-même dans toutes ses relations. D'où il suit qu'une immoralité profonde est une pure stupidité.

En d'autres termes, le développement de la science correspond aux développements des sentiments sympathiques; ce qui n'est vrai qu'en général et sous bénéfice de nombreuses exceptions.

M. Sidwick, lui, s'est attaché à combattre et l'utilitarisme et le socialisme de J.-S. Mill; mais quand il lui a fallu trouver une sanction morale, il en est resté réduit à avancer que la sanction religieuse serait le seul moyen de réconcilier l'utilitarisme universel avec l'égoïsme. Pauvre ressource pour le système, il faut l'avouer, dit M. Guyau, M. Sidwick reconnaît d'ailleurs que l'existence de la sanction religieuse ne peut être démontrée. De quel droit l'invoquer alors ? Mieux valent à tous les points de vue l'altruisme de Comte et le socialisme de J.-S. Mill, qu'on a vainement tenté de réfuter et qui restent avec la pitié schopenhaurienne le phare de la morale nouvelle.

La philosophie française compte deux penseurs moralistes de pensée profonde, de haute conception et de sentiment vivifiant, Alfred Fouillée et M. Guyau, le digne et éloquent disciple d'un tel maître. Nous devons les saluer ici avec reconnaissance et admiration, car leurs pages lumineuses nous ont souvent guidé.

Alfred Fouillée commence par s'établir solidement sur le terrain des évolutionnistes. Pour lui la morale est de formation sociale et elle se développe dans le but de la paix, de la justice et de l'harmonie. Ce que précisera très bien M. Guyau : « La haine compréhensible dans les états sociaux inférieurs n'a plus de sens à mesure que se développent les systèmes de garanties sociales contre les injustices individuelles et en faveur de la solidarité humaine... pour réaliser le maximum de défense sociale réduisant au minimum les souffrances individuelles. »

Fouillée cependant reste platonicien sous plus d'un rapport et notamment touchant la puissance de direction que peut avoir un idéal moral sur les actions humaines. Spencer lui a donné sur ce point une demi-adhésion qui nous paraît irréprochable :

« J'acquiesce entièrement, dit le philosophe anglais, à votre croyance que l'idéal moral devient lui-même un facteur dans notre progrès vers un état plus moral. Les idées et les émotions appropriées à une phase quelconque du progrès social s'aident toujours les unes les autres, car les émotions renforcent les idées, et les idées donnent un caractère défini aux émotions : dans cette mesure, les idées arrivent à former une partie de l'ensemble de ces agents produisant le mouvement (*the agency producing movement*). Toutefois, à ce que je pense, elles ne sont pas elles-mêmes des forces, mais elles favorisent les actions de ces forces qui naissent des émotions, en rendant leurs directions plus spécifiques, en diminuant le frottement, etc. »

Partant de la liberté « qui domine et pénètre en quelque sorte le monde entier, qui deviendra le fond même de chaque être dégagé de toute entrave et signifiera tout ensemble achèvement et dégagement de soi, marche sans obstacle dans la direction normale de la volonté », Alfred Fouillée n'en aboutit pas moins à une morale profondément sociale, tendant à la réalisation de la solidarité humaine. Il va plus loin et, comme les panthéistes de grande lignée, il fait entrer les animaux dans la grande cité de la bonté humaine.

Pour la science moderne, toutes barrières s'effacent entre les êtres vivants :

Il y a de la sensation, de l'intelligence, de la volonté chez l'animal comme chez l'homme quoique à un degré très inférieur et dans un état d'enveloppement. Dès lors, il y a une justice envers les animaux, par cela même une charité. Là où la bonne volonté s'est dégagée et montre une première ébauche de la volonté humaine, comme chez les animaux domestiques, chez le cheval laborieux ou le chien fidèle, il y a commencement de droit. Si la guerre universelle, avec la lutte pour la vie, persiste entre l'homme et les animaux, si la légitime défense ou la nécessité justifie le meurtre des uns et l'esclavage des autres, elles ne justifient pas les souffrances inutiles ni les actes de cruauté. Parfois même, il y a entre l'homme et l'animal domestique une association véritable pour le travail, une sorte de convention implicite entre inégaux, analogue à celle qui existe dans la famille entre majeurs et mineurs ; les animaux alors font partie de la *maison* comme leur nom l'indique; eux aussi ils sont, selon l'expression stoïcienne : *humiles amici* ; leurs droits deviennent alors assez précis, assez déterminables pour que la loi les sanctionne ; c'est l'honneur de nos législateurs modernes que l'avoir compris et d'avoir, ici encore, élargi tout à la fois la sphère de la justice et de la bienfaisance. A plus forte raison, quand il s'agit des hommes, ne saurait-on admettre, sous quelque forme que ce soit, des castes hors la loi commune.

Argumentation irréprochable et aboutissant à un état d'égalité réelle, de prédominance altruiste et de solidarité effective.

Toutefois l'évolutionnisme de Fouillée est optimiste plus que de raison et se rapproche du « plus grand bien futur » de Leibnitz. Il nous dit cela dans une belle langue :

« Un dessein se fait » qui s'établit lui-même, et c'est là une vérité scientifique sans laquelle la sociologie demeurerait une spéculation stérile au lieu de devenir une étude pratique. Nous réconcilions ainsi, au point de vue social, la causalité et la finalité. La finalité n'est plus que la causalité prolongée, réfléchie dans la conscience, et cette réflexion sur soi devient une multiplication de soi. Le propre de l'homme est d'être mû par des idées, non plus seulement par des forces purement physiques ou par des instincts aveugles ; or l'idée, en même temps qu'elle est une cause, est aussi une fin. L'histoire, c'est la science et la morale s'incarnant ainsi dans la pensée et les actions de l'homme ; par conséquent, outre que c'est un mécanisme soumis aux lois générales du mouvement, c'est encore un poème qui ne fait qu'un avec le poète, c'est une odyssée qui se crée et se chante elle-même. On a donc eu raison de dire que l'art est la nature même de l'homme, ou que chez l'homme (et peut-être partout) art et nature ne font qu'un (1).

D'après cette théorie, la morale serait une esthéthique, ou, pour mieux dire, une harmonie de la nature idéalisée, adoptée et rectifiée par l'homme, ainsi perfectionneur en même temps que perfectible et croissant en moralité, en même temps qu'en savoir (2).

Le sévère critique de Kant était tenu d'indiquer une base morale ; il l'a tenté dans cette page éloquente :

Peut-être ce suprême fondement du « bien moral » qu'on a présenté jusqu'ici comme une réalité absolue et déjà en possession de la pleine existence, est-il pour notre intelligence et notre volonté un pur idéal, sans être cependant pour cela, comme on l'a prétendu, une pure illusion. On n'a pas assez montré, selon nous, que les grandes idées

---

(1) Fouillée : *la Science sociale. Critique des systèmes de morales contemporaines* (Voir sur ce sujet aussi : *l'Histoire de la philosophie*, par le même ; *la Critique de l'idée de sanction* (dans la *Revue philosophique*), par Guyau, et les belles pages des *Sociétés animales*, par Espinas.
(2) L'homme n'agit pas seulement sous l'impulsion du plaisir sensible, il agit aussi par intelligence et sans avoir besoin d'un autre moteur que l'intelligence qui a son attrait propre. (Fouillée.)

directrices de notre pensée et de notre volonté sont des *forces* réelles, par le désir même qu'elles enveloppent et traduisent, comme par la tension motrice qui est la contrepartie physiologique de ce désir. Le spiritualisme fait correspondre les idées à des choses toutes *faites* et transcendantes : selon nous, elles correspondent à des choses qui *se font* se mouvant dans un *devenir* immanent, dont elles renferment, à la fois, la formule intellectuelle et le ressort sensible. En transposant pour ainsi dire les conceptions supranaturelles dans les termes de la nature et de la conscience, on peut à quelques-unes laisser une certaine place en morale. Le point de départ est alors ce fait expérimental que nous avons *conscience* de nous-mêmes, et que nous concevons cependant les *autres* consciences et *l'univers*, mais sans pouvoir nous expliquer d'une manière adéquate ni le sujet conscient, ni l'objet pensé, ni la transition du sujet à l'objet.

Qu'est-elle *en réalité*, cette conscience qui se pense en pensant le reste, cette conscience sur laquelle on a fait tant d'hypothèses; indivisible pour ceux-ci, divisible et composée pour ceux-là, fermée selon les uns, ouverte et pénétrable selon les autres, radicalement individuelle selon les uns, capable selon les autres de s'étendre à des sociétés entières, à des groupes de plus en plus vastes, et de se fondre ainsi avec d'autres consciences élémentaires dans une conscience commune et sociale ? C'est là le grand problème, car la conscience est *sui generis*, incomparable : étant le fond et la condition universelle de toute pensée par laquelle nous réduisons une chose à une autre pour l'expliquer, la conscience est elle-même *irréductible*. On ne peut pas la faire rentrer dans un *genre* supérieur, on ne peut pas non plus en marquer la *différence propre* avec d'autres choses du même genre ; elle échappe aux fonctions essentielles de la compréhensibilité scientifique : elle est donc la borne non pas transcendante, mais imminente, de la connaissance scientifique. De là le principe de la *relativité des connais-*

sances. De là aussi l'idéal que nous nous formons d'une conscience universelle qui envelopperait toutes les autres, d'une société universelle des consciences. Cet idéal est, lui aussi, immanent et dérivé de l'expérience, dont il est le prolongement. Au point de vue moral, il est à la fois *restrictif* et *persuasif*. Il est *restrictif* de nos penchants égoïstes par cela même qu'il implique la limitation et restriction inévitable de nos connaissances, la non-adéquation de notre cerveau au monde, de notre conscience individuelle à la réalité universelle ou, si l'on veut, à l'universalité des consciences. De cette limitation dérive la justice : *abstine et sustine.* En même temps, l'idéal est *persuasif,* parce qu'il exprime une hypothèse sur ce que le monde devrait être, hypothèse qui nous excite à sa propre mise en œuvre, sous la forme de la fraternité : *aime et agis.*

Au moyen de cet idéal immanent à la conscience, nous fondons ainsi tout ensemble la justice et la fraternité. L'« Altruisme » moral a son origine dans cette sorte d'altruisme intellectuel qui fait que nous pouvons *penser* les autres, nous mettre à leur place, nous mettre *en eux* par la pensée. La conscience, se projetant ainsi dans les autres êtres et dans le tout, se relie aux autres et au tout par une idée qui est en même temps une force. Cette considération nous semble nécessaire pour compléter, même au point de vue expérimental, les éléments de moralité qu'on a tirés du jeu des forces purement mécaniques, du jeu des intérêts, enfin des lois de la vie, des lois de la société et des lois de l'évolution. Nous acceptons tous ces événements, mais nous les enveloppons, comme ils le sont de fait, dans la *pensée consciente de soi* et ouverte à *autrui*, vrai principe de la société universelle. Notre théorie nous semble par là égale à la totalité de l'expérience, y compris même la condition fondamentale de toute sensation et de toute expérience : la conscience. Nous acceptons donc tout le *réalisme* des écoles naturalistes, positivistes, évolutionnistes, et en même temps l'*idéalisme* des autres écoles, sans accepter en rien le dogmatisme métaphysique de ces dernières. En même temps nous échappons au dogmatisme moral des écoles criticistes : sans affirmer un « impératif catégorique » et transcendant contre lequel s'élèvent les résultats dubitatifs de la critique même, nous complétons les motifs et mobiles concrets du naturalisme en y ajoutant tout ce dont une morale idéaliste a besoin : un principe immanent qui, d'une part, puisse *limiter* rationnellement l'égoïsme et, d'autre part, *exciter* rationnellement à la fraternité (1).

(1) Alfred Fouillée: *Critique du système de morale contemporain.* Voir aussi pour le magnifique développement de cette idée : *Essai d'une morale sans obligation ni sanction*, par Guyau.

CONCLUSION

La conclusion des pages qui précèdent a été donnée au fur et à mesure par l'interprétation des théories. et je n'aurais qu'à prendre congé des lecteurs qui ont bien voulu me prêter quelque attention s'il n'était pas nécessaire d'expliquer — sinon de justifier — cette excursion rapide et forcément incomplète à travers les morales religieuses et philosophiques par un autodidacte que ses recherches, presque exclusivement consacrées à l'économie sociale, ne prédisposaient pas à une telle entreprise.

S'il a cru devoir, tout en sachant bien ce qui lui manquait pour cela, tenter d'esquisser une sorte de tableau historique, très élémentaire, de la morale ancienne pour arriver à dégager les données de la morale nouvelle, c'est dans un but purement socialiste.

L'homme ne vit pas seulement de revendications économiques et politiques. Et selon nous le socialiste qui travaille à réaliser une forme de civilisation supérieure, doit sonder toutes les douleurs du siècle, aborder de front tous les grands problèmes de l'existence humaine. Par suite, les brûlantes préoccupations philosophiques et morales de ce temps ne sauraient lui être étrangères. Aussi bien, tout se touche dans un système quelconque d'organisation sociale : une transformation économique et politique entraîne toujours une révolution morale. Penser donc que les militants de la rénovation humaine n'ont à se préoccuper que des intérêts matériels de l'humanité travailleuse et peuvent impunément négliger ses incompressibles aspirations morales, c'est se préparer pour l'avenir de cruels mécomptes.

Les socialistes utopiques l'avaient bien compris, eux, que les questions morales sont inséparables des questions sociales. Aussi par leurs plans de transformation prétendaient-ils satisfaire les besoins religieux et philosophiques de l'humanité militante, tout autant que ces besoins politiques et économiques.

De nos jours par contre, on s'en est presque exclusivement tenu à la prédication de la Révolution sociale, envisagée seulement par le côté des avantages matériels.

L'explication de cette nouvelle tactique est facile à donner.

La critique proudhonienne d'abord, le socialisme scientifique de Marx ensuite — qui se sont déployés au moment où la lutte des classes, transportée dans le monde industriel, s'est manifestée par les grandissantes et tragiques révolutions sociales françaises de 1831, 1848, 1871, brisant l'illusion dans le cœur du prolétaire victime des barbares répressions bourgeoises — ont trouvé un terrain bien préparé à la direction systématique des efforts socialistes (ayant la lutte des classes pour principe) vers la défense presque exclusive des intérêts économiques des exploités et des salariés de tous ordres.

Corollairement, la cynique approbation donnée par

le catholicisme et par le spiritualisme éclectique à la réaction décembriste et à toutes les tyrannies européennes, en portant le dernier coup à « l'Évangile du Vicaire savoyard », si cher au peuple de 1830-1848, jeta l'élite du prolétariat — le prolétariat qui pense, étudie et combat pour les droits du travail — dans la doctrine la plus éloignée du spiritualisme religieux : le matérialisme simpliste ; et le socialisme idéaliste prit fin.

Dès lors, plus de philosophie morale servant de cadre aux réclamations économiques ; le côté moral sembla résolu par la pure et simple affirmation matérialiste, et par la répudiation énergique de toute sentimentalité politique ou philosophique.

Dès lors, plus de paradis terrestre longuement décrit et promis à tous, plus d'appel aux bons sentiments des privilégiés. Mais, à la place de tout cela, l'analyse critique de la situation et l'implacable revendication contre la classe dominante, oppressive et exploitrice.

La grande découverte de Marx, que le fond tragique de l'histoire est rempli par les mouvements, manifestes ou latents, mais incessants, de la lutte des classes, arriva à propos pour donner aux tendances générales du nouveau socialisme économique et révolutionnaire une base d'airain.

La lutte des classes admise, la situation présente fut ainsi expliquée par les socialistes désignés plus ou moins justement sous le nom de collectivistes révolutionnaires :

Depuis la Révolution française, la guerre des classes n'a pas pris fin comme l'ont dit faussement quelques esprits superficiels ou volontairement trompeurs, elle n'a fait que se simplifier. La bourgeoisie, traître au peuple et qui s'est tournée contre lui, en devenant conservatrice, a pris l'hégémonie des forces rétrogrades (noblesse, clergé, privilégiés de tous genres). C'est donc entre elle et l'immense peuple des salariés que réside maintenant le conflit permanent et que se livrera le grand combat pour l'empire du monde. Le résultat final ne saurait être douteux: le prolétariat, classe ascendante, est poussé à la victoire par toutes les forces vivantes de l'évolution humaine et par les nécessités économiques de la production et de la circulation modernes.

Les premiers exigent, en effet, un ordre de liberté et d'égalité; les secondes (qui ne sont autres que les applications scientifiques et mécaniques, combinées avec l'association et la division du travail, à la production et à la circulation des richesses) exigent la socialisation des éléments du travail et de l'échange.

Mais, en attendant, la guerre est âpre; la bourgeoisie, comme toutes les classes déclinantes, est cruelle dans ses résistances.

Ainsi l'attestent, et ne l'attestent que trop, les massacres de prolétaires en France, dans ce dernier demi-siècle, et les barbares répressions qui, en ce moment même, sévissent sur les socialistes, en Russie, en Autriche-Hongrie, en Allemagne, en Italie, en Espagne, en Belgique, en Irlande et même dans l'Amérique du Nord.

Dans cette situation, le devoir des prolétaires et des socialistes est tout tracé : s'organiser en partis de classes, en partis ouvriers socialistes distincts pour le combat au jour le jour, contre l'exploitation capitaliste et pour la conquête, soit graduelle, par une série de réformes imposées, soit violente, par une révolution victorieuse des pouvoirs publics.

Sans cette conquête des pouvoirs publics par le prolétariat, aucune transformation ne peut être sérieusement entreprise ; il faut donc la poursuivre, car il n'y a de victoire possible pour les travailleurs que sur le terrain politique. Les efforts purement économiques, grèves, coopérations, ne peuvent conduire à l'émancipation. Celle-ci sera le don de joyeux avènement des prolétaires au pouvoir, et cela dit ce que doit être l'activité socialiste.

Nous croyons avoir fidèlement résumé la doctrine dont le couronnement est l'abolition des frontières, le fédéralisme politique régional, national, international, l'abolition de l'Etat politique et son remplacement par une vaste administration sociale, se mouvant dans la socialisation enfin réalisée des forces de production et de circulation. Cette conception socialiste est vraie dans sa généralité, et fausse seulement dans certaines interprétations trop absolues.

Mais elle est incomplète théoriquement, en ce qu'elle néglige totalement les forces morales. Le culte du droit, de la justice, l'amour ardent de l'humanité, le dévouement à ses semblables, l'enthousiasme du bien, ne sont pas de pures « blagues », ainsi qu'on a osé l'écrire ; ils sont des forces agissantes, et la Révolution française leur a dû en partie sa victoire sur la réaction européenne. Pratiquement, le socialisme de classe n'est pas moins incomplet en ne comptant que sur les intérêts des masses ouvrières, en négligeant de faire appel aux sentiments altruistes de tous les hommes sans distinctions de classe. Le sentiment et le dévouement (1) sont rayés de son vocabulaire.

(1) Je ne parle pas du dévouement des militants eux-mêmes

Lacune grave, car tout homme d'éducation bourgeoise n'est pas nécessairement mauvais; loin d'être étouffés par la diffusion de la science, les sentiments proprement dits et notamment les sentiments altruistes suivent parallèlement les progrès intellectuels. La rebutante dureté des coutumes qui pèse si cruellement sur les plus faibles de l'humanité (femmes, enfants, pauvres) et sur les animaux, cette cruauté inconsciente est le fait de l'ignorance, elle s'adoucit dans les milieux cultivés (1). Sans mentir donc à leur mission rénovatrice, les socialistes ne peuvent négliger ni les forces morales, ni les forces aimantes de l'homme, ni refuser de faire appel à tous les dévouements. Sinon ils ne donneront vie qu'à un socialisme plus critique que positif. Or la critique pure, puissante pour la *dissociation* nécessaire des vieilles forces devenues malfaisantes et condamnées à périr, compromet l'avenir en écartant en bloc et pêle-mêle avec ce qui doit disparaître dans la fosse commune de l'histoire, des éléments précieux qui, pour être du passé, n'en sont pas moins indispensables à l'œuvre de reconstruction.

qui est grand ; ils pratiquent la chose en repoussant le mot ; mais de l'appel au dévouement social de ceux qui peuvent beaucoup pour le bien, sans être immédiatement intéressés à la Révolution. Et ceux-là sont nombreux ; ils seraient venus en grand nombre si on ne leur avait imposé un *Credo* complet.

(1) « Il n'est pas douteux, en effet, que la culture de l'esprit poussée à un certain degré ait pour effet direct d'étendre et de creuser le champ des impressionnabilités douloureuses et sympathiques, donc des généreuses affections. Et par là, elle est certainement moralisatrice, puisque, après tout, à la base de l'idée morale, l'argument le plus solide et le plus convaincant, — avouons-le, ô philosophes, — c'est la pitié, c'est la bonté, c'est l'amour. (TARDE : *Criminalité comparée*; Paris, Félix Alcan).

Oui, c'est faire œuvre utile que de démasquer les hypocrisies politiques, que de mettre à nu les plaies sociales, que de donner aux revendications économiques une précision dont il n'y avait pas eu d'exemples jusque-là ; mais l'œuvre sera meilleure si l'on ne néglige pas trop le côté moral des aspirations contemporaines. Pour un observateur attentif, le monde moderne souffre, non seulement des iniquités économiques, des oppressions politiques, et des rapacités patriotiques qui font du globe un champ de douleur et de pillage, mais aussi de l'insuffisance de ses données morales. La vieille religion est morte sans laisser de successeur. De là le triste état d'âme du temps présent, le trouble des esprits, la tristesse tragique des meilleurs, situation, dit bien Max Nordau(1), qui n'a d'analogue que dans l'époque d'agonie du monde antique.

C'est sur ce point que nous nous sommes permis d'attirer l'attention de nos coreligionnaires, et nous insistons ; car, si poursuivre la rénovation des institutions politiques et économiques est bien, il est mieux de ne pas négliger en même temps l'homme lui-même. Qu'on le sache bien, l'un ne va pas sans l'autre. Moins que jamais nous ne devons l'oublier, à un moment où les anciennes morales théologiques sont emportées dans le naufrage des religions et des vieux concepts métaphysiques, détruits pierre à pierre par la science. La terreur des dieux s'en est allée des cerveaux pensants ; *le chacun pour soi*, honte éternelle de l'intellectualité bourgeoise, n'est pas un principe

---

(1) *Les Mensonges conventionnels de notre civilisation*, traduit par A. Dietrich ; Paris, Henrichsen.

moral (c'est tout le contraire), et pourtant une génération ne peut vivre dignement sans un principe moral en accord avec l'état des connaissances humaines, et conforme au but social de ceux qui travaillent, combattent et meurent pour le mieux-être collectif.

Quel peut être, dans les circonstances actuelles, le principe moral remplissant les conditions indiquées plus haut ? L'histoire nous répondra que de la longue évolution morale, de l'adoucissement des mœurs, de la diffusion du savoir, de la réflexion des meilleurs de l'Humanité, un idéal nouveau se forme péniblement qui a nom justice et bonté (1), et qu'à lui nous devons nous attacher pour diminuer le mal moral et matériel, c'est-à-dire l'iniquité et la souffrance dans le monde.

C'est notre consolation d'un si lamentable passé, c'est le rocher de notre espérance, qu'à travers tant de crimes, tant d'iniquités, tant d'erreurs et tant de douleurs, l'humanité progressive, malgré d'irréparables défaillances, ait toujours grandi en justice et en bonté, en amour et en pitié, chaque fois qu'elle a repris conscience d'elle-même. La vertu la plus grande, disait déjà Aristote, c'est la bonté.

Vu de haut, le développement de l'humanité a pour point de départ la brutalité égoïstique s'épanouissant dans la loi zoologique de la *lutte pour la vie*. Les alternatives de victoire et de défaite dans les conflits des forces individuelles amènent le *moi* féroce à la conception du *non-moi*, du moi d'autrui ; l'égalisation des forces conduit aux transactions et à leur forme supé-

(1) Bonté suffirait : la justice dignement comprise n'est qu'une bonté éclairée.

rieure, *l'association pour la lutte*, que la nature elle-même enseigne d'ailleurs, en en faisant souvent une condition de la conservation des espèces, non seulement animales, mais encore végétales. Dans cet état, il arrive que la sociabilité naît, se développe, que la sympathie se manifeste, que l'altruisme fait son entrée dans le groupe organisé.

C'est le premier stade.

Plus tard, les différents groupes, en restant ennemis ou étrangers, arrivent à l'estime mutuelle; alors les premiers germes de la solidarité humaine ont pris racine, il ne s'agit que de les cultiver (1).

(1) Max Nordau a fort convenablement défini la morale solidariste, en opposition surtout de la morale théologique :

« Le progrès pose un principe général, la solidarité humaine, d'où résulte une nouvelle morale incomparable plus profonde, plus sublime, plus naturelle. Elle prescrit : « Fais tout ce qui contribue au bien de l'humanité, abstiens-toi de tout ce qui cause à l'humanité du dommage ou de la douleur. » Elle a pour chaque question une réponse raisonnable. « Qu'est-ce qui est bien ? » La théologie dit : « Ce qui plaît à Dieu, affirmation qui n'a aucun sens intelligible, à moins que l'on ne croit que Dieu (s'il existe) nous a révélé ses pensées. La morale de la solidarité dit : « Le bien est ce qui, étant généralisé, créerait à l'espèce des conditions plus favorables d'existence. » « Qu'est-ce qui est mal ? » La théologie répond de nouveau : « Ce que Dieu a défendu ! » La morale de la solidarité répond : « Le mal est ce qui, étant généralisé, nuirait à la vie de l'espèce. » — « Pourquoi dois-je faire le bien et m'abstenir du mal ? » La théologie dit : « Parce que Dieu le veut ainsi. » La morale de la solidarité dit : « Parce que tu ne peux pas faire autrement. » L'espèce, tant qu'elle possède la force vitale, a aussi un instinct de conservation personnelle ; celui-ci l'engage à éviter ce qui lui est nuisible et à faire ce qui lui est avantageux. Cet instinct est d'abord inconscient, mais s'élève ensuite jusqu'à la conscience. « Quelle sera la récompense ou le châtiment de mes actions ? » La théologie radote sur le ciel et sur l'enfer ; la morale de la solidarité dit simplement : « Comme homme, partie de l'humanité, sa prospérité est ta prospérité, sa souffrance est ta souffrance. Si par conséquent tu fais ce qui

Plus tard encore, et avant que le deuxième stade soit arrivé à sa complète réalisation, une conception supérieure de la vie nous montre l'humanité véritablement adulte répartissant d'une main équitable les devoirs et les droits, le travail et le bien-être entre tous ses enfants, compte tenu de leurs forces et de leurs besoins, et, digne souveraine du globe, versant sur toute vie le dictame de bonté, diminuant la souffrance universelle, épurant le bonheur, créant la justice et enseignant, selon la profonde parole de Tolstoï (1), que l'homme n'a qu'une mission sur sa planète : *l'amour et les bonnes œuvres ; que la vie, c'est l'amour dans la vie commune ;* qu'elle n'est digne, cette vie humaine, que lorsqu'elle ajoute quelque chose au bien accumulé par les générations passées (2).

C'est le troisième stade, l'ère de l'altruisme.

Nous le concevons, mais de sa réalisation que nous sommes loin encore ! Y atteindrons-nous jamais ? Le grand adoucissement des mœurs, que nous permet de constater l'étude comparative du passé, nous le fait espérer et nous permet de nous écrier (puissions-nous ne pas être trop optimiste en cela !) avec Max Nordau, que nous avons déjà cité :

---

est bon pour elle, tu te rends service à toi-même ; si tu fais ce qui est mauvais pour elle, tu te nuis à toi-même. L'humanité florissante est ton paradis, l'humanité périssante est ton enfer (Max Nordau : *les Mensonges conventionnels de notre civilisation*, traduit par A. Dietrich, p. 395 et suiv.)

(1) *A la recherche du bonheur*, par Léon Tolstoï, traduction de E. Halperine ; Paris, Perrin et Cⁱᵉ.

(2) J.-S. Mill a dit avec non moins de justesse : « Le principe général de la morale est ce qui tend à procurer le bonheur du genre humain, ou plutôt de tous les êtres sensibles. » Et Priestley : « *Le plus grand bonheur du plus grand nombre*, voilà le but moral et social. »

A la civilisation d'aujourd'hui, dont les caractères distinctifs sont le pessimisme, le mensonge et l'égoïsme, je vois succéder une civilisation de vérité, d'amour du prochain, de bien-être. L'humanité, qui aujourd'hui est une idée abstraite, sera alors un fait. Heureuses les générations futures ! Dans l'air pur et les rayons de l'avenir, il leur sera donné de vivre au sein de l'union fraternelle, sincères, instruites, libres et bonnes !

Quoi qu'il en soit, à la réalisation d'un tel avenir, travaillons sans cesse et avec foi. La suprême sagesse de ce temps consiste peut-être à *penser en pessimiste*, car la nature des choses est cruelle et triste, et à *agir en optimiste*, car l'intervention humaine est efficace pour le mieux-être moral et social et que nul effort de justice et de bonté, quoiqu'il puisse nous apparaître, n'est jamais complètement perdu.

Comme socialistes surtout, nous devons agir de la sorte. Pour parler dignement des revendications sociales, il faut sentir en soi le ferment des plus hautes aspirations morales de l'époque.

Et rien de plus facile en l'état des choses, pour qui a saisi l'orientation du progrès humain.

Nul besoin ni d'affirmations mystiques ni d'abstrus concepts métaphysiques, pour inspirer sa conduite des principes suivants, d'aussi facile compréhension que d'universelle efficacité.

Dans les relations sociales, la justice et la solidarité ;

Dans les relations humaines, la sincérité et la bonté ;

Dans les relations avec tous les êtres (1), *la modération et la pitié.*

---

(1) J'entends par là les rapports de l'homme avec les animaux et tous les êtres vivants. Ceci mérite quelques développements

Deux maîtres de la pensée au XIXᵉ siècle, Auguste Comte et Arthur Schopenhauer, nous ont légué ce formulaire moral si complet dans sa simplicité brève.

Le *vivre pour autrui*, d'Auguste Comte, nous révèle bien, en effet, la conception la plus élevée du devoir dans la société humaine. En nous recommandant la *sympathie* (ou compatissance) *universelle*, Schopenhauer nous trace en deux mots notre devoir avec tout être vivant dont il est en notre pouvoir d'augmenter ou de diminuer la souffrance.

Tout cela revient à dire que le levier éthique le plus

<small>L'homme est en présence de quatre sortes d'animaux : les animaux domestiques, les animaux utiles ou agréables, les animaux indifférents, les animaux nuisibles. Quels sont ses devoirs vis-à-vis des uns et des autres ? 1º *Animaux domestiques* : Paul Janet a dit excellemment que les animaux domestiques sont des demi-personnes ayant des demi-droits ; Fouillée, qu'il doit y avoir pour eux une justice et une charité. En retour du travail si dur que nous imposons à certains d'entre eux, nous devrions les entourer du plus de soins possible et les traiter avec douceur et bonté ; malheureusement, c'est là l'exception. Qui de nous n'a été révolté des mauvais traitements prodigués à ces utiles collaborateurs de l'homme par de grossiers et méchants individus contre lesquels la méritante *Société protectrice des animaux* est malheureusement impuissante ? Nous nous sommes arrogé le droit de vivre de la mort d'autres animaux que nous avons domestiqués ; pour cela, nous leur devrions au moins une mort douce. Trop souvent, pourtant, leur meurtrier semble prendre plaisir à les torturer. Un jour viendra où les pouvoirs publics stipuleront non seulement pour les hommes, mais aussi pour les animaux. — 2º *Animaux diversement utiles ou agréables* : Nous leur devons pour le moins de ne leur infliger aucune souffrance inutile. — 3º *Animaux indifférents* : Il est cruel et coupable de les tourmenter. — 4º *Animaux nuisibles* : Nous avons le droit de les détruire, mais non de les torturer. En un mot, à ceux de nos *frères inférieurs*, comme dit notre Michelet, qui nous sont utiles et qui nous aiment, nous devons la bienveillance ; à tous les autres, à tout ce qui vit et souffre sur notre planète, nous devons la pitié.</small>

puissant, que le motif moral par excellence, c'est l'*altruisme*, et telle est bien notre conclusion (1).

Nous sommes sûrs de ne pas errer, en nous faisant les propagateurs du droit social et des devoirs altruistes; devenons des pratiquants de la bonté, du dévouement à nos semblables, de la compatissance pour tout ce qui souffre (2), c'est la meilleure façon de hâter l'avènement de la solidarité humaine et de l'éthique nouvelle, qui enseigneront d'abord la justice et la bonté. Tout le reste, l'excellence morale et la

---

(1) Objectera-t-on que le côté individuel de la morale : dignité, pureté, est négligé ici ? Il me sera facile de répondre.
La dignité n'est que l'orgueil adouci, l'individualisme idéalisé. Or l'orgueil et l'individualisme, formes de l'égoïsme, se font toujours leur place ; la moralité n'a qu'à insister en faveur de l'altruisme pour que de sa combinaison avec l'égoïsme, toujours trop prépondérant, naisse la justice.
La pureté ou chasteté, à laquelle on ne manque que par la sensualité sans amour, est une vertu individuelle qui a son prix; elle est destinée à croître dans le monde avec la diffusion des lumières, l'affinement des sentiments et le nombre croissant de situations indépendantes : la chasteté est surtout morale lorsqu'elle subordonne les instincts sexuels aux droits d'autrui. Lorsque l'amour et l'estime présideront seuls à l'union des sexes, ce qu'on est convenu d'appeler la débauche disparaîtra rapidement. Toutes les autres vertus dites individuelles sont contenues dans la justice et la bonté.

(2) A-t-on à s'occuper des bêtes, quand tant d'êtres humains sont encore écrasés par la vie ? disent certains. C'est voir les choses par le petit côté. Le souci des bêtes n'empêche pas le souci des hommes. Ils sont certainement les mieux doués par le cœur, ceux dont la pitié, non contente de s'exercer dans la société humaine, va à tout être susceptible de souffrance. Qui est cruel envers les animaux n'est jamais doux à ses semblables Nous devons, d'une part, combattre l'égoïsme, la dureté et la cruauté partout où nous les rencontrons; d'autre part, nous devons, dans la mesure de nos forces et des nécessités sociales, compatir à toute souffrance, soulager toute victime de la nature, de la brutalité animale ou de la méchanceté humaine. Voilà le devoir large.

diminution des maux, viendront par surcroît, selon une profonde parole évangélique que le christianisme a si peu comprise.

Il resterait, maintenant, à entrer dans les détails, à esquisser une sorte de catéchisme altruiste. J'avoue sincèrement n'être pas suffisamment préparé pour l'entreprendre en ce moment. Si mes forces et les circonstances me permettent une préparation sérieuse, un essai de ce genre sera l'objet d'une publication ultérieure. Mais plus heureux serai-je si cette œuvre d'utilité première est entreprise et menée à bonne fin par un plus compétent et un plus digne.

TABLE DES MATIÈRES

	Pages.
Un penseur socialiste, par Léon Cladel	I-XVI
Introduction, par Jean Jaurès	I-XXIII
Préambule	5-9

PREMIÈRE PARTIE

GENÈSE DE LA MORALE

Qu'est-ce que la Morale ?	11-24
Caractère social de la Morale	24-38
L'évolution morale	38-53

DEUXIÈME PARTIE

LES MORALES RELIGIEUSES

Védisme, Brahmanisme, Bouddhisme	55-82
L'Hermétisme	82-91
Le Mazdéisme	91-95
Le Confucianisme	95-100
Le Magisme	100-104
Le Baalisme	104-107
Druidisme, Wahalisme, Odinisme, Divers	107-113
Polythéisme gréco-romain	113-145
Le Judaïsme	146-163
L'Islamisme	163-172
Le Christianisme	173-206

LES MORALES PHILOSOPHIQUES

Morales spiritualistes	207-214
Socrate, Platon, les Cyniques, Aristote, etc.	214-227

Les Stoïciens 227-239
Spiritualistes modernes.......................... 239-268

LES MORALES MATÉRIALISTES

Leucippe, Démocrite, Epicure et les premiers philosophes de la nature....................... 269-278
Les précurseurs du matérialisme moderne (Gassendi, Vanini, Hobbes, Locke, Mandeville, La Rochefoucauld, etc.)............................... 279-287
La Mettrie, Diderot, D'Alembert, Helvétius, d'Holbach, Saint-Lambert, Volney, Marmontel, Condorcet..................................... 287-298
Bentham et ses successeurs 299-320

MORALES PANTHÉISTES ET DIVERSES

Héraclite, Empédocle, Xénophane, Anaxagore..... 321-330
Giordano Bruno, Bacon, Spinoza 330-340
Hégel, Schopenhauer et divers................... 340
Conclusion 363
Table des Matières............................... 377

Tours, imp. E. Arrault et Cie, 6, rue de la Préfecture.

Librairie de la *REVUE SOCIALISTE*

Nous avons cru faire œuvre utile et répondre à un besoin créé par la prépondérance des questions sociales, en étendant la Librairie de la *Revue Socialiste* à tous les volumes ou brochures touchant de près ou de loin au Socialisme.

Et afin que ce groupement, parfois laborieux, n'entraînât aucune augmentation de prix, nous avons passé, avec les éditeurs, des traités qui nous permettent de répondre à toutes les demandes au prix courant et sans autres frais que ceux du port.

De cette librairie, nous avons dressé un Catalogue qui sera envoyé *franco* sur demande.

EXTRAIT DU CATALOGUE

ŒUVRES non épuisées de BENOIT MALON

	Paris	Par poste
Manuel d'Économie sociale, un volume in-18	2 50	2 80
Le Nouveau Parti, 1ᵉʳ volume : le Parti Ouvrier et ses principes	1 50	1 65
— 2ᵉ volume : le Parti Ouvrier et sa politique	1 50	1 65
Capital et Travail, de Lassalle, traduction française, 1 volume	2 »	2 30
La Quintessence du Socialisme, Schaeffle, traduction française, 1 volume	0 25	0 35
Histoire de l'Agiotage, de 1715 à 1870, forte brochure in-8	1 »	1 10
Constantin Pecqueur, doyen du Collectivisme. Brochure in-8	0 40	0 50
Le Socialisme-Réformiste, brochure in-8	0 30	0 35
Le Socialisme intégral, 1ʳᵉ partie : Histoire des théories et des tendances générales, un fort volume in-8	6 »	6 85
— 2ᵉ partie : Des moyens pratiques et des réformes possibles, un fort volume in-8	6 »	6 85
Précis historique, théorique et pratique de Socialisme (Première série des *Lundis Socialistes*)	3 50	3 95
La Morale Sociale, précédée d'une biographie par *Léon Cladel*, et d'une préface de *Jean Jaurès*	3 50	3 90
L'Internationale, son Histoire et ses Principes	0 30	0 35

ŒUVRES SOCIALISTES de GEORGES RENARD

Études sur la France contemporaine	3 50	3 80
La Conversion d'André Savenay	3 50	3 90
Un Exilé	3 50	3 90
Critique de combat (Première série)	3 50	3 90
— (Deuxième série)	3 50	3 90
Lettres socialistes. — I. Aux Étudiants	0 20	0 25
— II. Aux Femmes	0 20	0 25
— III. Aux Paysans	0 20	0 25
— IV. Aux Employés	0 20	0 25
— V. Aux Membres du Corps enseignant	0 20	0 25

SUITE DE L'EXTRAIT DU CATALOGUE
DE LA LIBRAIRIE DE LA *Revue Socialiste*

	Paris	Par poste
Maurice BARRÈS. Assainissement et Fédéralisme	0 20	0 20
BÉNÉDICT (Benoît Malon). Le Catholicisme social	0 20	0 25
H. BRISSAC. Pour et contre le Collectivisme	0 25	0 30
— Résumé populaire du Socialisme	0 20	0 25
— La Société collectiviste	0 50	0 55
— Travail et Prolétariat	0 05	0 10
Maurice CHARNAY. Législation directe et Parlementarisme	0 20	0 25
Auguste CHIRAC. L'Agiotage de 1870 à 1886	1 »	1 20
— De la Vénalité dans le Journalisme	0 25	0 30
César DE PAEPE. Les Services publics, précédés de deux essais sur le Collectivisme (Notice biographique par B. Malon)	1 50	1 70
J.-B. DUMAY, député; ouvrier mécanicien, ancien maire du Creusot. Un Fief capitaliste (Le Creusot)	0 10	0 15
ENGELS. Socialisme utopique et Socialisme scientifique, traduit par Paul LAFARGUE	0 50	0 55
Charles GIDE. L'Avenir de la Coopération, conférence	0 10	0 15
J. GORSAS. Mirabeau	0 05	0 10
— Danton	0 05	0 10
Jules GUESDE. Le Problème et la Solution, Les huit heures à la Chambre	0 10	0 15
Jean GUETTRÉ. Le Parti socialiste et la Question agricole, préface de A. VEBER	0 25	0 30
A. HERZEN. Le Peuple Russe et son Gouvernement	0 25	0 35
Clovis HUGUES. Le Mauvais Larron	0 30	0 35
ISSAURAT. L'Éducation d'un Géant (Études sur Rabelais)	0 20	0 25
LAFARGUE. Le Droit à la Paresse	0 25	0 35
— Programme agricole du Parti ouvrier français	0 10	0 15
MIJOUL. Le Familistère de Guise	0 05	0 10
Gustave ROUANET. La Question monétaire	0 10	0 15
A. TABARANT. Petit Catéchisme du Socialisme	0 10	0 15
— Catéchisme du Paysan	0 10	0 15
Gustave TRIDON, ancien membre de la Commune. La Force (belle page de littérature sur le rôle de la force dans la Révolution); biographie de l'auteur, par A. RÉGNARD	0 20	0 25
Émile VRYRIN. La Pâque Socialiste	0 50	0 60

BROCHURES DE PROPAGANDE
ÉDITÉES PAR LE PARTI SOCIALISTE BELGE

Louis BERTRAND. Aux Paysans	0 05
— Droit à la Vie	0 05
— Qu'est-ce que le Socialisme ?	0 05
— Le Socialisme communal	0 10
Maurice HAMBURSIN. Le Catéchisme du Campagnard	0 05
LÉO. La Propriété et le Socialisme (Première partie)	0 05
— La Propriété et le Socialisme (Deuxième partie)	0 05
RIENZI. Le Paradis Terrestre	0 05
Émile VANDERVELDE. Le Collectivisme (Première partie)	0 05
— Le Collectivisme (Deuxième partie)	0 05
— Lettre Collectiviste	0 05
— Le Socialisme agricole	0 05
— Vive la Commune !	0 05

N. B. — *Ajouter, pour l'affranchissement des ouvrages du Parti socialiste belge, 5 centimes pour quatre brochures ou fraction de quatre.*

www.ingramcontent.com/pod-product-compliance
Lightning Source LLC
Chambersburg PA
CBHW051830230426
43671CB00008B/904